LA JONGLERIE

UN PLAISIR SIMPLE ET FACILE

LA JONGLERIE

UN PLAISIR SIMPLE ET FACILE

la méthode complète de

DAVE FINNIGAN
«Professeur Confidence»

Illustrations de Bruce Edwards

Traduction et adaptation française
de Jonglerie Diffusion S.A.

Jonglerie Diffusion S.A., décembre 1994
Première édition
ISBN 2-940065-01-2
00090289

Imprimé en France par
Gibert Clarey Imprimeurs , F-37000 Tours France

Montage informatique de la version française :
Alexandre Adam, Genève.

Edition originale : «the complete juggler» publiée en 1989
par Random House Inc, New York ous la référence
ISBN 0-394-74678-3

Ce livre est dédié à
IJA International Jugglers' Association,
(Association Internationale des Jongleurs)
une organisation avec un coeur ...... gros comme ça !

Imprimé en France *ISBN 2-940065-01-2*

Table des matières

Remerciements de l'auteur.

En 1976, lorsque j'ai découvert le jonglage, j'ai cherché à me procurer un équipement et une méthode progressive qui aurait pu guider mes premiers pas et m'aider à acquérir sécurité et habileté. Je n'ai rien trouvé.

10 ans plus tard, on peut trouver des articles de jonglage dans de nombreux magasins de sport, de jouets, de fournitures pour théâtres, et des sets de foulards à jongler ou de balles sont disponibles dans beaucoup de librairies, avec de la documentation et des méthodes d'instruction. Toutefois, le livr0.e-guide dont je rêvais n'était toujours pas sorti et je dûs apprendre lentement, en grapillant des informations çà et là.

En fait, le voici, ce fameux bouquin dont j'aurais eu besoin pour apprendre à jongler !
Ce livre contient plus de 1'000 illustrations et résume 4'000 ans de l'histoire de la jonglerie. Même s'il porte le titre de «complet» il n'est pas achevé et je me réjouis de poursuivre mon étude, pour vous dans une prochaine édition.

Je souhaite remercier mes nombreux professeurs :

John Ross qui m'a inspiré et poussé à jongler.
Carlo qui m'a démontré la «cascade».
Greg Albert qui m'a montré les trajectoires à 4 objets.
Roger Dollarhide qui m'a donné le secret pour jongler avec 5 objets sans difficulté.
Joe Buhler qui a eu la patience de m'enseigner le «passing» des massues.
Le Révérent Chumly dont le cirque des trottoirs a encouragé ma première représentation.
Rudy Benton dont la magie en classe m'a poussé à enseigner.
Mark Sutherland qui m'a donné l'idée d'enseigner la jonglerie avec des foulards.
Georges Nissan qui m'a appris davancer lentement en se souciant de la qualité.
Won Israel avec qui j'ai partagé plus de 300 spectacles.
Barret Felker, un partenaire sans pareil.
Richard Powers, Ray Fryson, Chris Breed, Barbara Szwek, Linda

Page et Rick Masters qui m'ont remplacé au bureau quand je partais pour m'amuser...
Lottie Brunn, John Webster, Robert Stuverud, Amy Adams, Rainbow Piper, Ken Chen et Todd Strong qui ont partagé leurs talents pour nos illustrations.
Rich Chamberlin pour son aide avec le glossaire.
Ann Freegood et tout le team de Random House pour leur foi et leur patience.
Le Conseil de l'Association Internationale des Jongleurs et beaucoup de membres qui m'ont aidé à dessiner le système des récompenses.
Ma mère qui me voyait médecin, et mon père qui aurait préféré me voir banquier, pour avoir accepté de me laisser être moi-même.

Et avant tout un grand merci à Thelma et Davy qui ont toléré les bruits de chutes quand papa apprenait à jongler et le grand silence quand il les ignorait parce qu'il écrivait ce bouquin.

Comme vous pouvez l'imaginer, un livre est un travail d'équipe. Je souhaite remercier spécialement Todd Strong qui a stimulé le projet avec ses propres manuscripts qui sont devenus les chapîtres sur le diabolo et le bâton du diable et également Allan Jacobs, ancien champion américain de jonglage qui m'a aidé par ses conseils et ses critiques. John Dobleman, Jonathan Whitfield, Mike Vandruska et Ken Burke ont tous apporté leur contribution à certains chapitres. Notre assistant pour la mise en page a été Tom Wetzel et le responsable artistique, Bruce Edwards a donné de la vie aux idées.

Dave Finnigan
«Professeur Confidence»
Edmonds, WA

Remerciements de l'éditeur.

à Claude Camredon pour son excellente traduction de la version française du présent ouvrage.

LA JONGLERIE

PLAISIR SIMPLE ET FACILE POUR TOUS

la méthode complète de

DAVE FINNIGAN
«Professeur Confidence»

Illustrations de Bruce Edwards

Traduction et adaptation française
de Jonglerie Diffusion S.A.

Le jonglerie et vous.

Le jonglage est une succession de défis. Le premier étant de lancer un objet d'une main dans l'autre en suivant une trajectoire précise. Quand vous savez lancer un objet, vous passez à l'échange de deux, puis vous jonglez avec trois. Dès que vous maîtrisez 3 objets, vous entrez dans un jeu d'une variété infinie, dont les limites sont votre propre imagination et dont ce livre vous en donne quelques exemples.

Jugglebug se consacre à la découverte du plaisir de la jonglerie pour le plus grand nombre. Tout le monde ou presque peut jongler. Ce n'est pas un art réservé aux gens du cirque mais une activité qui relaxe le corps et l'esprit et qui peut vous aider à découvrir ou entretenir votre coordination intérieure. Une fois que vous saurez jongler, vous n'oublierez pas les mouvements. Comme la natation, cela restera une aptitude toute votre vie. Vous pourrez emporter vos articles de jonglage n'importe où avec vous et pratiquer seul, avec un partenaire ou en groupe.

Un autre particularité du jonglage est son aspect rythmique et presque musical. Jongler pourra avoir sur vous le même effet calmant que la bonne musique. Pour beaucoup, jongler devient une sorte de méditation, intégrant l'esprit et l'activité corporelle.

La jonglerie est une activité artistique aux possibilités infinies. Le nombre de figures que vous ferez avec 2, 3, 4, 5 ou plus d'objets (balles, anneaux ou massues) et avec 2, 3, 4, 5 ou plus de partenaires parait sans limites. Chaque fois que vous découvrirez un tour, vous repousserez vos limites techniques. Après un mois, un an, ou une dizaine d'années de pratique, vous remarquerez vos progrès et vos prochains défis. Souvent ce qui paraissait impossible auparavant est devenu pratique courante et devant vous, vous avez un nouveau défi paraissant tout aussi impossible. Sans fin, la limite de l'horizon s'éloigne de vous. Les jongleurs se soutiennent. Chaque personne est à un niveau d'habileté déterminé par son talent et le temps et l'énergie passés à l'entraînement. Au contraire d'autres activités, vous pourrez dans le jonglage, planifier et contrôler vos progrès. Dès que vous maîtriserez la figure de base «cascade», vous serez capable de surmonter votre crainte de jongler devant un public. Perdre une balle par terre n'est pas un signe de maladresse mais de progression. C'est la preuve que votre développement technique est en cours.

Chez Jugglebug, nous suggérons que vous gardiez votre équipement avec vous en tout temps, dans votre sac à dos ou votre mallette de cadre dynamique. Un autocollant ou une épinglette vous identifiera facilement comme jongleur. Quand vous recontrerez un autre jongleur, n'hésitez pas à sortir votre matériel et à échanger vos expériences. Nous avons pour objectif de remplir les halls de gare, de bâtiments publics ou les stations service de jongleurs en activité !

Il existe des sports qui semblent favoriser l'impatience, parfois même un sentiment de frustration et dont la compétition acharnée ne laisse en fait que des perdants. Vous découvrirez que la jonglerie vous aidera à développer patience et confiance en vous et vous apprendra à collaborer en douceur avec vos semblables. Il n'y a pas de perdants dans la jonglerie car vous ne vous mesurez qu'à vous-même.

Jongler rend joyeux et libère de l'énergie et de la créativité qui procure immédiatement de la satisfaction, en plus des applaudissements ou des billets de banque qui apparaissent mystérieusement dans votre chapeau posé devant vous après un tour particulièrement réussi....

Si vous suivez la méthode Jugglebug, vous pourrez, avant de vous mettre au lit, annoncer fièrement à vos proches : «Génial, ...je sais jongler !» En l'espace d'un mois vous serez assez habile pour présenter votre premier spectacle et récolter les applaudissements et autres «oooh!», «aaah!» et «bravo» !

Avant que nous nous lancions dans cette aventure, précisons encore quelques points de base :

Point UN : Si, à tout instant, vous vous sentez déprimé, furieux et stupidement maladroit parce vous semblez répéter la même erreur, arrêtez-vous au moment de faire votre erreur. Puis fermez les yeux et pensez fortement à ce vous voulez réaliser. Si vous ne savez pas ce que vous faites faux, concentrez-vous sur ce que vous devriez faire. Imaginez-vous en train de réussir la figure voulue et visualisez-la. Puis, relaxez vos bras, relâchez vos épaules, respirez à fond, ouvrez les yeux et recommencez. Tel un plongeur de haut vol, le jongleur doit décider de tous ses mouvements avant de se lancer. Mais contrairement au plongeur, le jongleur restera sec, et ce ne sont que les balles qui risquent de tomber à plat sur le ventre !

Point DEUX : Il y a une progression naturelle dans ce bouquin et dans chaque chapitre. Plutôt que de sauter des pages, suivez les exercices du début à la fin de chaque chapitre et ne passez pas à l'exercice suivant avant de maîtriser celui que vous venez de découvrir. Ainsi vous éviterez de prendre de mauvaises habitudes. Si vous avez de la peine, reportez-vous en arrière à un exercice avec lequel vous êtes à l'aise et reprenez la progression.

Point TROIS : Restez concentré sur ce que vous faites et ne vous fiez pas trop à votre jugement et à votre esprit d'analyse une fois que les balles sont en l'air. Penser prend beaucoup trop de temps ! Soyez attentif à la figure que forment les balles et réagissez avec votre corps et vos sens. Concentrez-vous sur les moments que vous trouvez plus difficiles dans la figure et relaxez-vous sur les parties que vous maîtrisez bien. Si vous buttez sur le mouvement d'une figure, exercez les autres jusqu'à ce qu'ils soient parfaits avant de reprendre l'apprentissage de votre «bête noire».

Point QUATRE : Durant votre apprentissage, imaginez-vous dans une cabine téléphonique, dont les parois de verre sont très fragiles, avec un plafond à 40 cm au dessus de votre tête. Faites en sorte que vos balles ne heurtent pas les parois ni le plafond, sous peine de tout casser. Evitez d' être tenté de lancer très haut et de jongler le plus longtemps possible n'importe comment avant de contrôler parfaitement vos premiers mouvements, à l'intérieur de votre cabine téléphonique.
Carlo, auteur du livre «the Juggling Book» emploie le terme

«plan de parois» pour désigner la trajectoire de vos balles. C'est-à-dire que vos balles s'échangeront sur une surface verticale plane, semblable à une paroi, à environ 30 cm devant vous. Carlo désigne aussi la position de départ de vos mains de «plateau» se référant aux paumes ouvertes tournées vers le haut comme pour porter un plateau. Ces idées sont claires et utiles pour votre entraînement et nous y reviendrons plus avant dans ce livre.

Point CINQ : Vous serez tenté de compter surtout sur votre «meilleure main», la droite si vous êtes droitier et la gauche dans le cas contraire. Concentrez-vous particulièrement sur votre «autre main». Dès que vous avez appris un tour, refaites-le en prenant votre «autre main» comme guide. Vous constaterez que tous vos efforts avec votre «autre main» se transféreront facilement sur votre «meilleure main». L' inverse n'est que rarement vrai.

Point SIX : Terminez correctement. Soyez sûr de bien commencer et de bien finir une figure. Une belle fin est essentielle dans le processus d'apprentissage. Ne jonglez pas jusqu'à ce que votre figure s'écroule, décidez du nombre d'échanges et terminez selon votre plan, de manière précise.

Point SEPT : Jonglez avec un partenaire le plus souvent possible. Contrôlez-vous et encouragez-vous mutuellement. Toute personne qui a lu ce livre peut devenir un instructeur de jonglage. N'oubliez pas d'aider vos partenaires à rayer les mauvais mouvements de leur entraînement. Par exemple s' il lance trop en avant, mettez-vous devant lui et vous verrez qu'il améliorera ses lancers rapidement de peur de vous tranformer en «punching ball».

Point HUIT : Prenez des notes, contrôlez vos progrès. Un formulaire est placé pour exemple à la fin de ce livre. Avant chaque entraînement, fixez-vous un objectif. Décidez aussi des buts à atteindre plus généralement et rappelezvous que l'entraînement est la seule clé pour arriver à la perfection !

Assez parlé.... voyons la pratique !

Jongler avec les foulards

Bonjour tout le monde ! Je suis le Professeur Confidence et avec mon assistante Amy, nous allons vous apprendre à jongler à l'aide de foulards en nylon. Le foulard **MISTER BABACHE** est fabriqué spécialement pour vous permettre de faire des mouvements lents et détaillés et ainsi de bâtir facilement et de façon durable votre style.

La cascade

1ER EXERCICE : LANCER 1 FOULARD

pincez et tenez votre foulard par le milieu...

levez votre bras aussi haut que possible, au dessus de l'épaule opposée

lancez le foulard en l'air en ouvrant largement votre main comme pour dire au revoir...

levez l'autre main et, en passant par dessus le foulard,

attrapez-le... et ramenez-le d'un mouvement sec et descendant

ensuite continuez le mouvement du bras en relançant le foulard dans l'autre direction

Attrapez-le de haut en bas à nouveau

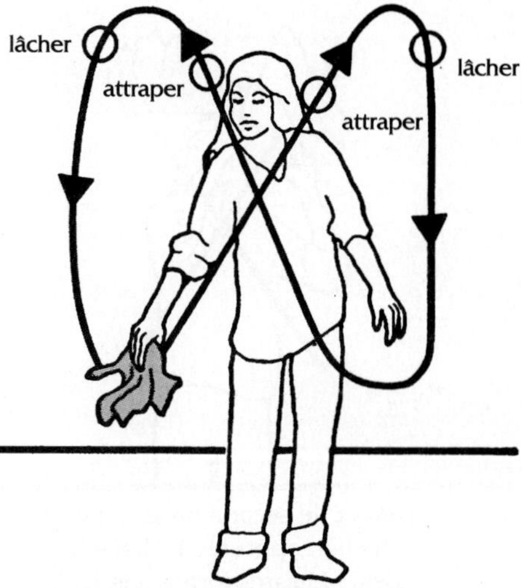

Répétez cette figure encore et encore en formant une figure de 8 renversé ou le signe ∞.

Maintenant : 2 foulards
Prenez un foulard dans chaque main que vous tenez par le milieu

Lancer le premier vers l'épaule opposée. Quand le foulard atteint son apogée...

Lancez le second foulard dans la direction opposée. La trajectoire des 2 foulards forme une croix devant votre poitrine.

Attrapez le 1er foulard d'abord, avec la main la plus proche, le 2ème ensuite.

On continue...

avec 3 foulards

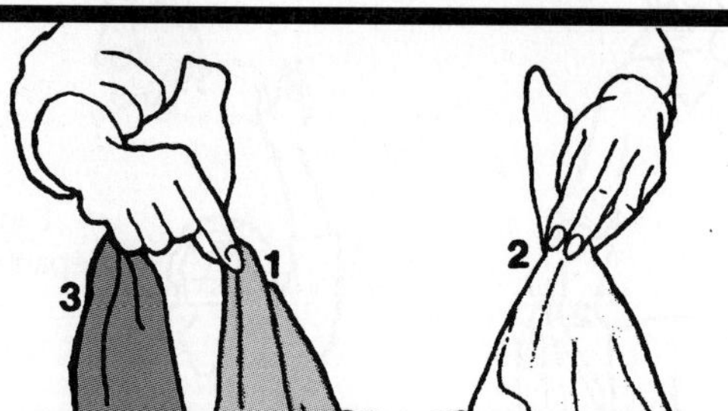

Prenez 1 foulard dans une main et 2 foulards dans l'autre, dont un par le bout des doigts. C'est celui que vous lancerez d'abord.

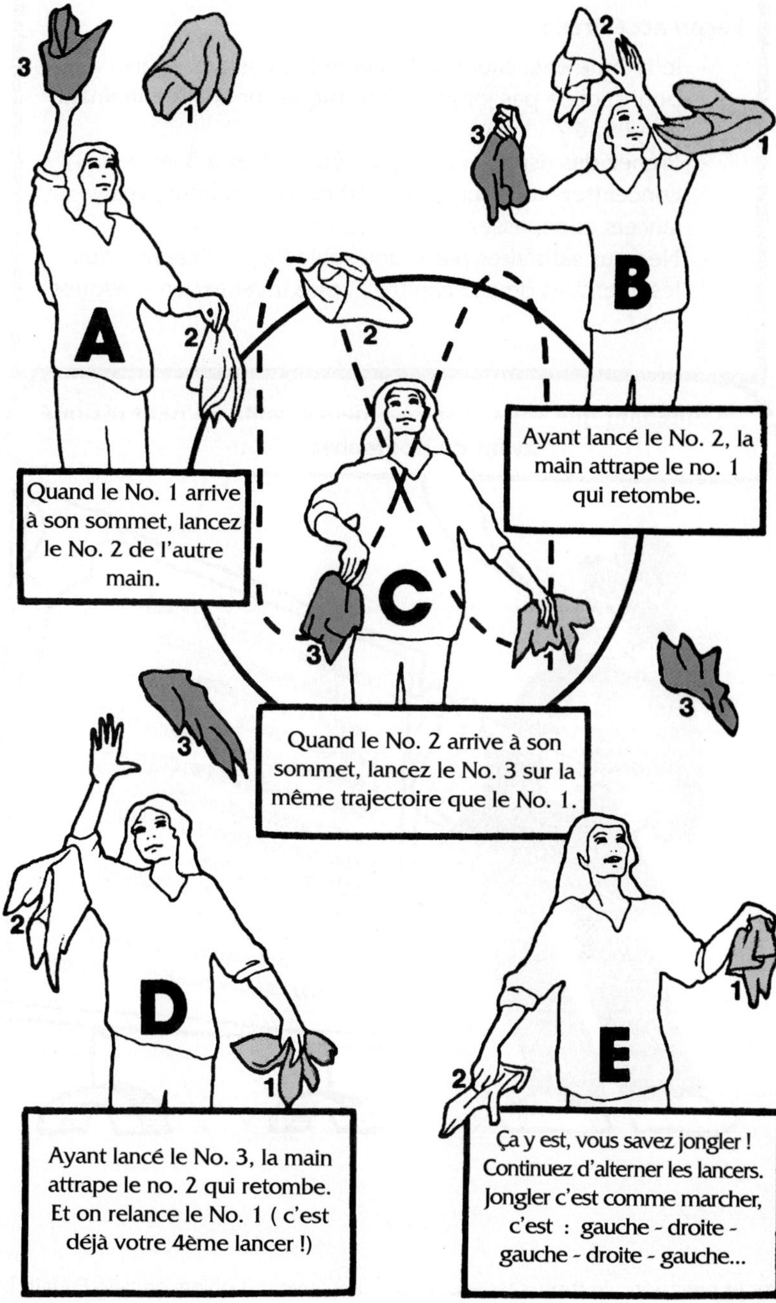

A
Quand le No. 1 arrive à son sommet, lancez le No. 2 de l'autre main.
B
Ayant lancé le No. 2, la main attrape le no. 1 qui retombe.
C
Quand le No. 2 arrive à son sommet, lancez le No. 3 sur la même trajectoire que le No. 1.
D
Ayant lancé le No. 3, la main attrape le no. 2 qui retombe. Et on relance le No. 1 (c'est déjà votre 4ème lancer !)
E
Ça y est, vous savez jongler ! Continuez d'alterner les lancers. Jongler c'est comme marcher, c'est : gauche - droite - gauche - droite - gauche...

Leçon accélérée :

- le rythme et la cadence facilitent le jonglage. Alors, pourquoi ne pas jongler en musique sur un air entraînant et rythmé ?
- Prenez des risques : dès que vous arrivez à 3 lancers, concentrez-vous sur 4, puis 10 ou 20. Comptez vos lancers et dépassez votre dernier résultat.
- Ne vous satisfaites pas d'une seule figure. Essayez tous les exercices de ce chapitre, ...puis inventez-en quelques uns !

Petite précision : le mot «cascade» implique souvent 3 objets en l'air. En fait, la plupart du temps il n'y en a qu'un, quelquefois 2, mais JAMAIS 3 !

La cascade renversée

Petite précision: pour l'instant, pour simplifier nous appellerons cette figure «le lancer par l'extérieur»

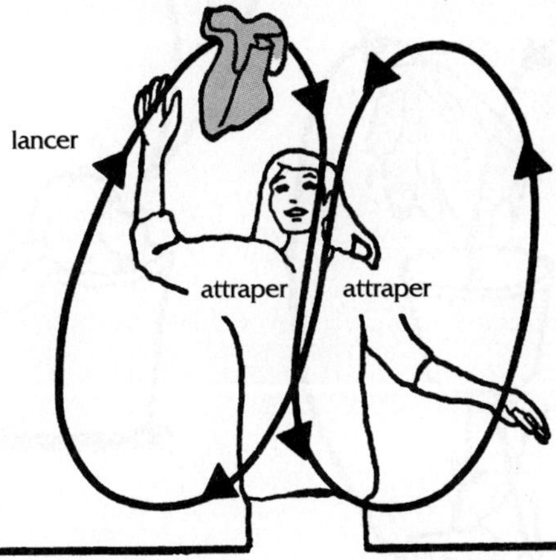

Lancez un foulard par l'extérieur et formez la figure 8 en rattrapant le foulard au centre et en le relançant par l'extérieur.

Avec 2 foulards (1 dans chaque main) : Lancez un foulard par l'extérieur. Quand il atteint son apogée, lancez l'autre par l'extérieur et rattrapez le premier en le redescendant par le centre. Puis attrapez le second et redescendez-le aussi par le centre.

Maintenant allez-y avec 3 foulards ! Imaginez que vous avez un seau devant vous, à hauteur des yeux. Commencez par la main qui tient 2 foulards et faites les mouvements de lancer par l'extérieur, en vous imaginant que les foulards, en redescendant passent dans le seau.
2
1
3

Les colonnes

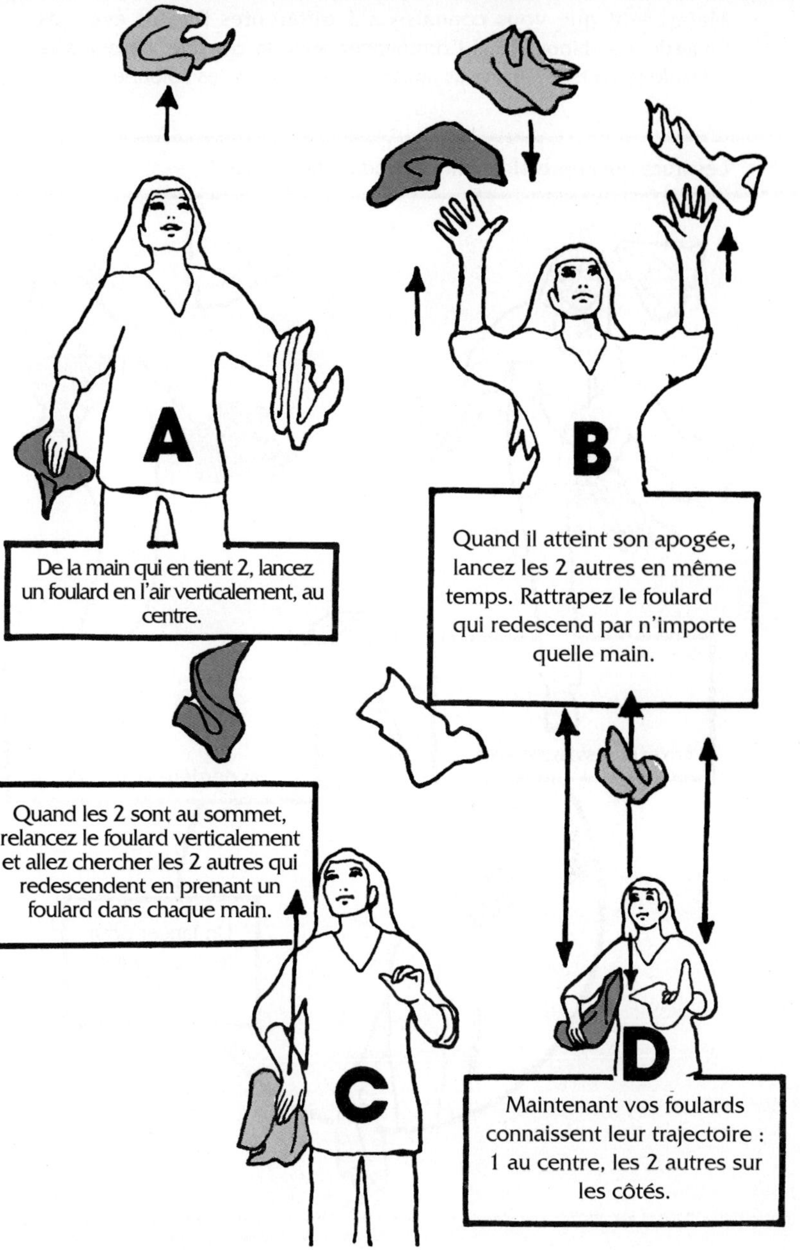

Les figures combinées

Maintenant que vous connaissez 3 différentes figures avec les foulards, combinons-les ! Commencez avec la cascade, passez à la cascade renversée sans vous arrêter et finissez par les colonnes.

Les trucs qui impressionnent ... pendant la cascade !

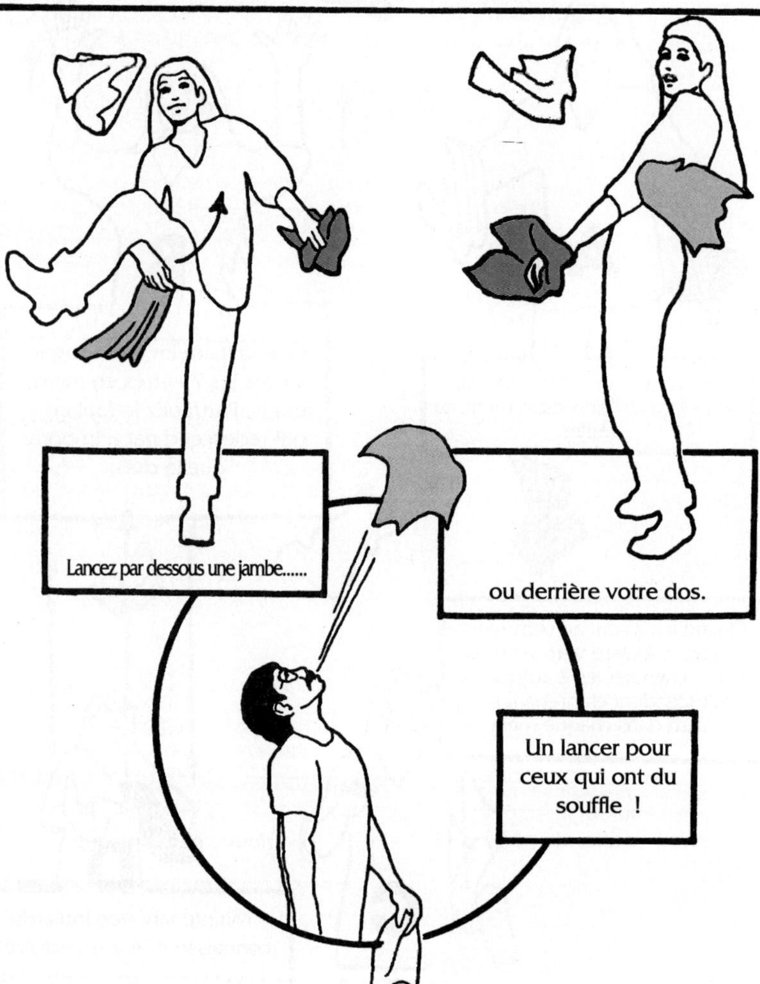

Le summum du jonglage avec foulards : 3 dans une main !
Les trucs : Mouvements amples mais rapides. Attrapez les foulards l'un après l'autre. Prenez celui qui est le plus bas. Il n'y a plus de figures précises, gardez simplement vos foulards en l'air ! Essayez la cascade, la cascade renversée et les colonnes.

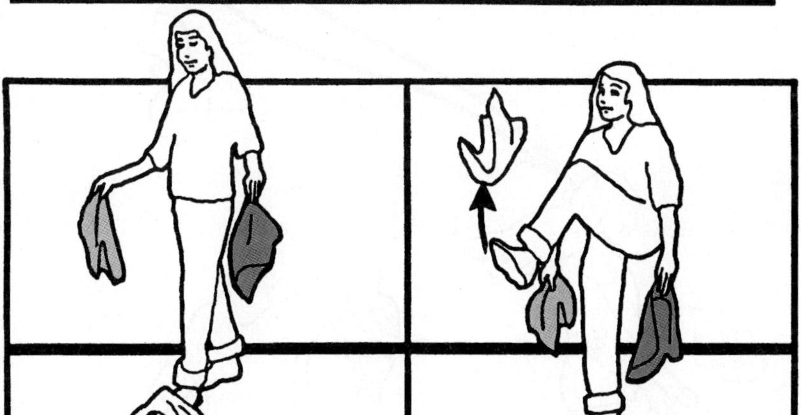

Un foulard par terre !
Soulevez le foulard avec le pied

et lancez-le d'un
mouvement brusque.

Un truc : dès que le foulard est relevé, lancez immédiatement un autre et commencez à jongler.

La pirouette : Vous faites les colonnes. Pendant qu'un foulard est en l'air, vous en gardez 2 en main, faites un tour complet sur vous-même et poursuivez la figure !

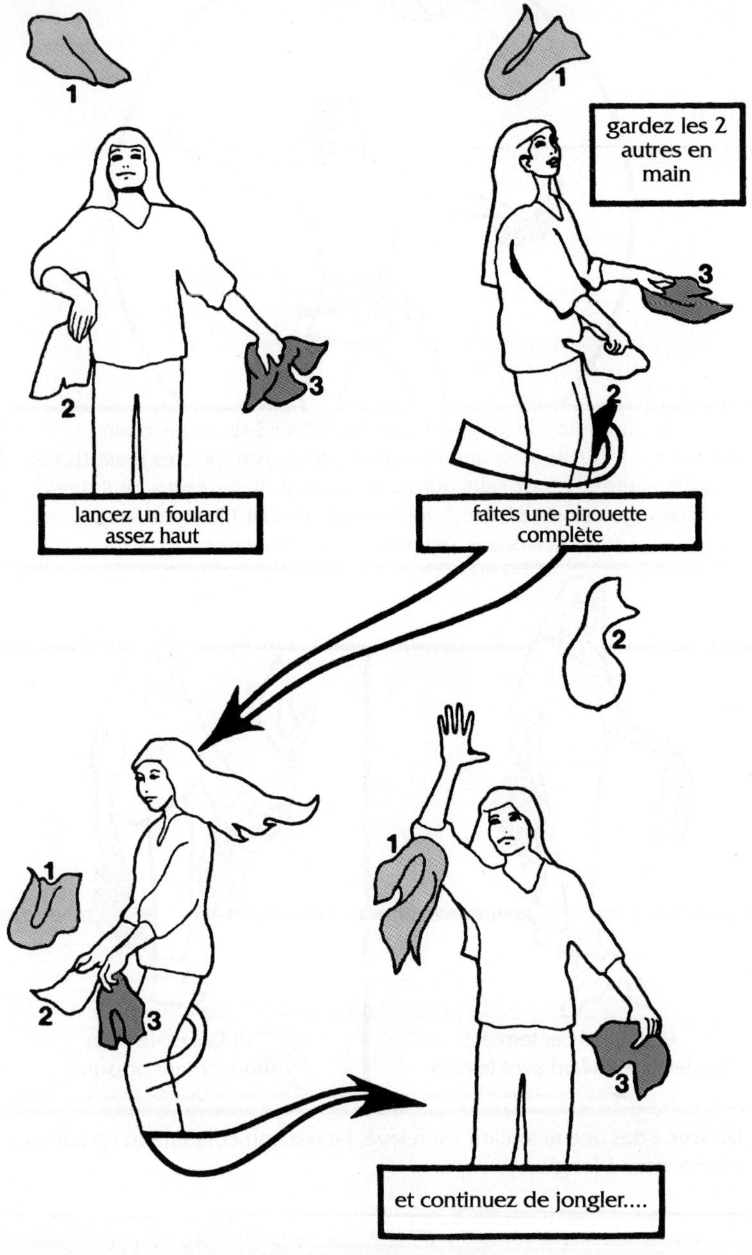

La douche

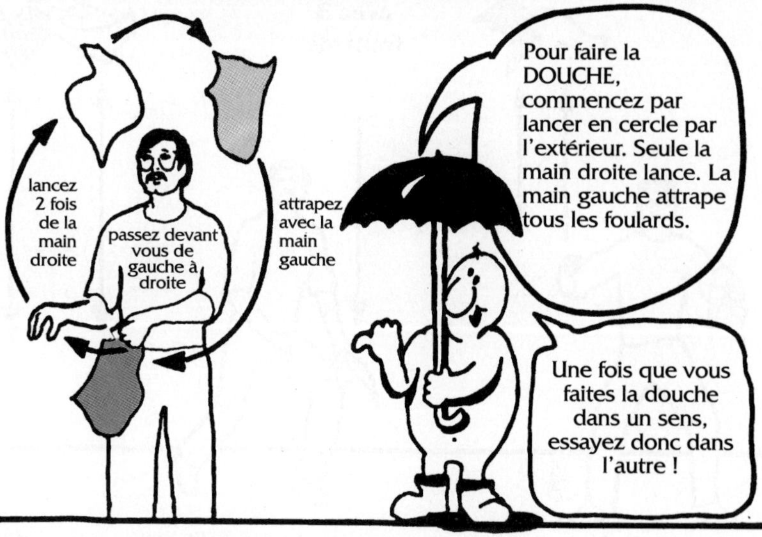

Un truc : commencez de lancer les 2 foulards qui sont dans votre main droite, puis passez le troisième qui est dans votre main gauche.

Une jolie combinaison :
Lancez 1 foulard assez haut, de la main droite. Avant qu'il ne redescende faites de grands cercles autour du foulard en l'air avec votre main droite tenant le 2ème foulard. Lancez ce même foulard quand le premier redescend et continuez de jongler en cascade.

Le grand écart

avec 3 foulards

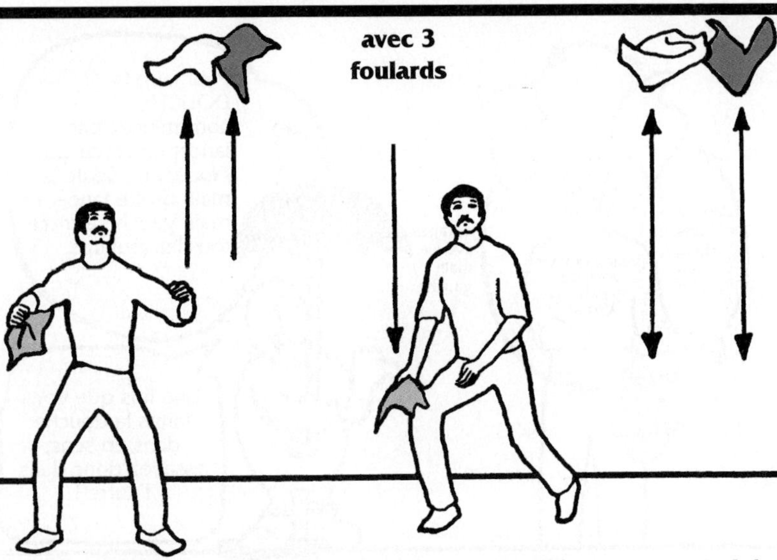

Lancez 2 foulards (1 dans chaque main) ensemble sur un côté. A leur apogée, faites un pas de côté et lancez l'autre. Puis retournez vers les 2 qui retombent et relancez-les au même endroit. Puis refaites votre pas de côté et relancez le solitaire etc. Impressionnant... mais facile !

avec 4 foulards

Maintenant faites le même exercice avec 4 foulards. Prenez 2 foulards dans chaque main. Penchez-vous à gauche et lancez 2 foulards, (un de chaque main) puis penchez-vous à droite et lancez les 2 autres foulards. Retournez à gauche rattrapez les 2 premiers foulards et relancez-les immédiatement. Puis faites de même avec les 2 de droite.

4 foulards simultanément

Lancez 2 foulards (un de chaque main) par l'extérieur vers le centre. A leur apogée, lancez les 2 autres sur le même chemin. Rattrapez les 2 premiers par le centre et relancez-les par l'extérieur. etc

4 foulards décalés

Lancez le foulard 1 de la main droite, par le centre vers l'extérieur. Puis rapidement lancez le 2 de la main gauche. Dès que possible lancez le 3 de la main droite, rattrapez le 1 de la même main, puis lancez le 4 de la main gauche et rattrapez le 2. La suite est assez facile, il suffit d'alterner «lancer - rattraper» de la main droite avec «lancer - rattraper» de la main gauche. Mais ça va vite !

Jongler avec un partenaire (avec 3 foulards)

Considérez chaque personne comme UNE main d'UN jongleur.

Imaginez que vous avez un filet à hauteur de poitrine entre vous deux.

Face à face. Chacun met une main de côté. Une personne a 2 foulards, l'autre 1 seul.

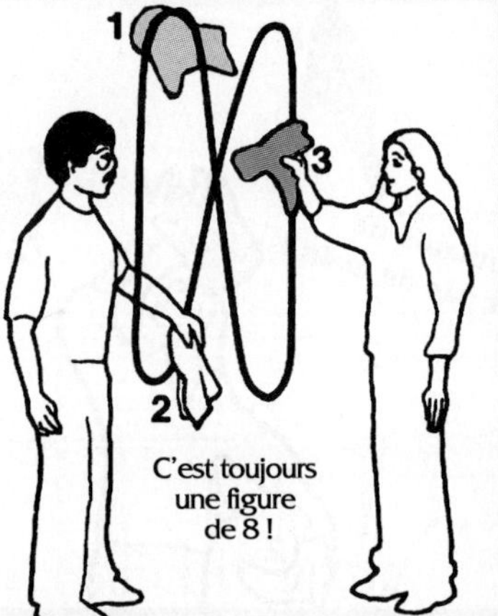

La personne avec 2 foulards commence le lancer, en direction du partenaire. Quand son 1er foulard est en haut, l'autre personne lance son foulard. Puis chacun lance un foulard à tour de rôle.

Côte à côte

Mettez-vous côte à côte. Une personne prend 2 foulards, l'autre 1 seul. Seules les mains extérieures travaillent !
La personne avec 2 foulards commence le lancer.

Vous formez une créature jongleuse avec 2 têtes, 2 mains et 4 pieds !

Jongler avec 6 foulards... et un partenaire !

Maintenant vous utilisez toutes vos mains !Une personne tient 4 foulards (2 dans chaque main) et l'autre 2 foulards (1 dans chaque main)

Surprise ! C'est toujours la figure de 8 !

La personne avec 4 foulards en lance 2 (1 de chaque main) dans la direction du partenaire.

pensez au filet imaginaire !

Quant ils sont à mi-chemin, le partenaire lance ses 2 foulards par dessous. Puis vous alternez les lancers (toujours 2 foulards à la fois) : à toi - à moi - à toi - à moi.

Nous certifions que

____

a réussi avec succès les tests de jonglerie à 3 foulards.
Ce nouveau jongleur est dès lors habilité à répandre

l' ART de la JONGLERIE

dans tout l'univers.

MISTER BABACHE

La figure de base de la jonglerie

LA CASCADE

Exigences de maîtrise

Jonglez à TROIS balles ou balles à grains pendant au moins 20 lancers sans perdre de balle. Terminez l'exercice de belle manière. Prouvez votre habileté devant au moins 3 témoins qui devront la confirmer sur le formulaire se trouvant dans les annexes de cet ouvrage.

Envoyez le formulaire à Jonglerie Diffusion S.A. - Case postale CH 1232 Confignon/Genève - Suisse avec une enveloppe-réponse affranchie à votre nom.

Dans les 2 à 3 semaines vous recevrez une épinglette confirmant votre maîtrise.

on commence ...

La cascade

C'est la figure de base de la jonglerie. Relativement simple, elle est utilisée par tous, même par les jongleurs confirmés comme excellent moyen de relaxation et d'entraînement. Comme la plupart des exercices d'adresse, la jonglerie s'apprend mieux en découpant les mouvements, et la clé de la réussite reste la répétition régulière de ces mouvements. N'hésitez pas à tenter le prochain geste. Essayez-le donc encore, jusqu'à la maîtrise du mouvement.

1er exercice : une balle

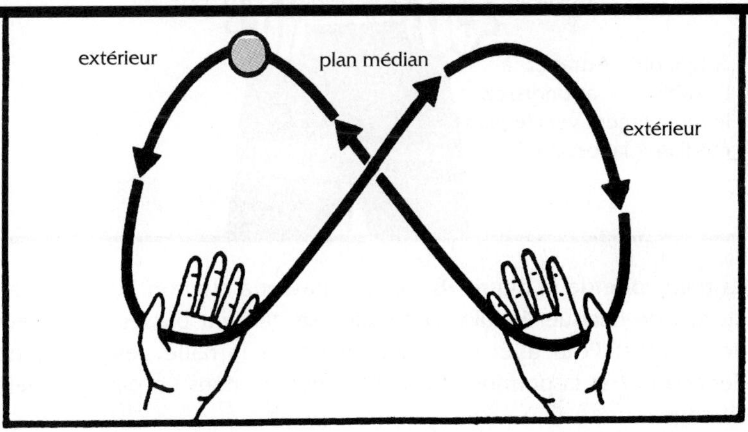

Prenez UNE balle. Le lancer se fera par le bas, d' un mouvement arrondi , de l'extérieur vers le plan médian et vous lâcherez la balle à mi-corps. La trajectoire de la balle l'amènera à l'espace extérieur opposé où elle sera attrapée par l'autre main, qui à son tour, ramènera la balle vers le plan médian et la lancera. Vous formez ainsi une figure de «8» renversé (ou le signe de math. infini)

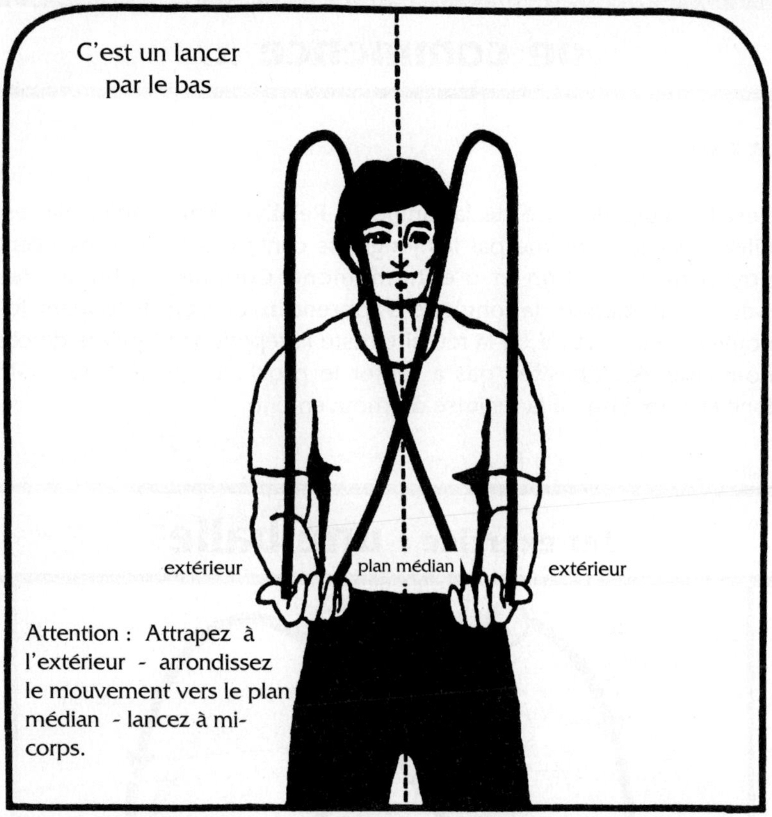

La trajectoire de la figure «8» devrait passer à environ 30-40 cm au dessus de chaque épaule. Les mains se gardent basses, à hauteur de la taille. Pour aller chercher ou lancer la balle, les mains ne dépassent pas la poitrine. La balle «voyage» dans un plan parallele au corps.

Lorsque vous arriverez à dessiner dans l'espace une belle figure de «8», régulière, sans vous arrêter, sans bouger vos mains dans tous les sens, vous aurez passé votre premier test de jonglage. Vous pouvez passer au 2ème exercice.

2ème exercice : début et fin

Prenez une balle dans chaque main et maintenez-la par l'annulaire et l'auriculaire repliés. Il doit y avoir dans l'espace formé par les 3 autres doigts un «nid» pour une autre balle.

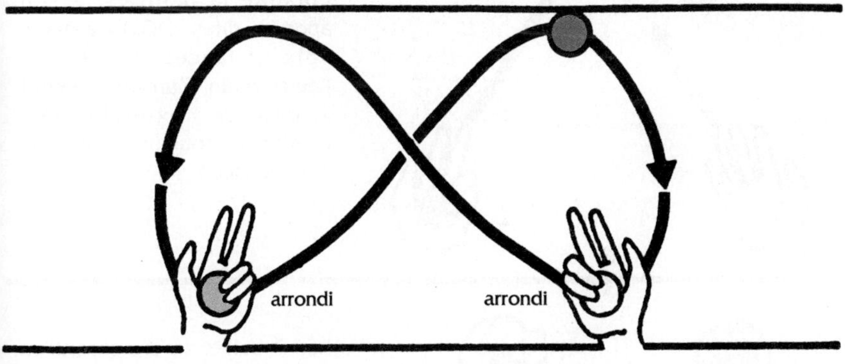

Prenez une 3ème balle et lancez-la, en suivant la méthode du 1er exercice de nid en nid.

Rappelez-vous la figure «8». Vous ne jonglez pas encore. Pour l'instant nous nous échauffons pour apprendre comment débuter et finir les figures de base. Quand vous arriverez à lancer une balle de nid en nid au moins 10 fois sans la lâcher, vous pouvez attaquer le 3ème exercice.

3ème exercice : échange de balles

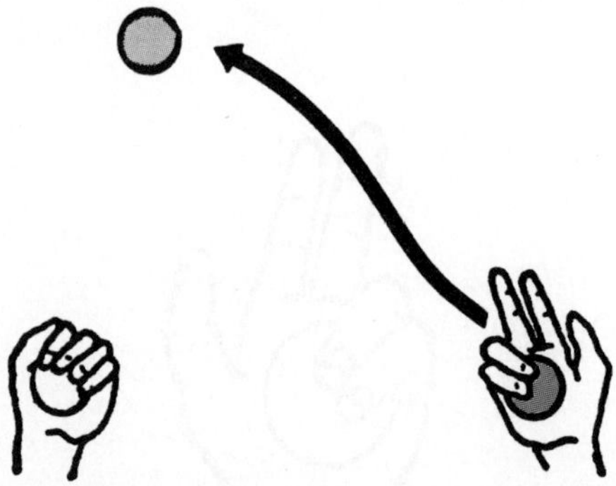

Tenez 2 balles dans votre «meilleure main» et une dans l'autre.

Lancez une balle de votre «meilleure main» en direction de l'autre (comme le 1er exercice) et dites «UN» à haute voix.

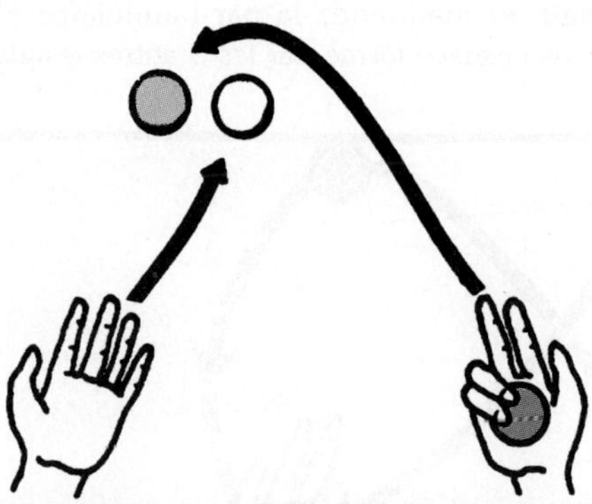

Lorsque la balle est à son apogée, dites «DEUX» à haute voix et lancez la balle de l'autre main d'un mouvement arrondi de l'extérieur vers l'intérieur (toujours comme le 1er exercice)

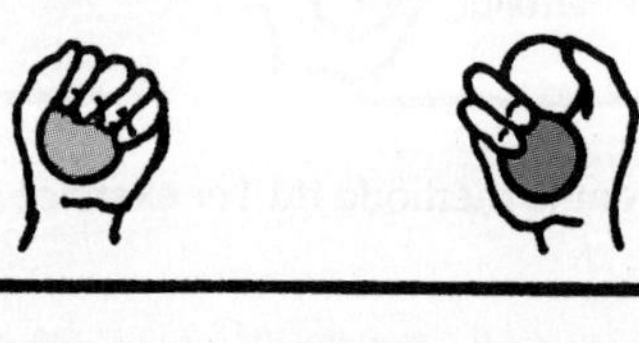

Les 2 balles se croiseront en l'air et changeront de main.

Quand vous pourrez changer de main 10 fois sans perdre de balle, voyez la suite au 4ème exercice.

4ème exercice :

on continue... et on jongle !

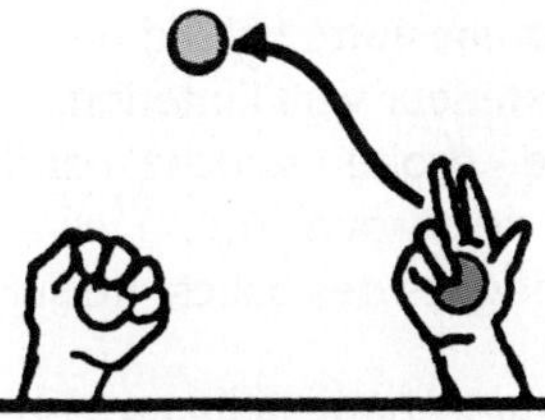

On recommence, par la «meilleure main» qui tient 2 balles. Lancez la première balle et dites «UN»

Quand la balle «1» est à son apogée, lancez la balle de l'autre main et dites «DEUX».
Rattrapez «1» dans l'autre main.

Quand la balle «2» est à son apogée, lancez la 2ème balle de la «meilleure main» et dites «TROIS». Rattrapez «2» dans la «meilleure main».

Quand la balle «3» est à son apogée, lancez la balle qui est dans l'autre main et dites «QUATRE» Rattrapez «3» dans l'autre main.

Quand la balle «4» est à son apogée, lancez la balle dans la «meilleure main» et dites «CINQ».

et ainsi de suite ... continuez de lancer et de compter.

Attention : une fois que vous maîtrisez ces lancers, essayez de débuter avec 2 balles dans votre moins bonne main. Vous devrez être capable de débuter et finir avec 2 balles dans n'importe quelle main.

UN RAPPEL

1. Commencez par la main qui tient 2 balles.
2. Chaque fois qu'une balle est au sommet de sa courbe, son apogée, lancez une autre balle d'un mouvement arrondi de l'extérieur vers l'intérieur.
3. Alternez les lancers gauche - droite - gauche - droite
4. Lancez à la même hauteur de chaque côté.
5. Concentrez-vous sur les apogées des balles, ne suivez pas vos mains.
6. Comptez à haute voix. Ou alors dites gauche - droite - gauche - droite
7. Quand vous décidez de vous arrêter, retenez la balle dans le nid créé par vos 3 doigts libres.
8. Rappelez-vous que chaque balle doit suivre une trajectoire de figure «8»
9. Gardez les balles sur un plan parallèle à votre corps
10. Il y a toujours une seule balle qui vole dans l'air, et une qui s'envole.
11. Commencez lentement. Attendez de maîtriser le contrôle des apogées. Lâcher une balle n'est pas grave, c'est simplement une preuve de progression !
12. Plus tard, arrêtez de compter et descendez l'apogée au niveau de vos yeux. C'est le début de la maîtrise en jonglerie.

Maintenant que vous connaissez la figure classique dite «cascade», vous avez passé le test le plus difficile. BRAVO !
Vous pouvez dès lors songer aux astuces !

Jongleur à 3 balles

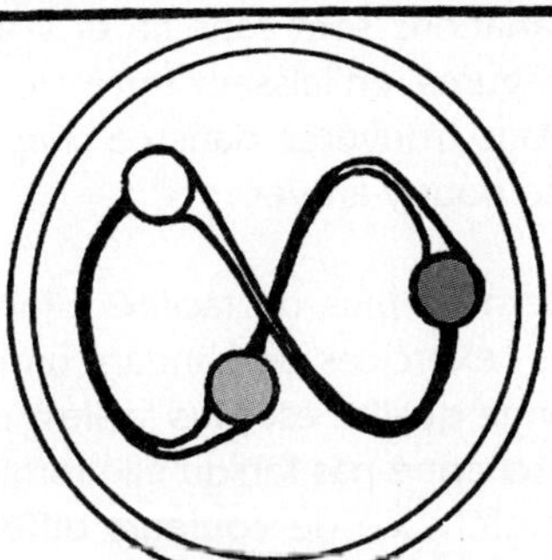

Exigences pour l'obtention du certificat de maîtrise (se pratique avec des balles ou des balles à grains)

1. la cascade : (20 lancers en variant votre trajectoire de basse à haute, de large à étroite)
2. la cascade renversée : (20 lancers en variant votre trajectoire de basse à haute, de large à étroite)
3. les pattes de chat : (10 lancers en utilisant le mouvement de pinces avec les 2 mains)
4. la douche : (10 lancers de droite à gauche, 10 lancers de gauche à droite)
5. 2 dans une main : diverses figures (9 lancers de chaque main)
6. 3 arrêts et un début fantaisie.
7. 2 rattrapages
8. cascade avec au moins 10 fois un rebond au sol (avec balles rebond)
9. arrêt sur la nuque, et poursuivre.
10. lancer sous la jambe (chaque main sous chaque jambe)
11. A choix :
    - a) derrière le dos (chaque côté) ou
    - b) par dessus l'épaule (chaque côté) ou
    - c) the yo-yo (chaque côté) ou
    - d) le tennis du jongleur (chaque côté) ou
12. A choix :
    - a) statue de la Liberté (11 lancers) ou
    - b) le tambour (12 lancers)
    - c) chute contrôlée (12 lancers)

Jonglerie à 3 balles pour avancés

Ce chapitre vous présente les figures les plus importantes avec 3 balles. En fait les variations sont sans fin et vous développerez vous-même vos propres figures, en laissant faire votre intuition et votre plaisir de jongler. Vous trouverez dans ce chapitre les informations et les exercices de base pour y arriver.

Vous aurez probablement plus de facilité à jongler avec des balles à grains (sauf pour les exercices demandant un rebond avec le sol) La balle à grains de bonne qualité est plus facile à rattraper, permet d'être comprimée et ne s'échappe pas lorsqu'elle tombe sur le sol.
Choisissez-les de préférence de couleurs différentes pour faciliter la compréhension des trajectoires. Plus tard vous pourrez acheter des balles à la trajectoire plus précise (dite «balles de scène).Voir dans l'annexe la description du matériel proposé.

Attention : Comment apprendre ?

Dans ce chapitre, nous poursuivons la méthode qui consiste à découper les figures en mouvements simples et à les reconstituer lancer par lancer. Soyez bien certain de comprendre cette méthode et mettez-la vous-même en pratique. Elle vous permettra de devenir votre propre professeur, de découvrir et maîtriser les figures les plus complexes.

Maintenant que vous maîtrisez la figure de base : la cascade, veillez à :

- instruire quelqu'un d'autre afin d'affiner votre propre compréhension.
- changer vos trajectoires : jongler haut, puis bas, puis large puis très rapproché.
- prendre l'habitude de regarder par delà votre exercice. Fixez un point loin devant vous pendant que vous jonglez.
- jongler en marchant, en courant ou en parlant, en chantant.

La cascade renversée

La cascade renversée est l'inverse de ce que vous savez déjà : on lance par le haut et par l'extérieur et rattrape au milieu, tout en veillant à ce que la trajectoire forme toujours une figure de «8» renversé.

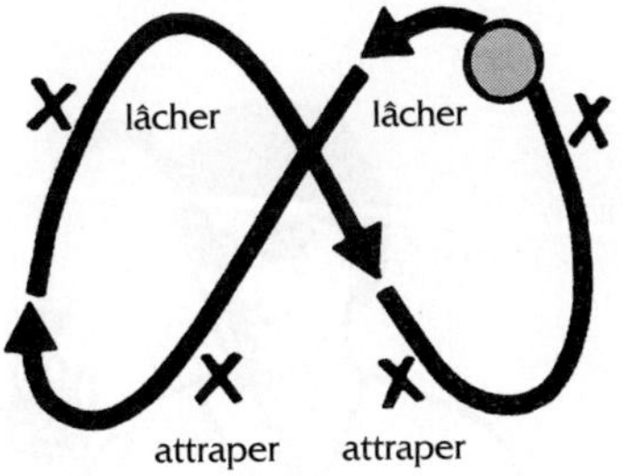

Commencez par lancer UNE balle par l'extérieur. Lâchez la balle à hauteur d'épaule et rattrapez-la, de la main opposée, à hauteur de taille.

Dès que vous réussirez l'exercice, prenez vos 3 balles et lancez la première de la main qui en tient deux. Dès qu'elle aura atteint son apogée, lancez la seconde, de l'autre main, par dessus. Les balles auront changé de main.

Vous pouvez maintenant continuer de lancer la balle opposée dès qu'une balle atteint son apogée. Lancez toujours par l'extérieur, par dessus la balle précédente et concentrez-vous sur le sommet des trajectoires.

Patte de chat

La patte de chat implique que vos mains soient ouvertes face au public pour recevoir la balle. En fait vous descendez la balle devant vous et la lancez d'un mouvement arrière du poignet.La réception se fait main ouverte à hauteur d'épaule, et la descente par un mouvement de bacule de l'avant-bras vers l'avant, jusqu'à votre taille, paume de la main vers le bas.

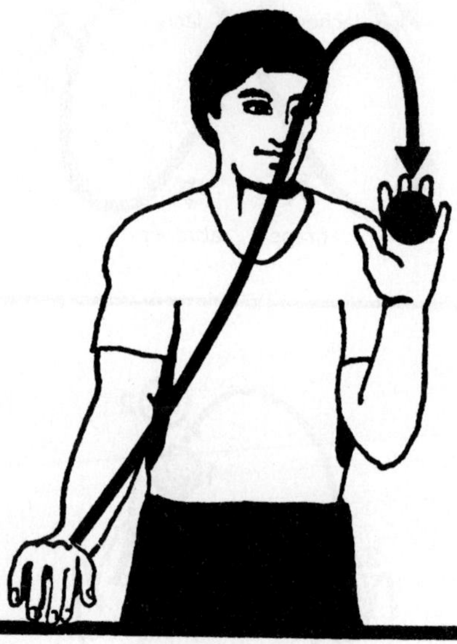

Essayez le mouvement avec UNE balle d'abord, en la lançant par un mouvement arrière du poignet qui va ouvrir votre paume de main. Puis montez à hauteur d'épaule pour réceptionner le prochain lancer.

Dès que vous pourrez lancer la balle plusieurs fois de manière uniforme, prenez vos 3 balles.Faites attention de garder vos mains aussi basses et la balle aussi près de votre corps que possible. Ramenez la balle vers vous à chaque lancer.

Cette figure doit se faire en rythme et idéalement on exagère les mouvements de rattrapage et de descente de la balle pour donner l'illusion qu'un «chat» jongle.

Vous êtes probablement à un tournant de votre apprentissage. Vous commencez à en sentir les effets bienfaiteurs. L'art de la jonglerie est un magnifique voyage physique et psychique. Continuez, il y a encore tellement d'exercices à maîtriser !

Deux balles dans une main !

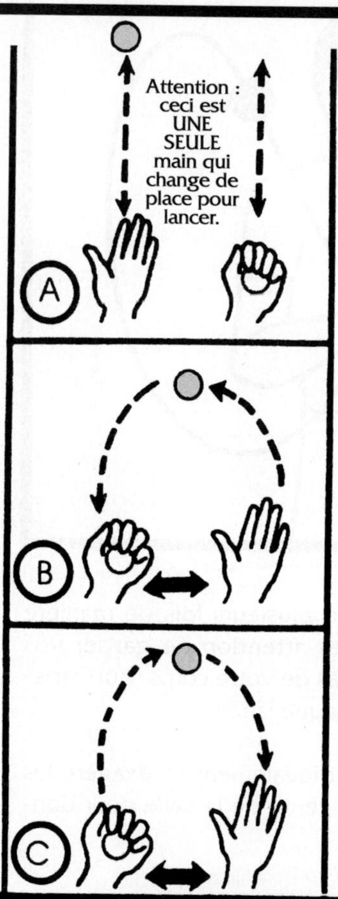

On lance les deux balles alternativement de la même main. Le tempo est le même que pour la cascade. Chaque fois qu'une balle est à son apogée, on lance la suivante. Concentrez-vous sur le sommet des trajectoires.

Lancez les balles en colonne (dessin A) ou en parabole de l'intérieur vers l'extérieur (dessin B) ou, à l'inverse en parabole de l'extérieur vers l'intérieur (dessin C)

Gardez les balles dans un plan parallèle à votre corps. Variez les hauteurs des lancers. Contrôlez les mouvements gauche-droite de vos mains, pas de mouvements avant-arrière.

La douche

Ce mouvement est souvent le seul que l'on croit connaître. Une main lance toutes les balles, l'autre les rattrape toutes. Les balles ont une trajectoire en cercle par dessus la tête du jongleur.

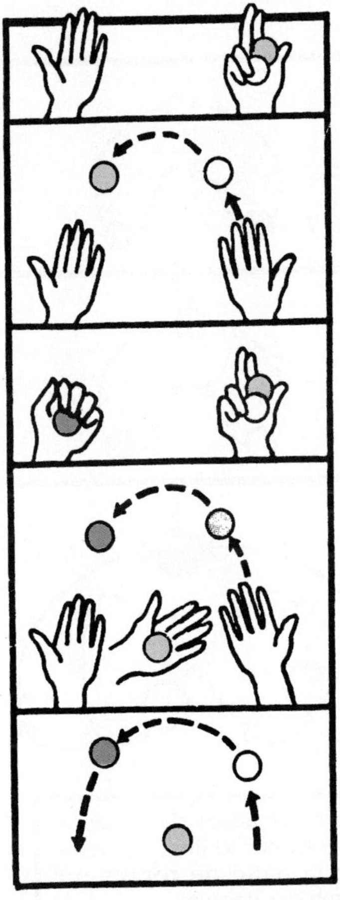

Commencez avec DEUX balles dans votre «meilleure» main. Lancez-les l'une après l'autre rapidement de façon à avoir les 2 balles en l'air avant de rattraper la première dans l'autre main. Répétez au moins 10 fois.

Mettez une 3ème balle dans l' «autre» main. Lancez les 2 de votre «meilleure» main rapidement, et assez haut, et, avant de récupérer la première, passez la 3ème balle de votre «autre» main dans votre «meilleure» main, qui va lancer.

Précision et rapidité des mouvements sont la clé de la réussite de l'exercice. Au début, lancez aussi vite que possible. Dès que vous réceptionnez une balle, passez la dans votre «meilleure» main dès que possible.

Puis chaque fois qu'une balle arrive dans votre «autre» main, passez-la dans votre «meilleure» main, qui va lancer.

Le tennis du jongleur

Maintenant que vous savez lancer PAR DESSOUS (la cascade) et PAR DESSUS (la cascade renversée) nous allons combiner les 2 lancers.

Avec UNE balle : passez une balle de gauche à droite, en la lançant par en bas de la main gauche et par dessus de la main droite.

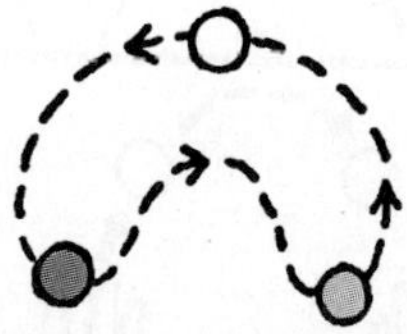

Puis inversez le sens de rotation et lancez par en bas de la main droite et par dessus de la main gauche.

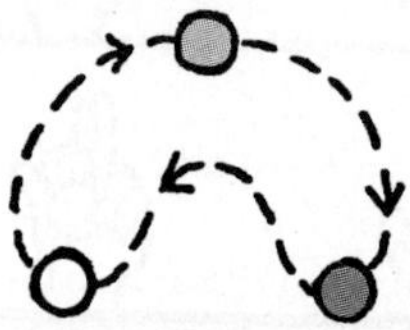

A TROIS balles : Commencez une cascade normalement et lancez les 2 premières balles comme vous le savez. La 3ème balle cependant sera lancée par dessus les deux autres et à sa réception sera renvoyée également par dessus les deux autres. Vous ferez une cascade avec 2 balles et des allers et retours par dessus avec la 3ème !

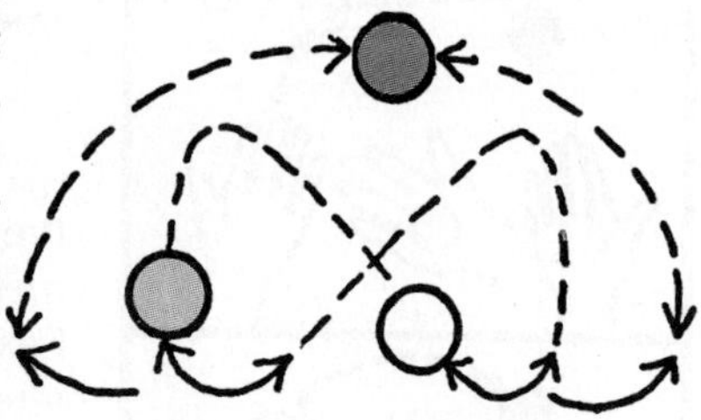

Les deux balles de la cascade forment le filet. La 3ème est la balle de tennis qui passe par dessus.

Quelques idées pratiques pour l'entraînement :

- rappelez-vous de vous fixer un but avant chaque entraînement
- avant la séance, n'oubliez pas de faire un peu d'étirement et d'assouplir vos muscles
- garder une bonne position, dos droit et poitrine sortie
- essayez de jongler sur un tapis ou sur du sable pour protéger votre équipement
- préférez de la musique avec un rythme marqué et régulier
- commencez toujours par des figures que vous connaissez bien avant de vous lancer dans de l'improvisation ou de la découverte
- si possible faites-vous filmer en vidéo et regardez le résultat, jonglez en face d'un miroir
- gardez bien ces messages en tête :

1. lâcher une balle est un signe de progrès
2. toucher la balle est aussi bien que l'attraper si vous suivez la trajectoire
3. chaque entraînement se termine par une figure réussie
4. tout devient possible avec un bon plan, de l'entraînement et votre engagement de bien faire

Le Yo-Yo (et le Oy-Oy)

Dès que vous savez jongler avec 2 balles d' une main, vous pouvez vous amuser avec de nombreuses figures :

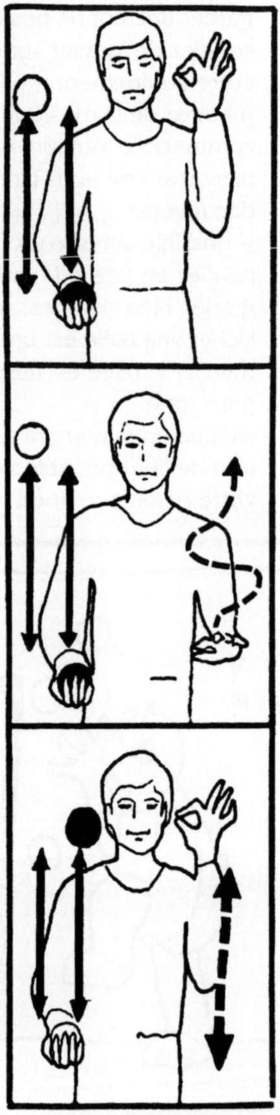

1. Jonglez en colonnes, de votre «meilleure» main avec 2 balles. Appliquez-vous à garder chaque balle dans sa propre trajectoire verticale. Levez votre «autre» main, à hauteur de visage et gardez-la en vue, sans la bouger.

2. Commencez à faire des mouvements de votre choix avec votre «autre» main, sans cesser de jongler avec votre «meilleure» main.

3. Concentrez-vous enfin sur une des balles qui fait l'ascenseur et suivez-la avec votre «autre» main, d'un mouvement semblable, absolument parallèle.

4. Maintenant, avec une balle dans votre «autre» main, vous pouvez reprendre le même exercice. Ces deux balles vont faire exactement le même trajet, comme si elles étaient reliées entre elles. C'est la figure du YO-YO.

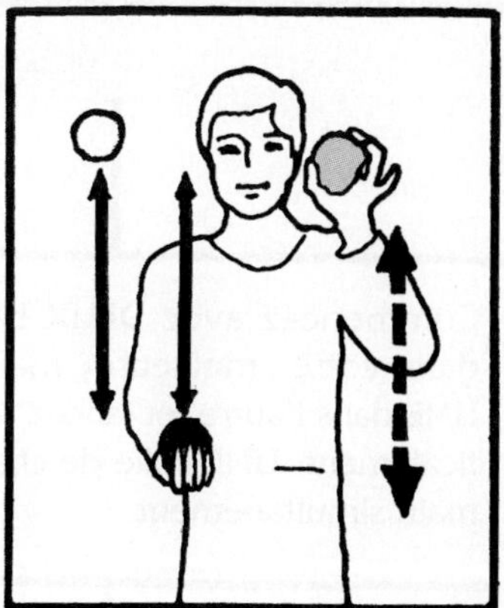

5. Pour le OY-OY, amenez la balle qui reste dans votre «autre» main au dessus d'une des balles qui poursuivent leur rythme d'ascenseur. Suivez avec votre «autre» main, le mouvement vertical d'une balle à une courte distance. Vous donnerez l'illusion que les balles sont retenues par un fil et que votre «autre» main soulève la balle jonglée.

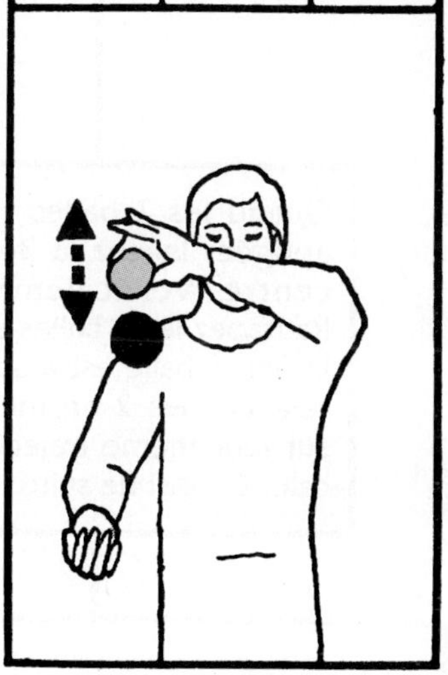

Ces figures qui incluent une balle tenue et deux balles jonglées d'une main sont relativement simples à exécuter. Toutefois elles sont très impressionnantes, et dérouteront votre public qui réagira de façon spectaculaire.

Les colonnes

Commencez avec DEUX balles dans votre «meilleure» main et UNE dans l'autre, et lancez verticalement UNE balle de chaque main simultanément.

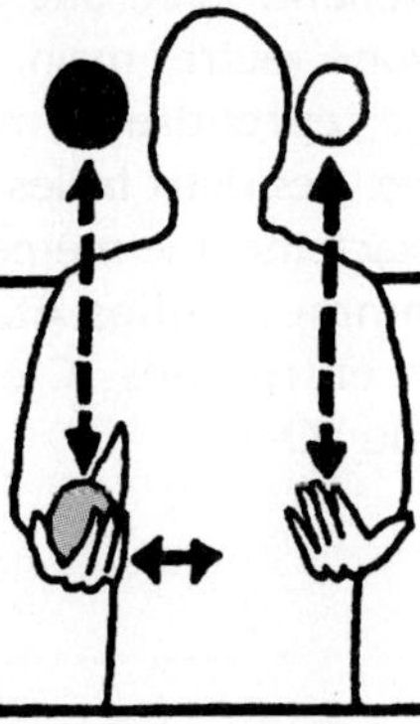

Quand les 2 balles sont à leur apogée, lancez la 3ème par le centre, verticalement aussi. Rattrapez les 2 balles et, dès que la 3ème balle est à son apogée, relancez les 2 en même temps sur leur même trajectoire verticale. Et ainsi de suite...

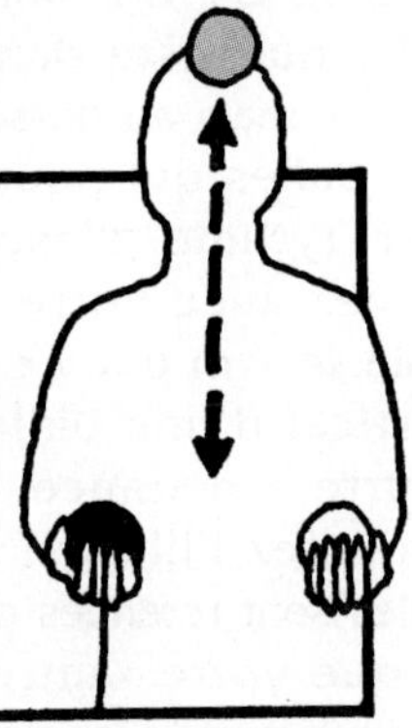

Les variantes : la colonne gothique : Quand vous aurez maîtrisé l'exercice, lancez les 2 balles en les faisant se croiser par dessus votre tête. Les balles changeront de main. Pour éviter qu'elles s'entrechoquent, avancer une main et reculer l'autre avant le lancer.

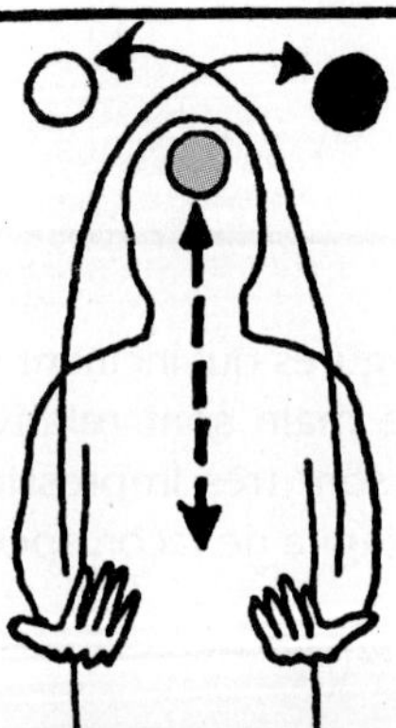

Le contrôle des lancers verticaux avec changements de main, vous ouvre de nouvelles figures passionnantes :

le bisou : c'est la même figure que la colonne gothique mais en prenant soin que les balles s'entrechoquent à leur apogée. Elles retomberont dans les mains qui les ont lancées. Veillez à lancer les balles en même temps et avec une force identique.

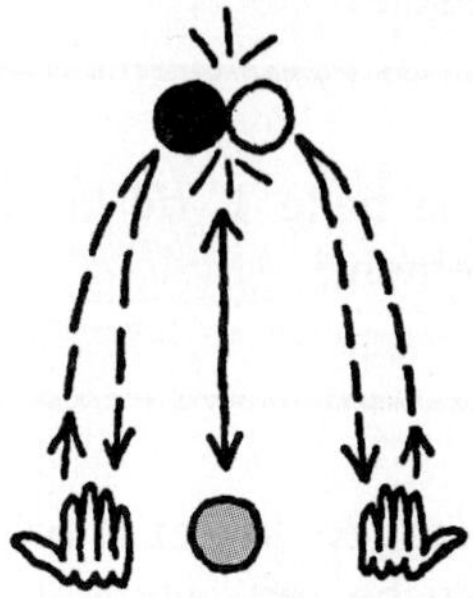

la collision : commencez avec DEUX balles seulement. Lancez-les en même temps l'une contre l'autre, vers le haut. Elles formeront une parabole et retomberont dans les mains qui les ont lancées. Puis introduisez la 3ème balle dans le jeu en la lançant simplement d'une main vers l'autre.

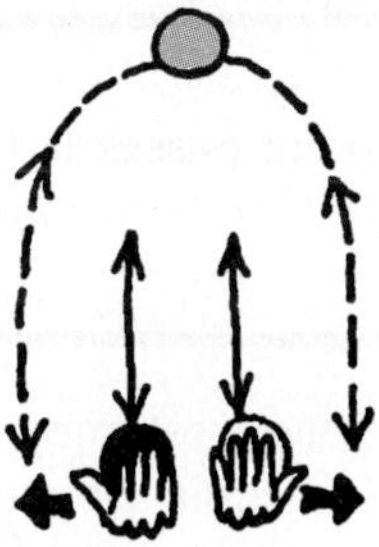

le tennis en colonnes : chaque main lance UNE balle verticalement et la 3ème balle est lancée par dessus et fait le va-et-vient entre les deux mains.

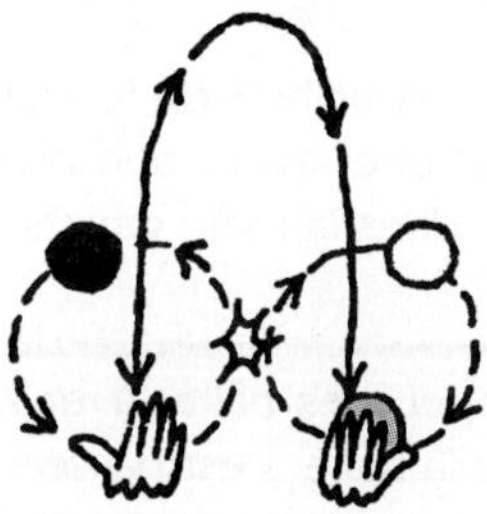

La scie

Commencez avec 2 balles dans la main droite et 1 dans la main gauche. Suivez avec les références des dessins comme suit :

Lancez la balle 1, de la main droite verticalement.

A son apogée, lancez la balle 2, de la main gauche verticalement aussi, et...

simultanément passez la balle 3, de la main droite dans la main gauche.

Quand la balle 1 retombe dans la main droite, relancez-la de suite verticalement, et...

retournez la balle 3 de la main gauche dans la droite, avant que la balle 2 ne retombe dans la main gauche.

Rappel : les balles 1 et 2 sont lancées verticalement tandis que la balle 3 est passée de main à main.

Voyons ce qui va se passer si vous mettez la SCIE dans la DOUCHE !

1. Commencez par faire la douche de droite à gauche.

2. Lancez votre dernière balle verticalement....

3. Puis soudainement changez de côté votre douche et jonglez de gauche à droite.

La combinaison de ces deux figures peut devenir très attrayante : commencez par 4 lancers en douche vers la droite. Puis 4 lancers en douche vers la gauche. Puis 2 lancers en douche à droite puis 2 lancers en douche à gauche. Ensuite, faites la scie environ 3 fois de chaque côté. En haut à droite - en haut à gauche - de travers - en haut à droite - de travers - en haut à gauche - de travers - en haut à droite - de travers - en haut à gauche.

Porter - Placer

Maintenant que vous savez lancer les balles, vous pouvez aussi simplement les porter à un endroit précis et les laisser tomber d'un point de votre figure. Prenons 4 exemples :

1. Après avoir lancé la balle 3, portez la balle 1 sous votre bras et lancez-la verticalement. Dès que la balle 3 retombe, portez-la aussi sous le bras opposé et lancez-la verticalement.

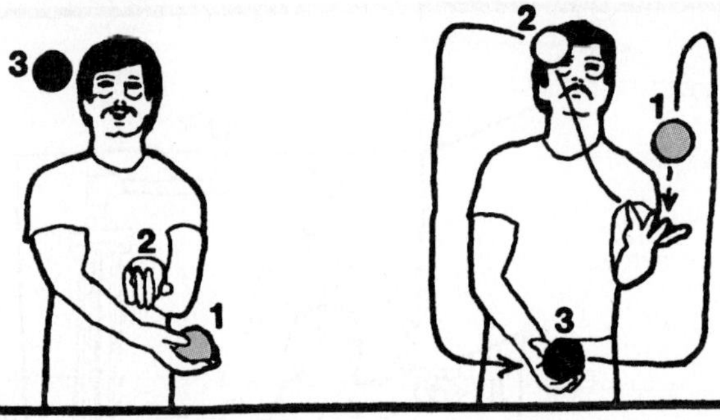

2. Portez une balle traversalement, en haut de sa trajectoire et laissez-la tomber dans votre main opposée.

Dès que vous lâchez la balle 1, allez chercher 2 à votre droite, en restant en dessus de votre tête et en gardant votre main, paume vers le bas. Puis lancez la balle 3, rattrapez la balle 1, amenez la balle 2 sur votre gauche et laissez-la tomber directement dans votre main gauche.

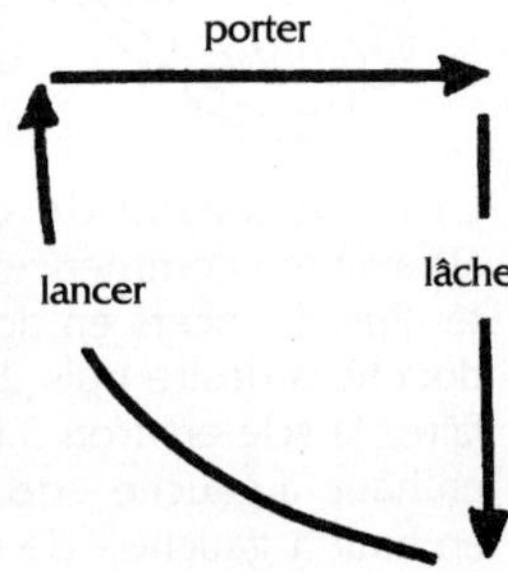

Chaque balle suivra cette même trajectoire.

3. La balle sur la tête ! Poser une balle sur votre tête pendant une “cascade”.

Lancez la balle 1 de votre main droite. Posez, de votre main gauche, la balle 2 sur votre tête, puis attrapez la balle 1 qui retombe. Laissez tomber 2 de votre tête dans votre main droite. Dès qu’elle tombe, lancez 3 normalement. Puis, portez 1 sur votre tête etc.

4. la statue de la Liberté ! Une des figures les plus célèbres ! Lancez les balles dans votre main que vous aurez élevée très haut, bras tendu. Puis laissez retomber les balles en rythme.

La «statue de la Liberté» est très semblable à la «douche». Pour apprendre, commencez avec 2 balles dans votre main droite. Lancez-les vite et passez la balle de votre main gauche dans la droite. Puis chaque fois qu’une balle retombe dans votre main droite, relancez-la immédiatement. De même chaque fois que vous attrapez une balle de votre main gauche, laissez-la retomber de suite. Le secret de cette figure réside dans le rythme et la précision du lancer en direction de la main gauche.

Le tambour

La figure impressionnante du tambour est un véritable défi car il s'agit de porter les balles très rapidement.

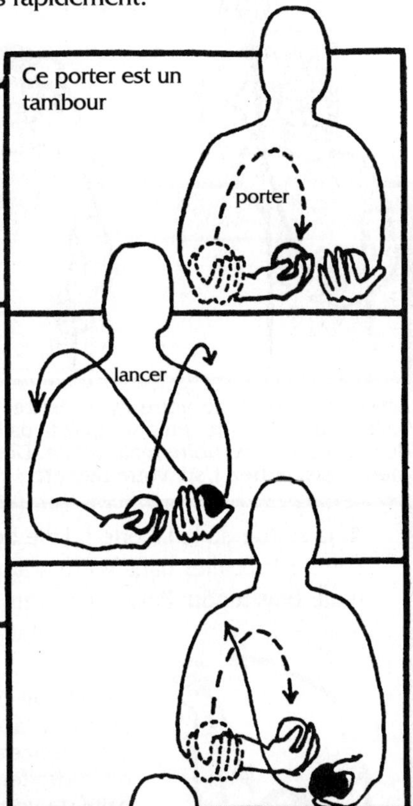

Commencez avec UNE balle dans chaque main. Portez la balle de la main droite en un grand arc de cercle jusqu'à côté de votre main gauche.

De cette position, lancez la balle comme pour commencer une cascade en direction de la gauche. Puis suivez la cascade en lançant de votre main gauche. Les balles ont changé de mains.

Prenez TROIS balles et passez la 1ere de la main droite en arc (le tambour) près de la main gauche puis lancez-la vers la gauche et commencez la cascade.

Essayez le mouvement pendant la «cascade». Séquence : tambour de la main droite, lancer droite, lancer gauche, lancer droite (2ème balle de la main droite), lancer gauche et continuez.

Attention : chaque fois que votre main droite reçoit une balle, faites un «tambour», lancez, revenez en place, attrapez la prochaine balle, «tambour», lancez, revenez en place...

chaque balle suit cette trajectoire.

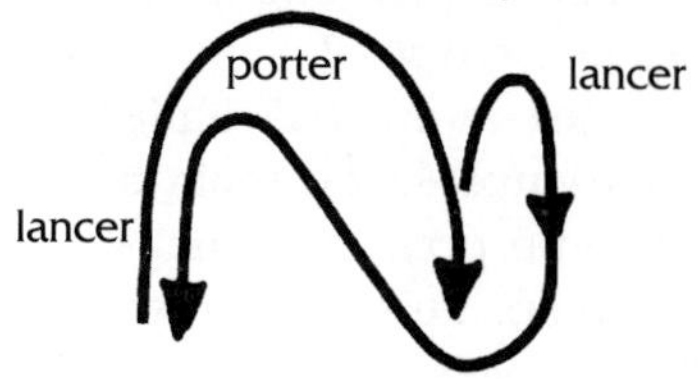

Chaque lancer de la main droite, après le mouvement de tambour est un lancer vertical.

Chaque lancer de la main gauche est un lancer normal en «cascade».

Vous y êtes ? Alors un peu plus compliqué, avec le tambour de chaque côté !

Vous allez essayer de faire le «tambour» des 2 côtés. Puis de faire des séries. Enfin de faire le «tambour» avant chaque lancer !

Voila le moment de vérité : Séquence : tambour main droite, lancer main droite, tambour main gauche , lancer main gauche, tambour main droite et ainsi de suite !

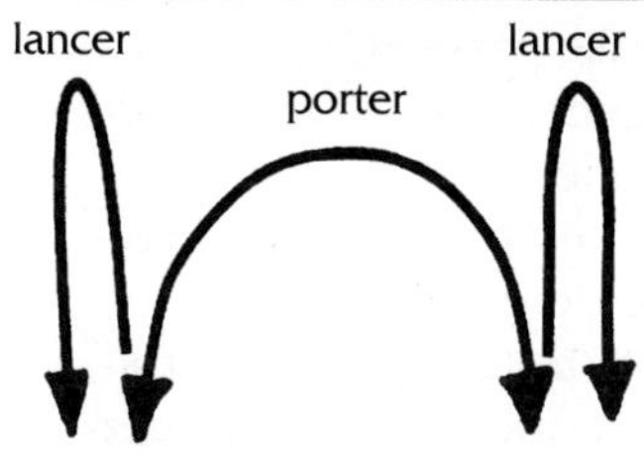

Chaque balle qui passe devant votre poitrine est portée en tambour.

Les bras croisés

Et pourquoi ne pas jongler en ayant les bras croisés ?
Commencez avec UNE balle que vous lancerez de main à main, comme pour une cascade renversée. Puis continuez avec DEUX balles et enfin avec TROIS bien sûr ! Cette figure est impressionnante et reste utilisée souvent pendant de courts instants lors d'une présentation, en croisant et décroisant les bras.

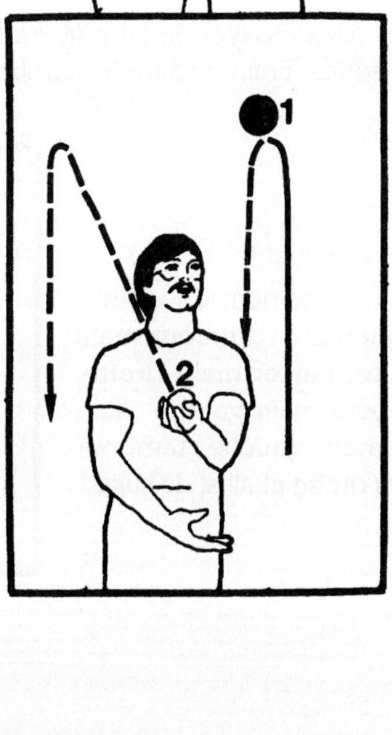

Un des mouvements les plus simples avec les bras croisés ressemble au «tennis du jongleur» à la différence que la 3ème balle passe SOUS le filet !
Commencez donc avec DEUX balles, une dans chaque main. Croisez vos bras, le droit passant sous le gauche.
Lancez la balle de la main droite (1) verticalement et lancez la balle 2 normalement (voir dessin) Décroisez vos bras et réceptionnez la balle 1 de la main gauche et le balle 2 de la droite.

Puis prenez 3 balles dont 2 dans votre main droite. Croisez vos bras, la main droite venant sous le bras gauche et lançant la balle 1 verticalement. La main gauche lance la balle 2 «en cascade». Décroisez les bras et dès que la balle 2 est à son apogée, lancez la balle 3 «en cascade» et jonglez normalement.

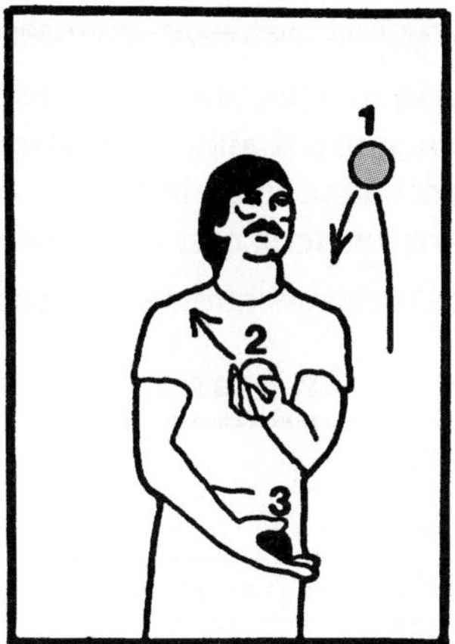

Puis apprenez cette même série du côté opposé et plaçant votre main gauche sous votre bras droit.

Maintenant vous pouvez faire la figure du «tennis à l'envers» en portant la balle 1 par dessous et en la lançant verticalement, alternativement à gauche et à droite (voir dessin) La balle 1 forme une trajectoire en U, les deux autres restent «en cascade».

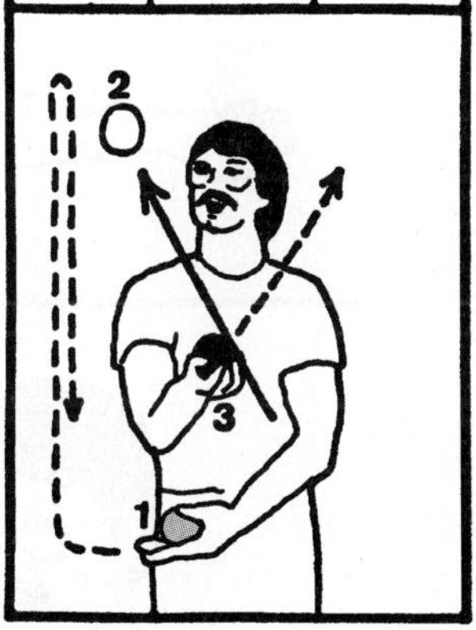

La balle 1 forme une trajectoire en U, les deux autres restent «en cascade».

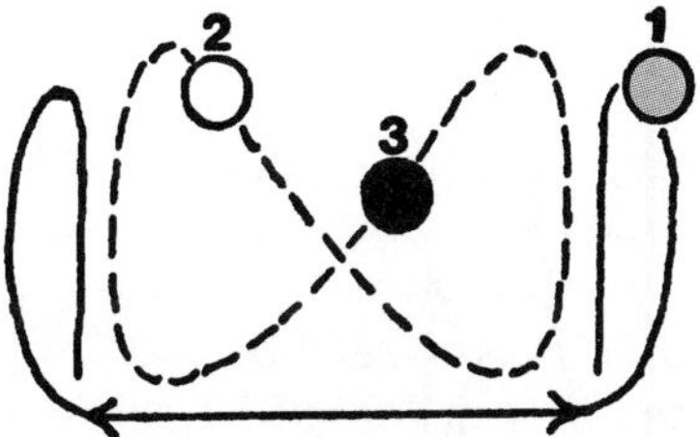

balle portée dans les 2 directions

Les arrêts

Lorsque vous présentez vos tours et votre maîtrise à un public, la tension souvent atteint un paroxysme qu'il est bon de rompre ou l'attention baisse avec le temps et il est nécessaire de créer une surprise. Dans les deux cas, les arrêts sont très impressionnants !

Les meilleurs effets sont produits par les arrêts suivants :

Le bras

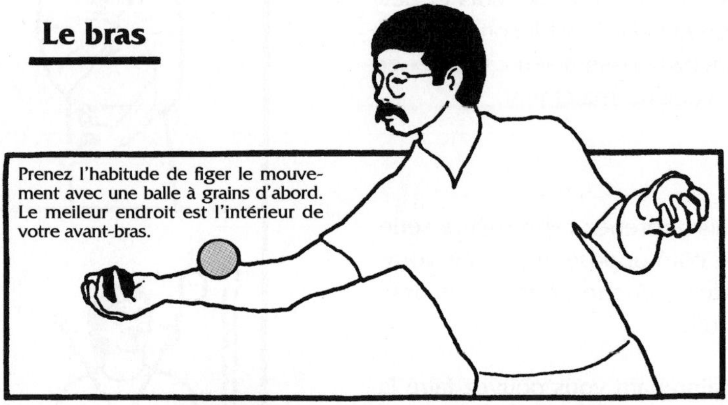

Prenez l'habitude de figer le mouvement avec une balle à grains d'abord. Le meilleur endroit est l'intérieur de votre avant-bras.

L'épaule

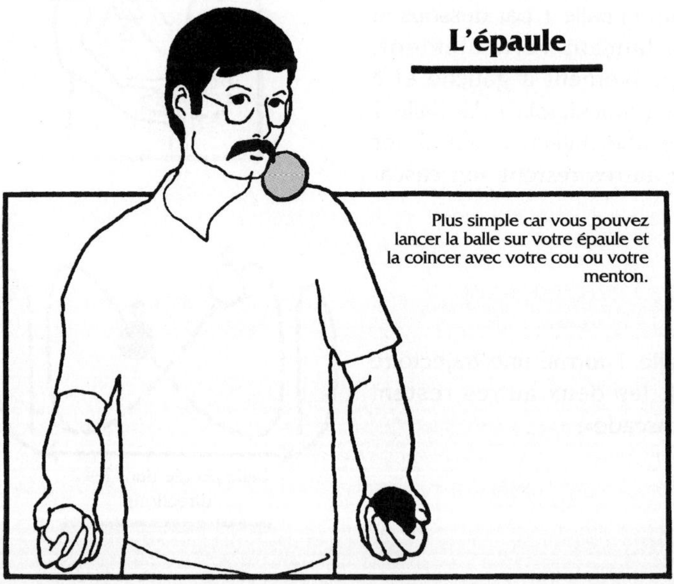

Plus simple car vous pouvez lancer la balle sur votre épaule et la coincer avec votre cou ou votre menton.

Le pied

Pour réceptionner la balle, relevez vos orteils pour créer une cavité, et amortissez avec le genou souple.

Le dos de la main

Allez chercher la balle à son apogée et attrapez-la en la tenant entre l'index et le médius, ouverts. Mouvement très élégant.

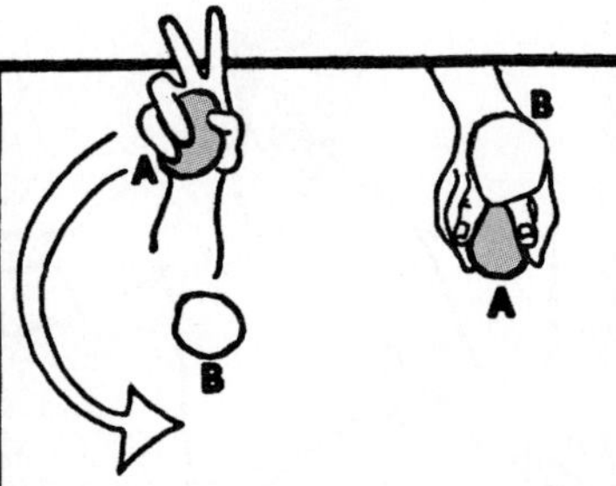

Attrapez A et passez rapidement sous B que vous prenez en remontant.

Ce même mouvement peut devenir encore plus surprenant si, ayant fini une figure vous lancez les 2 balles d'une main, puis récupérez celle qui est la plus haute, passez sous l'autre balle que vous attrapez entre vos deux doigts ouverts.

Une variante élégante est obtenue en laissant descendre la balle à rattraper et en la prenant en se baissant volontairement. Petit frisson de l'assistance…

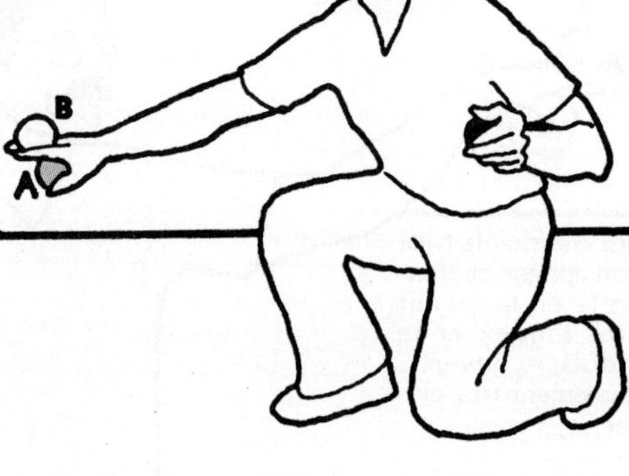

Arrêt sur chapeau

Arrêt sur la nuque

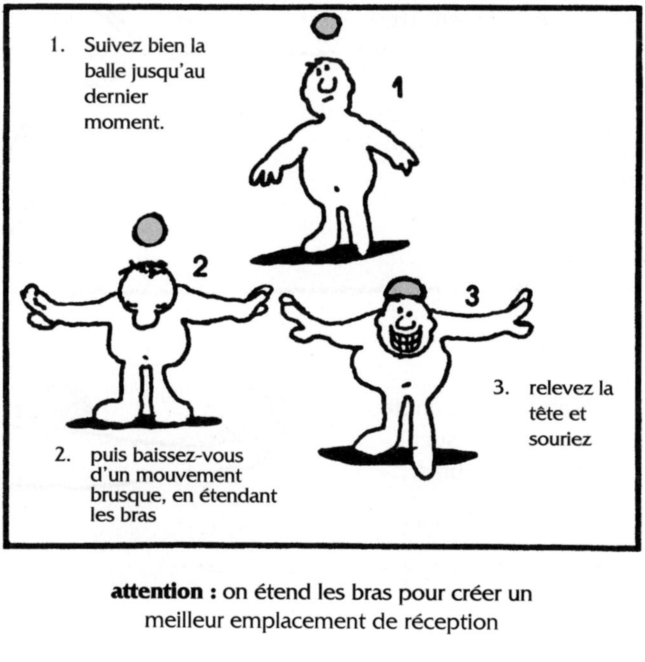

attention : on étend les bras pour créer un meilleur emplacement de réception

Une balle dans une main, une autre sur le bras : changez les balles de position !

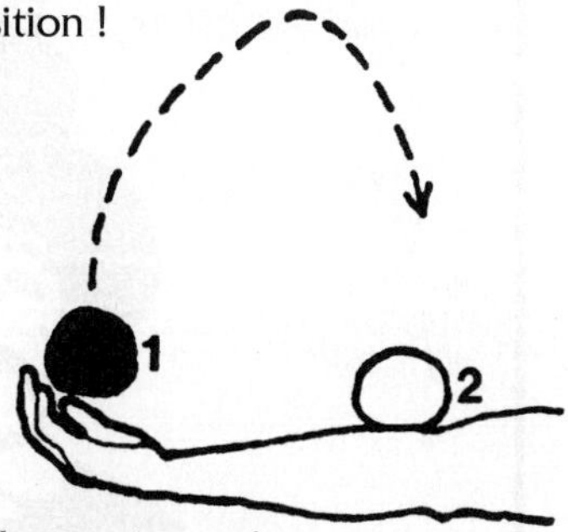

Lancez la balle 1 qui est dans votre main.

Repliez rapidement votre bras en attrapant la balle 2 qui reposait sur votre avant-bras et étendez votre bras à nouveau. Faites vite !

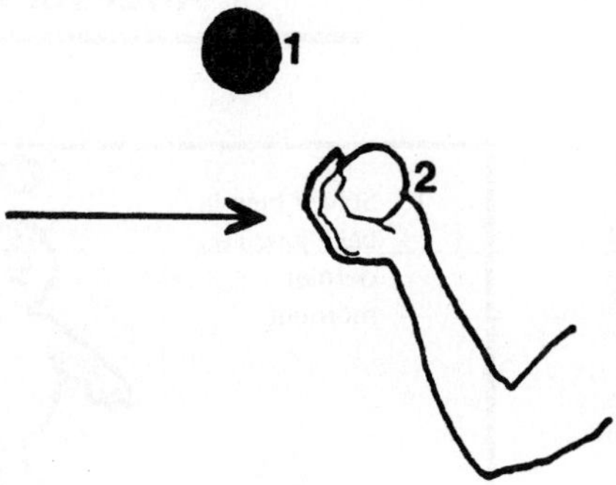

Amortissez la chute de la balle 1 sur votre avant-bras.

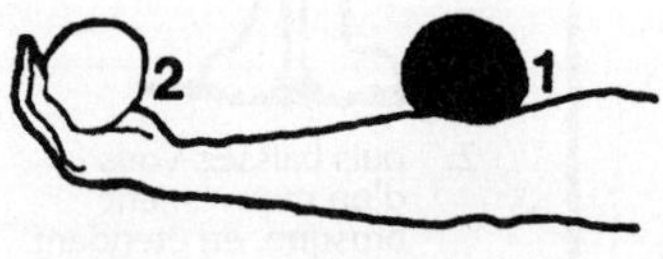

Lancez d'un pied ...

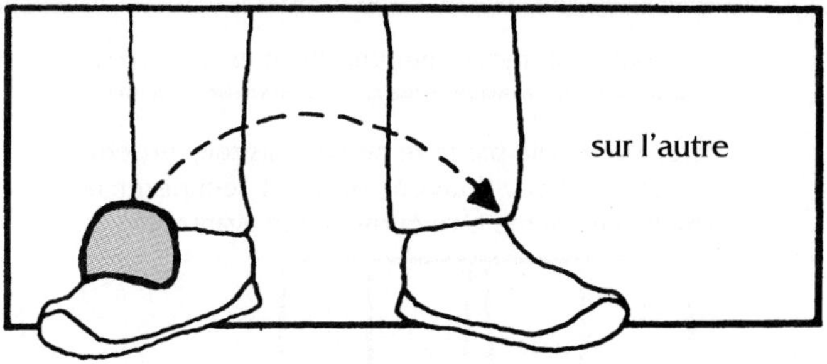

Ou, faites un arrêt sur l'épaule en ayant lancé la balle depuis derrière.

Vous pouvez aussi réunir vos arrêts : par exemple lancez depuis le dos de votre main directement sur votre avant-bras, puis sur votre pied, puis sur l'autre pied pour finir par une belle révérence et posez la balle sur votre nuque !

Les rattrapages

ou comment transformer une chute en un succès

Perdre une balle par terre ne doit pas toujours être catastrophique. Souvent on peut récupérer la situation et même la retourner à son avantage.

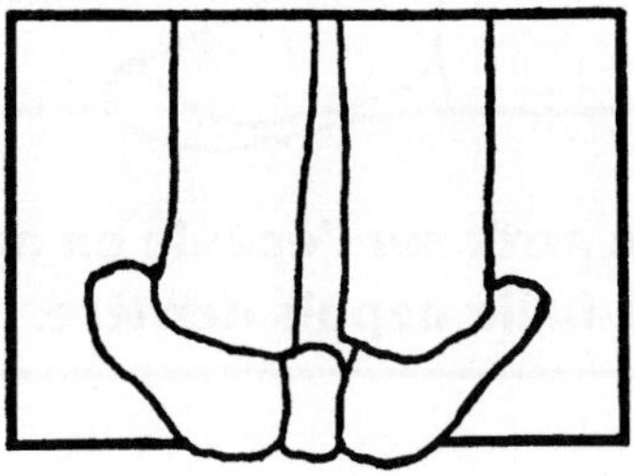

Prenez par exemple la balle perdue entre vos talons.

et relancez-la en sautant puis en propulsant la balle en l'air par un talon. Vous pouvez même la faire passer par dessus votre épaule.

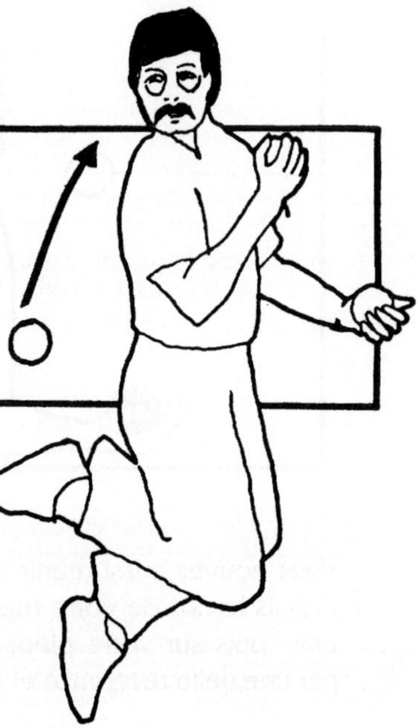

N'oubliez pas de continuer à jongler de suite !

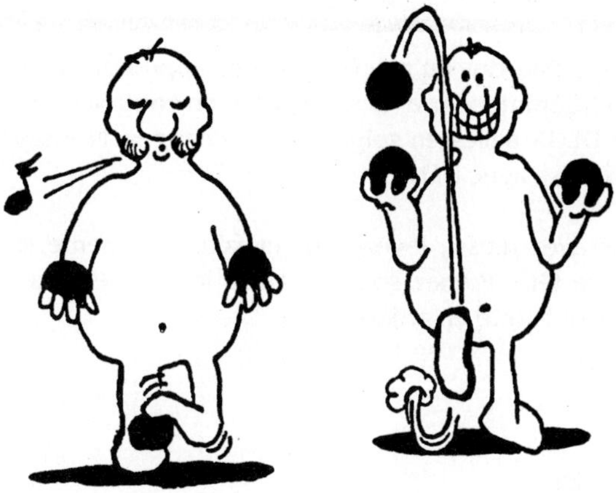

Vous pouvez aussi rouler la balle sur vos orteils avec l'autre pied, puis lancer la balle facilement et reprendre la figure.

Une variante drôle : vous lâchez volontairement l'autre ou les autres balles, puis, par terre, vous pouvez reprendre une «cascade» en portant les balles et en les laissant reposer au sol !

Par dessus la tête

Couchez-vous à plat, dos au sol. Nous allons apprendre la «cascade» dans cette position ! Commencez avec UNE balle, en contrôlant bien les lancers. Puis passez à DEUX balles en soignant les échanges. N'essayez pas TROIS avant d'être à l'aise avec DEUX.

Dès que vous avez réussi, levez-vous et faites de même en jonglant au dessus de votre tête. Prenez soin de lancer la première balle assez haut, puis de renverser la tête en arrière.

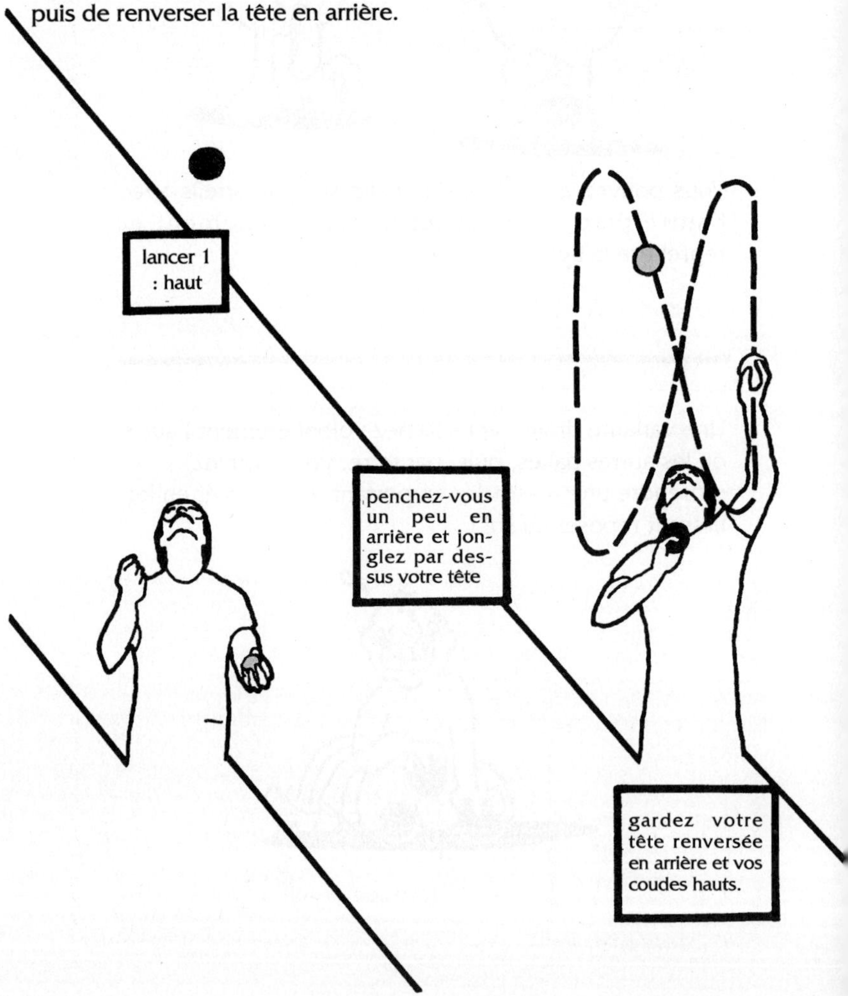

Jongler avec les mains «en pingouin»

(tournées vers l'extérieur)

Utilisez cette position pour attraper les balles. Elle donnera un côté surprenant à votre présentation.

Apprenez à attraper UNE balle avec les poignets tournés vers l'extérieur.

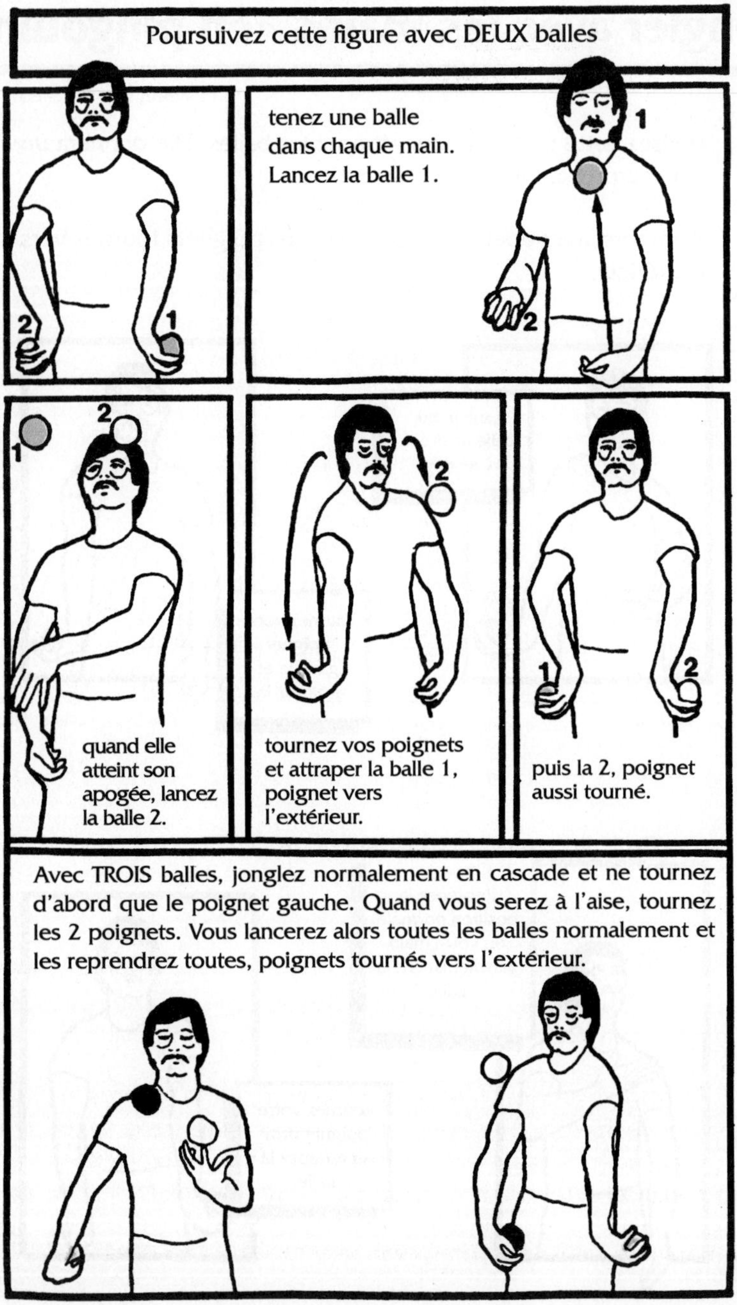
Poursuivez cette figure avec DEUX balles
2
1
tenez une balle
dans chaque main.
Lancez la balle 1.
1
2
1
2
quand elle
atteint son
apogée, lancez
la balle 2.
2
1
tournez vos poignets
et attraper la balle 1,
poignet vers
l'extérieur.
1
2
puis la 2, poignet
aussi tourné.
Avec TROIS balles, jonglez normalement en cascade et ne tournez d'abord que le poignet gauche. Quand vous serez à l'aise, tournez les 2 poignets. Vous lancerez alors toutes les balles normalement et les reprendrez toutes, poignets tournés vers l'extérieur.

Utilisez donc votre corps !

En jonglant vous pouvez varier vos lancers en utilisant votre corps.
Quelques exemples :

Sous la jambe

Pour débuter facilement, levez votre genou assez haut et commencez à jongler dans cette position

Puis vous lancerez sous votre jambe pendant les figures. Le mouvement restera le même. Il suffira de lever une jambe et d'amener une main avec une balle par dessous, rapidement. Le lancer sous la jambe demande un peu plus de force.

Derrière le dos

Essayez de lancer une balle de votre main droite, par dessus votre épaule gauche. Rattrapage devant à gauche. Puis faites l'inverse et envoyez une balle de la main gauche par dessus votre épaule droite.

Vous êtes prêt pour DEUX balles.

Une balle dans chaque main. Lancez derrière le dos de la main droite. Dès que la balle apparaît au dessus de votre épaule gauche, lancez la balle de la main gauche en «cascade» normale.

Essayez maintenant cette figure en jonglant normalement, en «cascade». Concentrez-vous sur votre main droite. Chaque fois qu'une balle arrive dans votre main droite, passez derrière votre dos et lancez la balle par dessus votre épaule gauche.

En jonglant, passez derrière votre dos et lancez fermement de la main droite.

Contrôlez l'arrivée de la balle en dessus de votre épaule gauche. Attendez un peu que la balle apparaisse devant vous.

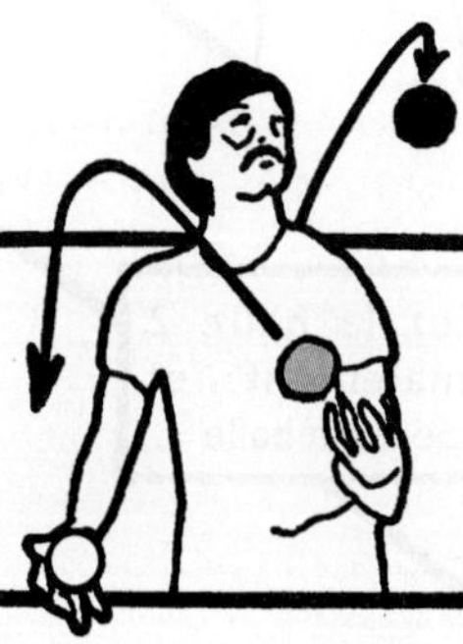

Puis continuez à jongler normalement.

Une fois que vous pourrez lancer par derrière, avec précision des deux côtés, vous pourrez essayer de lancer alternativement dans le dos. C'est la figure du «singe».

lancez dans le dos de la main droite, regardez à gauche

lancez de la main gauche, regardez à droite.

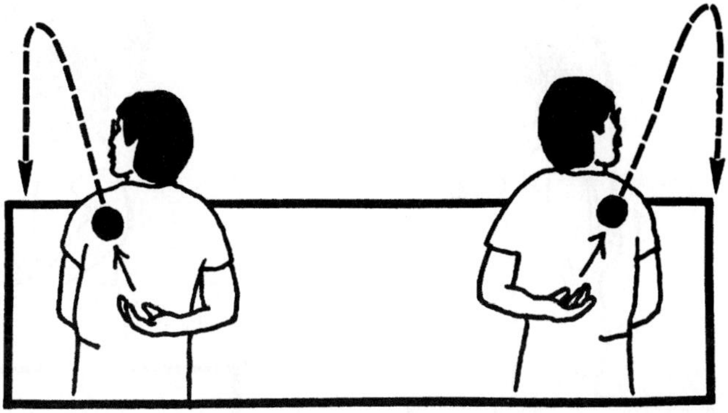

Vous pouvez ensuite lancer dans le dos, en séries. Commencez par 2 lancers de suite. Puis faites en 3, 4 puis 6 jusqu'à ce que tous vos lancers se fassent dans le dos !

Les trucs :

- avec une et deux balles, allez chercher la balle devant vous pour l'amener rapidement mais d'un mouvement régulier dans votre dos.
- exercez-vous à tourner la tête de chaque côté, au début même sans lancer
- lancer dans le dos avec plus de force que normalement pour vous donner un peu plus de temps
- vos prises de balles se font devant vous mais en aveugle car votre tête sera tournée dans la direction opposée. Soyez sûr de vos prises de balle.
- exercez-vous à lancer de façon précise et régulière par derrière. Ce sont les lancers qui décideront de la suite.

Par dessus l'épaule

Cet exercice est très semblable à celui que nous venons de faire sauf que :

1. la balle passe par dessus l'épaule de la main qui l'a lancée et est reprise par la même main.
2. le prochain lancer est aussi de cette même main.

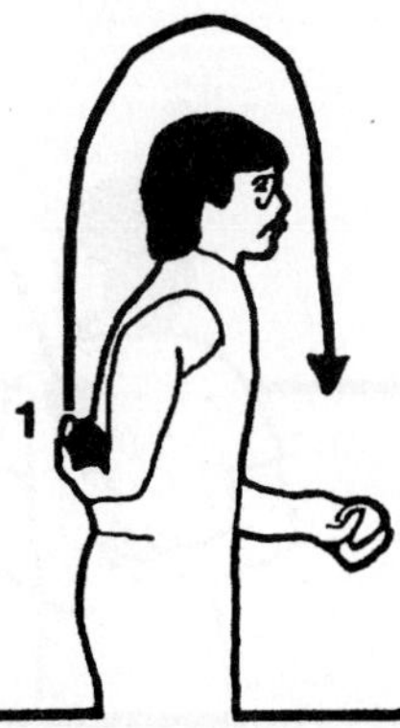

Lancez par dessus l'épaule de la main qui lance. Attention aux muscles au début !

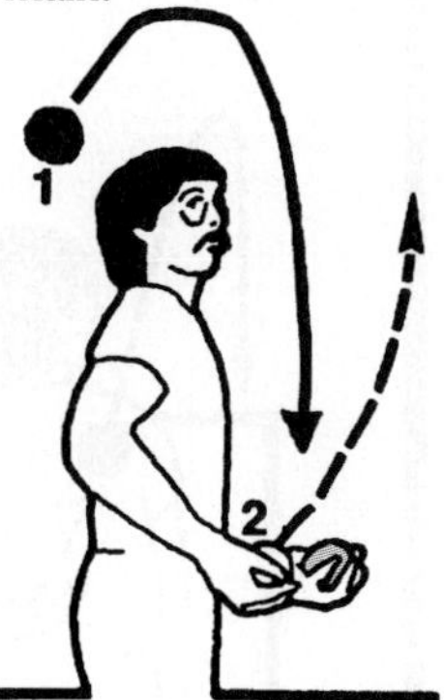

Quand la balle est en vue, lancez la 2ème balle et poursuivez.

Vous pouvez aussi lancer depuis devant vers l'arrière. Lancez alors la 2ème balle, de la même main, puis passez derrière prendre la balle, ramenez-la devant et poursuivez normalement.

Sous un bras

Le but est de jongler en cascade mais sous un seul bras soit avec un bras derrière le dos. Commencez avec une balle, puis deux et vous vous rendrez compte que la trajectoire va rester courte donc la vitesse de jonglage sera élevée.

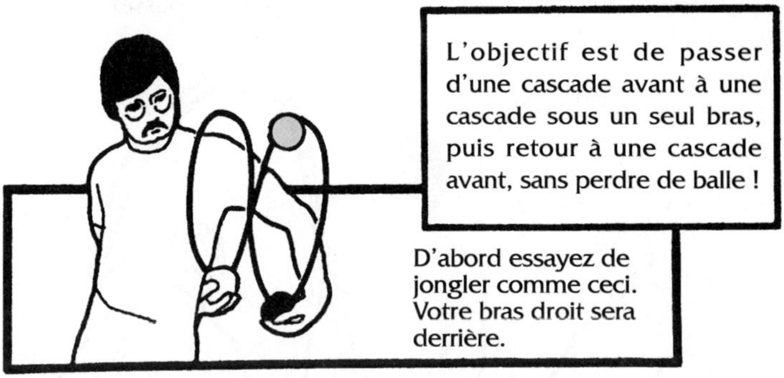

Ensuite, pendant que vous jonglez sous un seul bras, lancez une balle plus haut et profitez de reprendre la position initiale. C'est plus facile de sortir de la position que d'y entrer...

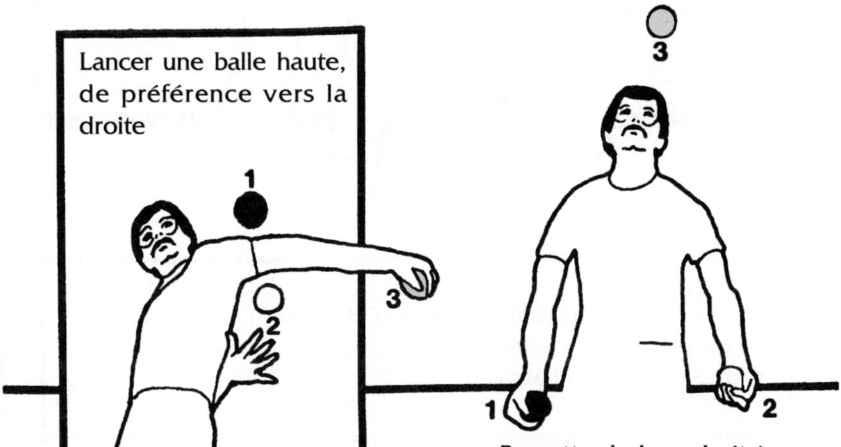

Remettre le bras droit à sa position normale et continuez de jongler.

Avec une balle dans chaque main, lancez de la main gauche la balle 1 verticalement puis passez rapidement dans le dos avec la main droite pour prendre la position «sous un seul bras». Lancez la balle 2 de la main droite, vers la gauche. Attrapez la balle 1 de la main droite et la balle 2 de la main gauche ! Enfin, pendant une «cascade», vous pouvez soudainement lancer de la main gauche verticalement, prendre la position «sous un seul bras» et poursuivre par une «cascade sous un bras» ! Encore plus fort, vous essayez de jongler sous le bras droit, soit de passer dans le dos avec le bras gauche.

Eh oui ! c'est aussi difficile que cela en a l'air ! Mais cette figure est un véritable sommet de technique et de maîtrise et vaut bien que l'on s'y attaque.

Rebond avec le sol

Découvrez le rebond comme vous avez appris la «cascade». Faites rebondir une balle devant vous et apprenez la trajectoire. Puis prenez deux balles et lancez la 2ème dès que la 1ère atteint le sol. Essayez de viser le même endroit. Puis passez à trois balles.

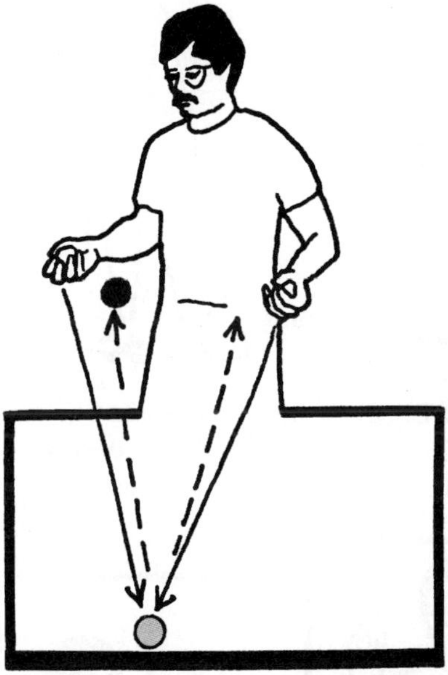

Vous pouvez aussi mettre une jambe par dessus la trajectoire de la balle de façon à ce que celle-ci passe sous la jambe.

Attention : faites les lancers des 2 côtés et alternez la jambe qui sera sur la trajectoire.

1. lancez
2. levez votre genou
3. la balle frappe le sol sous votre jambe
4. reprenez la position normale.

Deux beaux départs :

Lancez une balle haut, laissez-la choir, puis remonter. Quand elle passera devant vos mains, imaginez-vous que c'est la première balle d'une «cascade» et commencez à jongler.

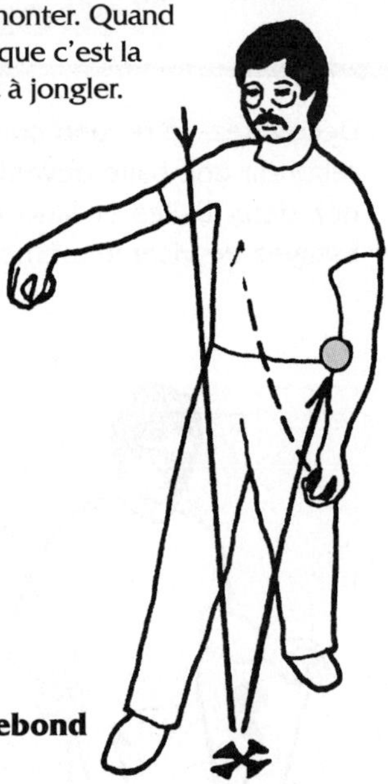

Essayez maintenant de lancer DEUX balles l'une après l'autre. A l'apogée de la 1, lancez la 3 . Laissez tomber 1 et 2 et reprenez-les quand elles remontent. Puis continuez à jongler.

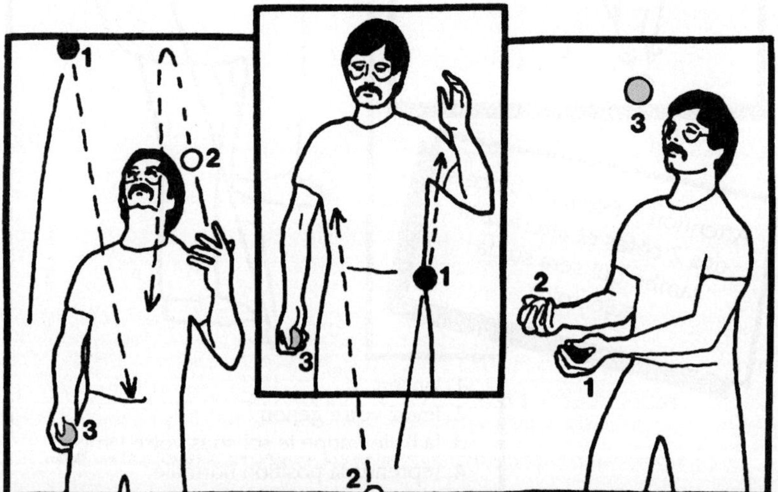

Vous allez maintenant lancer et rattraper 3 balles en suivant. Rappelez-vous leurs couleurs. Si vous lancez rouge - bleu - vert- vous devez reprendre en suivant rouge - bleu - vert puis continuer de jongler. Séquence : lancer - lancer - lancer - rebond - rebond - rebond - reprendre - reprendre - reprendre.

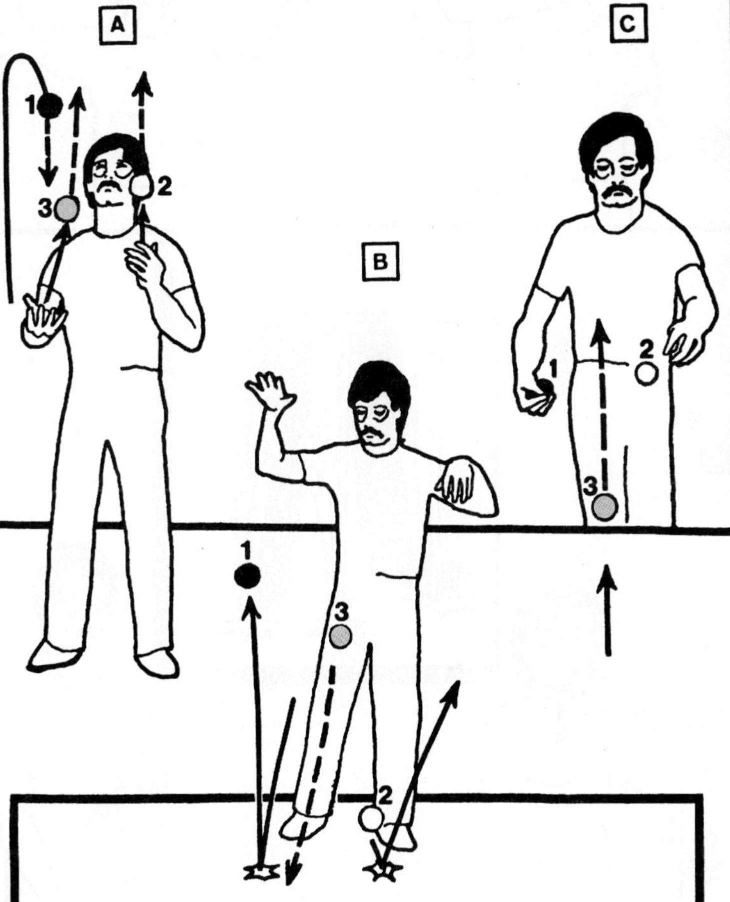

1 a rebondi et remonte. 2 va rebondir. 3 descend encore.

Mettez les 3 balles en triangle dans une main et lancez le tout en même temps à la même hauteur.

quand elles remontent, attraper les 2 balles extérieures, laissez passer celle du centre, et, la considérant comme le premier lancer d'une «cascade», continuez à jongler.

Attention il y a 2 façons d'exercer le rebond : forcé et naturel. Le rebond forcé est créé lorsque la balle est envoyée vers le sol. Elle rebondira aussi haut que le point de départ ou même plus haut. C'est la façon courante en jonglerie. Le rebond naturel est utilisé lorsque l'on jongle avec 5 balles ou plus. Votre lancer fera un petit arc de cercle avant de tomber.

Forcé : la paume des mains est vers le bas. Chaque balle touche le même point. Les balles viennent de l'extérieur et remontent par l'intérieur.

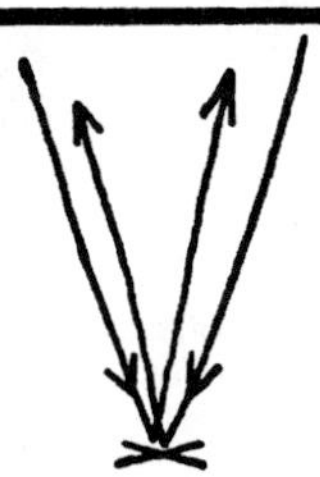

Naturel : la paume des mains est vers le haut. Il y a 2 points d'impact . Les balles se croisent en tombant. Elles descendent par l'intérieur et remontent par l'extérieur.

L'effet anglais

Normalement l'angle de descente et de remontée est presque identique. Vous pouvez donner de l'effet à votre balles (par l'avant ou par l'arrière) afin de changer sa trajectoire de remontée. Cet effet, dit «anglais» peut éloigner ou rapprocher la balle de votre corps.

Pour donner un bon effet arrière à votre balle, faites passer votre pouce par le dessus de la balle en la lançant

Pour donner un effet avant, ouvrez votre main et retirez-la vers l'arrière brusquement en lançant la balle.

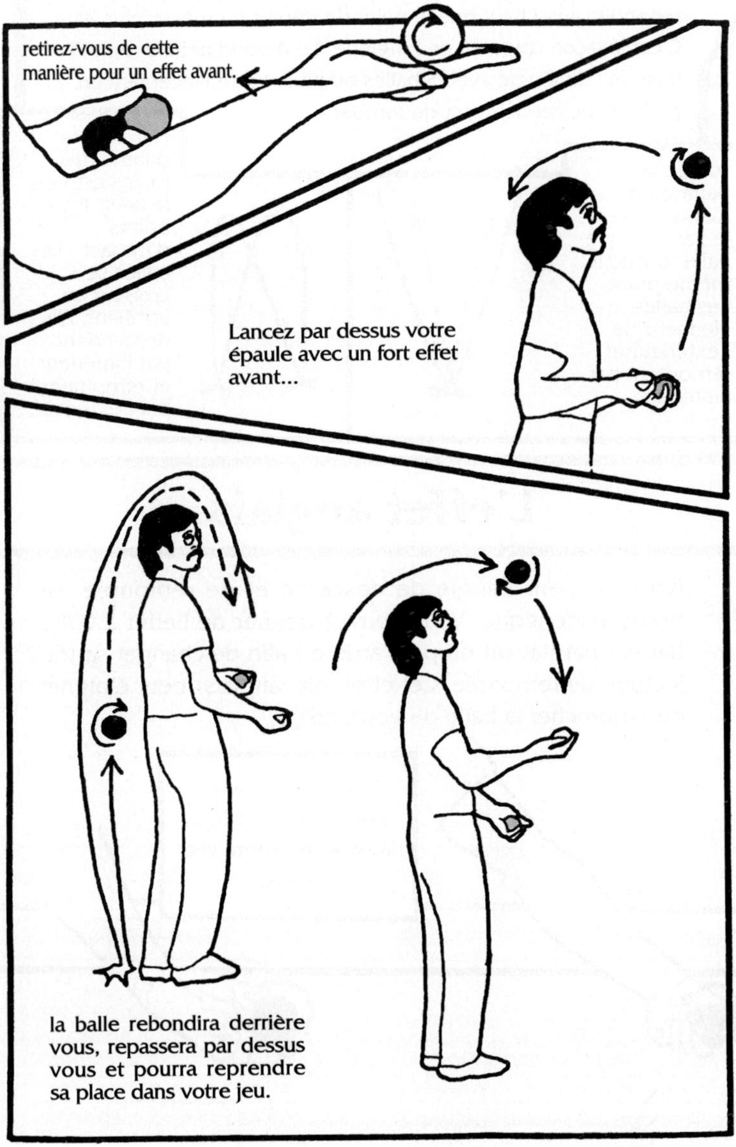

Rebonds avec le corps

Pensez à tous les endroits de votre corps avec lesquels vous pouvez faire un rebond. Ceci est aussi valable pour les balles à grains. Utilisez les rebonds pendant votre jeu, comme partie intégrante de la figure.

vous pouvez faire un rebond avec, par exemple :

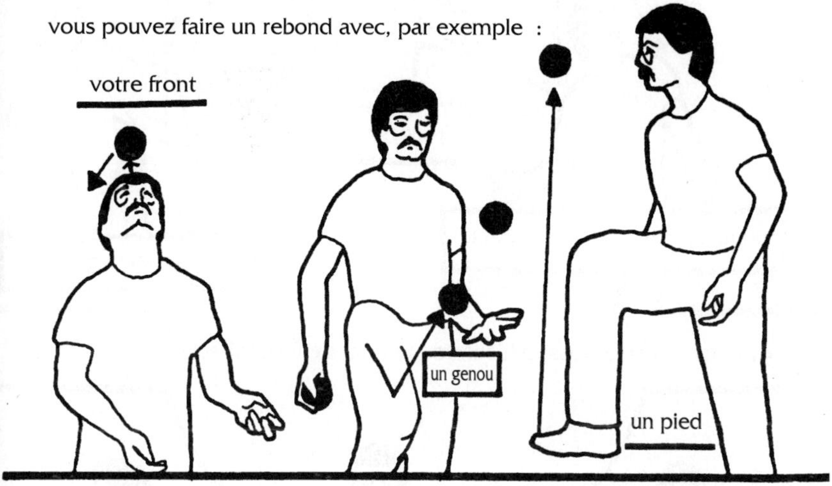

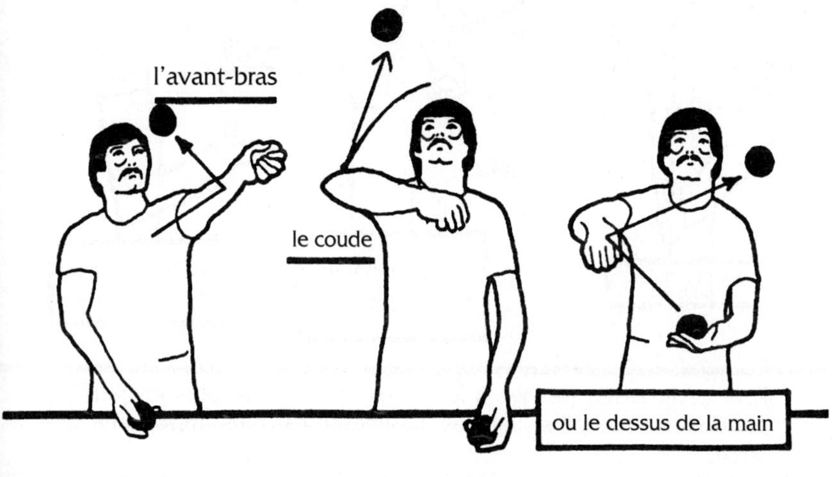

Avec un peu d'entraînement, vous arrivez bientôt à faire des rebonds spectaculaires :

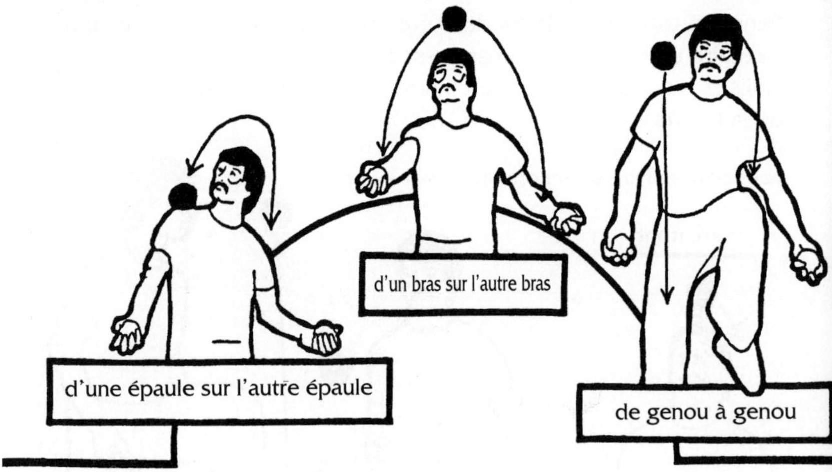

et vous pourrez aussi utiliser vos talents de footballeurs comme ceci :

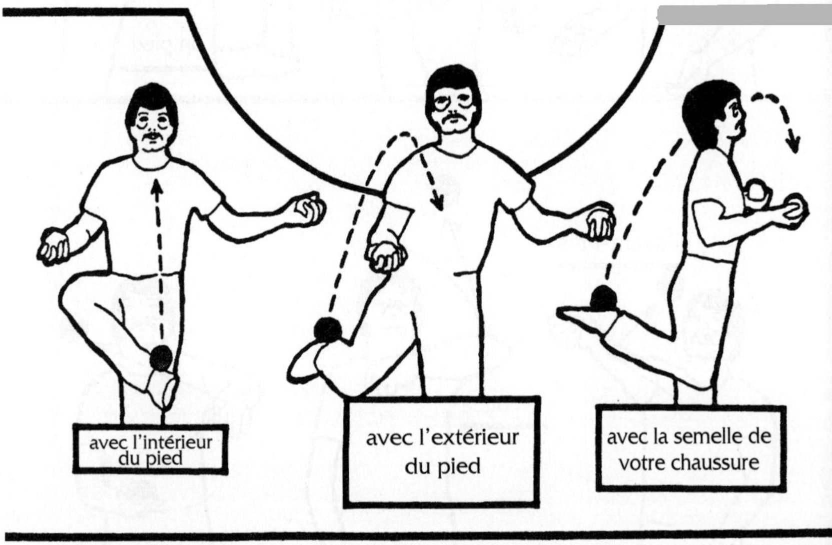

Pour progresser, pensez à faire des rebonds de plus en plus petits par des touches plus légères. La finesse est plus importante que la force.

Mises en jeu «fantaisies»

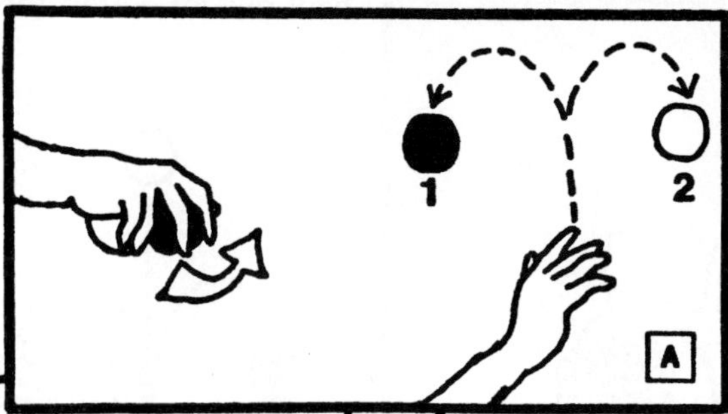

Lancez les 2 balles de votre main de départ, en même temps en leur imprimant un mouvement de poignet par dessous. Les balles vont se séparer (dessin A)

Puis lancez la 3ème balle entre les deux. (dessin B)

Quand les 2 premières balles retombent, lancez de suite pour commencer la «cascade». (dessin C - D)

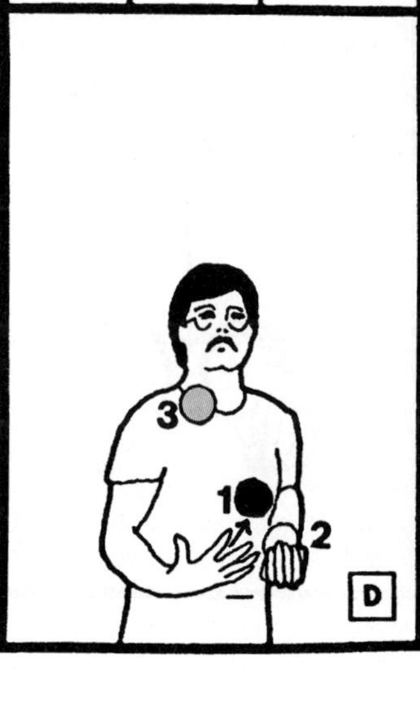

Encore plus drôle. Lancez 3 balles d'une main ! (dessin 1)

1

Veillez à ce que la balle du milieu soit poussée plus haut que les autres. (dessin 2)

2

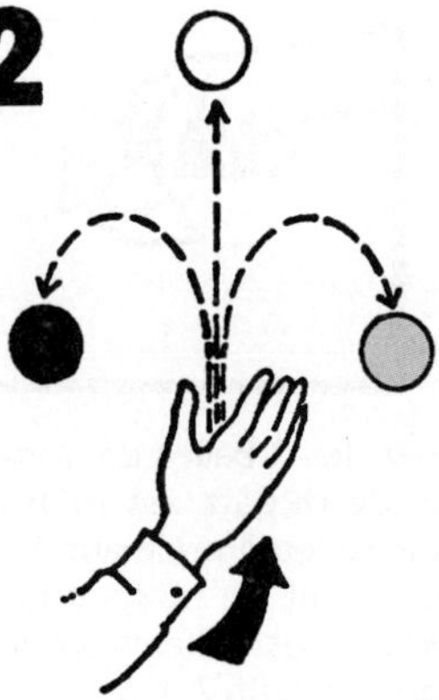

Quand les 2 balles de côté sont à leur apogée, allez les chercher d'un mouvement «patte de chat» et ramenez-les à hauteur de taille (dessin 3)

3

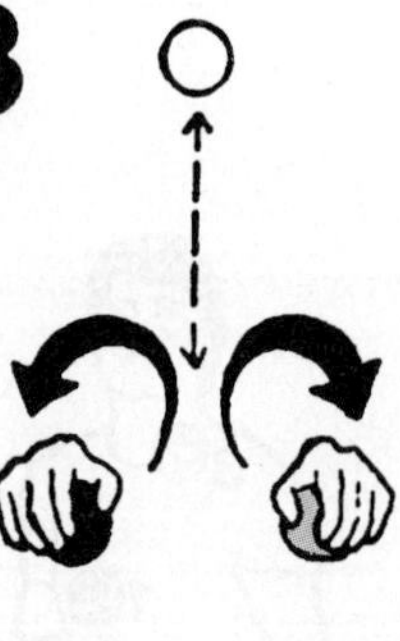

Quand la 3ème balle redescend, lancez une balle pour commencer la «cascade». (dessin 4)

4

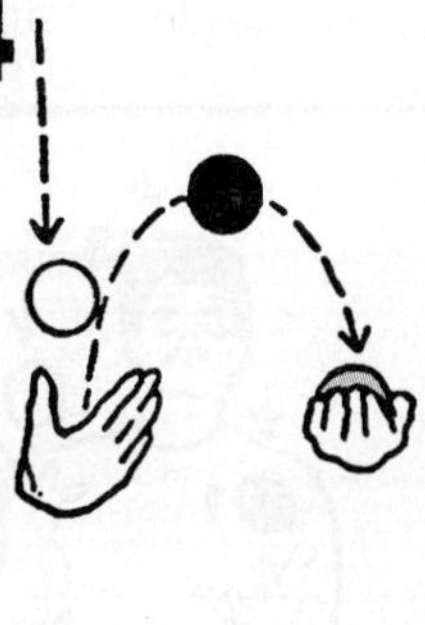

Rattraper une erreur

En jonglant avec des balles rebond, vous pouvez facilement rattraper une balle qui sort de votre mouvement prévu, en la frappant avec le pied d'un mouvement arrière. La balle va rebondir à votre taille et vous permettra de la réintégrer dans votre présentation.

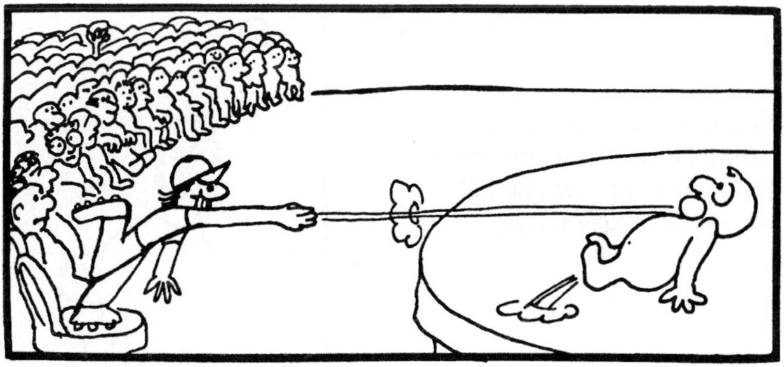

Si votre balle file jusque dans le public... vous pouvez tout de même sauver la face en vous adressant à la personne qui ramasse la balle et en la nommant «premier assistant». Demandez-lui de relancer la balle dans votre direction et réintégrez la balle dans une figure à son arrivée, en la considérant comme un 1er lancer.

Quoi que vous fassiez, ne prenez pas un air penaud si vous perdez une balle. Dites-vous que cela fait partie de la présentation et continuez de jongler !

Manger la pomme

C'est probablement le tour le plus apprécié dans une présentation. En tout cas un des plus célèbres !

Une de vos balles sera la pomme. Chaque fois qu'elle sera dans votre «meilleure main» portez-la à votre bouche et donnez-lui un baiser. Lancez la balle précédente plus haut pour vous donner du temps pour le baiser.

Dès le baiser donné, redescendez la balle et continuez la figure.

Entraînez-vous à lancer la balle précédente de moins en moins haut. Quand vous pourrez embrasser la balle à chaque passage, remplacez-la par une vraie pomme et prenez une morce à chaque passage.

Attention : au début, prenez une morce à chaque 3ème passage, puis chaque 2ème, puis mangez chaque fois que la pomme sera dans votre «meilleure main». Puis vous pouvez accélérer le mouvement en mangeant 2 puis 3 pommes ! Vous devriez aussi essayer d'autres aliments. Certains peuvent s'avérer réellement comiques !

Trois balles dans la main

Certains s'étonnent de prendre 3 balles en 2 mains. Dites-leur que 3 balles dans une seule main est simplement 2 fois plus difficile !

La douche

Attention, ça va vite ! Le truc est de lancer très rapidement et régulièrement pour bien garder la trajectoire en ellipse. La 2ème balle est lancée avant que la première soit à son apogée. Lancez d'abord de votre plan médian (mi-corps) vers l'extérieur. Lancez aussi vite que possible et assez haut.

Avant que la balle 2 soit en haut, lancez la 3. Lancez haut, vite et régulièrement.

Puis faites la «douche» de l'autre sens en lançant de l'extérieur vers l'intérieur.

La cascade

Lancez la balle 1, assez haute avec un angle vers l'intérieur. Immédiatement après, lancez 2 , à la même hauteur avec un angle vers l'extérieur.

Avant que 2 soit à son apogée, lancez 3 sur la même trajectoire que 1. Et continuez de lancer intérieur - extérieur - intérieur - extérieur. Les balles montent par le centre et
redescendent par les côtés. Dès que vous contrôlez bien la figure, lancez de moins en moins haut pour accélérer le processus !

Votre main va chercher horizontalement les balles qui retombent comme le feraient les 2 mains dans une «cascade» normale. Veillez à toujours relancer les balles du centre.

Maintenant amusez-vous avec la «cascade renversée» et les «colonnes» !

Multiplex (3 balles dans la main)

Un autre chapitre traitera des différents «multiplex». En maîtrisant cet exercice maintenant vous vous faciliterez la tâche plus tard.

Prenez 3 balles dans une main.

Lancez la balle 1. A son apogée, lancez les 2 autres ensemble, de façon à ce qu'elles restent dans un plan vertical, l'une en dessus de l'autre.

Attrapez et relancez la balle 1. Puis attrapez les 2 l'une après l'autre et relancez-les ensemble.
Lancez 1, lancez les 2, attrapez 1, re-lancez 1, attrapez les 2 et relancez les 2, etc.

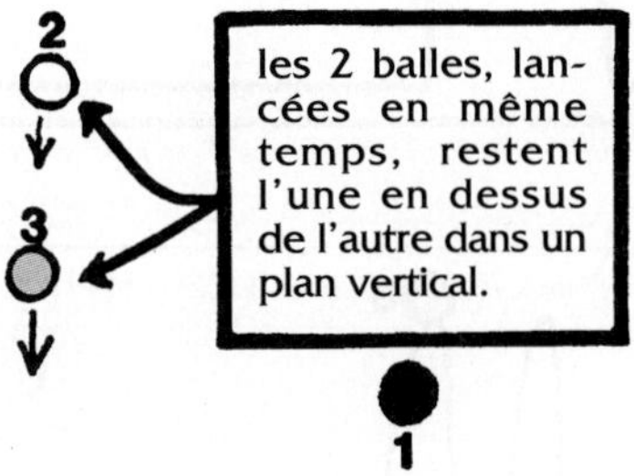

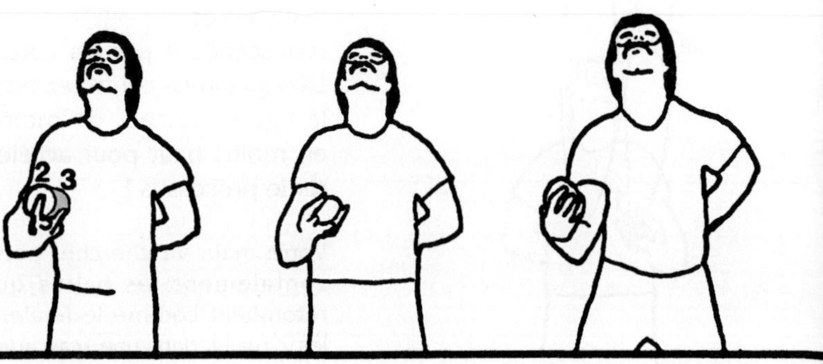

Jongler à 4 et 5 balles

Exercices de maîtrise conseillés.

1. Démontrer au moins 20 lancers simultanés et alternés des 4 balles.
2. Réussir les séries suivantes à 4 balles :
   - 10 lancers au moins en un cercle extérieur.
   - 10 lancers au moins en un cercle intérieur.
   - 10 lancers au moins en colonnes.
3. Prouver une figure de croisement à 4 balles (10 lancers)
4. Passer d'une figure avec 3 balles à une avec 4 balles et vice versa.
5. A choix :
   - lancer sous la jambe dans une figure avec 4 balles ou
   - lancer par dessus l'épaule des 2 côtés dans une figure avec 4 balles.
6. Faire une série de 20 lancers en colonnes décalées.
7. Lancer 20 fois à 5 balles.
8. Passer d'une «cascade» à 5 balles en une «demi-douche» et retour à la «cascade».
9. Faire 20 lancers en «cascade renversée» à 5 balles.
10. Faire la «douche» à 4 balles pendant 20 lancers (1 direction seulement)
11. Démontrer, pendant une «cascade» avec 5 balles , au choix :
    - lancer une ou plusieurs balles sous une jambe ou
    - lancer une ou plusieurs balles derrière le dos ou
    - lancer une balle par dessus la figure (le «tennis du jongleur»)

4 balles

jongler à 4 balles est en fait jongler avec 2 balles dans chaque main. Faites donc les exercices suivants de chaque main, séparément.

1) 2 balles en cercle, du centre vers l'extérieur.

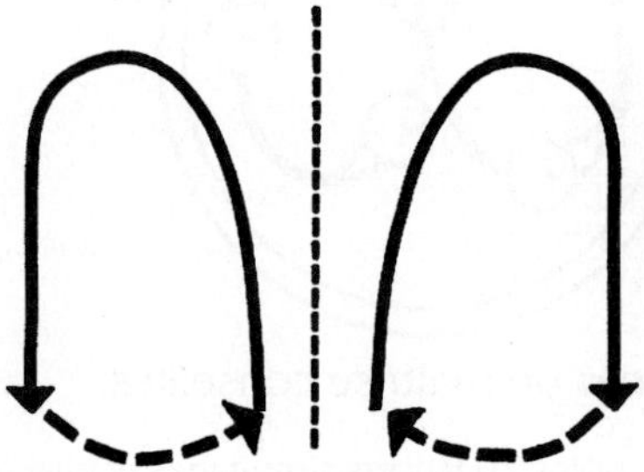

votre main attrape la balle à l'extérieur et la ramène vers l'intérieur pour la lancer.

cercle extérieur

2) 2 balles en cercle, de l'extérieur vers le centre.

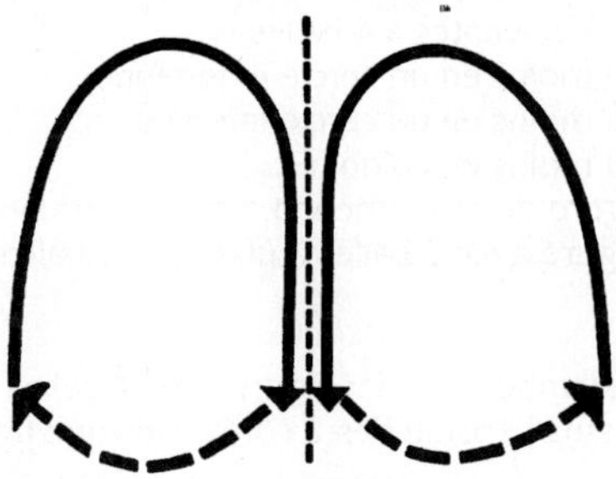

votre main attrape la balle au milieu de votre corps et l'amène à l'extérieur pour la lancer.

cercle intérieur

3) 2 balles lancées verticalement

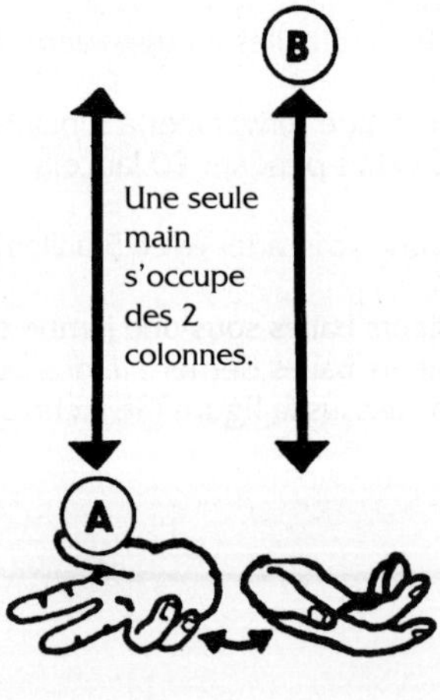

Chaque balle a sa propre trajectoire. Votre main s'occupe des deux. Lancez A - lancez B - attrapez et lancez A - attrapez et lancez B - attrapez et lancez A, etc

les colonnes

Lancers simultanés

cercles extérieurs

Lancez 2 balles à grains en même temps, une de chaque main. Faites un cercle vers l'extérieur. Quand elles sont à leur apogée, lancez les 2 autres. Récupérez et lancez 2 en même temps à nouveau sur la même trajectoire.

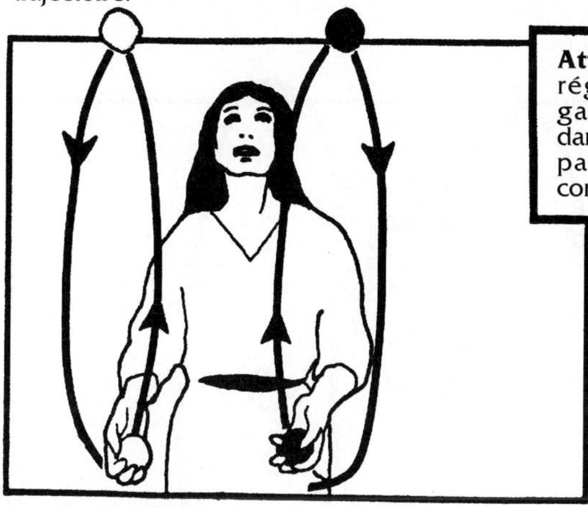

Attention : lancez régulièrement et gardez les balles dans un plan vertical parallèle à votre corps.

cercles intérieurs

même exercice, mais en lançant les balles de l'extérieur vers l'intérieur.

Attention : les échanges de balles sont fréquents. Prenez des balles à grains de couleurs différentes et gardez les même couleurs dans chaque main. Ne changez pas les balles de mains.

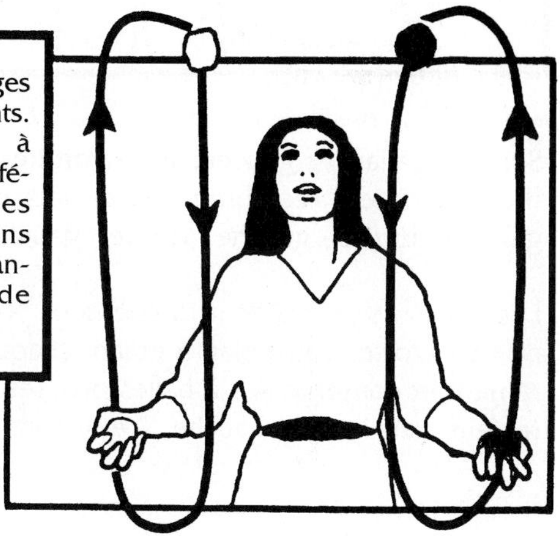

Lancers alternés

En alternant les lancers, vous donnerez l'impression d'une grande vitesse et complexité.

Séquence : lancez gauche, lancez droite, lancez gauche, lancez droite. Stop et recommencez en faisant 2 lancers de plus : gauche - droite - gauche - droite - gauche - droite. Bravo !

Les lancers se succèdent rapidement. Rappelez-vous que rien ne doit croiser votre plan médian, chaque main travaille séparément et conserve ses 2 balles propres.Dans le dessin, 1 et 3 restent dans la main gauche, 2 et 4 dans la main droite.

Les colonnes et le divorce.

Une très belle figure : lancer 2 balles en même temps de part et d'autre de votre corps, en trajectoire verticale. Les balles vont faire un mouvement de double ascenseur ensemble.
Impressionnant, surtout si, progressivement, vous augmentez la distance entre les colonnes d'ascenseur.

Quand vous écartez les 2 doubles colonnes à l'extérieur de votre corps, on nomme la figure «le divorce».

Le divorce : lancez les balles de droite, puis les deux balles de gauche. Attrapez et relancez à droite - attrapez er relancez à gauche etc.
C'est magnifique !

Croisements avec 4 balles

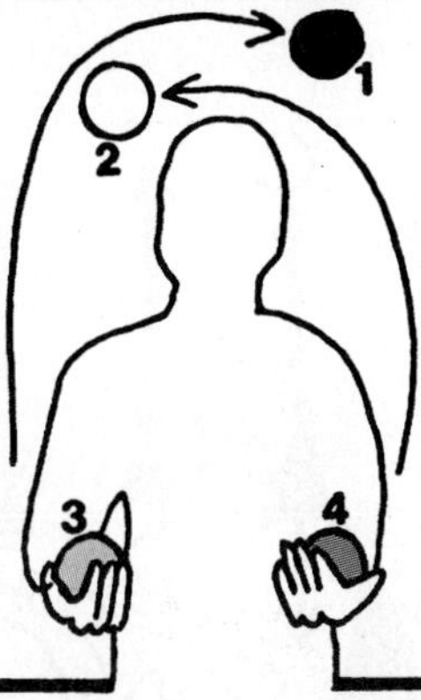

Lancez en même temps, 1 balle de chaque main en direction de l'autre main par dessus votre tête. Pour éviter les collisions lancez la balle de la «meilleure main» plus haute.

Continuez à lancer chaque fois que les balles se croisent. Tous les lancers sont simultanés.

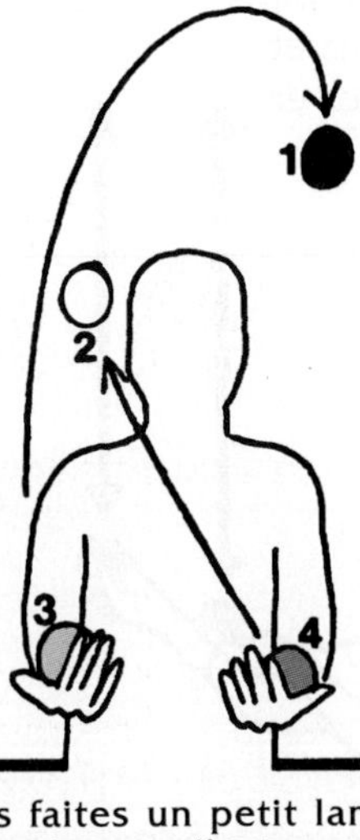

Si vous faites un petit lancer d'une main vers l'autre, vous obtiendrez la «demi-douche». Une balle passe haut et l'autre devant votre poitrine.

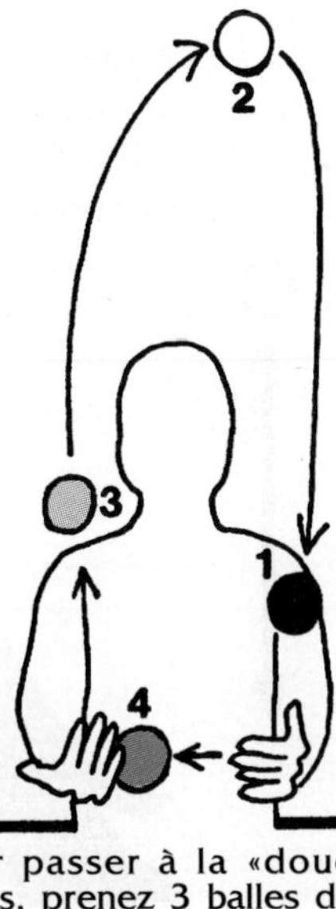

Pour passer à la «douche» à 4 balles, prenez 3 balles dans votre «meilleure main» et lancez les rapidement. Juste avant que la balle 1 n'arrive dans votre «autre main», passez-la dans votre «meilleure main» et lancez de suite.

Complications avec 4 balles

Pendant que vous jonglez en lancers alternés, soulevez une jambe et lancez par dessous celle-ci. Trois lancers plus tard, soulevez l'autre jambe et faites de même.

Par dessus l'épaule

Vous pouvez lancer 2 balles simultanément d'arrière en avant (le contraire est aussi possible mais plus hasardeux)

pour faciliter, lancez avec les bras croisés

la récupération se fait par l'avant.

Jongler à 5 balles (la méthode facile)

Merci à Roger Dollarhide qui m'a montré cette méthode d'enseignement facile.

D'abord, trouvez vous un partenaire qui sait jongler à 3 balles.

Commencez avec 5 balles comme ceci :

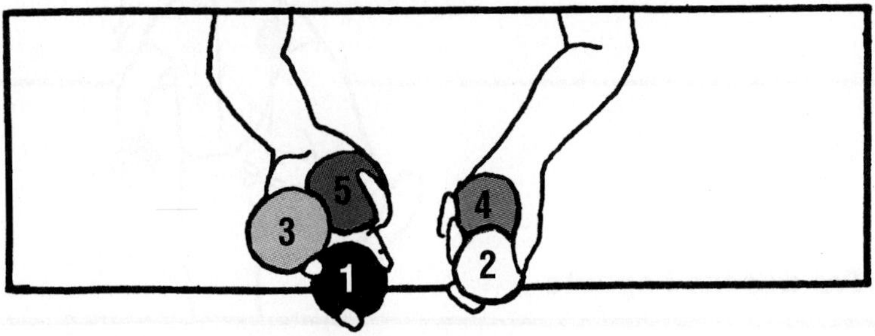

Faites face à votre partenaire. Vous partagerez les 5 balles. Lancez les balles à votre partenaire, une à une, lentement, dans l'ordre indiqué dans le dessin.

les balles sont lancées en «cascade» et vont donc changer de mains. C'est à dire que les balles de votre main droite finiront dans la main droite de votre partenaire.

Votre partenaire attrape les balles tout simplement.

Ensuite elle vous les retourne de la même manière.

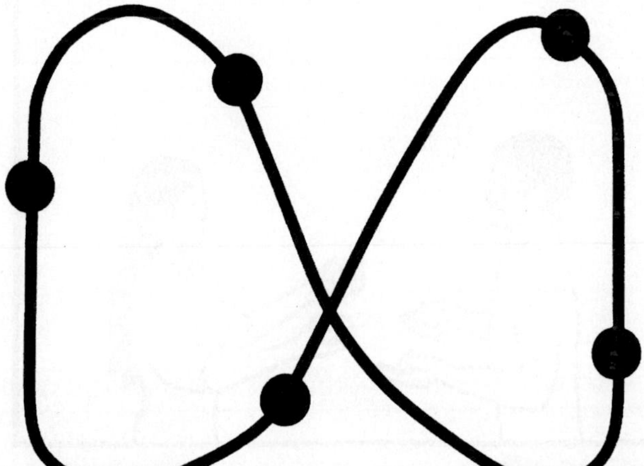

Progressivement, augmentez votre rapidité d'échanges.
Gardez toujours la trajectoire en forme de «8».

Dès que vous arrivez à lancer vos 5 balles avant qu'elle arrivent chez votre partenaire, vous êtes prêt pour le solo. Avant cela, vérifiez votre rythme et vos trajectoires. Lancez les 5 balles aussi vite que possible, sans chercher à les rattraper.

Ecoutez le bruit des chutes sur le sol.

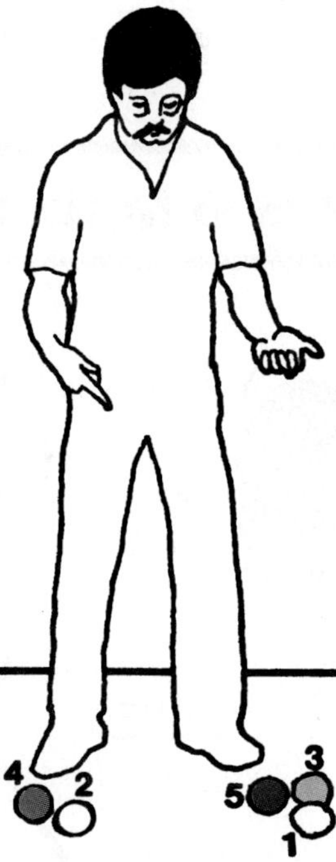

Attention : un bon rythme correspond à un bruit régulier et à un temps identique entre les bruits des chutes.

Une bonne trajectoire amène les balles très proches par terre et dans la même répartition que dans vos mains.

Maintenant vous pouvez lancer et rattraper !

- choisissez 5 balles à grains de couleurs différentes.
- lancez les 5 balles rapidement, rattrapez la première et laissez tomber les autres.
- lancez à nouveau et rattrapez la balle 1 et la 2, et laissez tomber les autres.
- lancez encore et rattrapez les balles 1, 2 et 3 et oubliez les autres.
- lancez encore et rattrapez les 4 premières balles en n'oubliant que la balle 5.
- vous êtes alors prêt à lancer et rattraper toutes les balles !
- rappelez-vous la balle 1. A la fin de la série de lancers, la balle 1 retrouvera sa place de départ, soit au bout des doigts de votre «meilleure main». (voir dessin)

après 6 lancers et 6 rattrapages

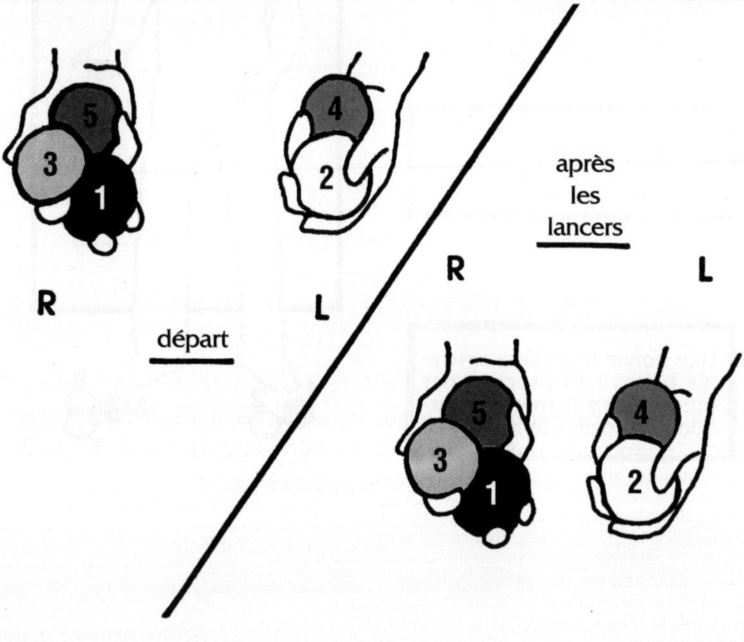

Lancez une nouvelle fois et suivez la position de la balle 1 dans vos mains.

après 7 lancers et rattrapages

après 8 lancers et rattrapages

après 9 lancers et rattrapages

après 10 lancers et rattrapages

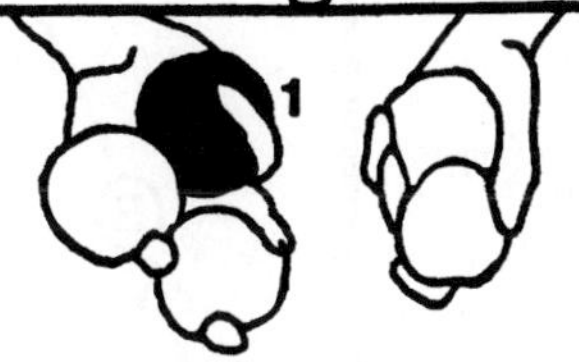

après 11 lancers et rattrapages

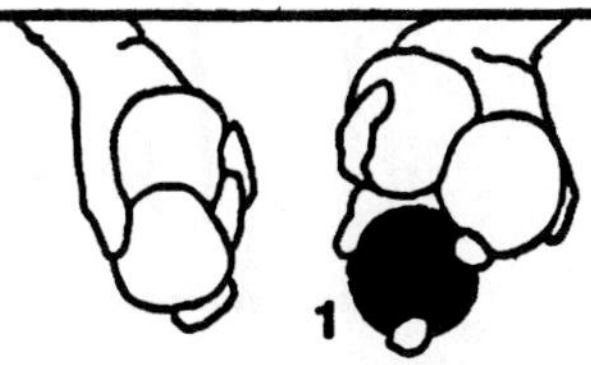

Concentrez-vous sur la balle 1 uniquement, et suivez sa trajectoire dans votre figure. Comptez les lancers de la balle 1 dans votre «meilleure main», ... et augmentez ce compte régulièrement.

Maintenant que vous connaissez la méthode, comptez les lancers de la «meilleure main». Vous vous apercevrez qu' à partir de 20 lancers, vous pourrez continuer sans problème. Des trucs pour affiner votre technique à 5 objets se trouvent dans le chapitre des anneaux.

La «demi-douche» à 5 balles

Prenez 3 balles dans votre «meilleure main». Lancez les balles rapidement une de chaque main : droite - gauche - droite - gauche - droite. A l'arrivée des balles, engagez-les dans la «demi-douche» en faisant un petit lancer. (voir dessin)

5 balles

Demi-douche

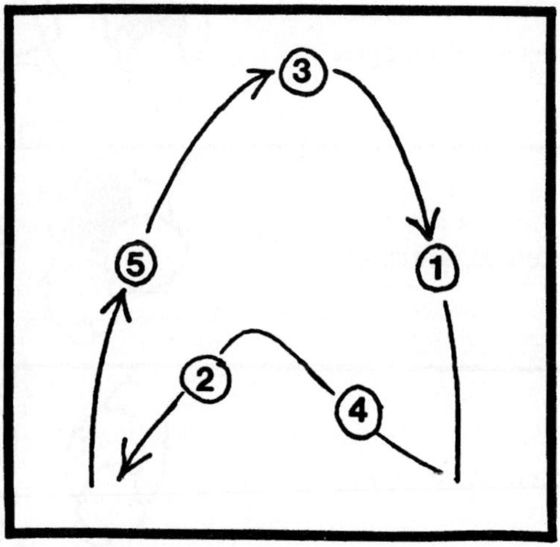

Vous pouvez maintenant vous exercer en commençant avec votre «autre main» (la moins bonne)

La «cascade renversée» à 5 balles

Dès que vous aurez maîtrisé la «demi-douche» à 5 balles, vous pourrez vous attaquer avec succès à la «cascade renversée». Le problème dans cette figure est de suivre ou de reconnaître les balles à grains lorsqu'elles retombent au centre.

la «cascade renversée «

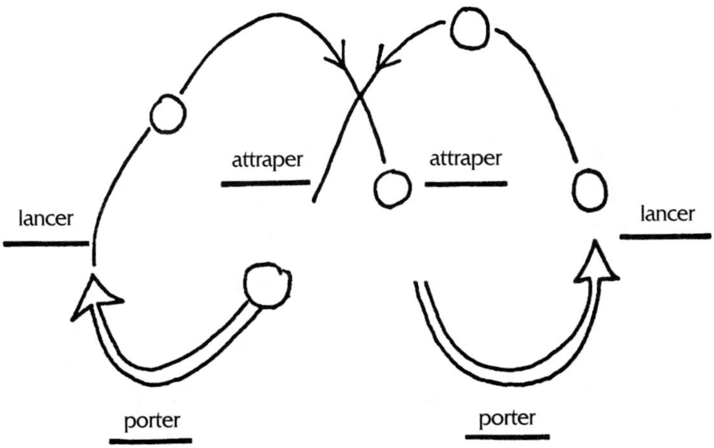

Utilisez 5 couleurs différentes de balles à grains pour cette figure. Suivez les couleurs pour garantir le bon ordre de vos lancers.

Le «tennis» à 5 balles

La «demi-douche» des 2 côtés est votre aide pour arriver à maîtriser le tennis à 5 balles. Commencez par une «cascade» à 5 balles puis sortez une balle de la trajectoire pour l'envoyer par dessus les autres en un mouvement de va-et-vient.

gardez un espace pour la balle «de tennis».

C'est comme jongler à 4 balles dans une figure à 5.

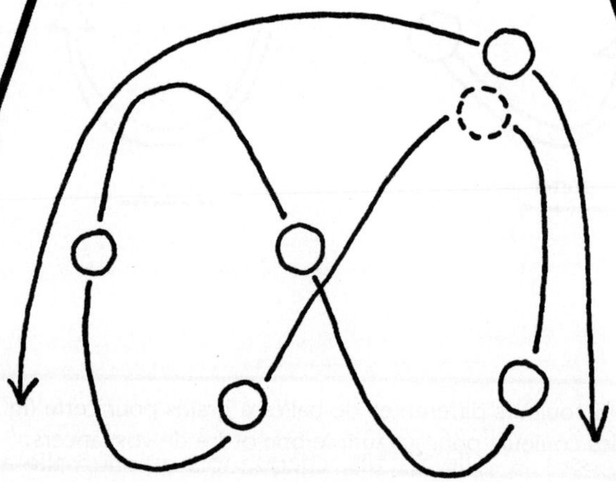

«douche» à 5 balles

Exercez-vous avec 4 balles d'abord que vous tiendrez toutes dans votre «meilleure main». Lancez-les toutes rapidement et rattrapez-les dans votre autre main. Contrôlez les trajectoires et la régularité des lancers.

Continuez avec 4 balles. Chaque fois qu'une balle arrive dans votre autre main, passez-la rapidement dans votre «meilleure main». Le premier passage de mains ne peut avoir lieu qu'après avoir envoyé les 4 balles en l'air !

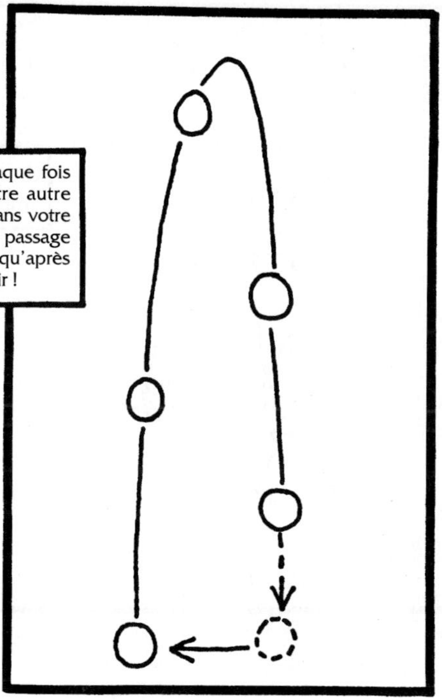

Finalement, recommencez avec vos 4 balles dans votre «meilleure main» ET 1 balle dans l'autre. Dès que votre «meilleure main» est vide, passez la balle 5. Puis, chaque fois qu'une balle arrive dans votre autre main, passez-la rapidement.

Sous la jambe avec 5 balles

Faites attention de ne pas déranger vos mouvements, votre tempo et votre figure à 5 balles par votre mouvement de jambe.

Un truc : portez des pantalons amples et confortables !

Trois autres trucs : 1. commencez par des lancers sous la jambe pour sentir la position. Vous devrez lever votre jambe haut.

2. pendant la figure, passez sous la jambe, et continuez avec soin au moins 2 lancers même si vous savez que vous allez perdre les balles.

3. soyez convaincu que vous arriverez et allez-y !

Dans le dos avec 5 balles

Pendant que vous jonglez normalement, passez une main dans le dos et lancez une balle par dessus l'épaule opposée.

Entraînez-vous avec une balle d'abord pour ne pas déranger votre rythme et vos trajectoires. Jonglez plus haut que d'habitude pour ralentir le rythme et vous donner du temps. Cette figure demande un mouvement très rapide et précis du bras, qui doit donc s'entraîner.

la parfaite maîtrise de la balle

Exercices de maîtrise conseillés.

L'épinglette de «Grand Maître» est octoyée à ceux qui prouvent leur maîtrise dans les domaines suivants :

I. Interaction à 3 balles

1. Démontrer des «vols» de face en position normale et «patte de chat»
2. Démontrer des «vols» d'une balle d'un côté et la restitution de l'autre.
3. Faire des «vols-poursuites».
4. Faire des «vols-poursuites» avec différents objets (chapeau, foulard, carotte etc)
5. Passer 3 balles pardessus la tête avec un «flash» à votre partenaire.
6. Faire des «vols» en passant entre les jambes ou pardessus votre partenaire.
7. Jongler à 3 balles «côte à côte» et démontrer 5 complications.
8. Démontrer le «faux jonglage» avec un débutant.
9. Démontrer le passing à 6 balles avec 3 balles («course à 3»)

II. Passing à 6 balles

1. Faire un passing croisé avec 5 balles
2. Compléter la figure 3-3-10 avec 6 balles.
3. Présenter, à votre choix :
   - la figure 3-3-10 en arrière avec passes de la main gauche ou
   - la figure 3-3-10 avec prises «patte de chat» à chaque réception.
4. Démontrer les passes suivantes avec un partenaire :
   - 10 lancers «face à dos»
   - 10 lancers «dos à dos»
   - 10 lancers «côte à côte»
5. Passer 6 fois «solide» à deux mains.
6. Présenter, à votre choix :
   - 10 passes à terre avec 6 balles ou
   - 12 passes avec 6 objets différents ou
   - «manger une pomme» pendant le «passing».
7. Pendant un «passing à 5», prouver qu'il y a encore de la place et ajouter 1 balle.
8. Présenter à votre choix :
   - 20 lancers d'un «passing à 7 balles» ou
   - «passing à 5 balles» et 1 chapeau, mise du chapeau sur la tête.
   - 10 lancers de suite en «passing à 6 balles» sous les jambes (les 2) ou par dessus l'épaule droite.

III Multiplex

1. Démontrer 20 lancers de multiplex à 4 et 5 balles.
2. Passer de figures normales à 3 et 4 balles dans un multiplex, et retour en figures normales.
3. Démontrer les écarts de 2 (vertical et horizontal) dans un multiplex à 5 balles.
4. Incorporer des écarts de 3 dans une figure à 5 ou 6 balles.
5. Lancer des écarts de 2 sous la jambe ou dans le dos pendant une figure.
6. Présenter 10 lancers d'une «cascade à 6» avec 3 objets.
7. Présenter, à votre choix :
   - multiplex 3 d'une main (simultanément dans les 2 mains) ou
   - multiplex 7 dans une «cascade» (10 lancers) ou
   - la méthode pour apprendre le multiplex 5 balles.

Interaction à 3 balles

Dès que l'on sait jongler à 3 balles, il est intéressant de trouver ou de former un partenaire. Collaborer dans la jonglerie requiert de la patience. N'oubliez pas de rire de vous et de ne jamais blâmer votre partenaire ou vous-même pour des balles perdues.
Personne n'est parfait.

Le «vol»

Faites face à votre partenaire, d'assez près de façon à partager l'espace à jongler. Votre partenaire commence à jongler à 3 balles de couleurs différentes. Observez les couleurs et choisissez-en une, que vous attraperez lorsqu'elle sera lancée de droite à gauche.
Saisissez-la à son apogée.

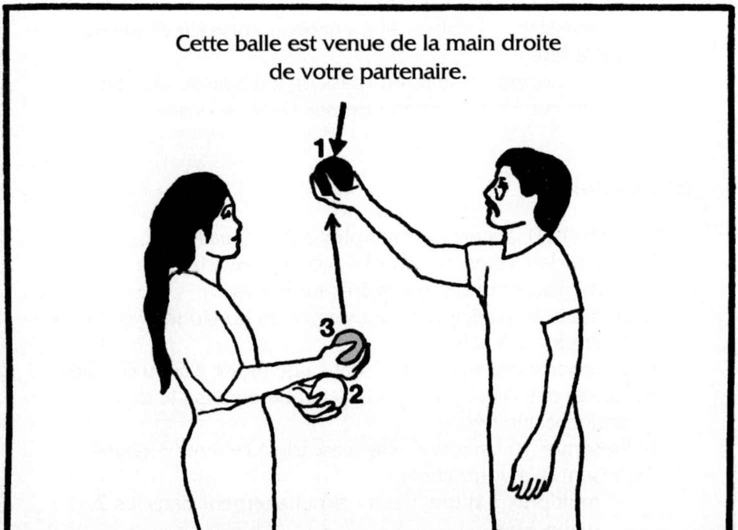

au début, jongler sur une trajectoire haute.

Vous allez, maintenant «voler» les 3 balles. Dès que vous prenez la balle 1, avancez votre main gauche et saisissez la balle partie de la main gauche de votre partenaire (vers sa droite). Prenez-la aussi à son apogée.

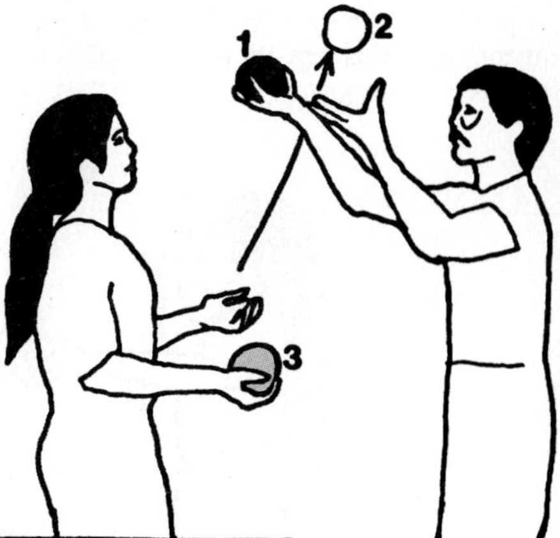

Chaque fois qu'une balle est en haut, prenez-la.

Rapelez-vous d'alterner vos mains pour les prises : prise avec la droite, puis la gauche, puis la droite.

Vous avez maintenant «volé» 2 balles, une dans chaque main. Attendez que la balle 3 de votre partenaire soit à son apogée et lancez la balle 1 (de votre main droite) en «cascade» puis attrapez la balle 3 et continuez de jongler.
Votre partenaire peut à son tour et à sa convenance vous «voler» vos balles.

Après avoir «volé» les balles en prise de mains normale, vous pouvez apprendre à les subtiliser en prise «patte de chat» (paume des mains en avant) qui vous fera attraper les balles de façon plus agressive et spectaculaire.

Vous pouvez aussi, après avoir «volé» une balle, laisser votre partenaire continuer de jongler à 2 balles, et replacer la balle «volée» dans la figure. A vous de trouver l'espace laissé par la balle manquante dans la «cascade» et de lancer ou laisser tomber (à votre choix) la balle dans la figure.

La poursuite

Lorsque votre partenaire et vous arriveront à «voler» les balles côte à côte, vous pourrez jouer à la «poursuite» en partageant les 3 objets à jongler.

D'abord apprenez à entrer dans le jeu de votre partenaire et de «voler» les objets. Vous devez venir par la gauche, étendre votre bras gauche et «voler», à son apogée, la balle qui devait arriver dans la main gauche de votre partenaire. N'hésitez pas à la saisir à son sommet de trajectoire.

Dès que vous avez la balle 1, étendez votre main droite et saisissez la balle 2 qui vient de quitter la main gauche de votre partenaire. Votre main droite est maintenant devant votre partenaire.

Vous avez maintenant 1 balle dans chaque main. Attendez que votre partenaire lance la dernière balle entre vos bras...en direction de votre gauche normalement

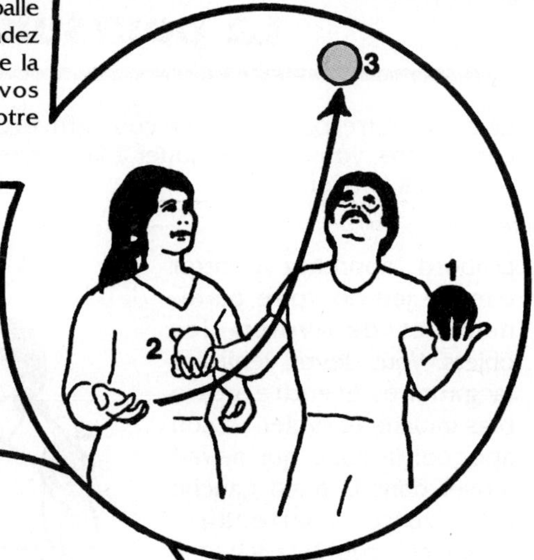

Considérez cette balle comme la première de votre «cascade» et continuez la figure dès que la balle atteint son apogée. Votre partenaire peut se retirer vous avez toutes les balles.

C'est au tour de votre partenaire de venir «voler» la première de vos balles en étendant le bras gauche et en subtilisant la balle qui devait arriver dans votre main gauche ! La «poursuite» reprend !

Essayez donc le jeu très amusant d'accélérer la «poursuite» pour arriver à «voler» chaque balle lancée. Eclats de rire garanti ! Puis vous pouvez progressivement ajouter d'autres objets à votre jeu.

Vous pouvez prendre le chapeau de votre partenaire.

Lui subtiliser son foulard, sa carotte ...

Puis, bien sûr, «voler» ses balles.

Essayez de raconter une histoire avec tous ces éléments et racontez-la tout en jonglant !

Côte à côte

Tenez-vous côte à côte, chaque partenaire tenant l'autre par les épaules. Les 2 mains libres sont comme les mains d'un seul jongleur.

Jonglez normalement dans cette position, puis progressivment utilisez votre main libre pour subtiliser ou donner d'autres objets à votre partenaire !

Le «passing flash»

Un méthode pour transmettre rapidement des objets à votre partenaire est le «passing flash». «Flash» désigne le fait que tous les objets sont dans l'air avant d'être attrapés.

Faites face à votre partenaire et jonglez à 3 balles. Puis lancez aussi rapidement que possible les 3 balles dans sa direction. Droite - gauche - droite. Les 3 balles sont dans l'air.

Votre partenaire les rattrapera : droite - gauche - droite et continuera à jongler.

Dès que vous maîtrisez le «passing flash» de face, faites-le donc de dos, en passant les balles par dessus votre épaule à votre partenaire qui se tient derrière vous. Un truc : le partenaire vous donne le signal du lancer en frappant dans ses mains.

Si vous vous sentez à l'aise avec les jeux de «vol» et de restitution d'objets, vous pouvez faire les expériences suivantes :

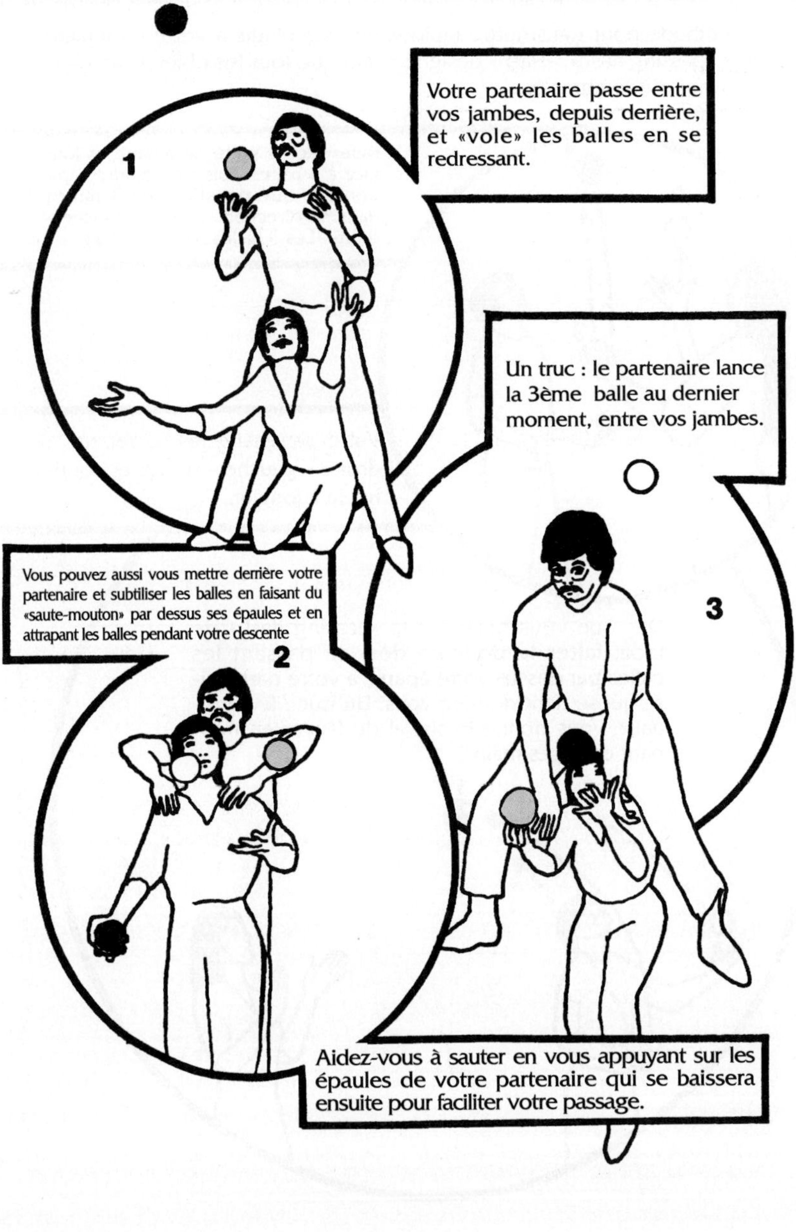

La course à trois balles

Cet exercice est un bon entraînement au passing à 6 objets sans se soucier des chutes.

Jonglez à 3 balles, face à votre partenaire, à une distance d'environ 2 mètres. A un signal, lancez une balle de votre main droite vers la main gauche de votre partenaire.

Puis chaque lancer de votre main droite ira chez votre partenaire. Chaque lancer de votre main gauche suit la figure normale de «cascade» de gauche à droite.

Votre partenaire reçoit les balles dans sa main gauche et les passe normalement dans sa main droite par une «cascade».

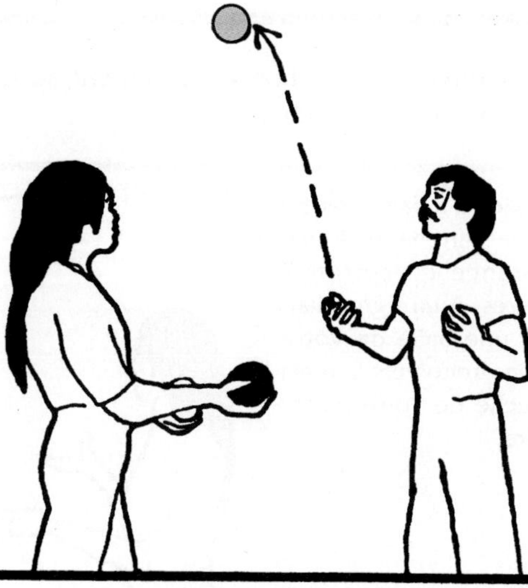

Votre partenaire, avec toutes les balles, peut ensuite vous les renvoyer en vous les lançant de la main droite vers votre main gauche.

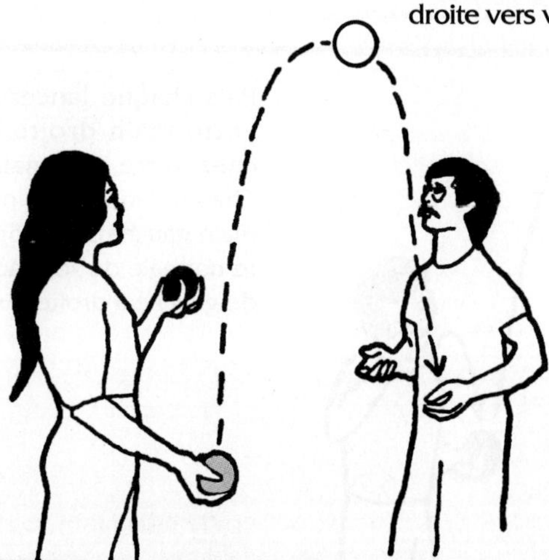

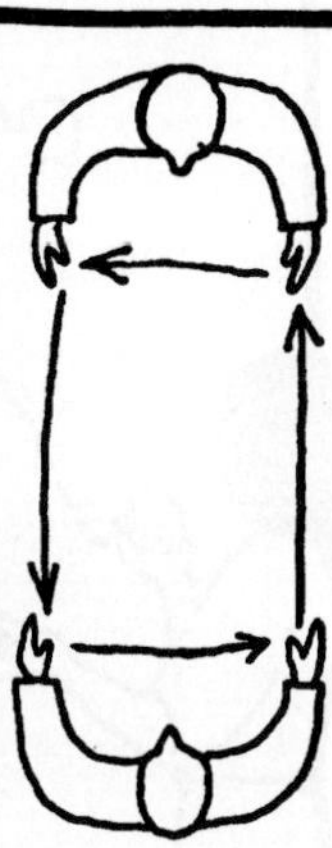

Les balles forment une trajectoire en rectangle, de votre droite à sa gauche, puis à sa droite et à votre gauche. N'oubliez pas de passer les balles devant vous, de votre main gauche à votre droite.

Le passing à 5, 6, 7 balles, ... et plus

Après avoir partagé 3 balles avec votre partenaire, vous allez certainement vouloir apprendre le passing avec plus d'objets, et arriverez à pratiquer régulièrement le passing à 6 balles ou 6 massues. Le travail avec un partenaire est stimulant, passionnant et visuellement plus impressionnant pour votre public.

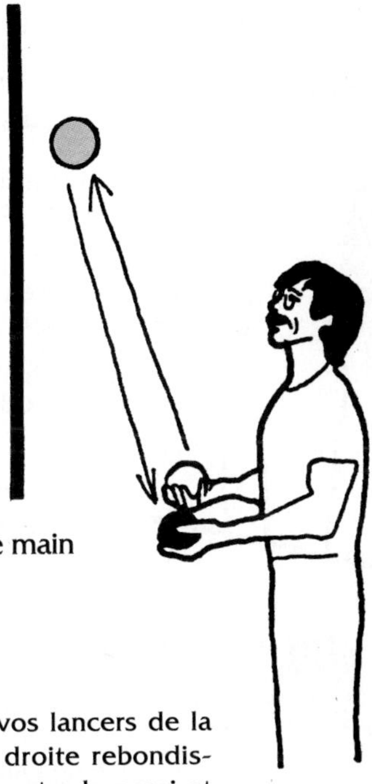

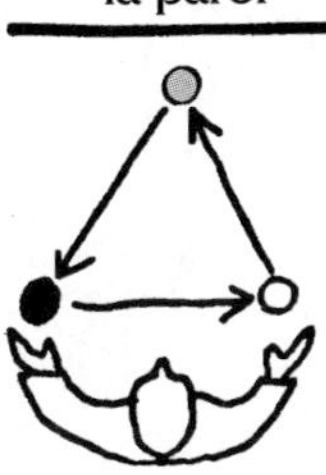

tous vos lancers de la main droite rebondissent contre la paroi et retombent dans votre main gauche.

Les passes peuvent se faire des 2 mains mais la tradition veut qu'elles se fassent de la main droite.

Apprenez le passing en vous exerçant contre une paroi. Bien que la trajectoire soit en diagonale et non pas en droite ligne comme avec un partenaire, la paroi est un excellent entraînement.

3 - 3 - 10

Le passing traditionnel à 6 objets est le «3 - 3 - 10». Chaque 3ème balle quittant votre main droite est passée à votre partenaire, ceci pendant 3 tours. Puis chaque 2ème balle quittant votre main droite est passée, pendant 3 tours. Enfin, chaque balle quittant votre main droite est passée, pendant 10 tours.

← **environ 2 mètres** →

En prenant position pour un passing, tenez les balles (ou objets) au dessus de votre tête pour coordonner le rythme du départ. Contrôlez aussi que les 2 partenaires tiennent 2 objets dans la main droite et 1 dans la main gauche.

Au signal (par tradition «go») descendez vos mains en même temps et commencez la cascade en vérifiant d'abord que vous jonglez au même rythme et à la même hauteur que votre partenaire (synchronisation du passing). Comptez ensemble à haute voix. Le terme «go» donne le signal de départ, les chiffres correspondent aux lancers de la main droite, les «et» à ceux de la main gauche. «Go, un et deux et ...»

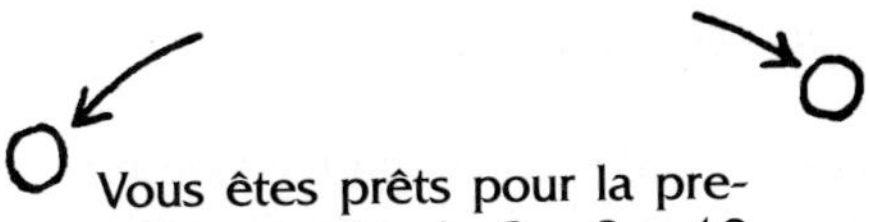

Vous êtes prêts pour la première partie du 3 - 3 - 10 soit 3 tours de passing au 3eme lancer en «cascade». Vous débutez mains en haut et le ton du spectacle sera comme suit : «go - un (main droite) - et (main gauche) - deux (main droite) - et (main gauche) - lance (main droite vers votre partenaire) - et (main gauche) - un - et - deux - et - lance - et - un - et - deux - et - halte». Le terme «halte» indique que les 3 lancers sont atteints.

Les lancers formeront une trajectoire en rectangle.

Chaque fois que vous dites «lance», faites-le de votre main droite en direction de la main gauche de votre partenaire. Le lancer devra être à hauteur de yeux, en rythme, en trajectoire courbe pas trop forte car la balle devra être inclue dans la «cascade» à son arrivée. Vous recevrez la balle de votre partenaire dans votre main gauche. Continuez de jongler à la réception car le mot «et» de la formule correspond déjà à un lancer de votre main gauche vers votre main droite.

La 2ème partie du 3 - 3 - 10 correpond à un passing tous les 2 lancers de la main droite soit : .».. et - un - et - lance - et - un - et - lance - et -un - et - halte».

Essayez les deux parties de la figure ensemble maintenant, soit 3 passings au 3ème lancer de la main droite, puis, sans s'arrêter, 3 passings au 2ème lancer de la main droite.

Attention : votre main gauche aura peut-être tendance à vouloir copier votre main droite et à faire aussi du passing...C'est très courant ! Dans ce cas, exercez-vous contre une paroi et concentrez-vous à ne guider votre main gauche qu'en des lancers «cascade» de gauche à droite.

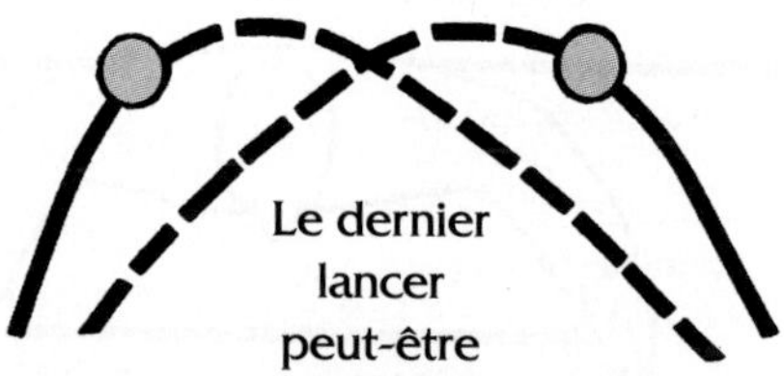

Pour marquer un temps entre les parties, votre dernier lancer («halte») peut-être plus haut.

La dernière partie du 3 - 3 - 10 correspond à 10 passings tous les lancers de la main droite soit : ..». et - lance - et - lance - et - lance - et - lance-et - lance - et - lance - et - lance - et - lance - et - lance - et - halte !»

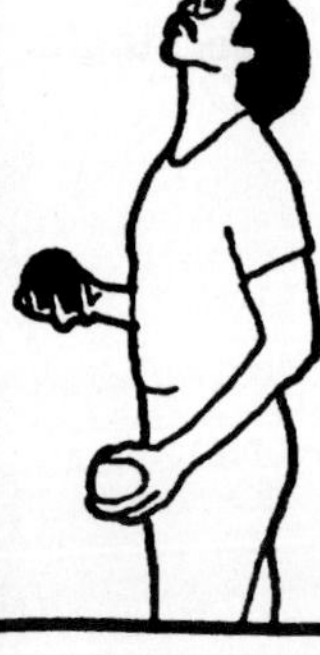

La séquence complète du 3 - 3 - 10 s'entend ainsi : «Go - et - un - et - deux - et - lance - et - un - et - deux - et - lance - et - un - et - deux - et - halte/à deux - et - un - et - lance - et - un - et - lance - et - un - et - halte/à un - et - lance - et - lance - et - lance - et - lance - et - lance - et - lance - et - lance - et - lance - et - lance - et - HALTE ! Bravo !

Pour un beau final, trouvez un dernier lancer identique mais fantaisie.

Dans le dessin, le final est amélioré par un petit lancer supplémentaire afin de finir avec chacun 2 balles dans la main proche du partenaire et 1 dans la main extérieure.

Au début, avec peu d'exercice vous arriverez probablement à un 3 - 3 - 3. Continuez de vous entraîner pour finir la figure. La 3ème partie est la plus difficile. Puis vous pourrez même vous permettre quelques complications comme celles-ci : placer un partenaire entre vous deux pour vous forcer de lancer plus haut, ou attraper toutes les balles en position «patte de chat», ou lancer les balles en trajectoire tendue, ou enfin, de tout faire à l'envers soit de lancer avec la main gauche et recevoir de la main droite !

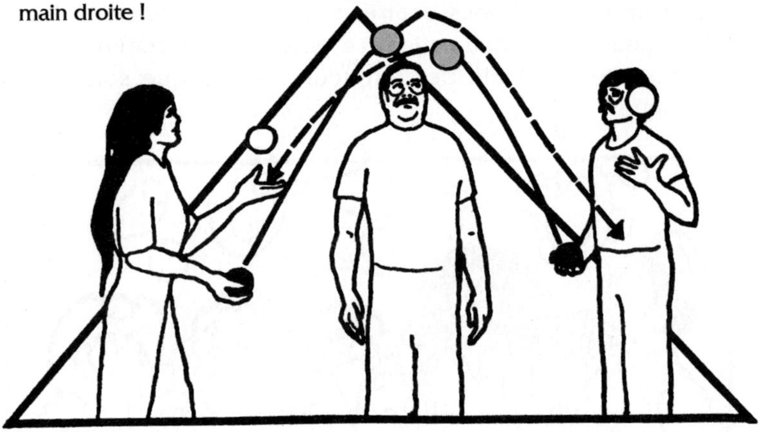

Compter

Vous avez touché au monde merveilleux du «passing» ! Il est donc temps de vous préciser les termes employés lors du comptage. On doit compter pendant le passing ne serait-ce que pour garantir la synchronisation. Chaque lancer et chaque passing compte. Par exemple, dans la figure 3 - 3 - 10, il y a 3 comptages différents. Le premier est nommé «compte à 6» qui correspond à un passing tous les 6 lancers.On peut aussi l'appeler «passe à 3» qui veut dire que l'on passe tous les 3 lancers de la main droite. C'est identique. La 2ème partie est nommée «compte à 4» (passing tous les 4 lancers) ou «passe à 2». La 3ème partie est nommée «passing douche» ou «chaque droite». Selon cette méthode, chaque lancer compte pour UN (même si ce sont 2 balles). Ainsi vous pourrez vous faire comprendre des jongleurs du monde entier. Le passing est la communication internationale des jongleurs qu'elle que soit leur langue.

Passing en diagonale

Plus facile que la figue 3 - 3 - 10, le passing en diagonale est un excellent moyen pour développer votre assurance dans le passing. Il peut même se faire avec un jongleurs débutant.

Le jongleur confirmé lance la balle 1 de sa main droite vers la main gauche du débutant. Le lancer sera haut. A l'apogée, le débutant lance la balle 2 de sa main gauche dans la droite du confirmé.

Quand la balle 2 est en haut, le confirmé lance la balle 3 de sa main gauche dans la droite du débutant. Quand la balle 3 est en haut, le débutant lance la 4 de sa main droite en diagonale vers la droite du confirmé.

La personne qui commence lance toujours en droite ligne. L'autre, toujours en diagonale. On ne lance qu'une balle à la fois.A moi - à toi - à moi - à toi. On ne lance la prochaine balle qu'à l'apogée de la précédente.

Essayez aussi avec des balles plus grandes, ballons de foot ou de basket...

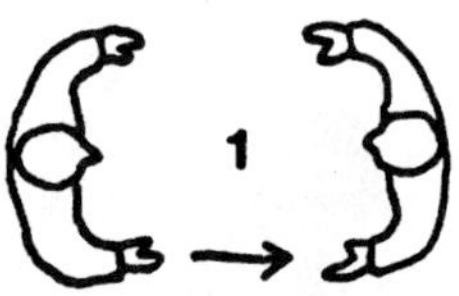

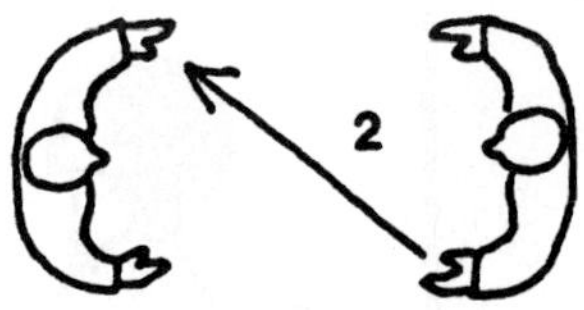

1 ma droite dans ta gauche
2 ta gauche dans ma gauche

3 ma gauche dans ta droite
4 ta droite dans ma gauche et ainsi de suite....

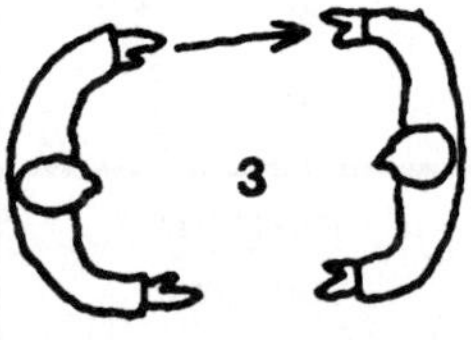

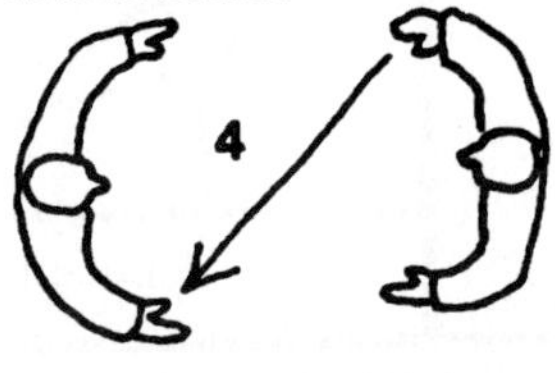

Positions durant le passing

Pour profiter du plaisir du passing, 2 jongleurs peuvent prendre différentes positions :

Pour faciliter le comptage, gardez le «compte à 4» pendant la découverte de ces diverses positions.

Face à dos

Cette position vous familiarisera avec les «jets-avant» et les «jets-arrière»

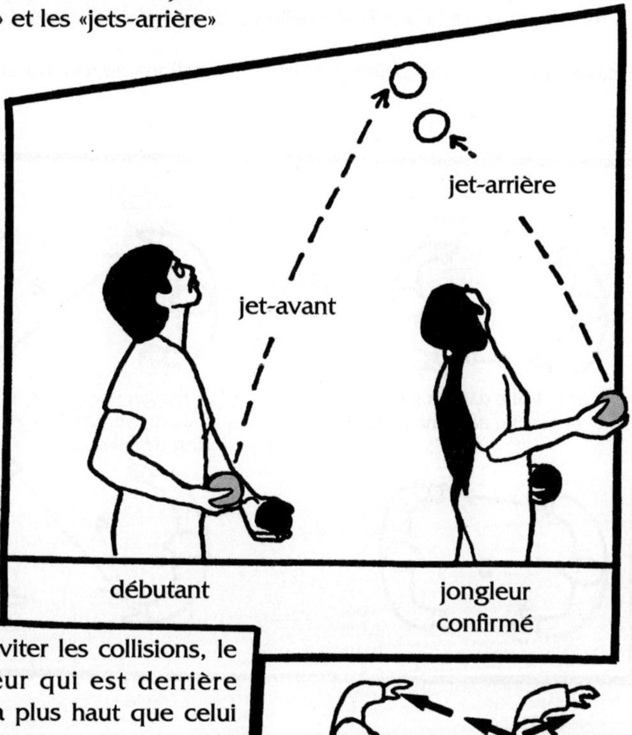

Pour éviter les collisions, le jongleur qui est derrière lancera plus haut que celui de devant.

Dos à dos

Cette position est plus facile qu'elle n'en a l'air. Prenez simplement l'habitude de lever la tête et de regarder vers la gauche, en haut pour attendre les balles. Commencez avec une balle, puis 2, en lançant en même temps que votre partenaire.

Puis passez à 3, et faites la même figure que vous feriez de face. Commencez, mains en haut, comptez et lancez ensemble, et regardez les balles par dessus votre épaule gauche.

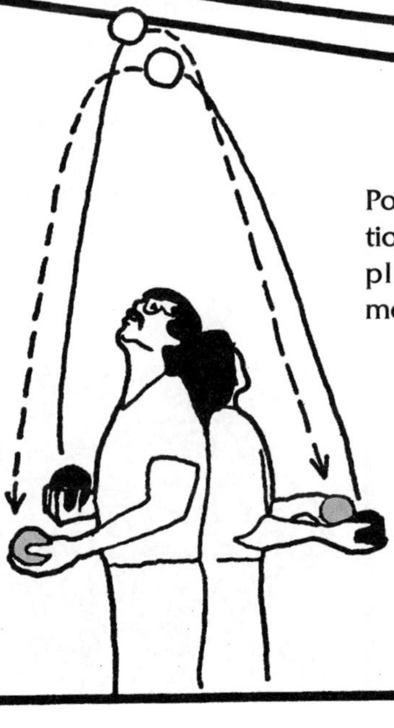

Pour vous habituer à la position, débutez par des lancers plus hauts, donc par des mouvements plus lents.

Côte à côte

Cette méthode peut inclure plus de deux jongleurs. Vous pouvez même l'appliquer à une grand cercle de jongleurs. essayez donc, pour rire !

Tenez vous à environ 1 mètre de votre partenaire et définissez le comptage («compte à 4» reste le plus facile)

La personne à droite lance haut, par l'extérieur vers l'extérieur du (des) partenaire (s). Le jongleur de gauche lance normalement mais court, vers la droite (de sa main droite dans la main gauche du partenaire)

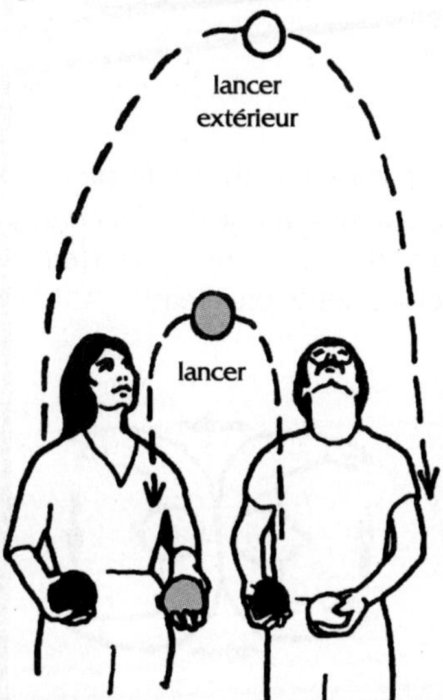

pour de grands groupes : Mettez-vous en cercle, côte à côte. Chacun lance une balle courte et facile à son voisin de droite. Puis, plus drôle encore, mettez vous «face à dos» et chacun lance par dessus l'épaule à son voisin de derrière. Il y aura des balles par terre !

Conventions de départ

Mettez-vous d'accord avec votre partenaire sur quelques conditions avant le départ . Par exemple le signal de départ, le comptage, ce que vous allez faire en cas de chutes (vous recommencez ou continuez ?) le rythme des lancers etc. N'oubliez pas de bien regarder votre partenaire et avant tout de sourire.

Départ lent

Commencez par un «compte à 5» (comme la 1ère partie du 3 - 3 - 10) pour un départ plus lent. La balle dans votre main gauche sera la 1ère à être passée à votre partenaire.

Départ direct

Vous ne jonglez pas du tout pour vous avant le passing. La balle de départ, la 1ère balle de votre main droite est lancée vers votre partenaire. Il faut simplement oser démarrer la «cascade» par un passing.

Le départ direct est facile à coordonner car vous vous concentrez de suite sur votre partenaire et vous avez le temps de vous régler avant le prochain passing. Vous pouvez ainsi tout en jonglant plus faciliement décider de ralentir ou au contraire de pousser l'allure. Les jongleurs confirmés, surtout ceux qui s'échangent plus de 7 objets commencent tous par le «départ direct».

«Passing solide» ou «compte à 1»

Chaque lancer va vers votre partenaire. C'est très rapide mais pas impossible. Commencez en n'utilisant que votre main gauche et la droite de votre partenaire. Vous changerez de main et de côté plus tard.

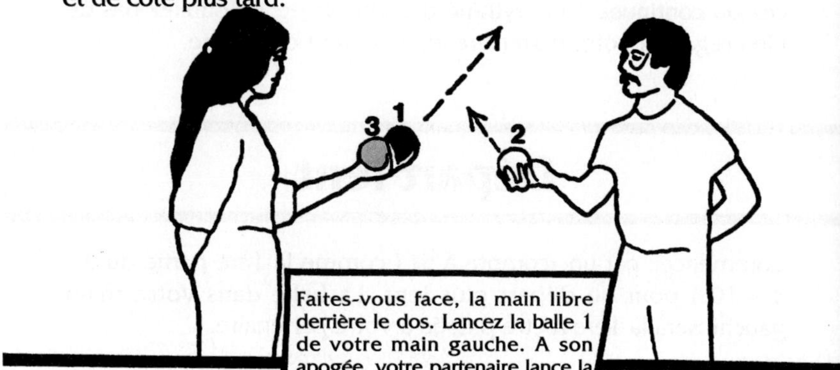

Faites-vous face, la main libre derrière le dos. Lancez la balle 1 de votre main gauche. A son apogée, votre partenaire lance la 2 de sa main droite vers votre gauche, continuez. normalement en lançant chacun à votre tour.

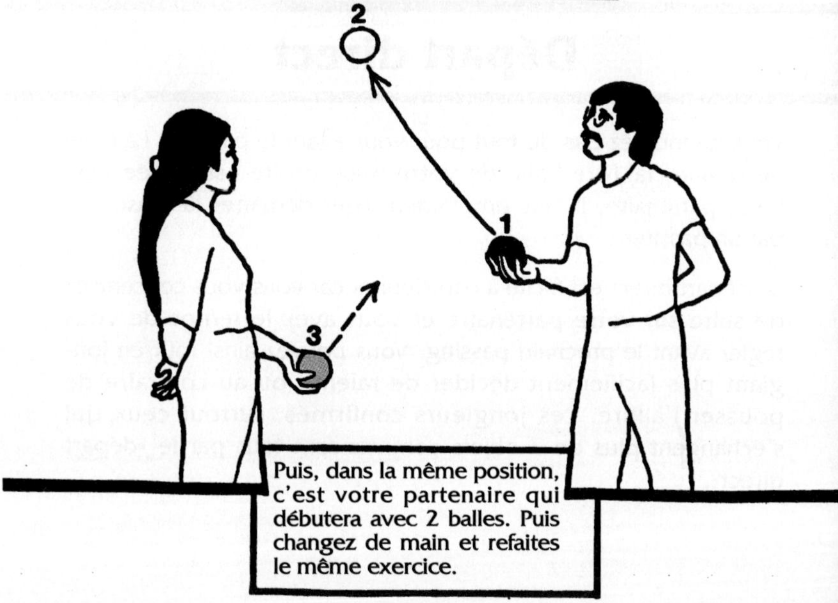

Puis, dans la même position, c'est votre partenaire qui débutera avec 2 balles. Puis changez de main et refaites le même exercice.

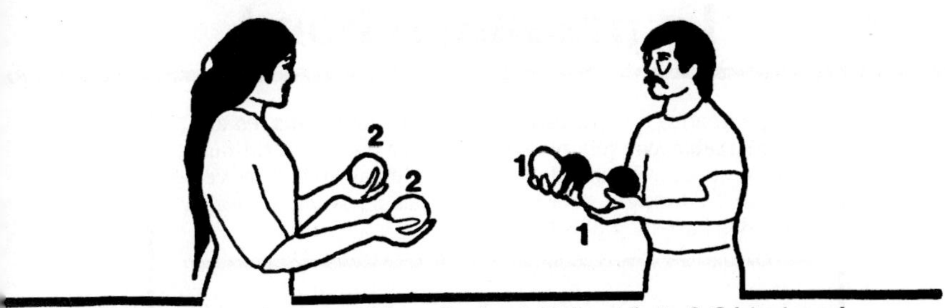

Maintenant à 2 mains ! : Pour simplifier, un jongleur à 4 balles et l'autre 2. Celui qui en a 4 lance en même temps 1 balle de chaque main en direction de son partenaire.

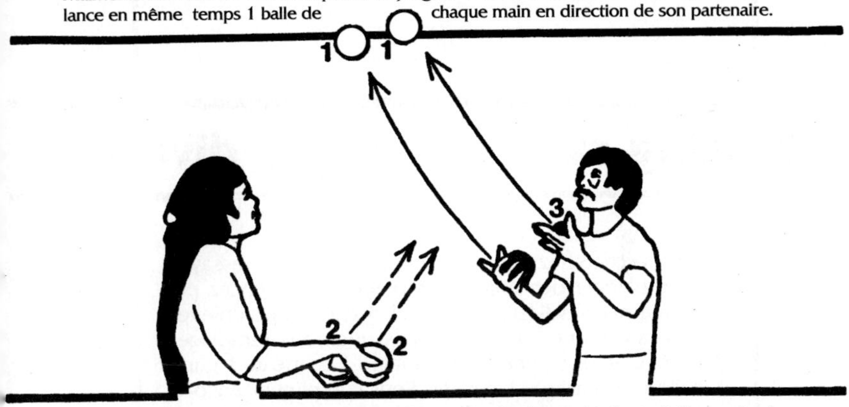

On lance chaque fois 2 balles à la fois. C'est plus facile et plus lent. A l'apogée de chaque lancer, le suivant part.

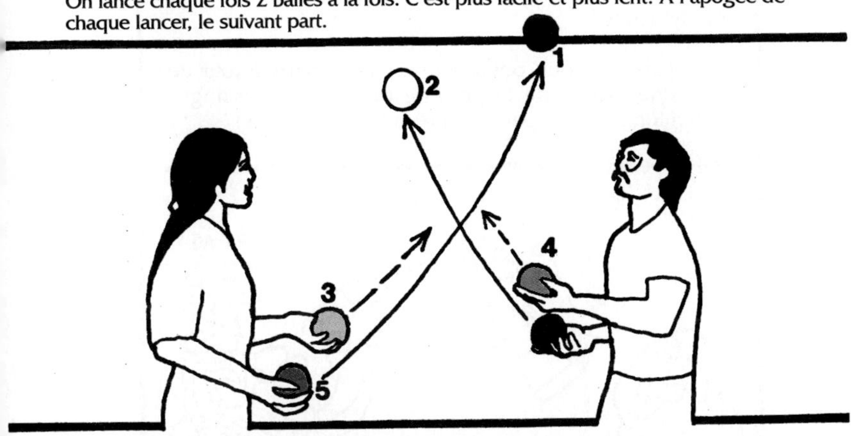

On accélère : chacun prend 2 balles dans la main droite et 1 dans la main gauche. Au signal, chacun lance en «cascade» à son partenaire. Chaque lancer va vers le partenaire. Je lance à droite - tu lances à droite - je lance à gauche - tu lances à gauche.... C'est très rapide et se nomme la «douche

Le passing rebond

Bien entendu, tout ce que vous pouvez faire dans les airs, est réalisable par rebond au sol ou sur une peau de tambour tendue.... Il suffit de lancer vers le bas au lieu de vers le haut ! Attention ceci n'est pas valable si vous jonglez avec des balles à grains !

Passing avec des objets divers...

Si vous recherchez la difficulté et le «challenge» essayez donc de lancer des objets très divers. Commencez par exemple par 5 balles à grains et 1 pomme, puis enlevez progressivement 1 balle à grains que vous remplacez par ce qui vous tombe sous la main : 1 chapeau, 1 gant, 1 ballon de basket, 1 soulier. Pour compliquer encore, essayez le ballon rempli d'eau, 1 poisson ou... un bâton de dynamite !

Pour corser le tout, pourquoi ne pas prendre, à tour de rôle une morce de la pomme pendant le passing ? Attention à ne pas parler ni rire la bouche pleine !

L'espace vide !

Si vous désirez continuer de jongler en passing après avoir perdu une balle vous devrez apprendre à garder un espace vide, soit à passer 5 objets dans une figure à 6 temps !

Passez 6 balles dans un «compte à 2», puis laissez tomber 1 balle et continuez au même rythme. Cela impliquera que l'espace vide gardera la même trajectoire et sera compté comme un objet.

Pour faciliter le compte de l'espace vide, vous pouvez faire claquer vos doigts de la main droite chaque fois qu' il devrait arriver.

Ramassage de balle

Maintenant que vous savez jongler avec un espace vide, vous pouvez ramasser une balle perdue. Cela semble très rapide au début, mais le mouvement s'apprivoise vite.

Dès que l'espace vide passe dans votre main gauche, regardez par terre pour retrouver la balle perdue. Continuez de jongler en vous rapprochant de la balle, et laissez-la près de votre pied droit.

Lorsque vous êtes à 1 compte de votre main droite, baissez-vous en lançant de la main gauche, ramassez la balle de la main droite et lancez-la en vous relevant. N'oubliez pas de recevoir la passe de votre partenaire en même temps !

Passer le chapeau

Dès que vous savez garder un espace vide, utilisez donc ce moment pour des gags tels que saluer le public, vous gifler, tirer l'oreille, ajuster vos lunettes ou votre chapeau ! Vous pouvez aussi laisser la balle perdue par terre et la remplacer par votre chapeau !

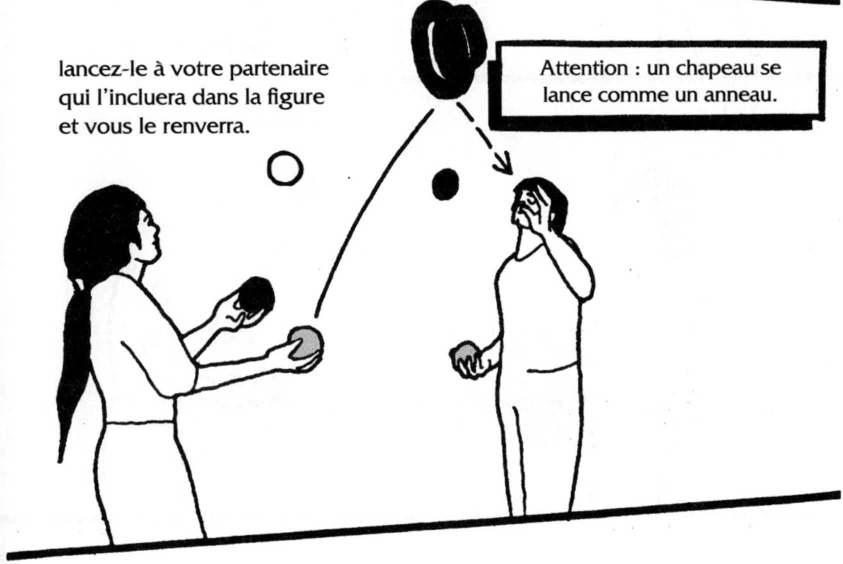

Le passing à 7 objets (et plus...)

On commence à devenir ambitieux, pas vrai ? En fait, pour passer à 7 objets, on accélère simplement le rythme normal. Quand vous passez à 6, 8 ou 10, votre partenaire et vous lancez en même temps, les objets se croisent et arrivent dans vos mains en même temps. Cette similitude vous facilite le comptage et la coordination de vos mouvements par le bruit de vos réceptions. Jongler à 7 ou 9 implique une alternance. Quand vous lancez de la main droite, votre partenaire lance de la gauche.

Prenez 2 balles dans chaque main, et votre partenaire aura 2 balles dans la main droite et 1 dans la main gauche. Il n'y a pas besoin de lever vos mains pour le départ puique vous ne commencez pas en même temps.

Celui qui a 4 balles, en lance 1 de la main droite, en trajectoire haute vers la main gauche du partenaire. Lancez 40 cm plus haut que d'habitude.

Le partenaire lance aussi de la main droite vers votre main gauche avec un petit temps de retard. Puis, jonglez et passez normalement chaque lancer de la main droite vers votre partenaire.

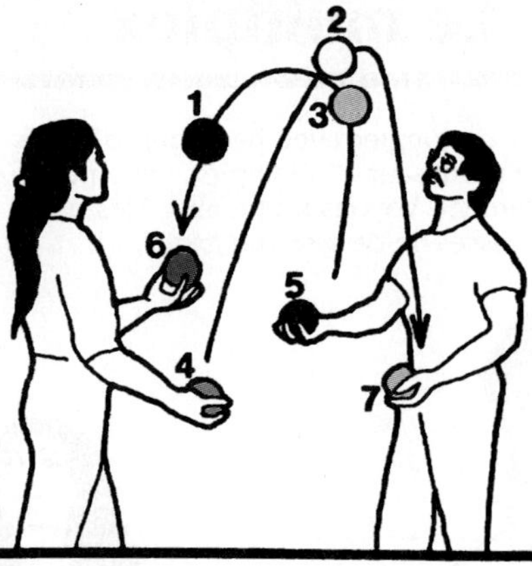

Attention : ne cédez pas à la tentation de passer des 2 mains. Ne passez que de la main droite ! Vérifiez la cadence «droite - gauche - droite - gauche» et restez dans le rythme.

Un magnifique exemple de notre passing à 9 balles, .. avant la rapide catastrophe. On essaie toujours !

Le multiplex

Le multiplex permet de jongler avec beaucoup d'objets en en lançant plusieurs à la fois. En utilisant le multiplex vous pouvez passez de 3 balles à 4 et 5 rapidement. Voyons tout d'abord les bases, nous discuterons plus tard des finesses de ce système génial.

Commencez avec 2 balles à grains dans votre main droite.

Votre main est tournée, les doigts pointés vers le milieu de votre corps.

Lancez vos 2 balles en faisant monter plus haut la balle qui était au bout de vos doigts.

Attention : les balles s'écartent en l'air.

Reprenez une balle dans chaque main

Attention : attrapez d'abord la droite, puis la gauche.

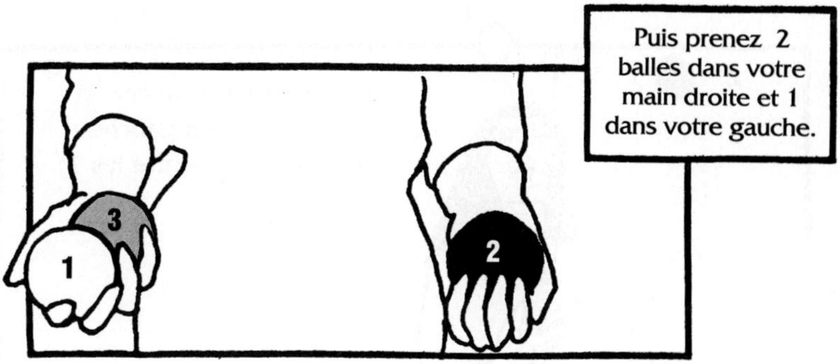
Puis prenez 2 balles dans votre main droite et 1 dans votre gauche.
3
1
2

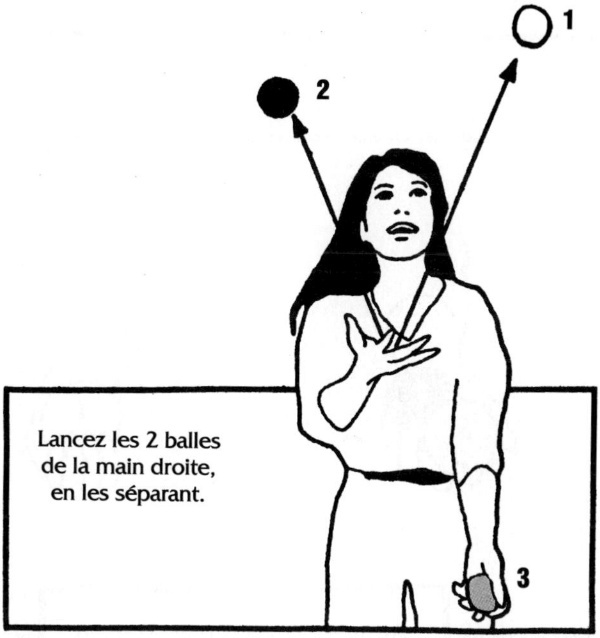
1
2
Lancez les 2 balles de la main droite, en les séparant.
3

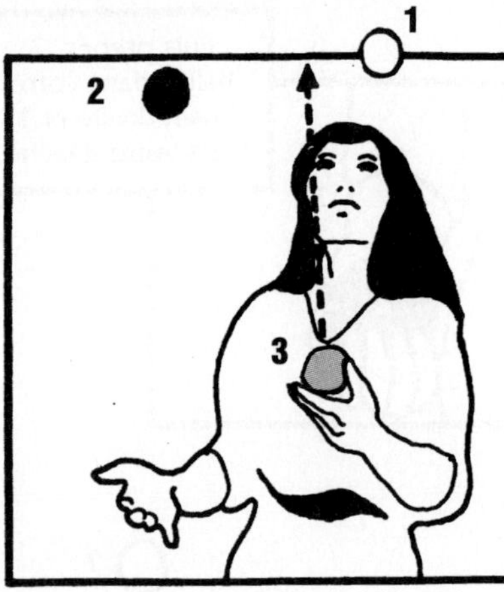

A leur apogée, lancez la balle de la main gauche verticalement, entre les 2 autres.

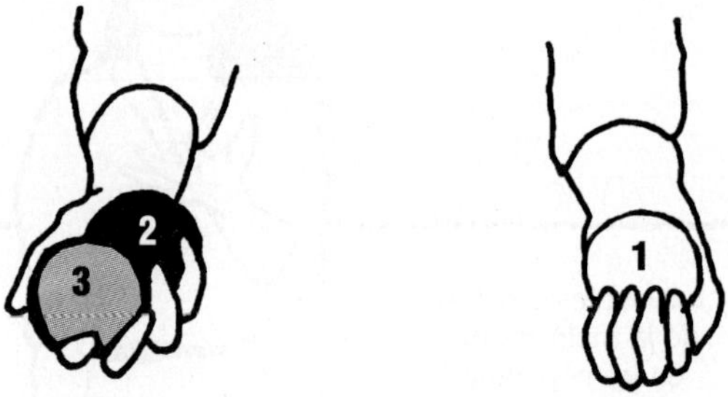

Attrapez 2 balles dans la main droite et 1 dans la gauche comme indiqué dans le dessin

Répétez la série, puis faites de même de l'autre côté.

1. commencez avec 2 balles dans la main gauche
2. lancez les 2 balles en les séparant et attrapez-en une dans chaque main.
3. mettez 2 balles dans la main gauche et 1 dans la droite.
4. lancez les 2 balles en les séparant, et à leur apogée, lancez la 3ème verticalement entre les 2 autres.
5. attrapez 2 balles dans la main gauche et 1 dans la droite.

Passons maintenant à 4 balles. Prenez-en 2 dans chaque main.

Lancez en les séparant les 2 de la main gauche.

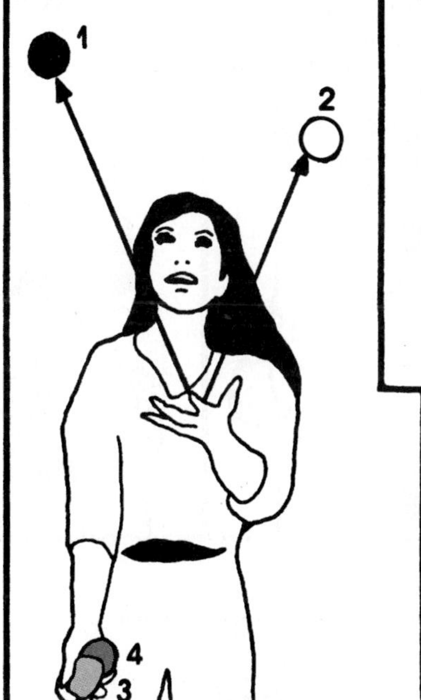

Attrapez : gauche - droite - pause - droite - gauche.

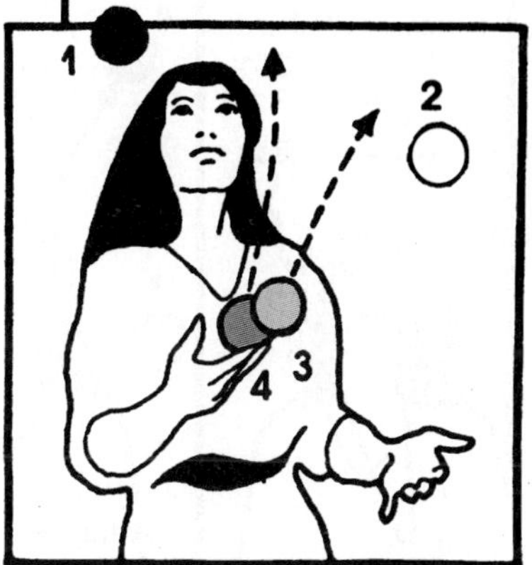

A leur apogée, lancez en les séparant les 2 de la main droite, entre les 2 premières.

Le rythme : lancez gauche - pause - lancez droite - attrapez gauche - attrapez droite - pause - attrapez droite - attraper gauche.

LE TRUC : N'essayez pas de comprendre ! Faites ce que l'on vous dit ! Ça marche !

Jongler à 5 balles !

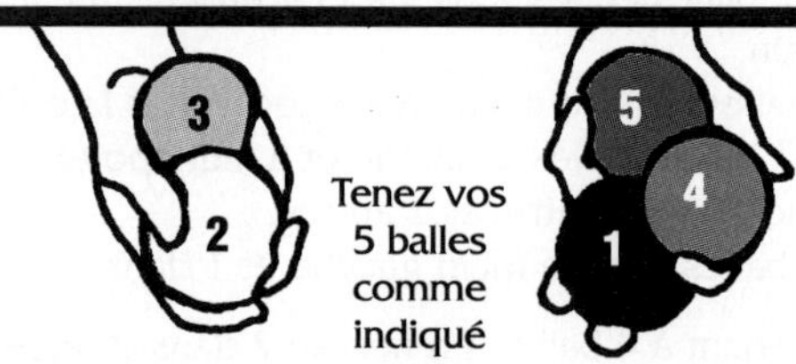

Tenez vos 5 balles comme indiqué sur le dessin

A réception, les balles seront ainsi.

les balles 1, 2 et 4 changent de main. Les balles 3 et 5 «voyagent» verticalement.

Ne cherchez pas à comprendre ! Allez-y !

Maintenant vous pouvez jongler à 5 balles sans retenue !

1. lancez la balle 1
2 à l'apogée de 1, lancez 2 et 3 en les séparant.
3. à l'apogée de 2 et 3, lancez 4 et 5 en les séparant
4. continuez ainsi en alternant les lancers de chaque main.
5. Chaque fois que 2 balles sont en haut, lancez en 2 autres en les séparant.
6. Il y a toujours 2 balles en l'air, et 2 balles qui montent.
7. Lancez toujours par le milieu, entre les autres.

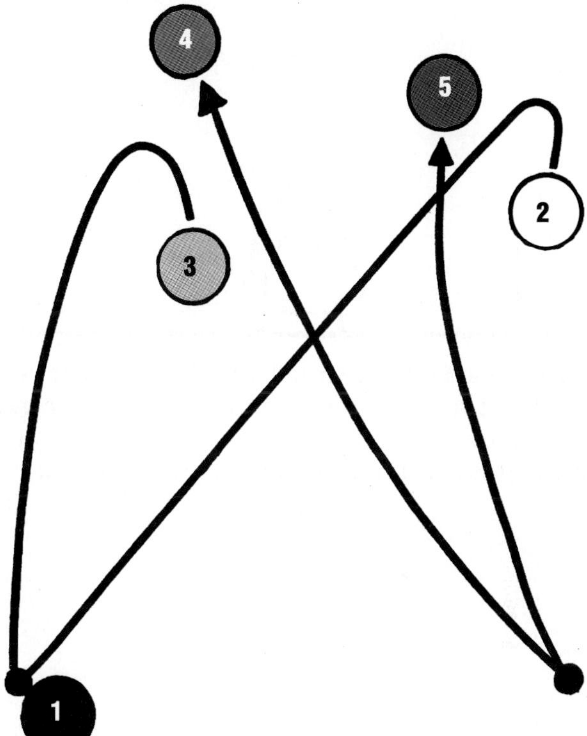

Empilement vertical !

En les lançant, garder les 2 balles l'une sur l'autre au lieu de les séparer. Exercez-vous à lancer 2 balles d'une main, et de les recevoir dans l'autre tout en maintenant les balles dans un plan vertical.

Jonglez ensuite à 5 balles, en utilisant l'empilement vertical. Lancez 1 balle de la main droite, puis lancez 2 de la main gauche, l'une restant sous l'autre, puis 2 de la main droite, puis 1 de la main gauche, puis 2 de la main droite et ainsi de suite .....

Jongler à 6 balles dans une cascade à 3

Prenez 4 balles dans la main droite et 2 dans la gauche. Lancez 2 balles de la main droite, empilées verticalement, puis, à tour de rôle, 2 par main.

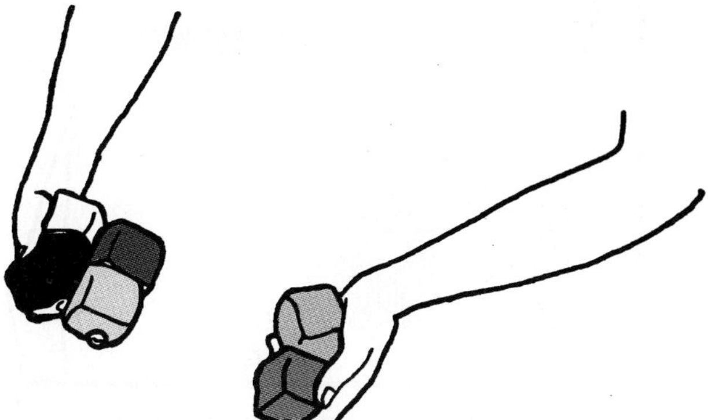

Jonglez en cascade normale. Vous attrapez cependant chaque fois 2 balles et en lancez aussi chaque fois 2, en alternant les mains. Gardez les balles empilées verticalement pour faciliter le contrôle des trajectoires.

Un dernier exemple de multiplex avant de vous laisser à votre propre création !

Séparer 3 balles

Commencez avec 3 balles à grains dans votre main droite, comme indiqué.

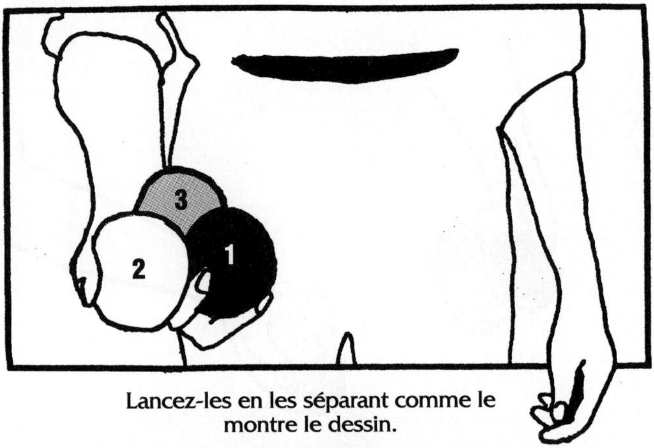

Lancez-les en les séparant comme le montre le dessin.

La balle 1 monte plus haut en trajectoire courbe et retombe dans l'autre main. Les balles 2 et 3 montent verticalement et retombent dans la même main.

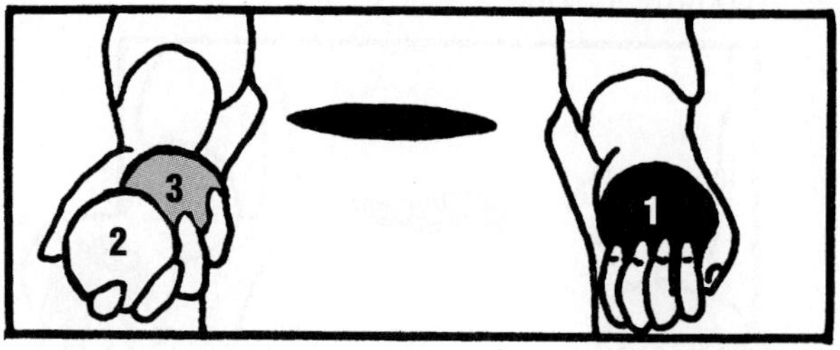

les position de réception se font comme indiqué.

Puis essayez de l'autre côté

et obtenez les même positions de réception.

Prenez maintenant 4 balles à grains comme indiqué.

Lancez la balle de votre main gauche. A son apogée, lancez les 3 autres en les séparant.

Attrapez la balle 1, puis rapidement les balles 4, 3 et 2.

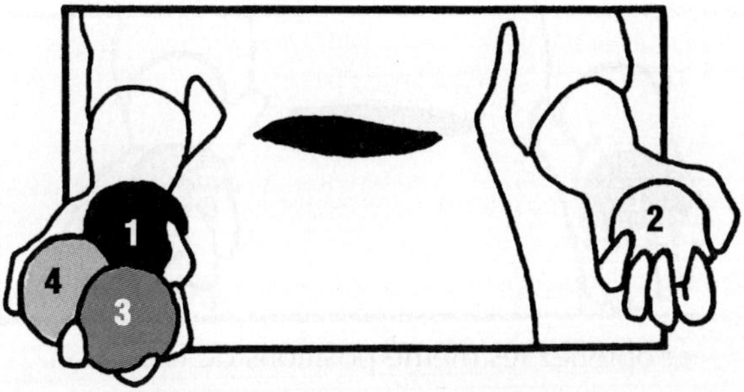

A nouveau contrôlez les positions à la réception.

Lancez maintenant les 3 balles de votre main droite, en les séparant.

A leur apogée, lancez la balle 4 de la main gauche par le milieu, entre les balles 1 et 2.

Rattrapez dans cet
ordre

balle 3 - 2 - 1 - pause - 4. Contrôlez la position à la réception comme indiqué.

La surprise

Savez vous qu'après avoir maîtrisé les lancers et réception de 3 balles séparées, vous savez déjà presque jongler à SEPT balles à grains ?

Surpris ? Essayez donc de débuter comme indiqué.

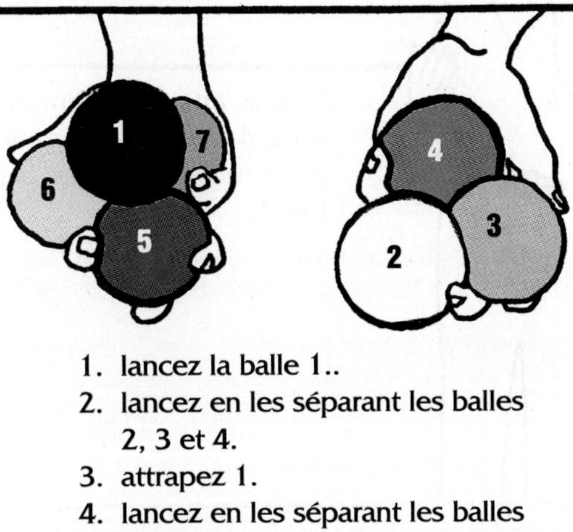

1. lancez la balle 1..
2. lancez en les séparant les balles 2, 3 et 4.
3. attrapez 1.
4. lancez en les séparant les balles 5, 6 et 7.
5. attrapez les balles 4,3,2,7,6,5 !!

La séquence à 7 est la même que la séquence à 5 en multiplex.

1. lancez 1 de la main droite
2. lancez les 3 balles de la main gauche en les séparant.
3. attrapez 1 dans la main gauche
4. lancez les 3 balles de la main droite, en les séparant.
5. prenez 3 balles de la main gauche et lancez-les en les séparant.
6. Dès que vous avez 3 balles dans la main droite, lancez-les en les séparant.
7. Dès que vous avez 3 balles dans la main gauche, lancez-les en les séparant.

Eh ! ça a l'air complètement dingue !
mais ça marche !

Encore une fois, n'essayez surtout pas de comprendre !
Allez-y carrément !

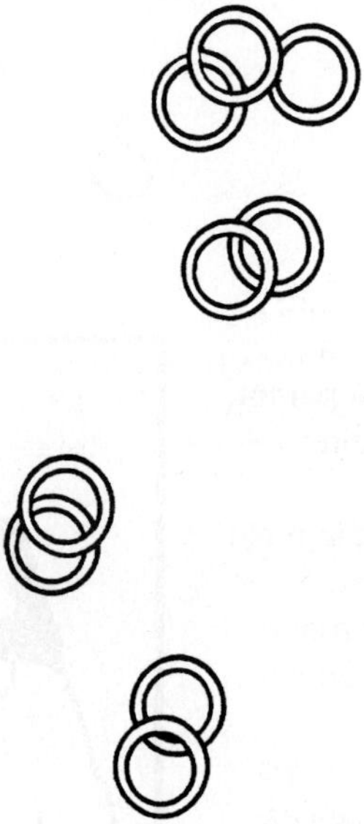

Albert Lucas

Les anneaux

Exercices de maîtrise conseillés.

1. la cascade
2. la cascade renversée (12 lancers)
3. le lancer de crêpes (6 lancers)
4. rotation d'un anneau dans un anneau puis retour à la cascade.
5. anneaux face au public
6. lancers sous la jambe, de chaque côté.
7. jongler avec 2 anneaux dans chaque main.
8. séparer 3 anneaux.
9. 3 anneaux en douche
10. 1 anneau autour de votre cou.
11. terminer une figure avec 3 anneaux autour de votre cou.
12. prouver une des figures suivantes à 3 anneaux :
    a. changement de couleur
    b. flash et demi-tour.
    c. toupie sur le doigt.
    d. faire passer une balle à travers un anneau.

On commence ...

jongler avec des anneaux , c'est comme jongler avec des balles, mais ça va plus haut !

Un anneau

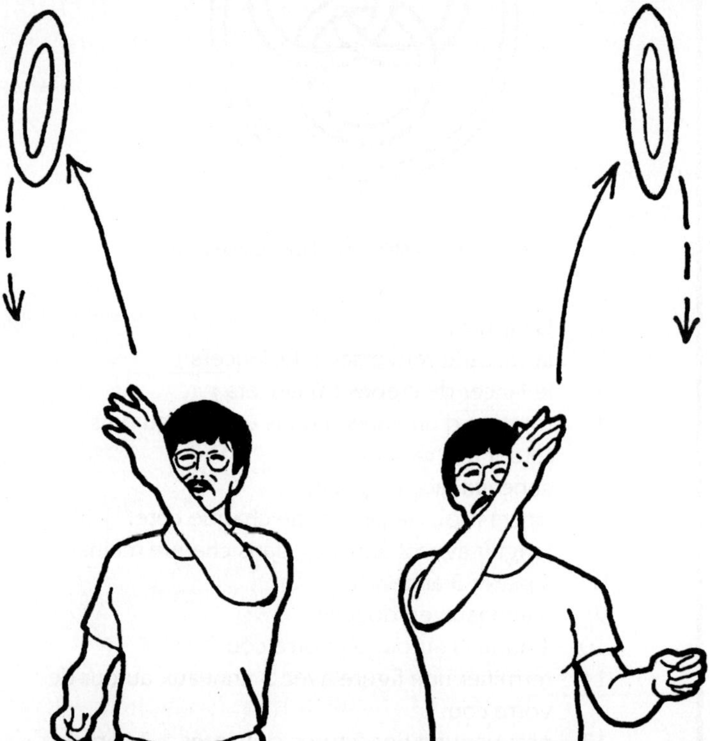

Lancez 1 anneau de main à main (trajectoire en forme de 8) Lancez plus haut que normalement, le ciel est votre limite !

TRUCS !

1. en lançant, donnez un effet arrière à l'anneau pour le stabiliser.
2. vous pouvez lever vos bras pour aller chercher les anneaux et les accompagner en les lançant.
3. Penchez votre tête en arrière et regardez en haut.

Rappel : des lancers hauts et réguliers avec un bel effet arrière.

2 anneaux

1 dans chaque main

PRÊT ?

Lancez le 1er anneau. A son apogée, lancez le second.

Prise de 3 anneaux

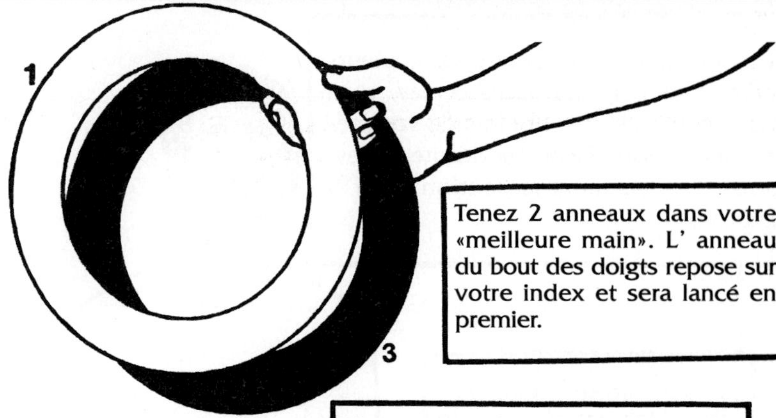

Tenez 2 anneaux dans votre «meilleure main». L' anneau du bout des doigts repose sur votre index et sera lancé en premier.

Ne serrez pas les anneaux, laissez-les libres. Tenez-les dans le pli intérieur des doigts.

Allez-y! Chaque fois qu'un anneau est en haut, lancez l'autre.

Quand 1 est en haut, lancez 2

Quand 2 est en haut, lancez 3.

Changement de couleurs

Les anneaux peuvent être de couleurs différentes par côté. Dans ce cas, vous pouvez utiliser cet effet lors de vos présentations. Une façon est décrite ci-dessous, l'autre dans la section pour 5 anneaux.

Pendant votre figure, rattrapez les anneaux, main ouverte vers le haut, pouce tourné vers l'extérieur. Puis tournez votre main, paume vers le bas pour lancer. Votre public verra les 2 côtés de votre anneau.

L'anneau - toupie

Pour faire tourner rapidement un anneau , comme une toupie, le tenir, au lancer par la tranche.

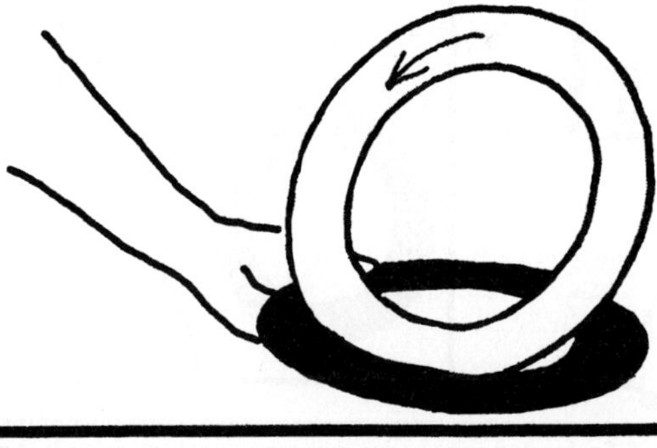

Le truc : Ne pas le lancer haut, mais donner un effet arrière très sec avec le poignet.

Devant un public, vous pouvez tourner vos anneaux et les lancer mains tournées vers l'intérieur. Les anneaux resteront entièrement face au public.

En les lançant, vous pouvez aussi les faire basculer comme des crêpes !

Jongler à 4 anneaux

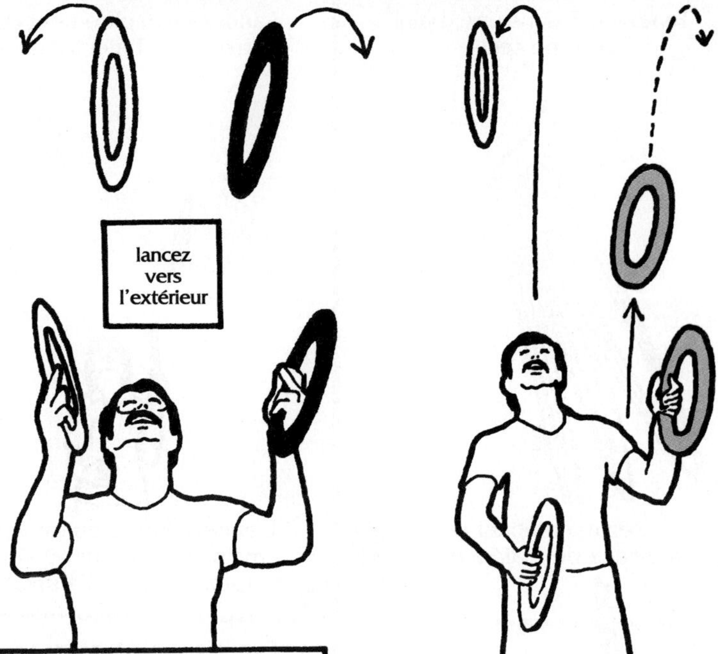

Pour jongler à 4 anneaux, prenez-en 2 dans chaque main, et lancez-les simultanément

ou alternativement

Mon final favori avec les anneaux : à la réception, les empiler un à un autour du cou.

Jongler à 5 anneaux

Tenez-en 3 dans une main comme ceci.

Lancez-les rapidement dans l'autre main. Trajectoire haute.

Passez maintenant ces 3 anneaux de main à main

L'anneau No. 3 quitte votre main au moment où vous attrapez le 1 dans l'autre main.

lancez droite - lancer droite - lancer droite - attrapez et relancez gauche - attrapez et relancez gauche - attrapez et relancez gauche - attrapez et relancez droite etc

Exercez-vous à garder cette vitesse. Puis prenez 3 anneaux dans une main et 2 dans l'autre.

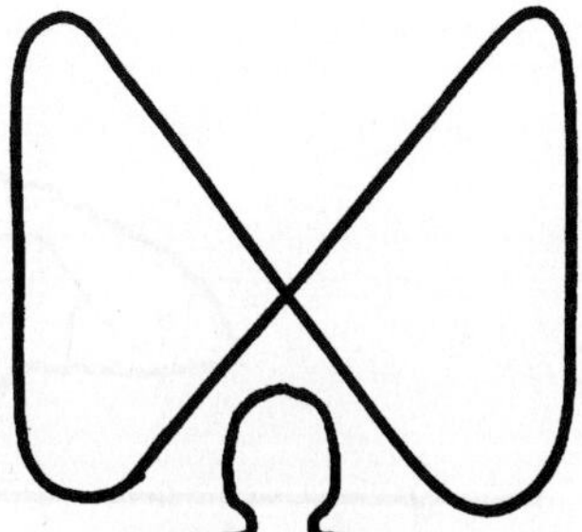

Gardez des trajectoires hautes et penchez légèrement les anneaux vers l'extérieur en les lançant.

Changement de couleurs avec 5 anneaux

Prenez des anneaux avec 1 couleur différente de chaque côté.

Dès que vous jonglez à 5, attrapez les anneaux par l'intérieur, bras en haut, laissez retomber votre bras pour faire basculer l'anneau et relancez-le.

Ⓐ Jongler de profil par rapport à votre piublic

Ⓑ Réception par l'intérieur

Ⓒ Laisser redescendre l'anneau en le faisant basculer

Ⓓ Lancez à nouveau. Le public verra l'autre face de l'anneau.

Ⓔ Essayez d'abord avec 1 anneau puis augmentez le rythme des réception par l'intérieur. Enfin, vous arriverez à basculer l' anneau à chaque lancer !

Passer de la balance sur le front à 5 anneaux

Exercez-vous à garder un anneau en équilibre sur votre front. Jonglez à 4 anneaux en lancers alternatifs par l'extérieur. Puis faites les deux en même temps !

Posez un anneau en équilibre sur votre front, pendant que vous jonglez à 4 anneaux.

En commençant par la main droite, augmentez la hauteur de vos lancers et leur rapidité.

Au 5ème lancer, prenez l'anneau qui se trouve toujours sur votre front et lancez-le pour l'intégrer à la figure à 5.

Flash et pirouettes

«Flash» se dit lorsque vous lancez rapidement et avez tous les objets en l'air.

Niveau 1 : jonglez à 3 aneaux. Lancez en «flash», applaudissez, rattrapez et continuez à jongler.

Niveau 2 : jonglez à 3 anneaux.Lancez en «flash», faites une pirouette, rattrapez et continuez à jongler.

Niveau 3 : jonglez à 5 anneaux. Lancez-en 3 très haut, gardez-en 2 dans vos mains, faites une pirouette, lancez les 2, puis continuez à jongler normalement.

Niveau 4 : jonglez à 5 anneaux. Lancez en «flash» tous les 5, applaudissez, rattrapez et continuez à jongler.

Niveau 5 : jonglez à 5 anneaux. Lancez les en «flash», faites une demi-pirouette, rattrapez et continuez à jongler.

Niveau 6 : jonglez à 5 anneaux. Lancez-les en «flash» , faites une pirouette complète, rattrapez et continuez à jongler.

Attention : Quand vous faites un demi-tour, vous recommencez à jongler avec la main qui vient de lancer.

Pour vous donner suffisamment de temps de faire une pirouette complète, lancez beaucoup plus haut et plus rapidement que d'habitude. Lancer DEUX fois plus haut ne vous donne que 40 % de temps en plus.

Un super numéro pour conclure

En jonglant à 5 anneaux, lancez-en un très haut en lui donnant un mouvement lent de «crêpe». Ramenez les 4 autres à réception, l'un après l'autre par dessus votre tête autour de votre cou et laissez retomber le dernier directment autour de votre cou !

Jongler à 6 et 7 anneaux

6 anneaux : les anneaux ne se croisent pas. Entraînez-vous avec 3 dans une main.
Faites les trajectoires vers l'extérieur, puis vers l'intérieur, puis en colonnes. Puis faites de même de l'autre main. La maîtrise des 3 trajectoires vous aidera à corriger certains lancers plus tard. Dès que vous vous sentez sûr, commencez l'exercice des 2 mains, lançant en même temps vers l'extérieur. Puis lancez alternativement, ce qui parait plus difficile (rapide !) mais permet un contrôle aisé.

7 anneaux : entraînez-vous à jongler à 5 anneaux en choisissant des trajectoires très hautes. Esayez de lancer en «flash» aussi haut que possible et d'applaudir avant de rattraper les anneaux. Vous lancerez probablement à plus de 6 mètres de haut !

Puis prenez 4 anneaux dans une main et lancez-les de la même façon dans l'autre main, qui relancera. Voilà comment tenir 4 anneaux dans une main :

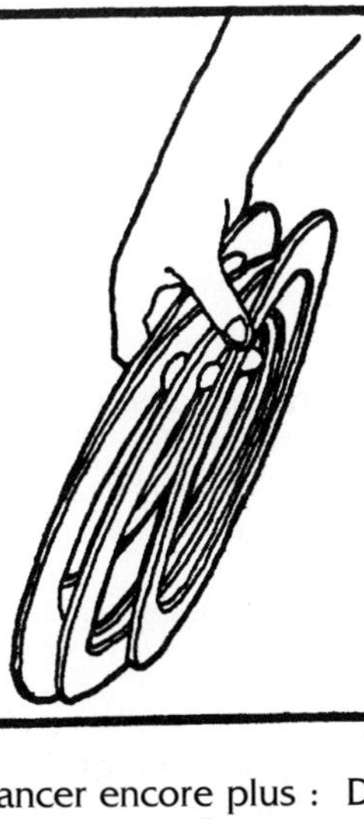

Lancez vos 7 anneaux, et essayez, au début de faire au moins 1 lancer de plus. Les premiers lancers vous sembleront terriblement rapides, mais l'habitude vient vite !

Pour lancer encore plus : Dans les nombres pairs, les anneaux ne se croisent pas, chaque main contrôlant ses propres trajectoires. Pour les nombres impairs, les anneaux doivent se croiser et le contrôle des trajectoires va se révéler plus ardu.

Jongler à 3 massues

Exercices de maîtrise conseillés.

1. «Cascade» (12 lancers) en regardant votre public.
2. «Sous la jambe» des 2 côtés et avec les 2 mains.
3. «Flotteur» des 2 côtés.
4. «tours à l'envers»
5. 1 figure d'équilibre.
6. «Dans le dos» des 2 côtés.
7. «Tours simple» et «double tours» par dessus la tête.
8. «Coup de pied» d'un côté.
9. à choix :
   a. départ à 3.
   b. bascule de tête.
   c. tournesol sur la tête.
10. A choix :
    a. «hache» de chaque côté.
    b. double passage dans le dos, des 2 côtés.
    c. entre les jambes, des 2 côtés.

Jongler avec les massues

BARRETT FELKER

On commence

Tenez la massue à l'horizonzale, de votre main droite, avec un angle de 45 ° par rapport à votre corps. Posez votre pouce à l'endroit où le manche s'épaissit.

Lancer 1 massue

Le lancer de la massue, dit lancer «cuillère» demande de la précision. Le geste se fait par le bas, et le talon forme une trajectoire de «U».

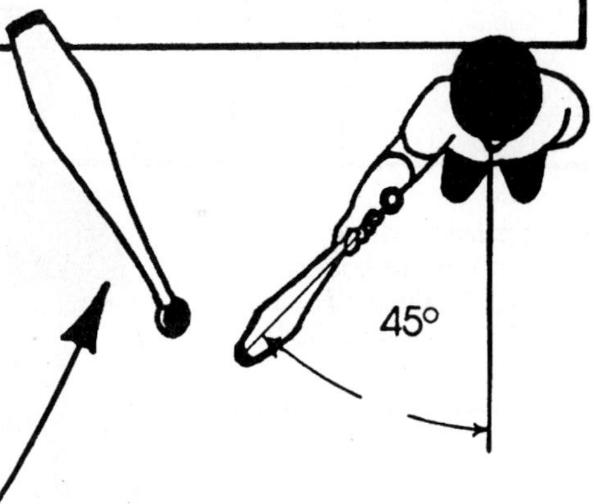

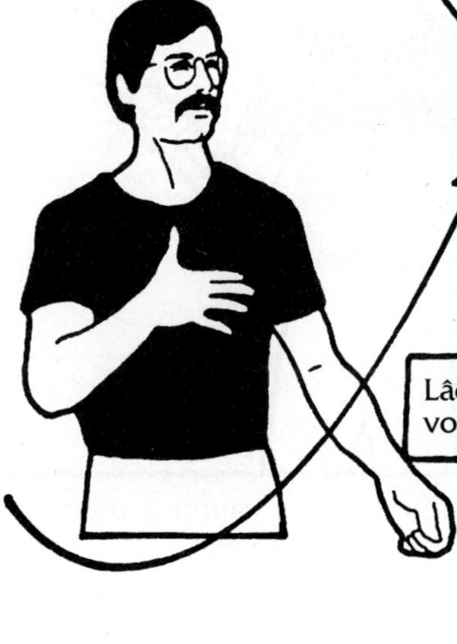

Lâchez dès que votre main est devant vous, au milieu de votre corps

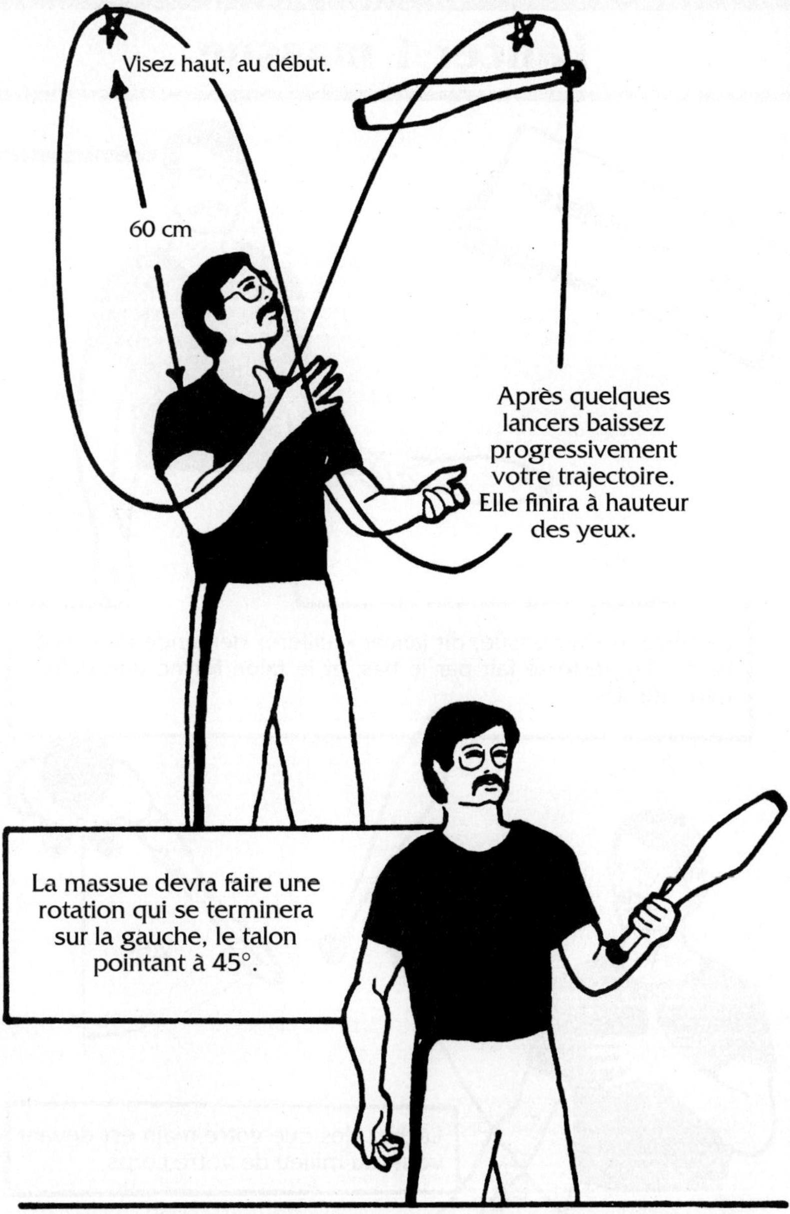

Refaites l'exercice de droite à gauche, puis de gauche à droite. Quand vos trajectoires seront bonnes, voyez plus loin.

Echange de 2 massues

Tenez 1 massue
dans chaque main.

Lancez de votre
main droite.

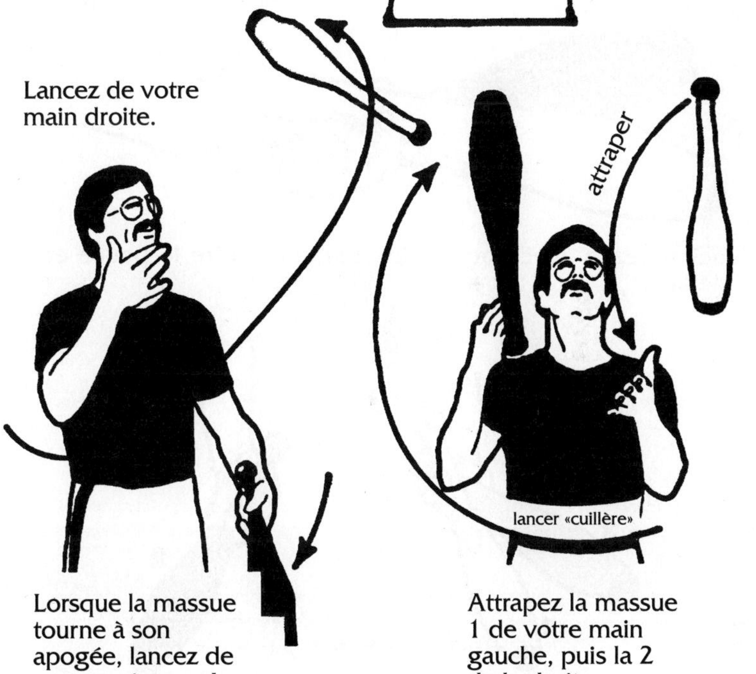

Lorsque la massue
tourne à son
apogée, lancez de
votre main gauche,
par en bas.

Attrapez la massue
1 de votre main
gauche, puis la 2
de la droite.
Respirez !

3 lancers - 3 réceptions

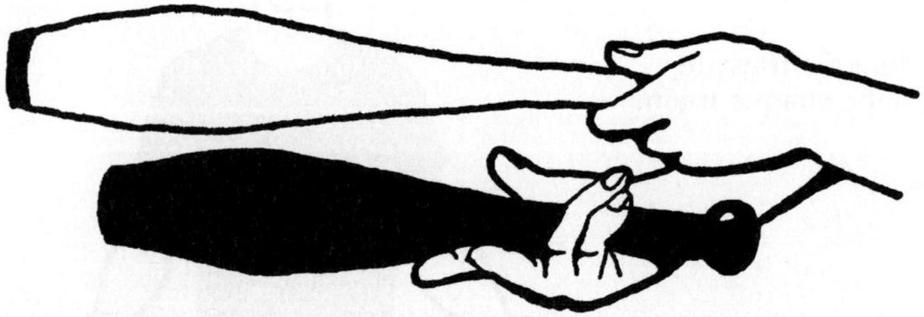

1 massue dans chaque main. Posez une autre massue sur votre main droite.

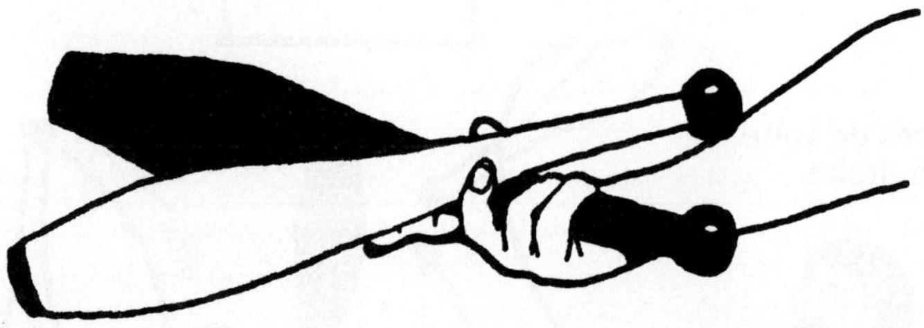

maintenez-la avec votre index tendu et entre le pouce et le médius.

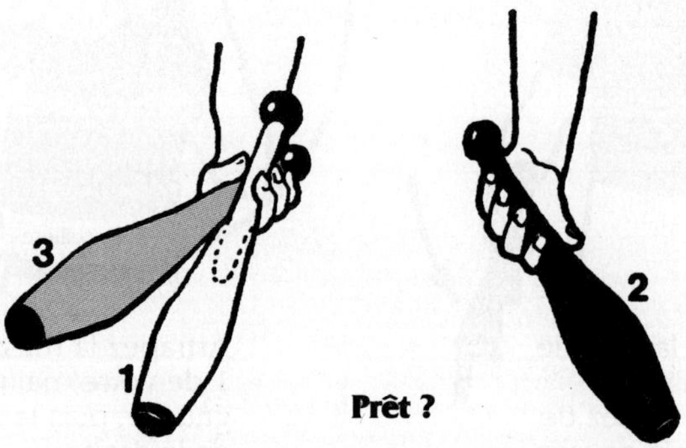

Prêt ?

Lancez la massue 1. Quand elle tourne, lancez la 2.

Quand la massue 2 tourne,
lancez la 3.

Tra la la !

Jonglage continu

Rappel

Jonglez haut pour vous donner plus de temps, au début.

Chaque fois qu'une massue tourne, lancez une autre. Droite - gauche - droite - gauche...

Après entraînement, habituez-vous à regarder le haut des trajectoires.

Dès que vous maîtrisez les lancers, ramenez vos trajectoires à la hauteur de votre tête.

Quelques trucs pour contrôler vos massues avec aisance.

Faites de beaux lancers «cuillère» en forme de «U». Gardez vos trajectoires à environ 30 cm au dessus de vos épaules, puis jonglez plus bas de façon à pouvoir regarder droit devant vous. Ce sera important lors du «passing» de regarder votre partenaire et non le ciel. Apprenez à rattraper les demi-tours ou celles d'un tour et demi pour vous sécuriser. Relâchez vos bras et vos épaules. Gardez vos mains basses et vos avant-bras parallèles au sol. Habituez-vous à pousser sur la poignée avec votre pouce pour accélérer les tours et diminuer vos efforts.

Quelques problèmes ?

Question : Pourquoi mes massues se heurtent-elles ?

Réponse :
1. votre trajectoire n'est pas assez large, élargissez votre «U», ou...
2. améliorez votre rythme, ne lancez vos clubs que lorsque le précédent a tourné, à son apogée.

Q. : J'en suis à 3 massues et je ne rattrape plus rien !

R. : Vous avez trop ou trop peu de rotation dans vos tours. Recommencez avec une seule massue et précisez votre lancer «cuillère».

Q. : Mes massues s'évadent !

R. : Rappelez-vous que vous devez jongler dans un plan parallèle à votre corps. Soignez vos lancers en «cuillère» des 2 côtés.

Q. : Mes massues m'attaquent ! Elles retombent sur ma poitrine.

R. : Corrigez vos lancers. Ils doivent être de côté et non pas d'avant en arrière.

Pour le spectacle !

Sous la jambe !

Exercez-vous d'abord avec une seule massue.

Lancez de la main droite sous la jambe droite, puis sous la gauche. Après, de la main gauche sous la jambe gauche, puis sous la droite

Vous pouvez choisir de lancer sous chacune des jambes.

Jonglez et passez chaque 3ème lancer sous une jambe. Pour faciliter le mouvement, lancer la massue précédente plus haut pour gagner du temps. Ensuite, passez sous la jambe à chaque 2ème lancer et vous finirez par passer, de la même main à chaque lancer !

Les «flotteurs»

La massue ne bascule pas du tout, elle vole en flottant dans l'air. Tenez-la assez bas sur le manche, près du corps et donnez-lui une rotation sur elle-même pour la stabiliser.

le bouchon tourne en
s'éloignant de vous.

Forcez le bouchon vers le haut, loin de votre corps. Ce mouvement demande plus de force. Ce qui peut paraître bizarre au début se maîtrisera comme une rotation normale.

La balance

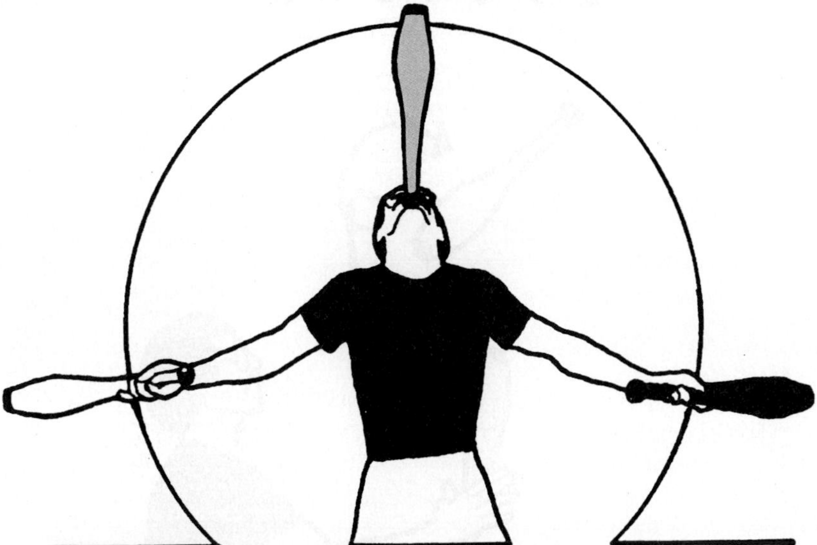

Maintenez une massue en équilibre sur votre menton, votre nez ou votre front. Puis laissez-la retomber dans votre mouvement de jonglage.

Dans le dos

Note

«double tour» aussi possible !

Par dessus la tête

Lancez un grand arc de cercle par l'extérieur. «tour» ou «double tour».

Pour parvenir au TOP

1. entraînez-vous plusieurs heures par jour.
2. tenez un procès-verbal de vos progrès et de vos séances d'entraînement.
3. forcez-vous à progresser chaque fois que vous empoignez vos massues.
4. votre meilleure motivation est en vous ! Réveillez-la !

Le «coup de pied»

Pour relever votre massue sans vous baisser !

Posez-la sur votre pied, le manche vers l'intérieur, le bouchon entre le pied et le tibia. Soulevez votre pointe de pied, et d'un mouvement sec, levez le pied et la jambe pliée. Le bouchon de la massue sera pris contre le tibia et projeté en une rotation dans votre main

Rappel

Afin de garder vos massues en bonne condition, assurez-vous de jongler sur un tapis, un sol plat, un plancher de gymnastique ou sur l'herbe sèche et propre.

Style

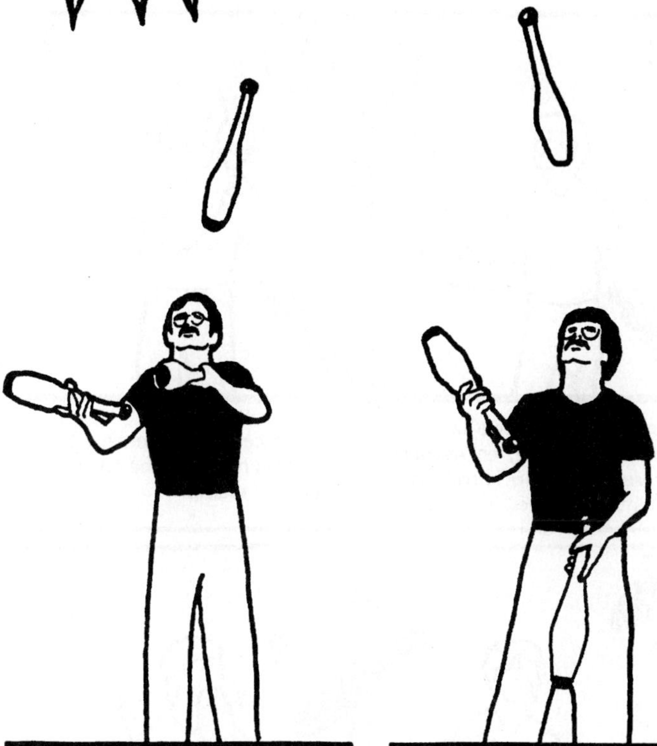

Epaules hautes et crispées.
Lancers par tout le bras.

Epaules basses et relachées.
Lancers par les poignets.

Question

Qui a la meilleure allure ? Vous êtes le juge.

Les «colonnes»

1ère variante

En jonglant, lancez de la main gauche une massue, en «double tour» vertical. Elle retombera dans la main gauche.

A la descente de la massue 1, lancez la 2 de la main gauche en un simple tour (un «vamp»)

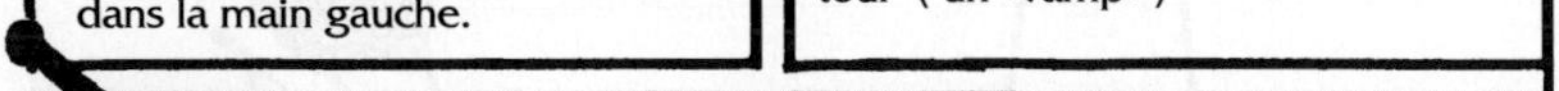

Rattrapez la 1, et lancez la 3 de la main droite, en un» double tour» vertical aussi. Puis rattrapez la «vamp» 2.

Passez la 2 en «vamp» dans l'autre main, et réceptionnez la 3 de son double tour.

Dans cette figure, une massue passe de main en main en un tour «vamp», alors que les 2 autres sont lancées verticalement en un «double tour».

2ème variante

Lancez de la main droite une massue verticalement en un «double tour». A son apogée, lancez les 2 autres massues verticalement en un «double tour» aussi.

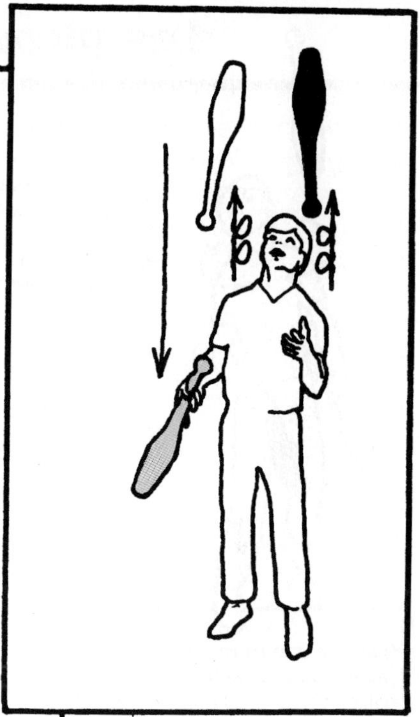

Rattrapez la massue seule, et à l'apogée des 2 autres, relancez-la à nouveau en un «double tour». Puis rattrapez les 2 et répétez le mouvement.

Des conseils :

1. la massue seule peut être lancée verticalement de chaque côté, au milieu et même par dessus («tennis»)
2. gardez le rythme : attrapez et lancez 1, attrapez et lancer 2, attrapez et lancez 1 etc.
3. essayez le même exercice avec des simples tours ou des triples tours.
4. la figure est impressionnante si vous séparez bien la trajectoire en colonnes de la massue seule de celle des deux autres.

Les pirouettes

Lancez une massue (1) . Juste avant son apogée, faites une pirouette, en gardant les 2 autres massues en main.

En fin de tour, lancez la massue 2 par dessous celle qui redescend, rattrapez la 1 et continuez la «cascade».

Le «Flash»

Lancez les 3 massues rapidement. Droite - gauche - droite. Dès que vous réceptionnez, relancez rapidement à nouveau. Vous devrez bientôt avoir le temps d'applaudir alors que les 3 massues sont en l'air. Lance - lance - lance - clap clap - lance - lance - lance - clap clap...

Tour sur la tête

Maintenez une massue en équilibre sur votre nez.

Avancez votre tête d'un mouvement sec. La massue va basculer, faire un tour complet et retombera devant vous.

Lancer à 3 massues

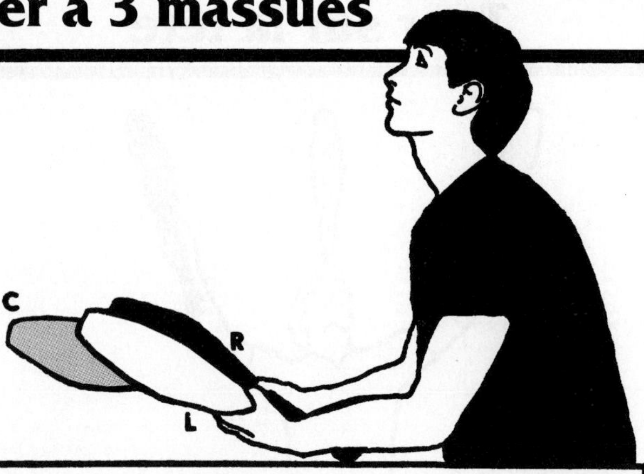

Tenez les 3 massues comme indiqué, 1 dessous et 2 dessus.

Lancez les 3 en même temps d'un seul mouvement. La massue de dessous passera par dessus et fera 3 tours. Les 2 autres feront 2 tours.

Rattrapez les 2 massues, une dans chaque main. A la descente de la 3ème massue, commencez à jongler normalement.

Sous les bras

Les massues 1 et 2 sont lancées en «cascade» à 1 rotation. La massue 3 est lancée de la main gauche sous le bras droite en un «double tour» vertical.

Rattrapée par la main droite, la massue 3 est portée vers la gauche et lancée de la main droite sous le bras gauche en un «double tour» vertical.

Précisions : La massue 3 est toujours portée, passée sous les autres massues et lancée verticalement. Les massues 1 et 2 suivent une figure de «cascade». La séquence : droite - gauche - droite sous le bras avec «double tour» - gauche - droite - gauche sous le bras avec «double tour « - droite - gauche - droite sous le bras avec»double tour».

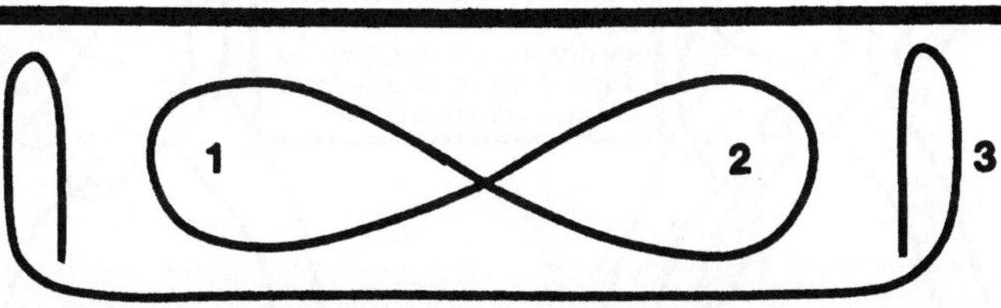

Pour une meilleure présentation, penchez vous légèrement en avant depuis la taille et exagérez les mouvements de côté.

Coups de hache

Le «coup de hache» consiste à porter rapidement la massue dans la figure, tout en lançant verticalement de l'autre côté. La main droite lance du côté gauche et la main gauche lance du côté droit.

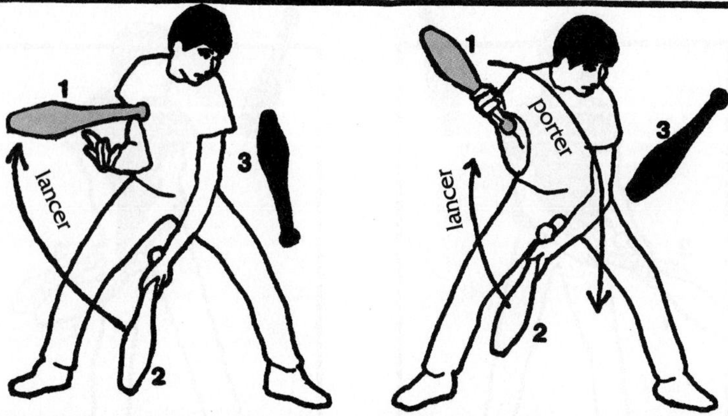

attrapez la massue 1 de la main droite

Descendez la vite à travers votre poitrine vers la gauche, par dessus la main gauche qui lance la massue 2...

...et lancez-la verticalement du côté gauche en un tour ou «double tour» à choix.

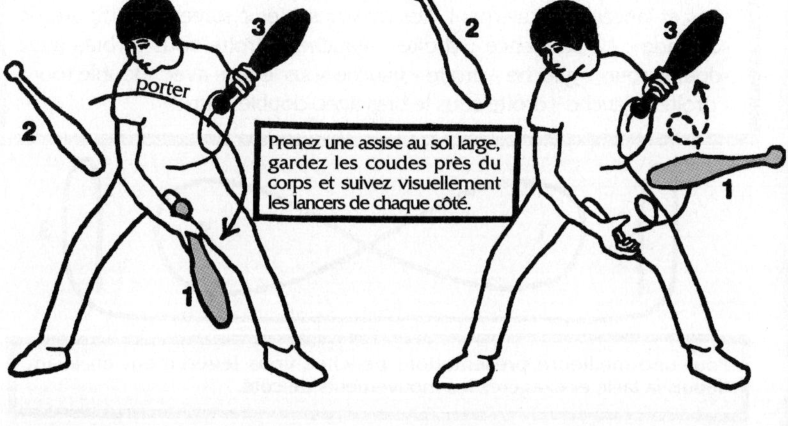

Prenez une assise au sol large, gardez les coudes près du corps et suivez visuellement les lancers de chaque côté.

Descendez ensuite la massue que vous venez d'attraper dans votre main gauche en direction de votre droite.

... et lancez la verticalement sous votre bras droit en un tour ou «double tour»

Tournesol sur la tête

Au lieu de lancer une massue de la main droite, posez-la sur votre tête et faites-lui faire une rotation comme indiqué.

Etendez votre bras droit pour réceptionner la massue précédente pendant que sur votre tête...ça tourne !

La massue sur votre tête retombera du côté gauche. Vous continuerez de jongler en lançant normalement de votre main gauche qui va poursuivre le mouvement en allant chercher la massue sur votre tête.

Entre les jambes

lancer vers l'avant

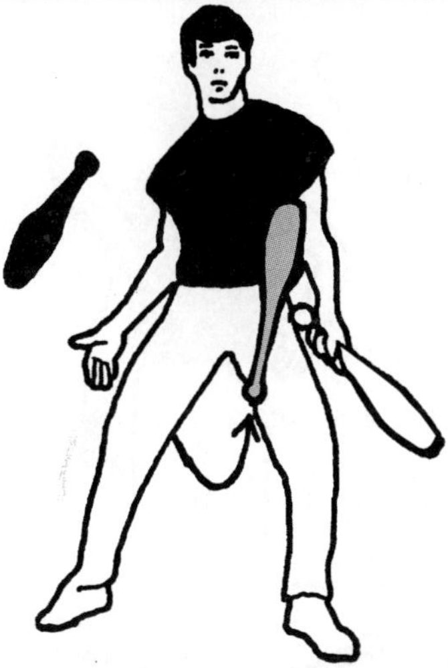

C'est le même mouvement que «sous les jambes» mais les pieds restent au sol. Vous devrez donc descendre beaucoup les massues entre les jambes pour pouvoir passer. Le lancer se fait par un mouvement du poignet.

lancer vers l'arrière

Chaque massue est amenée entre les jambes et lancée en direction de l'épaule opposée.

Un truc : utilisez le bouchon pour lancer et tournez votre tête de chaque côté pour suivre.

Croisements dans le dos

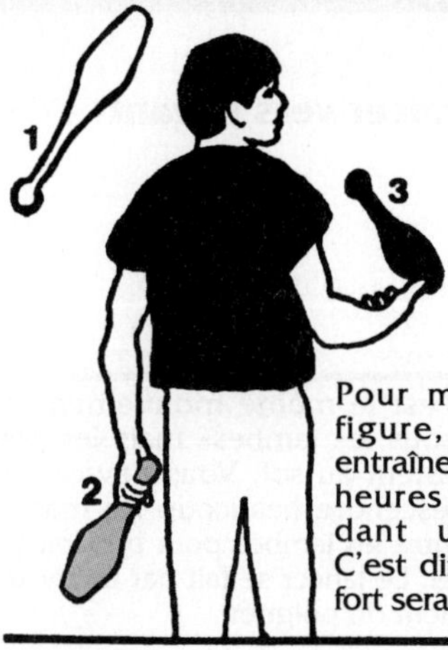

Pour maîtriser cette figure, comptez un entraînement de 2 à 3 heures par jour pendant une semaine. C'est difficile mais l'effort sera récompensé.

Apprentissage point par point :

1. prenez 1 massue et lancez-la par derrière de chaque côté par dessus votre épaule
2. en jonglant à 3 massues, lancez de temps en temps de votre main droite par dessus votre épaule gauche. Puis essayez de passer dans le dos tous les 2 lancers.
3. faites la même progression de la main gauche.

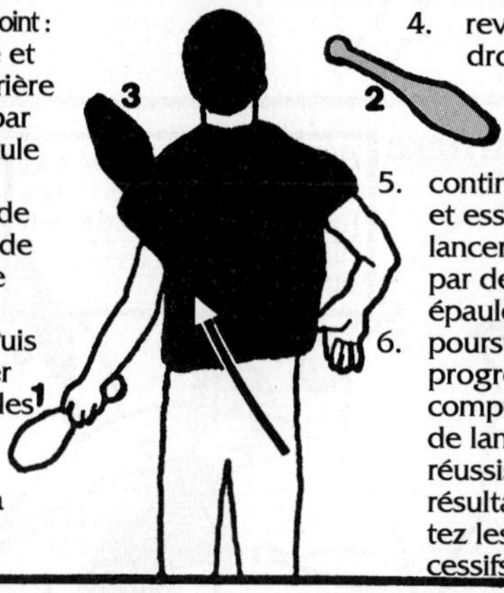

4. revenez à la main droite et passez derrière à chaque lancer.
5. continuez de jongler et essayez de faire 2 lancers de suite, un par dessus chaque épaule.
6. poursuivez votre progression et comptez le nombre de lancers successifs réussis. Notez vos résultats et augmentez les lancers successifs.

Lancez alternativement dans votre dos. Faites une rotation. Montez vos mains dans le dos aussi haut que possible. Tournez la tête de chaque côté pour suivre l'apparition des massues au-dessus de votre épaule. Plus tard essayez de faire des «double tour» et d'arriver à 100 lancers successifs.

Conseils : exercez-vous à tourner la tête de chaque côté, sans massue. Puis ajoutez les mouvements des bras toujours sans lancer. Faites des mouvements de bras, haut dans le dos. Rappelez-vous que vous apercevrez la massue une fraction de seconde seulement au dessus de l'épaule.

Volte-face sur scène

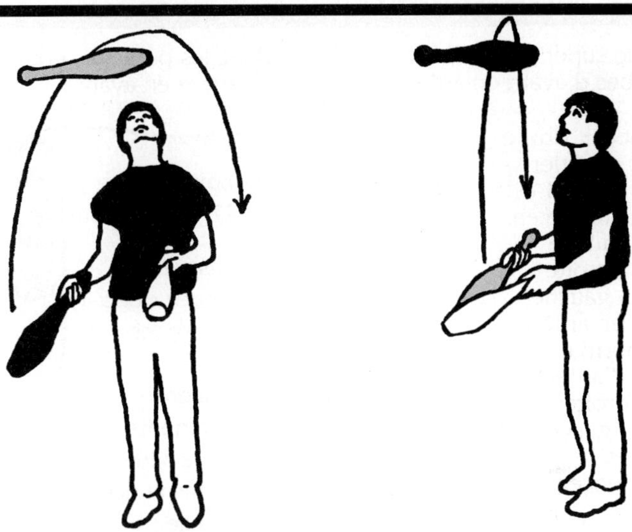

Pour vous retourner lentement, jonglez en «douche» de la main droite et progressivement, un petit pas à chaque lancer, changez d'orientation.

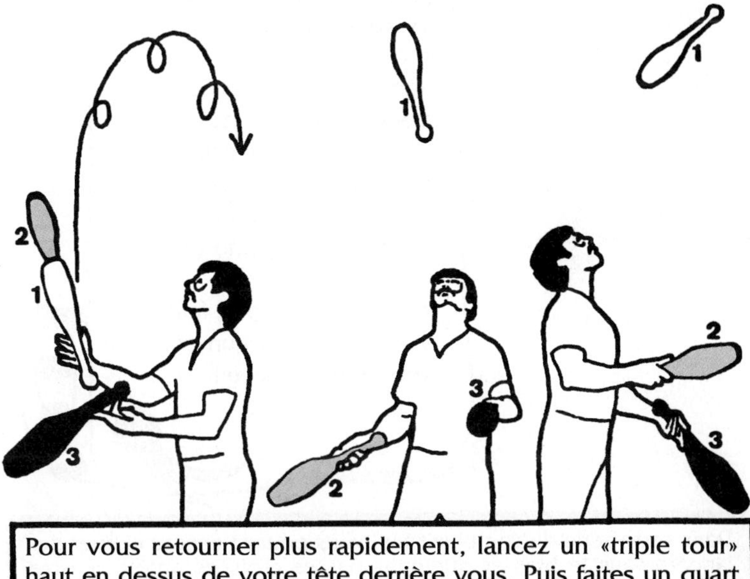

Pour vous retourner plus rapidement, lancez un «triple tour» haut en dessus de votre tête derrière vous. Puis faites un quart de tour, ou un demi-tour sur vous-même, lancez de la main gauche avant que la massue 1 ne retombe et continuez de jongler normalement.

Mouvements combinés

Pour une super présentation, combinez donc les passages entre les jambes d'avant en arrière avec ceux d'arrière en avant :

Séquence : droite d'avant en arrière - gauche normal - droite d'arrière en avant - gauche normal - droite normal - gauche d'avant en arrière - droite normal - gauche d'arrière en avant - droite normal - gauche normal et recommencez.

Assurance contre les chutes !

Si perdre une massue est embarassant, prenez donc une assurance contre les chutes ! Comment ? Entraînez-vous encore - répétez les mouvements et comptez. Dans une série de passes croisées dans le dos, votre figure s'écroule. Comptez donc les lancers réussis, puis essayez à nouveau et ajoutez au moins un lancer supplémentaire. Vous pouvez compter les lancers d'une seule main pour simplifier. Donnez-vous des objectifs, par exemple 50 lancers.Et quand vous atteignez votre but, récompensez-vous, félicitez-vous, offrez vous un grand verre d'eau glacée !

Dans cette série de combinaisons, vous pouvez encore ajouter des lancers sous le bras et quelques passes croisées arrière. Restez calmes, progressez petit à petit, tournez bien votre tête de chaque côté, et surtout continuez d'essayer !

Belle clôture de présentation

Lancez une massue haut avec un «double tour». Pendant le vol, passez votre massue de votre main gauche dans la droite.

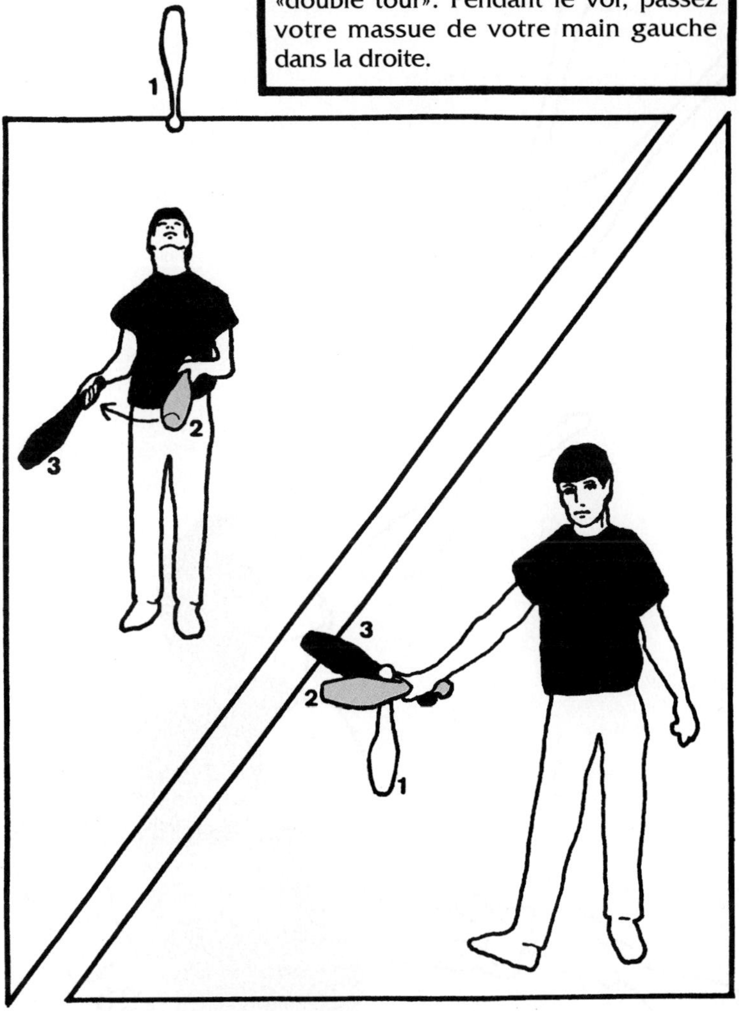

Formez un «V» avec les 2 massues tenues d'une main. La massue qui retombe sera prise entre les deux autres, retenue par son bouchon.

ALBERT PETROWKI

Jongler avec 4 et 5 massues

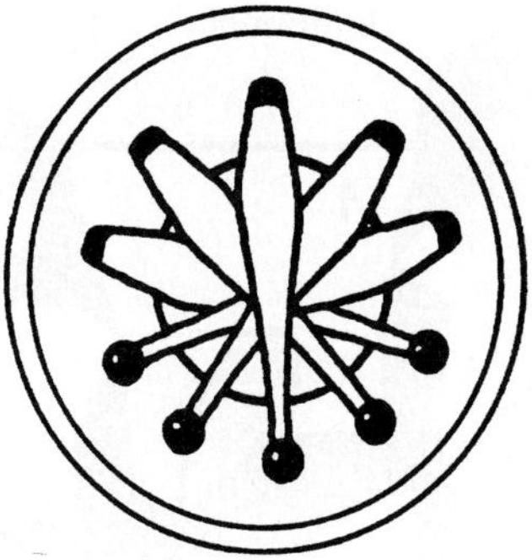

Exercices de maîtrise conseillés.

1. Démontrer avec 4 massues, des lancers simultanés et alternés à «double tours» en cercles extérieurs et en «colonnes».
2. Démontrer les «colonnes» à 1 tour avec 4 massues.
3. Faire au moins 8 lancers en «colonnes séparées» avec 4 massues.
4. Démontrer 5 lancers «triple/simple» de la droite avec 4 massues.
5. Jongler à 3 massues et ajouter une massue par «coup de pied».
6. Faire 40 lancers à 5 massues et terminer joliment.
7. Démontrer à 5 massues à choix :
   a. 1 massue sous la jambe.
   b. au moins 1 lancer dans le dos.

4 massues

Faites des «double tours». Entraînez-vous avec 2 massues par main. Faites des «colonnes», cercles extérieurs et intérieurs.

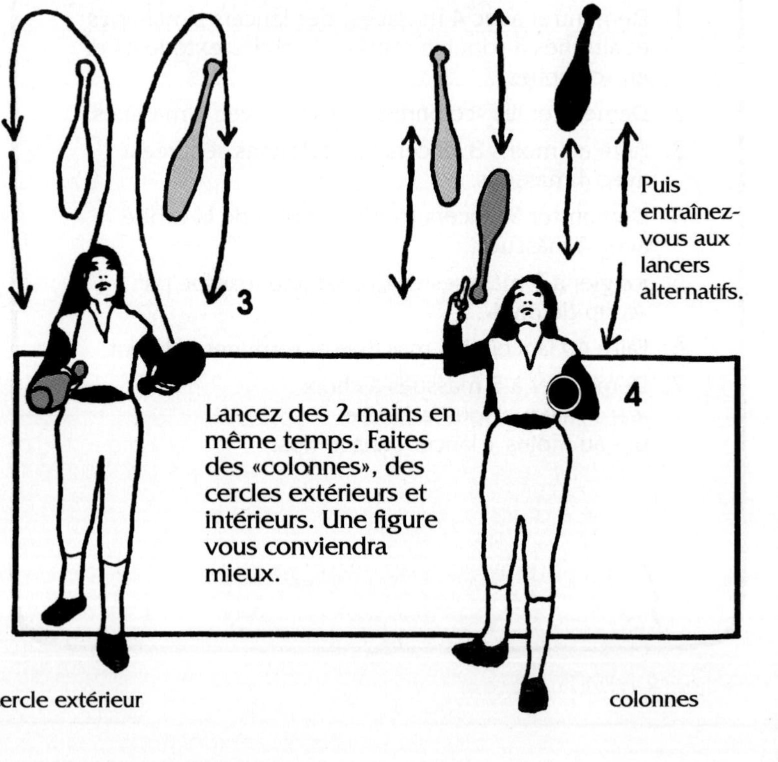

Lancez des 2 mains en même temps. Faites des «colonnes», des cercles extérieurs et intérieurs. Une figure vous conviendra mieux.

1 seul tour

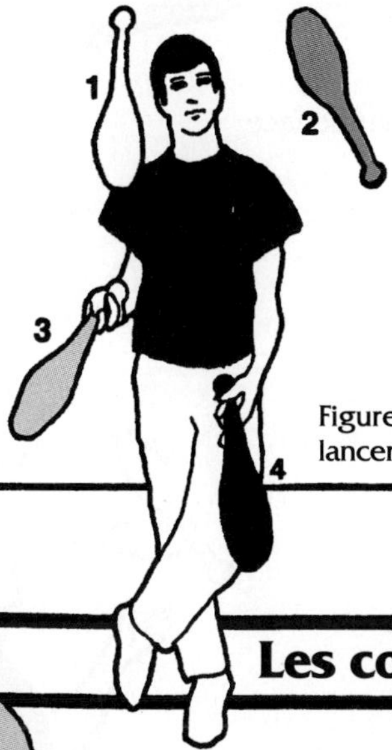

chaque massue suit sa propre trajectoire verticale, en «colonne»

Figure facile d'«1 seul tour» à 4 massues : lancers alternatifs, en «colonnes».

Les colonnes séparées

Lancez 2 massues, en «colonnes» sur votre droite. A leur apogée, lancez-en 2 autres, en «colonnes» sur votre gauche. Revenez vite rattraper les 2 de droite.

Ensuite, passez rapidement de chaque côté pour rattraper et relancez immédiaement. Accélérez le mouvement tout en gardant le contrôle des lancers.

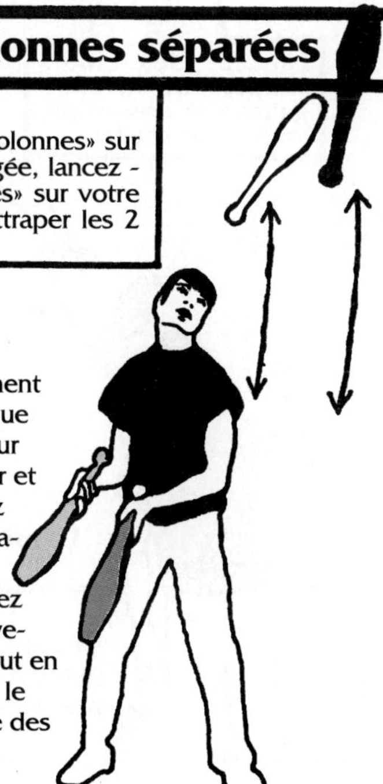

«Triple/simple»

Coup de pied à 4

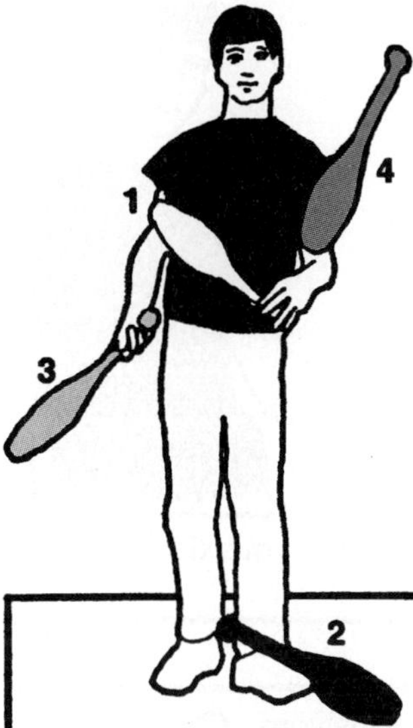

Jonglez à 3 massues et placez la 4eme sur votre pied gauche, bouchon tenu par votre tibia.

Faites une passe «vamp» de la main gauche et, en même temps, lancez la massue d'un coup de pied. Changez alors votre figure de «cascade» en «colonnes» avec 2 massues dans chaque main.

Balance à 4

Jonglez à 3 massues et maintenez une 4ème en équilibre sur votre menton.

Faites une passe «vamp» de la main gauche, baissez la tête et passez d'une «cascade» à des «colonnes», 2 massues dans chaque main.

5 massues

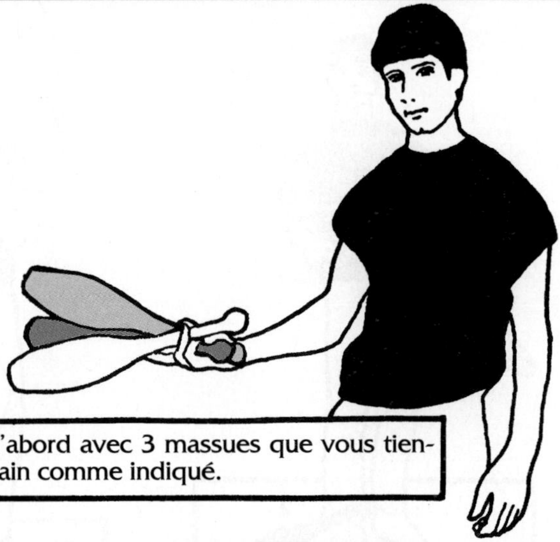

Entraînez-vous d'abord avec 3 massues que vous tiendrez dans une main comme indiqué.

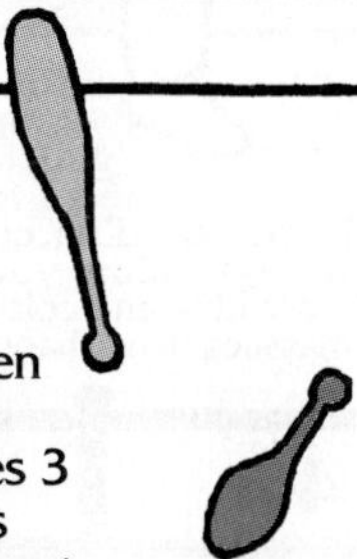

Lancez en «double tours» les 3 massues rapidement de droite à gauche. C'est une trajectoire à 5 massues avec 2 espaces vides.

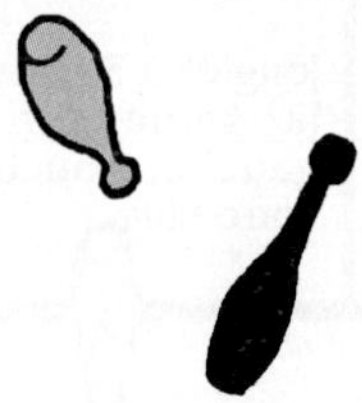

Puis, sans vous arrêtez, rattrapez les massues et renvoyez dans l'autre main.

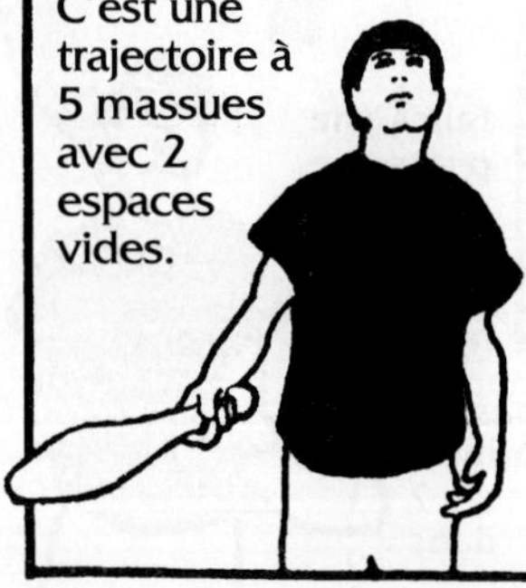

Alternez les mains. Faites 3 lancers de la droite, puis 3 de la gauche. Habituez-vous à rattraper 3 massues dans une seule main à la fin de vos lancers.

Allez - y !

Commencez à lancer à 5 massues n'est pas simple ! Pliez les genoux pour donner plus de force d'impulsion à vos lancers.

John vient de débuter et a lancé les massues 1, 2, 3 et 4.

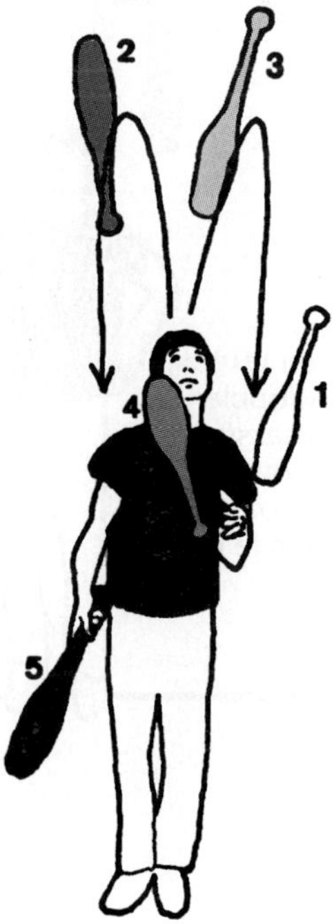

Il se prépare à attraper la massue 1 et à lancer la 5.

Gardez votre rythme tout en lançant haut avec force. Ne pensez pas trop ! La clé du succès réside dans un rythme régulier et des lancers précis et hauts.

Figures spéciales à 5 massues

Pendant que vous jonglez à 5, levez une jambe et lancez une massue par dessous.

De temps en temps, lancez en «double tour» une massue dans le dos ou faites une série de passes croisées dans le dos.

Rattraper 5 massues

Un fois lancé, il peut être difficile de s'arrêter ! Faites votre dernier lancer très haut en «triple tour « . Passez les 2 massues de votre main gauche sous votre bras droit.

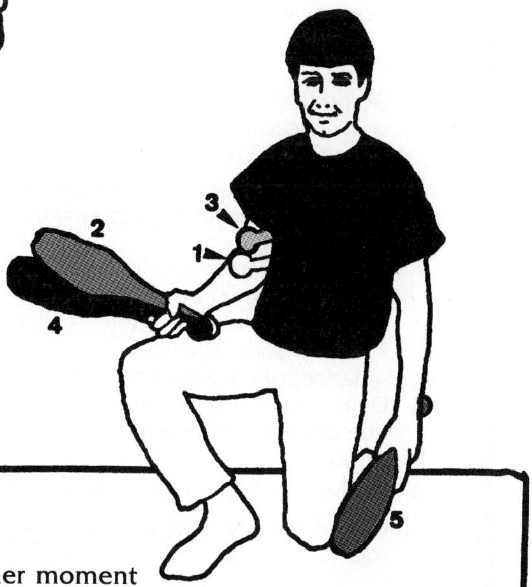

Attendez le dernier moment pour attraper la dernière massue, de la main gauche. Avec un genou en terre, l'effet dramatique sera augmenté,... et vous ferez déjà votre révérence !

Maîtrise des massues

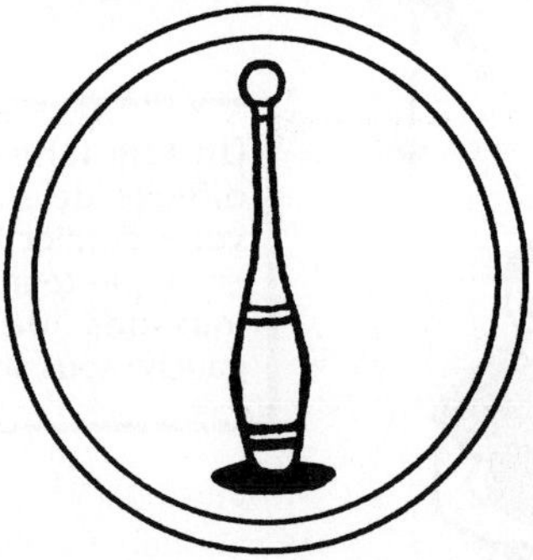

Exercices de maîtrise conseillés.

Une épinglette marquera votre maîtrise complète des figures suivantes

A. travail avec 3 massues

1. Démontrer la «poursuite» avec un partenaire (3 vols chacun) et le jonglage côte à côte en partageant 3 massues.
2. Jongler à 3 massues en lançant et recevant au moins une fois les figures suivantes :
   - «flotteur»
   - «hélicoptère»
   - «double tour» et «triple tour»
   - «coup de hache»
   - lancer sous la jambe
   - lancer par dessus l'épaule
3. Démontrer l'»espace vide» après avoir passé par une pirouette et avant de recevoir les massues en retour.
4. Démontrer le jonglage côte à côte
5. Compléter une poursuite sur 3 séries de lancers au moins

B. les Passes à 6 massues

1. Faites la série «3 - 3 - 10» à 6 massues.
2. Lancer chaque 2 ème massue au moins 4 fois de la manière suivante :
   - «flotteur»
   - «hélicoptère»
   - «double tour» et «triple tour»
   - «coup de hache»
   - lancer sous la jambe
   - lancer par dessus l'épaule
3. Monter une «douche» jusqu'à 6 massues
4. Démontrer au moins une figure de «passing» comme lanceur et receveur (par exemple : «double tour» de la main gauche sur la gauche de votre partenaire)
5. Passer 6 massues autour d'un obstacle (un autre partenaire) au moins 10 fois.
6. Compléter au choix :
   - «passing» dos à dos
   - récupération en «coup de pied» pendant un passing
   - passes entre les jambes ou par dessus l'épaule
7. Passer 7 massues pendant au moins 20 lancers et les rattraper toutes.

C. Figures de «passing»

1. Lanceur de départ pour plus de 40 lancers avec 2 partenaires ou plus.
2. Comme lanceur de départ, prouvez votre habilité de :
   - lancer sous la jambe, de «flotteur» et au moins 2 passes fantaisies.
   - récupérer d'une chute sans arrêter de jongler et de passer
3. passes «double tour» et «triple tour» en succession
4. passes autour et en travers d'un triangle.
5. Prouver que vous pouvez prendre la place de vos partenaires dans une ligne de 3 jongleurs ou plus.
6. a. faire au moins 10 lancers dans une succession rapide à 2 jongleurs
   b. participer avec succès à un «carrousel»
7. a. réussir un «3 - 3 - 10» en carré avec 4 jongleurs
   b. compléter un «pivot» avec 4 jongleurs.
8. Compléter à choix :
   - 1 ligne de 4 jongleurs
   - 1 Y de 4 jongleurs
   - 1 étoile de 5 jongleurs
   - 1 figure comprenant 2 lanceurs et 3 recevants.

Le «passing» avec massues

Jusqu'à 3

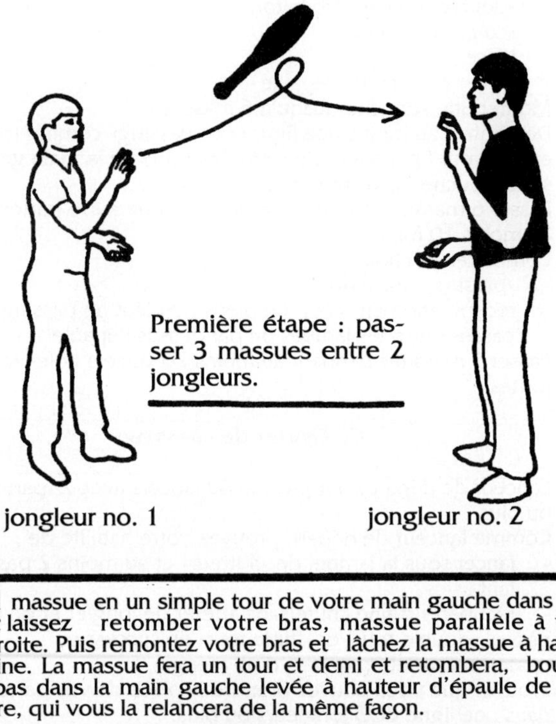

Première étape : passer 3 massues entre 2 jongleurs.

Lancez 1 massue en un simple tour de votre main gauche dans votre droite et laissez retomber votre bras, massue parallèle à votre jambe droite. Puis remontez votre bras et lâchez la massue à hauteur de poitrine. La massue fera un tour et demi et retombera, bouchon vers le bas dans la main gauche levée à hauteur d'épaule de votre partenaire, qui vous la relancera de la même façon.

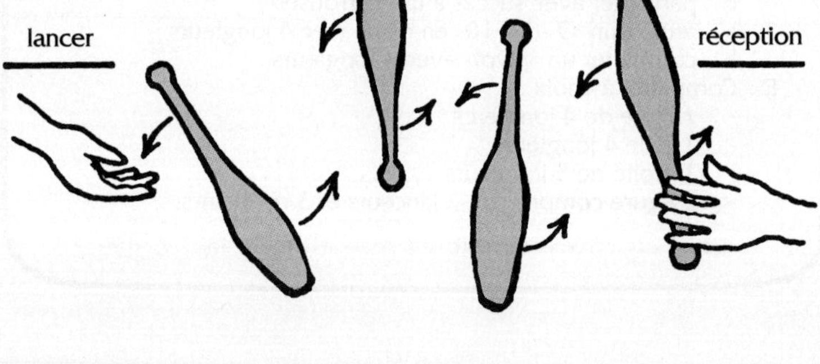

Voyons par en haut cette figure de passing d'une massue entre 2 partenaires.

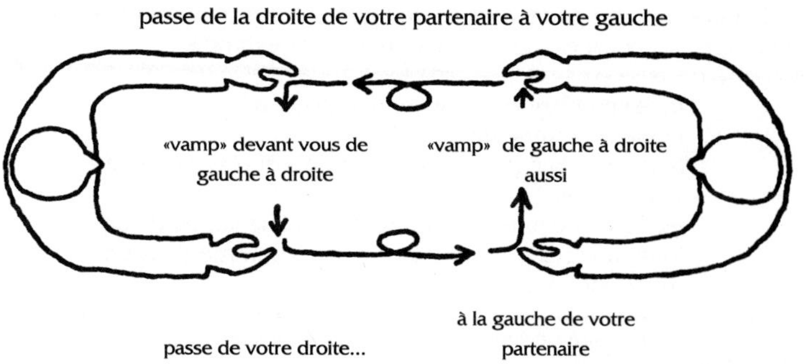

Rappel : laissez retomber votre bras avant de lancer, lever votre main pour la réception.

Prenez maintenant 3 massues. Passez-en une à la fois selon cette même figure. Tous les lancers de la main gauche vont dans la main droite du même jongleur. Tous les lancers de la main droite passent vers le partenaire, à sa gauche.

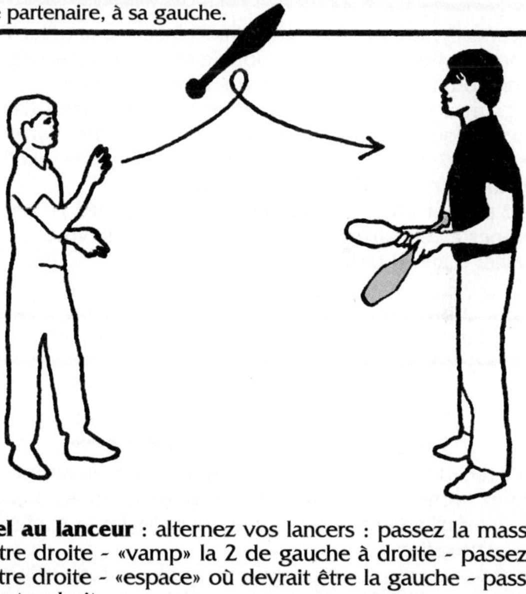

Rappel au lanceur : alternez vos lancers : passez la massue 1 de votre droite - «vamp» la 2 de gauche à droite - passez la 2 de votre droite - «espace» où devrait être la gauche - passez la 3 de votre droite.

Rappel au receveur : après réception de la 1 à gauche, attendre le départ de la 2 dans votre direction - à ce moment-là, «vamp» de la 1 de gauche à droite - vous avez maintenant 1 massue dans chaque main - à l'arrivée de la 3, commencez une «cascade» par un lancer de la gauche.

Garder 1 massue

Vous pouvez aussi garder la 3ème massue pour vous et ne passer que les 2 autres à votre partenaire. Cette figure vous offre 2 temps «espace» pour faire des pitreries avec votre massue, par exemple :

- faire semblant de la lancer n'importe où...
- l'utiliser comme une toupie...
- la garder en équilibre sur n'importe quelle partie de votre corps...
- en faire une lunette d'approche ou une jambe de bois...
- jouer au rocker en chantant dedans comme dans un microphone... !

Cette massue solitaire deviendra la massue no 1 dans la prochaine série de réceptions.

Encore des conseils pour passer à 3 massues

1. Apprenez à rattraper n'importe quel lancer : une trajectoire en cloche, un «hélicoptère», un «double tour», un «coup de pied», un rebond, ou même une massue qui glisse sur le sol.
2. Avec 3 massues, le but est de poursuivre les lancers dans n'importe quelle condition, en gardant le rythme. Votre détermination à continuer de toute façon sera très utile lorsque vous travaillerez avec 6 massues ou plus.
3. Soyez patient avec votre partenaire. Coordonnez vos lancers et apprenez à connaître vos réactions et rythmes. Vous devez travailler d'abord avec 1 massue.

Conseil : Entraînez-vous avec 1 massue, puis avec 3.

Perfectionnez votre présentation

1. Après réception des 3 massues, jonglez seul un moment, respirez normalement, stabilisez les massues et les trajectoires puis, tranquillement, une par une, relancez-les avec sûreté à votre partenaire.
2. Prenez votre temps. Cette figure permet des respirations entre les lancers, utilisez-les et n'augmentez le rythme que lorsque vous êtes très sûrs.
3. Lancez avec vos paumes de main vers le haut, les doigts pointant vers votre partenaire. Réceptionnez avec vos paumes de main vers l'avant, vos doigts tournés vers l'extérieur.

Quelques fantaisies...

Le «passing» à 3 massues vous octroye des temps sans jongler que vous pouvez utiliser de diverses manières pour agrémenter votre présentation. Par exemple, vous pouvez :

- applaudir votre partenaire
- faire une pirouette sur 1 pied.
- retirer des vêtements !
- envoyer des baisers au public.
- manger et boire.
- faire un saut périlleux arrière !

N'oubliez pas de revenir face à votre partenaire pour recevoir la massue 1 de retour !

Les lancers compliqués

Vous pouvez aussi relancer les massues à votre partenaire de façons particulières :

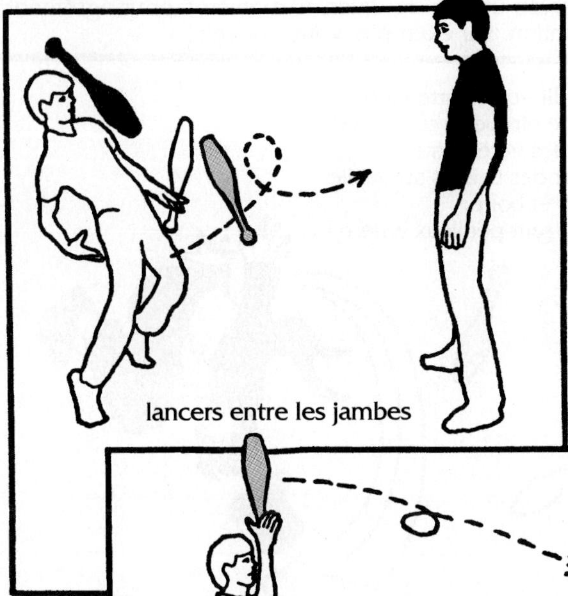

lancers entre les jambes

relever le bras par dessus la tête et lancer en «coup de hache»

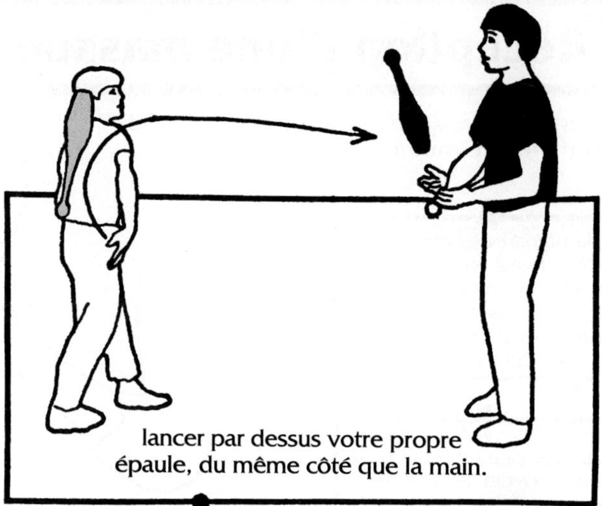

lancer par dessus votre propre épaule, du même côté que la main.

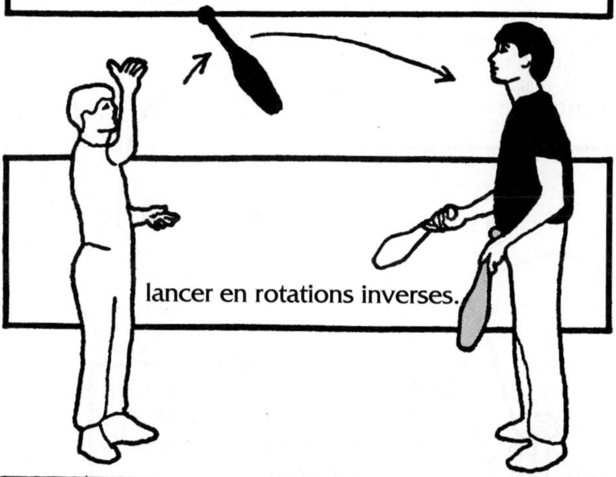

lancer en rotations inverses.

lancer en «hélicoptère» tournant vers l'intérieur ou l'extérieur.

Réception d'une massue

Votre partenaire vous envoie des lancers difficiles ?
Voilà comment les rattraper !

A

pour la plupart des réceptions, votre coude est en bas, le bouchon de la massue aussi. Attrapez et laissez tourner la massue près de votre biceps, vers l'extérieur.

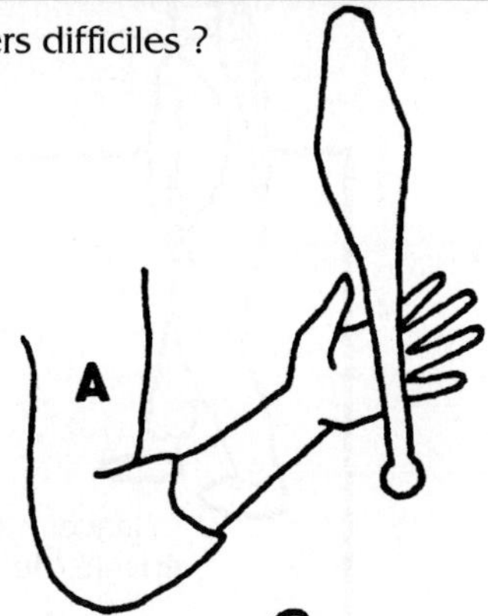

B

Si votre partenaire lance trop fort ou avec peu de rotation, le bouchon arivera vers le haut. Prenez le tel quel et faite le passage «vamp» de 1 tour et demi au lieu d'un seul tour. Ce conseil va aussi très bien pour la réception des «coup de hache».

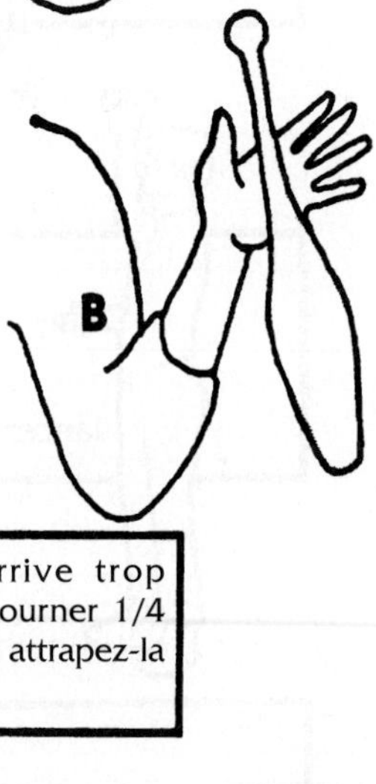

C

Si la massue arrive trop basse, laissez la tourner 1/4 de tour de plus et attrapez-la comme indiqué.

D

A la réception d'une passe «hélicoptère», faites attention à placer vos doigts vers le haut ou vers le bas selon l'orientation des rotations.

Réception spectaculaire

Plutôt que de recevoir de face, vous pouvez tenter d'attraper la massue avec votre main dans le dos !

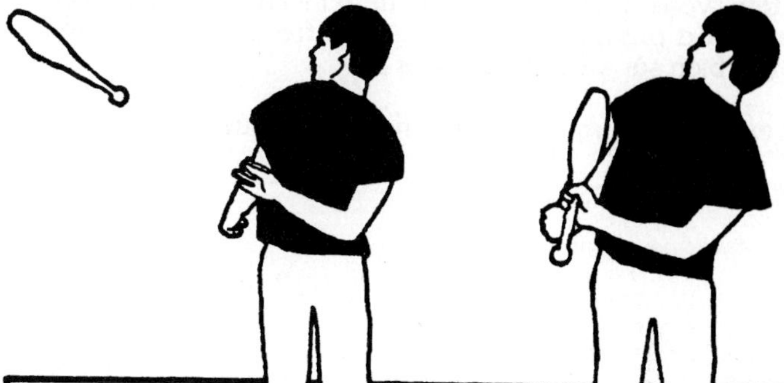

A l'approche de la massue, tournez vous de 90° et avancez votre main droite dans votre dos aussi loin que possible.

Retournez-vous rapidement pour recevoir la prochaine massue normalement.

Nouvelles méthodes

Vous savez maintenant que la loi de base est de «continuer quoi qu'il arrive !» Un corollaire à cette loi pourrait s'intituler : « chaque chute peut être une opportunité» Avec ceci en tête, vous devriez être à même d'inventer votre propre moyen de passer une massue à votre partenaire. Des moyen bien sûr assez fantaisistes !

Par exemple pourquoi ne pas lancer la massue par terre ?

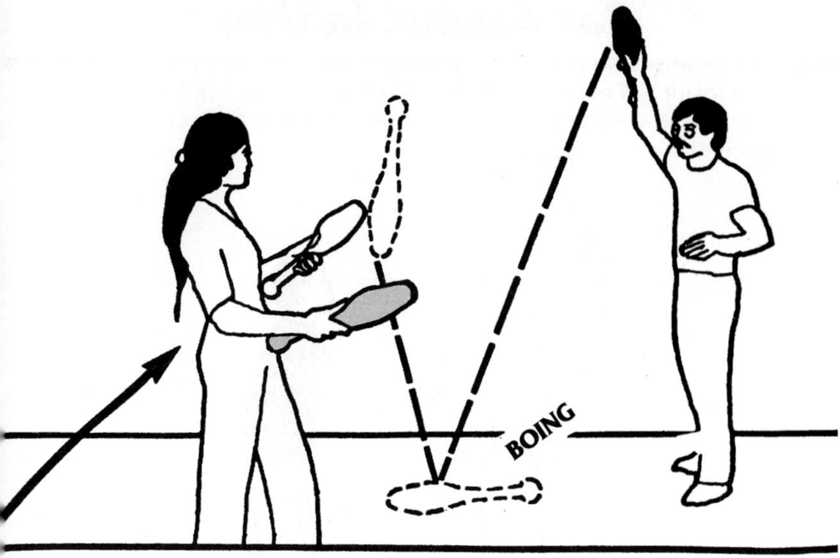

ou glissez-la sur le sol...
ou encore, apportez-la vous-même à votre partenaire, et retournez à votre place en courant.

La dernière massue peut être apportée facilement, mais sautez en arrière en position, main gauche prête à reprendre la première de la série suivante.

Par dessus la tête

En jonglant à 3 massues, vous pouvez décider de vous retourner et de passer à votre partenaire par dessus votre tête, en lui tournant le dos.

en arrière par dessus votre tête

Côte à côte

Le jongleur de droite n'utilise que sa main droite.

Le jongleur de gauche n'utilise que sa main gauche.

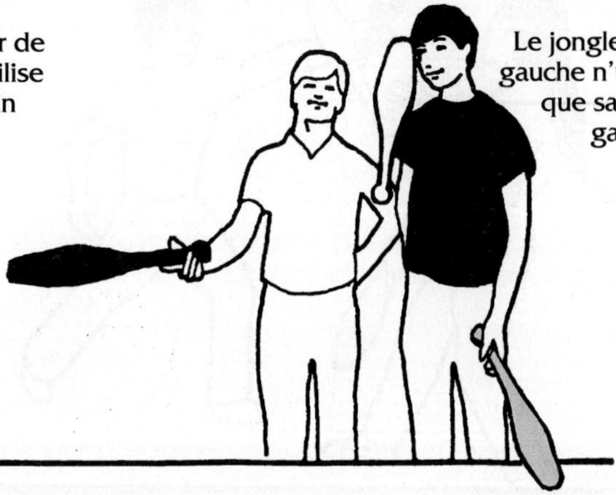

Mettez-vous côte à côte et partagez-vous 3 massues.

La «poursuite»

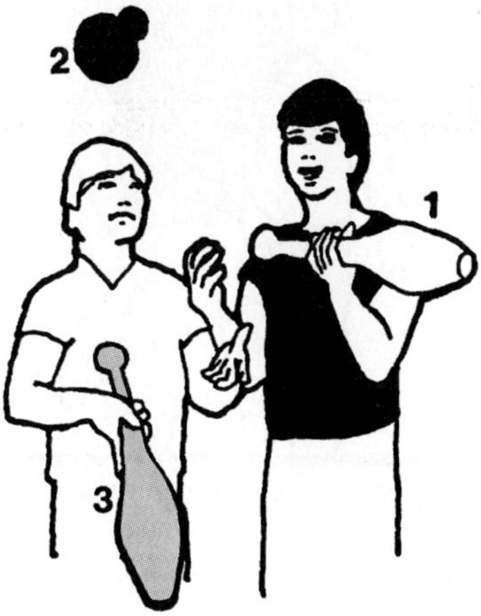

A l'approche d'une massue de la main gauche de votre partenaire, étendez votre propre main gauche, et «volez» la massue.

Puis étendez votre main droite devant votre partenaire et «volez» la massue suivante.

La dernière massue passe sous votre bras droit étendu. Avancez d'un pas et prenez en charge les 3 massues.

Quelques conseils sur la «poursuite»

- Gardez vos bras bien écartés après avoir lancé les massues 1 et 2 pour permettre à votre partenaire de venir «voler» la 3 entre vos bras.
- Dès que vous avez «volé» une massue, vous devez continuer votre oeuvre et «voler» les 2 et 3.
- Avec un peu d'habitude, vous arriverez à accélérer le processus et à vous «voler» continuellement les massues.Le summum est d'arriver à ce que la première massue reçue est aussi la dernière lancée. Ça c'est très rapide !
- Vous devriez essayer d'ajouter des objets à votre «poursuite», par exemple un chapeau. Prendre un chapeau, le mettre sur sa tête, ajouter un foulard autour du cou puis un cigare dans la bouche le tout sans oublier les 3 massues !
- Qui a dit que la jonglerie n'était pas de la bonne gymnastique ?

Passing à 6 massues

Voila venu l'heure «H», les amis !

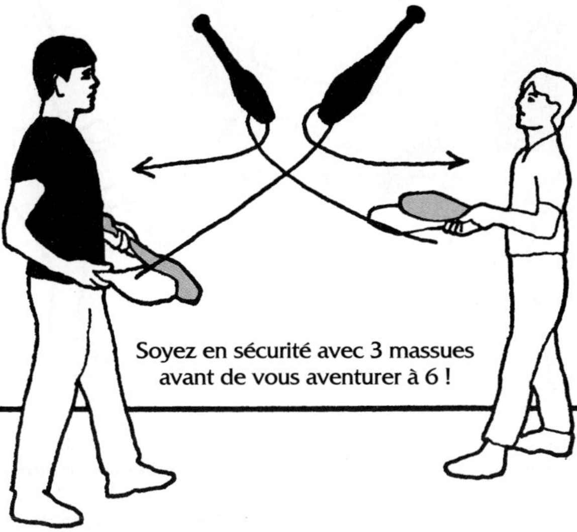

Soyez en sécurité avec 3 massues avant de vous aventurer à 6 !

Levez vos massues, 2 dans la main droite et une dans la gauche. Descendez vos mains en même temps et commencez à jongler ensemble. Comptez «un - et - deux - et - lancez - et - un - et - deux - et lancer etc.

Lancez chaque 3ème massue de la main droite à votre partenaire. Ensuite essayez de lancer chaque 2ème lancer pour finir par lancer à chaque passage dans la main droite. Vous touchez au «passing douche».

Conseils :

- Votre position sur le sol lors du passing est très importante. Jambes écartées, la droite en arrière, poids réparti sur les 2 jambes.
- Avant chaque lancer, descendez votre main droite pour que la massue soit paralléle à votre jambe droite.
- Lancez avec tout votre bras et utilisez votre pouce pour infléchir le bouchon vers le bas afin de permettre une rotation régulière. Veillez à répéter chaque fois le même mouvement. La clé de la réussite est la constance dans les lancers.
- Veillez à ce que la massue tourne verticalement, et non pas de côté.
- Restez calme. Ne bougez pas votre corps et concentrez-vous sur vos lancers et les réceptions.

Sous la jambe

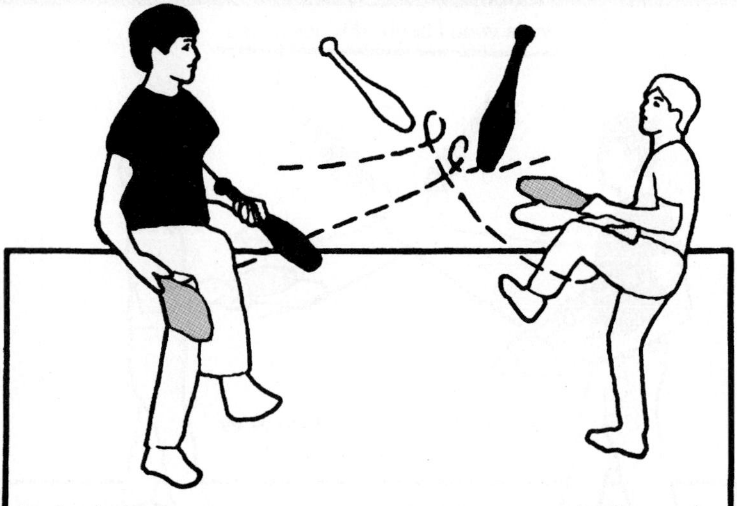

Levez votre jambe et lancez par dessous. vous pouvez lever votre jambe gauche ou la droite. Dans les 2 cas, levez la jambe très haut !

Choix de figures

Pour donner de la variété à votre présentation, essayez de changer vos lancers, ensemble ou alternativement comme nous l'avons vu précédemment. Essayez donc, par exemple :

- «coup de hache»
- «hélicoptère»
- lancers par dessus l'épaule
- rotations à l'envers

Conseils

- Soyez patient avec votre partenaire
- Inventez vos propres lancers.
- Il est beaucoup plus facile de passer chaque 2ème lancer que tous les lancers.
- Apprenez vos trucs à votre partenaire, il vous donnera les siens. Faites les figures alternativement puis simultanément.

Coup de pied à 6 massues

Faites un passing en «douche» avec 5 massues et amenez tranquillement une 6ème massue sur votre pied gauche comme indiqué, avec le bouchon contre votre tibia. Contrôlez bien l'»espace vide» où la 6ème massue va venir s'insérer. A chaque passage reconnaissez cet «espace».

A l'approche de «l'espace» faites un «coup de pied», libérez votre main gauche par un «vamp», saisissez la massue qui remonte de votre main gauche et continuez de jongler.

OUH LA LA !

Un lancer particulièrement impressionnnant est celui qui passe entre les jambes puis par dessus l'épaule.

- Faites attention de bien vous baisser pour passer sous les jambes.
- Tenez fortement le bouchon.
- Basculez la massue pour lui donner de l'élan pour passer par dessus l'épaule.

Dos à dos

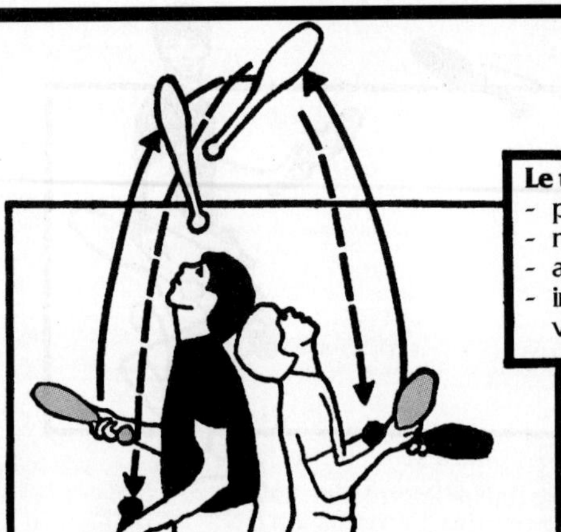

Le truc :
- passer à chaque 3ème lancer.
- ne faites que des «double tours»
- attention à l'arrivée de la massue !
- important de compter à haute voix.

Frissons supplémentaires

Vous n'avez pas besoin de jongler avec des bâtons de dynamite allumés pour éprouver quelques frissons. Essayez donc de tout faire à l'envers dans un passing : les passes «vamp» de droite à gauche et toutes les passes de la main gauche. Vous vivrez probablement l'expérience d'être rapidement entouré de massues à terre et l'humilité sportive de les ramasser souvent !

Un autre exercice périlleux consiste à passer des 2 mains. Il n'y a plus de lancers devant soi, tout est passé chez le partenaire. Pour éviter les collisions, passez toujours par dessous les massues qui s'approchent. La technique peut se ré-apprendre dans la section balles, au chapitre «compte à un».

La «douche tonnerre».

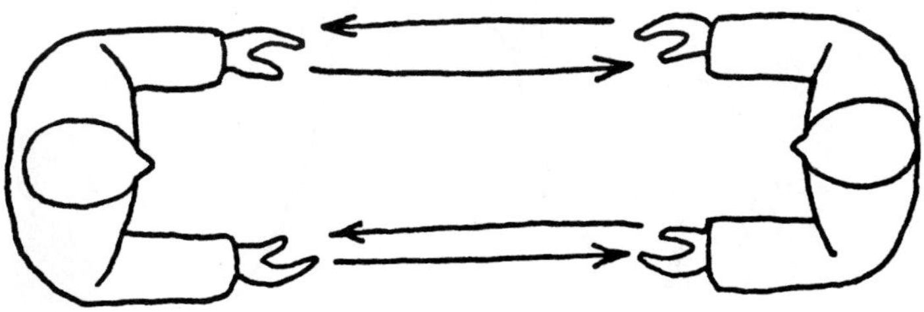

Conseils

il est plus aisé d'alterner vos mains plutôt que de lancer des 2 mains en même temps.

«double tours « et «triple tours»

Conseil : jonglez plus lentement et regardez bien vers le haut. Lancez plus haut. Plus vous lancerez haut plus vous aurez de révolutions.

Chaque 3ème lancer sera en «double tour», puis chaque 2ème pour finir avec chaque lancer de la main droite en «double tour».

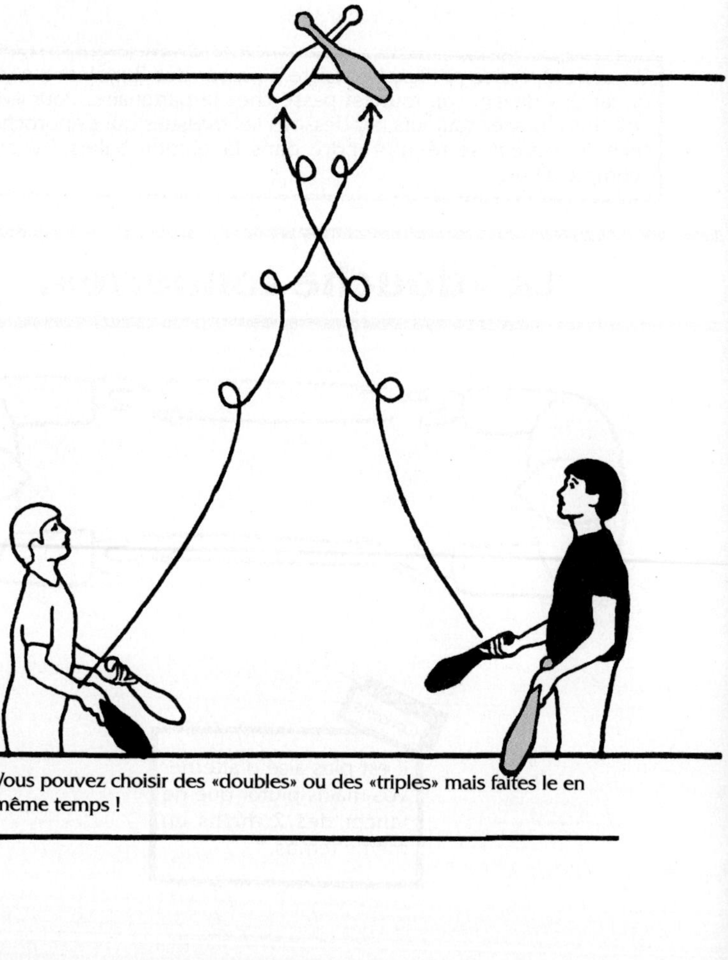

Vous pouvez choisir des «doubles» ou des «triples» mais faites le en même temps !

Simple... double... triple...

Maintenant, vous allez faire la «douche» avec 6 massues ! Ça devient risqué !

Attention : un «double» prend 1 temps de plus, un «triple» prend 2 temps de plus.

Si vous lancez un simple de la main droite, vous pouvez lancer un «double» en diagonale de la main gauche qui arrivera en même temps qu'aurait dû arriver un simple direct. De même le lancer suivant en «triple» arriverait en même temps qu'aurait dû arriver le prochain simple...

Le jongleur «receveur» ne doit ainsi rien changer dans son rythme mais le «lanceur» lance comme suit : simple direct de la main droite - «double» en diagonale de la main gauche - «triple» direct de la main droite.

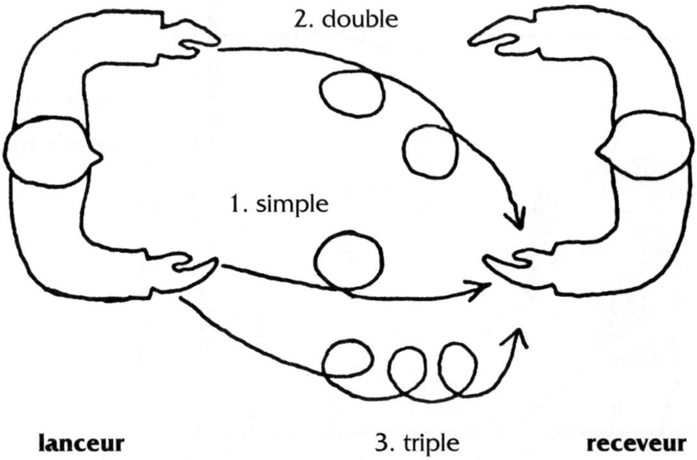

7 massues

Conseil : avant de vous lancer dans le «7», soyez certains de maîtriser le «6» en «douche» à «double tour».

Le jongleur avec 4 massues commence par un lancer haut en «double tour».

Le receveur (avec 3 massues) attend.

A l'apogée de la 1ere massue, le receveur lance à son tour. Notez que les partenaires ne lancent plus en même temps mais alternativement.

Le rythme de chacun est semblable à celui avec 6 massues. Toutefois, vous lancerez de votre main droite en même temps que votre partenaire lancera de la gauche.

A 7 massues on peut aussi se permettre des fantaisies. Exemples :

- passer sous la jambe
- créer un «espace» pour rattraper la 7ème massue d'un «coup de pied»
- passer de lancers «double tour» en simple et revenir en «doubles».
- toutes les massues dans les mains d'une seule personne à la fin.

Spectaculaire et très rapide !

Attention : jongler avec 7 massues n'est pas aussi rapide que vous pourriez le penser. Pensez à alterner vos mains. Ne vous pressez pas et concentrez-vous sur le fait que mains gauches et mains droites lancent en même temps.

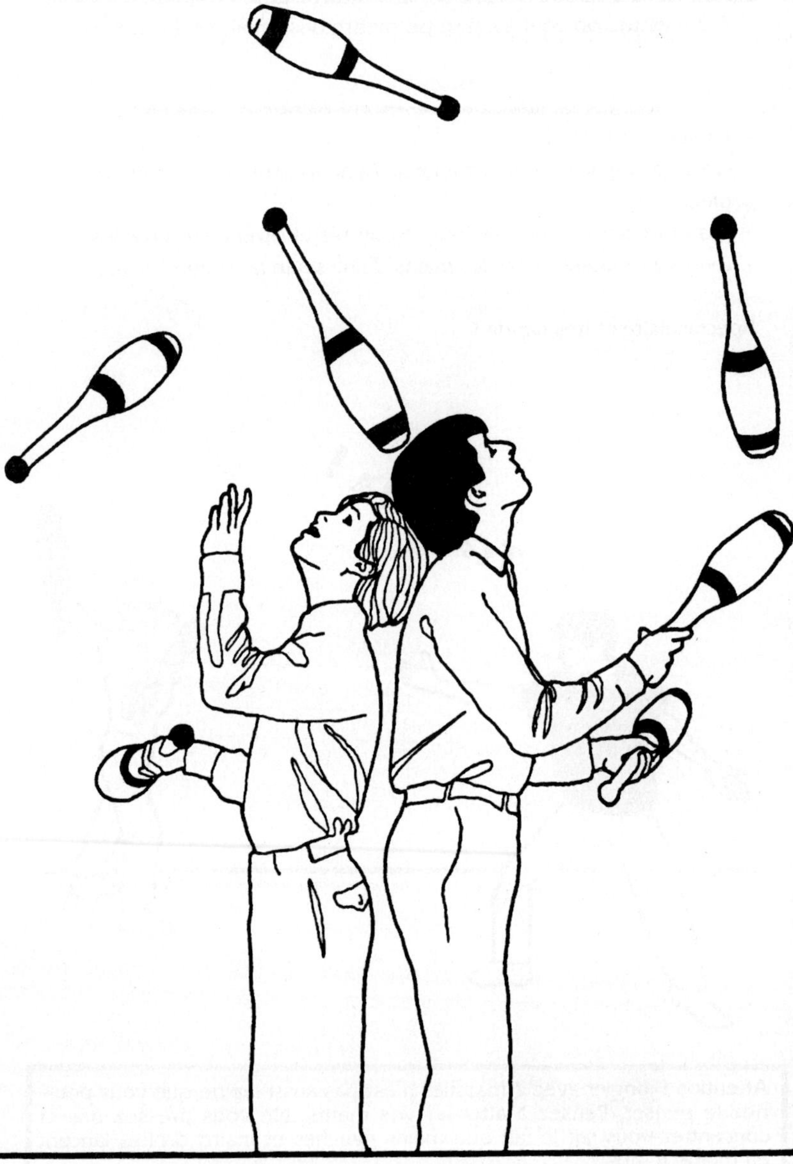

Les jongleurs Gentilhommes John WEBSTER et Robert STUVERUD

8 massues

Rappel : la figure est la même qu'à 6 massues : droite - gauche - droite - gauche. C'est simplement fait sur un rythme plus rapide.

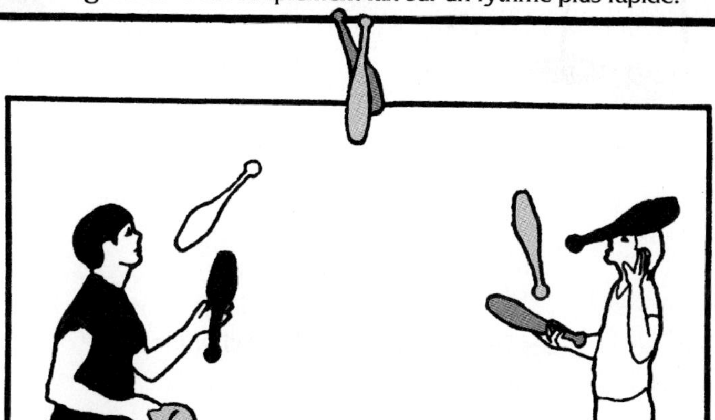

Passez simultanément, par lancers hauts en «double tours». Ça va vite mais votre partenaire et vous lancez en même temps à nouveau.

Les fières jongleuses des Philippines.

Regina
Irlo
Emily
Victoria

Combinaisons de «passings» avec massues

Vous débuterez dans la jonglerie en solitaire. Après avoir maîtrisé 3 objets vous chercherez à les échanger avec un partenaire. Enfin, vous atteindrez le stade où vous souhaiterez jongler avec plus d'objets et les échanger avec plus de partenaires...

Alimentation

Le lanceur principal, le «poste», lance à chaque partenaire tour à tour. Les receveurs ne renvoient qu'au poste. Le lanceur principal de ce fait lance 2 fois plus souvent que les partenaires, s'ils sont 2.

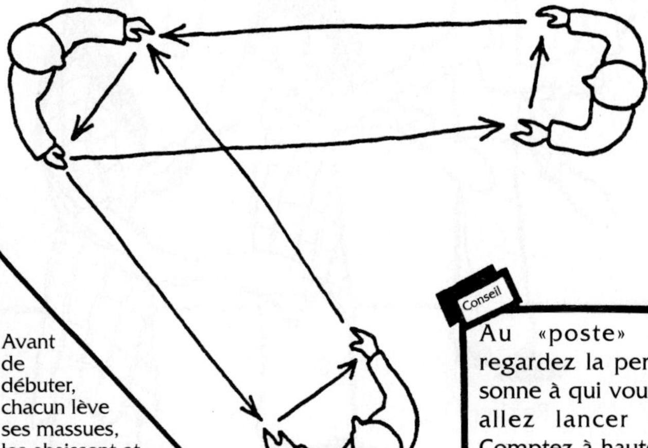

Avant de débuter, chacun lève ses massues, les abaissent et, en même temps, commencent à jongler. Le «poste» compte à haute voix : «un et deux et lance». A ce point il lance de la main droite sur la gauche du jongleur A, la prochaine passe se fera de la main droite vers la gauche du jongleur B etc.

Conseil

Au «poste» : regardez la personne à qui vous allez lancer - Comptez à haute voix - Annoncez les lancers en donnant le nom du receveur.

Options

Dès que vous avez compris la mécanique, vous pouvez diversifier comme suit :

Rythme : Le «poste» passe à chaque 2ème lancer de la main droite (compte à 4) pour donner du temps aux partenaires.
Rotations : Changer les système de rotation, essayez les «double tours», les «triple tours». Assurez-vous simplement que tout le monde change en même temps.
Fantaisies : Quand vous n'aurez plus de chutes, essayez les passes fantaisies telles que le «flotteur», ou le lancer sous la jambe qui sont les plus faciles. Les receveurs peuvent s'adonner à des lancers pour eux-mêmes ou pirouettes pendant que le «poste» est occupé avec votre partenaire.

Jusqu'où peut-on compliquer ?

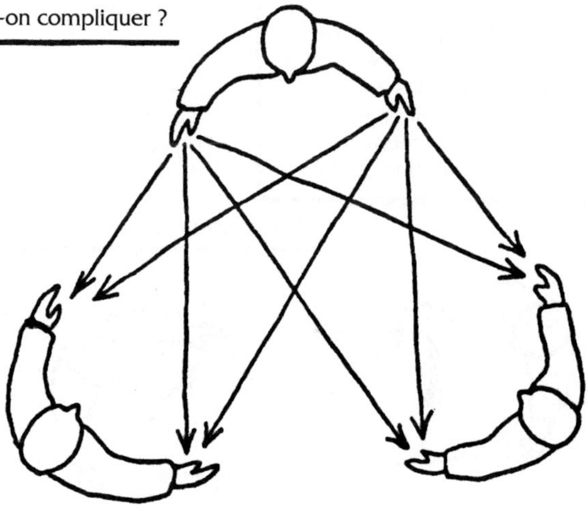

Le «poste» a 4 options de passes de la main droite et 4 options de la main gauche. Si vous ajouter les changements de rythme, de rotations et de passes fantaisies, votre trio a de belles heures d'entraînement et de rires devant lui !

Le triangle

A trois on peut bien entendu former un triangle et passer en triangle.

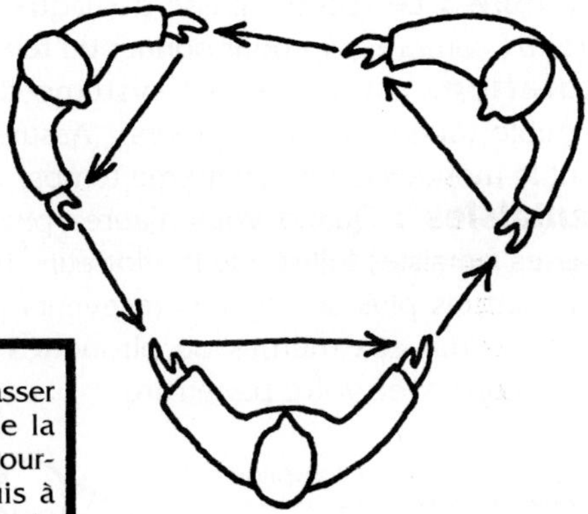

Conseil

Au début, essayez de passer à chque 3ème lancer de la main droite. En lançant, tournez la tête à droite, puis à gauche pour la réception de la prochaine massue, puis à droite pour lancer etc. Lancez tous calmement et cette figure sera vite un succès.

Vous pouvez aussi passer en diagonale.

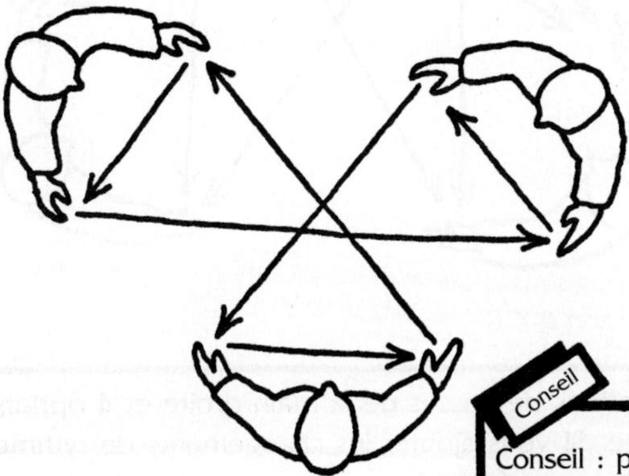

Conseil

Conseil : pour éviter les collisions, écartez les jambes pour une assise large et passez avec précision au même moment et à la même vitesse.

La ligne

Pour éviter l'épaule du jongleur B, C lancera haut et un peu à l'extérieur. B peut aussi se mettre un demi-pas sur sa gauche.

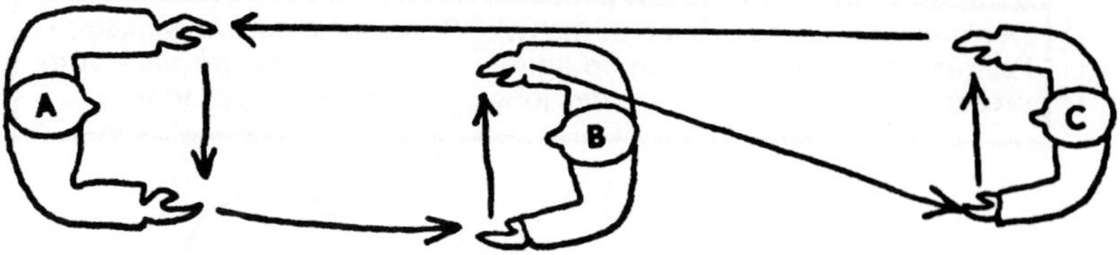

A lance court à B, en simple ou «double tour»
B lance par dessus son épaule, en «double tour» à C
C lance long à A

Conseil

C lancera un peu à l'extérieur pour éviter le coude de B.

Jongler en mouvement

Dès que vous savez jongler en trio avec 9 massues, que vous maîtrisez l'alimentation en triangle ou en ligne, vous pouvez inclure dans votre présentation les mouvements des jongleurs. Voici quelques idées :

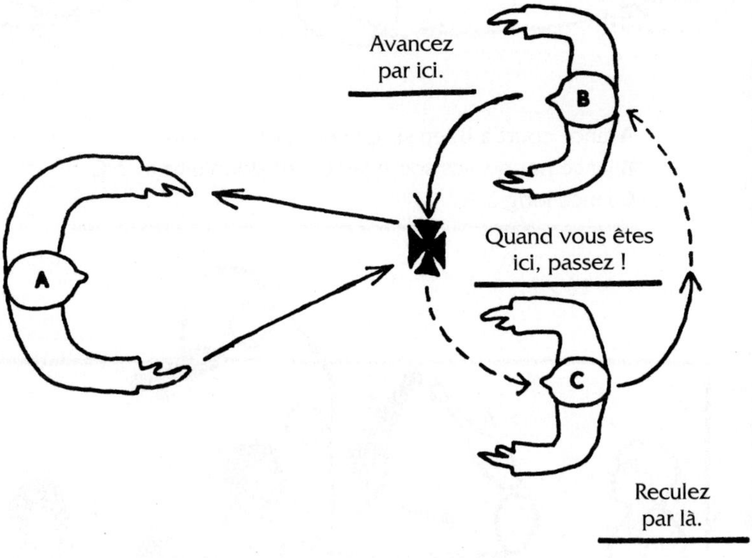

Le jongleur A passe à chaque 3ème lancer de la main droite à B ou à C.

B ou C bougent rapidement en cercle, face à A, tout en jonglant. Dès qu'ils atteignent le point médian (croix) ils passent et reçoivent une massue.

Comment se rendre au point médian ? A votre choix, en cercle, en se disputant la place, en passant sous les jambes du partenaire ou à saute-mouton ! Vous risquez de devoir tenir vos massues pendant quelques «comptes» mais ça vaut la peine d'improviser.

Quand un triangle fonctionnne bien, essayez donc de le mettre en mouvement ! Tous les jongleurs circulent, en cercle, sans changer de position et sans s'arrêter de jongler. Décidez préalablement du nombre de pas que vous allez faire et de la direction !

Dans une ligne, le jongleur au milieu se retournera pour faire face à l'autre jongleur. La séquence sera alors pour lui : « un - et - deux - et - lance - et - demi tour - et - deux - et - lance». Pendant le demi - tour, vous lancez de la main droite, par dessus votre épaule, en «double tour». A la fin du demi-tour, vous recevrez dans votre main gauche, sans vous arrêter de jongler.

B lance à C par dessus l'épaule.

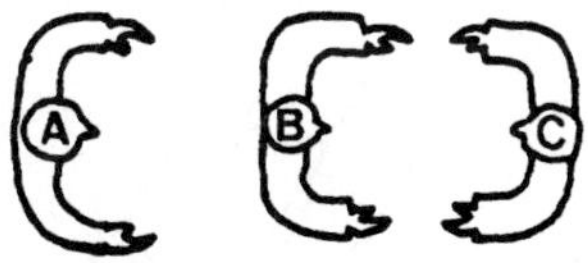

Pendant que B se retourne, tous jonglent pour eux-mêmes.

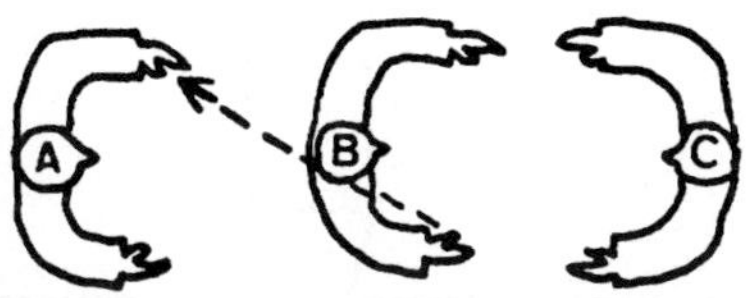

B passe à A par dessus l'épaule.

Le géant à 2 têtes.

Comment monter ?

Le porteur s'accroupit et prend les mains du grimpeur, croisées, main gauche sur la droite. Le grimpeur pose son pied droit sur le haut de la cuisse droite du porteur.

Le grimpeur se soulève et pivote pour poser son pied gauche sur l'épaule gauche du porteur. Puis il se soulève en position. Ne jamais lâcher les mains.

Une fois le grimpeur en position, le porteur lâche les mains et pose les siennes derrière les genoux du porteur, en appui serré. Le grimpeur pliera légèrement les genoux et appuyera ses tibias sur la nuque du porteur.

Puis le porteur descendra ses mains pour permettre aux deux de jongler. Sécurisez les positions et le jonglage avant de faire du «passing».

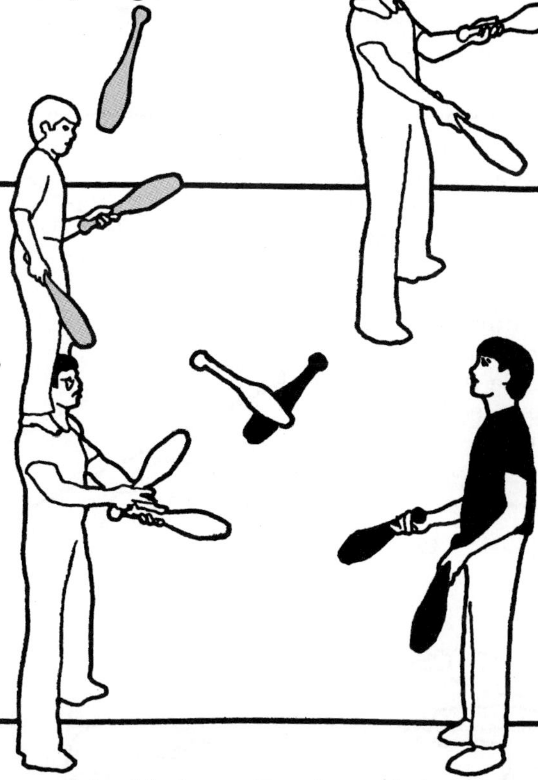

Porteur, si vous tombez, tombez par l'avant !

Passing : passez d'abord à chaque 3ème lancer du lanceur principal, c'est-à-dire à chaque 6ème lancer pour les jongleurs du «géant à 2 têtes». Plus tard vous arriverez à passer à tous les lancers du lanceur principal soit à chaque 2ème lancer pour les autres.

Le carrousel

Figure relativement simple, le carrousel permet à 3 personnes de jongler avec 6 massues.

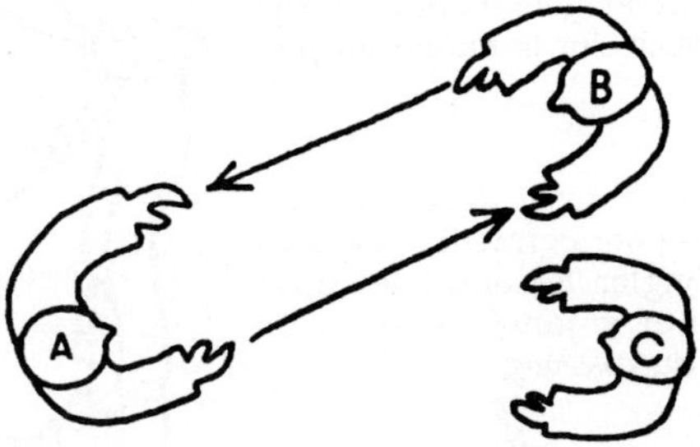

A et B font du passing ensemble. C vient à gauche et lève sa main gauche.

A passe alors à C et reçoit de B, jusqu'au moment où B n'a plus de massues.

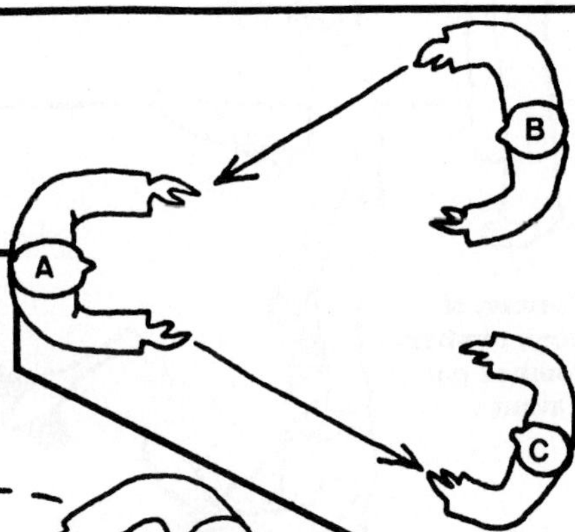

A ce moment là, B se déplace rapidement à la gauche de A, lève sa main gauche et reçoit le prochain lancer de C.

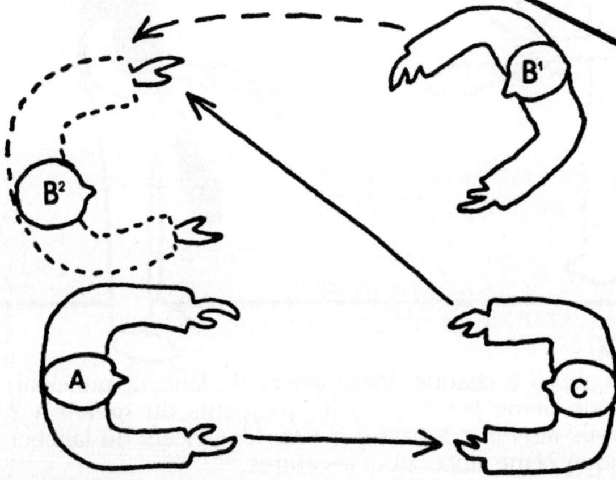

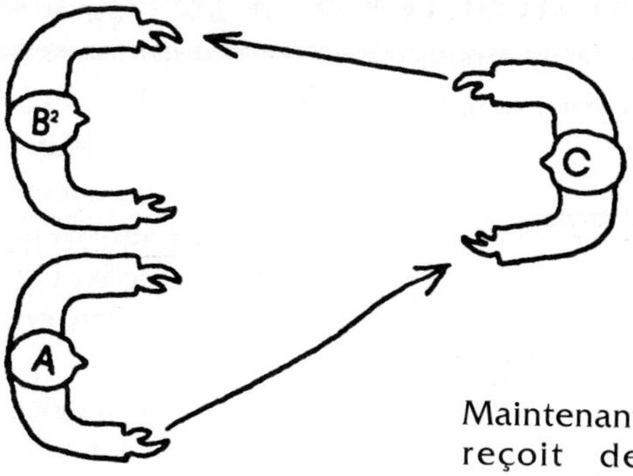

Maintenant C passe à B et reçoit de A, jusqu'au moment où A n'a plus de massues.

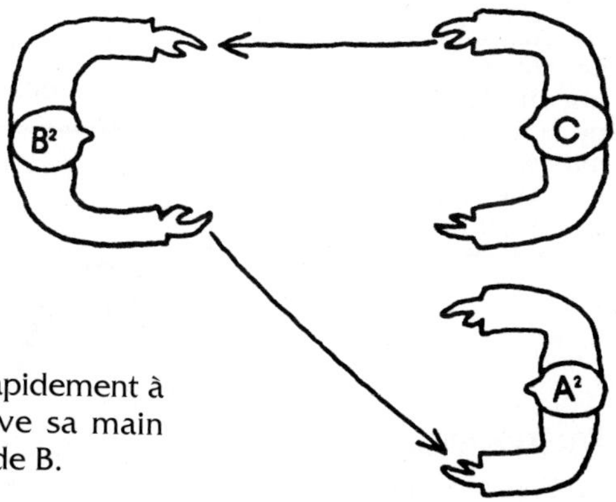

Alors A se met rapidement à gauche de C, lève sa main gauche et reçoit de B.

Pour garder la ronde du carrousel

- Dès que vous n'avez plus de massues, courez en position et attrapez la prochaine massue.
- Si quelqu'un perd une massue, continuez de jongler, le prochain jongleur qui tournera pourra la ramasser.
- Dès qu'un jongleur tourne, faites un pas de son côté pour rester en ligne. Le carrousel devrait tourner presque sur place !

Combinaisons à 4 jongleurs

Alimentation

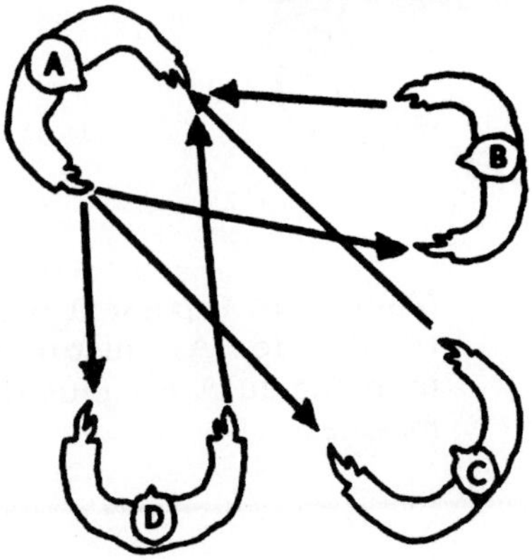

Progression :

1. Tous lèvent leurs massues, puis commencent le jonglage en même temps.
2. A regarde B et lui passe à son 3ème lancer de la main droite.
3. Le prochain lancer de A ira à C, le suivant à D, puis à C, puis à B, puis à C à nouveau, puis à D etc
4. B et D passent chaque 3eme lancer. C passe chaque 2ème lancer.
5. A regarde et nomme les receveurs avant de lancer.

Les chutes : si B ou D perdent une massue, ils ont le temps de la ramasser. Si A perd une massue, il évitera de lancer à B ou D et demandera à un des 2 de la ramasser.

le tissage

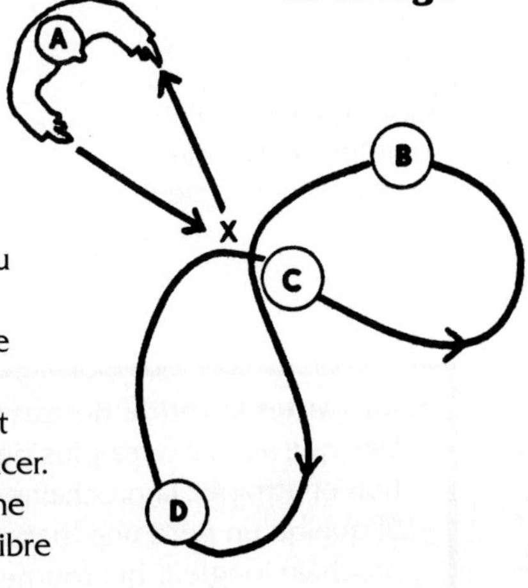

Progression :

1. A passe à chaque 3ème lancer de la main droite, au point X.
2. B,C et D viennent à tour de rôle selon le chemin indiqué, au point X. Ils passent avec A à chaque 9ème lancer.
3. Dès que vous avez reçu une massue, laissez le champ libre à votre partenaire.

Notez que les jongleurs circulent selon une trajectoire de «cascade» !

la boîte

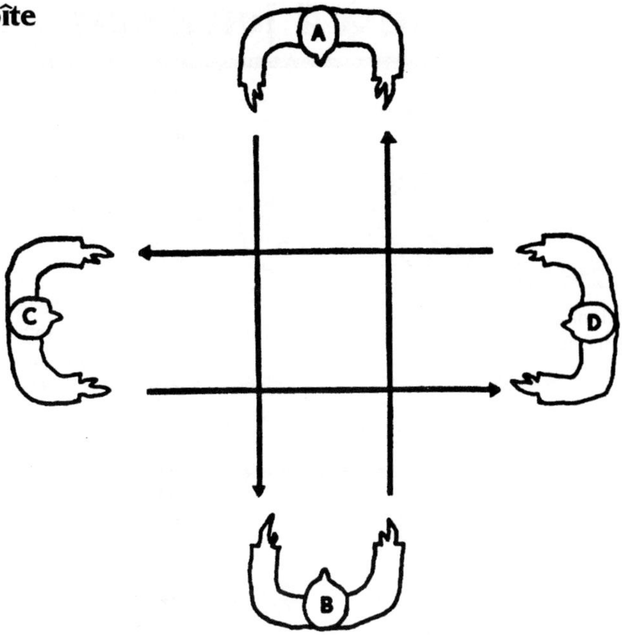

Progression

1. Tous les jongleurs lèvent leurs massues.
2. A et B commencent à jongler.
3. C et D attendent un «compte» et se mettent à jongler.
4. A et B passent au 3ème lancer de la main droite.
5. C et D passent au 3ème lancer de la main droite.
6. A et B accélèrent et passent au 2ème lancer. C et D font de même.
7. Une fois que le rythme est atteint, si un couple perd une massue, il s'arrêtera, puis attendra son tour pour recommencer. L'autre couple ne s'arrête pas.
8. Si vous aimez les challenges, essayez le «3 - 3 - 10» dans cette formation. Attention, les lancers «douche» iront très vite.

La ligne à 4 jongleurs

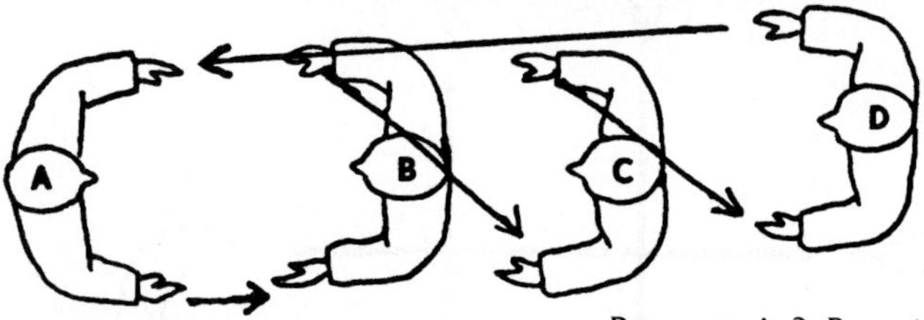

Maintenant B se retourne et vous continuez…

Pas compris ? Reportez-vous à la ligne à 3 jongleurs, et estimez ce qui est à faire !

Le moteur à 4 pistons

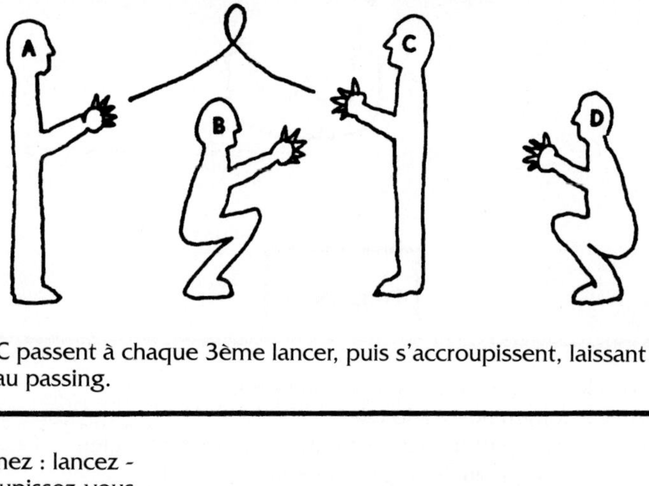

A et C passent à chaque 3ème lancer, puis s'accroupissent, laissant B et D au passing.

Alternez : lancez - accroupissez-vous - debout - lancez - accroupissez-vous etc.

Puisque vous vous faites face, pourquoi ne pas essayer ceci ?

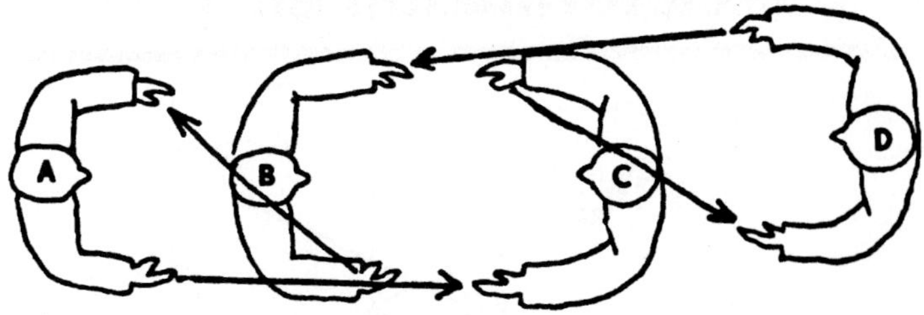

Ou même cela, en «double tours» ?

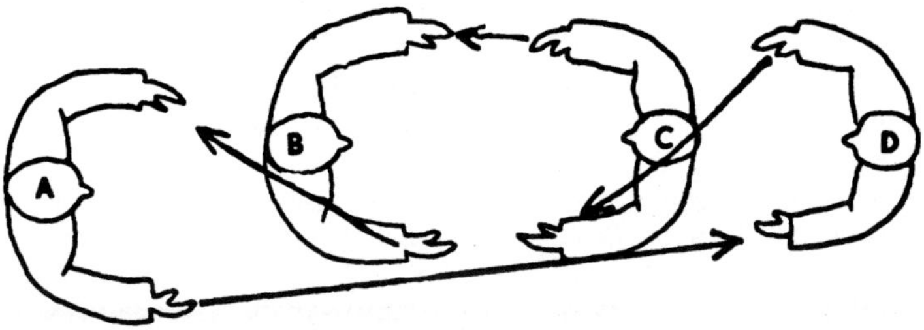

Encore plus actif ! A et B chagent leur place et passent, du point X à chaque 3eme lancer. C et D font de même et passent du point Y.

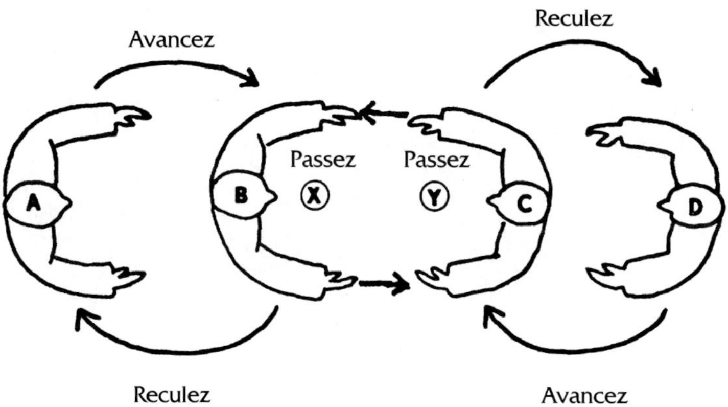

La formation en Y

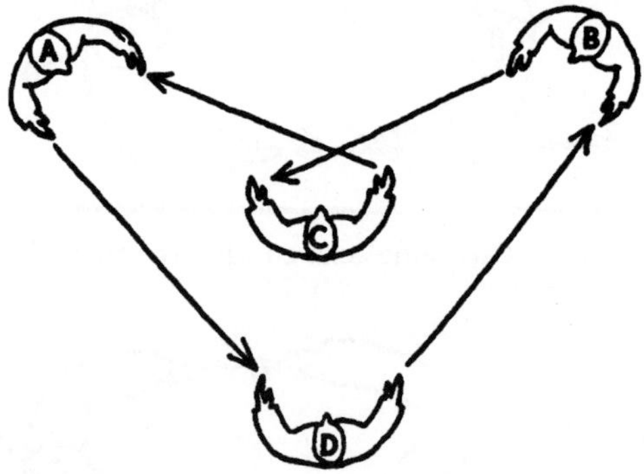

Cela parait très compliqué mais c'est assez'facile. A et D font de longues passes. B et C en font de courtes. C passe et reçoit croisé, mais les autres passent très normalement.

Le pivot

Puisque C est au centre, il peut pivoter en lançant d'abord à A (pendant que B et D passent ensemble) puis à B (A et D passent ensemble) enfin à D (B et A passent ensemble)

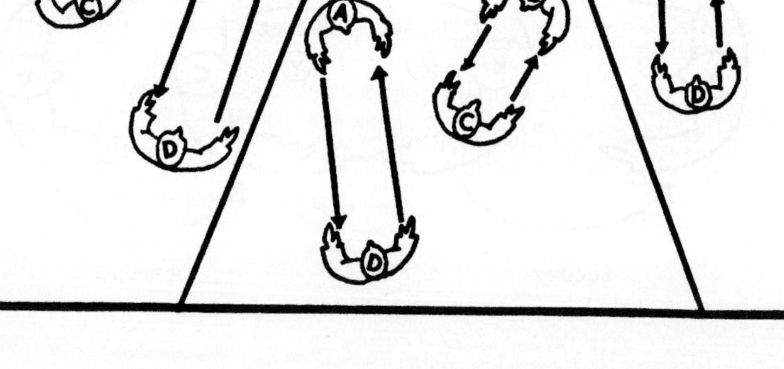

A 5 jongleurs

L'étoile

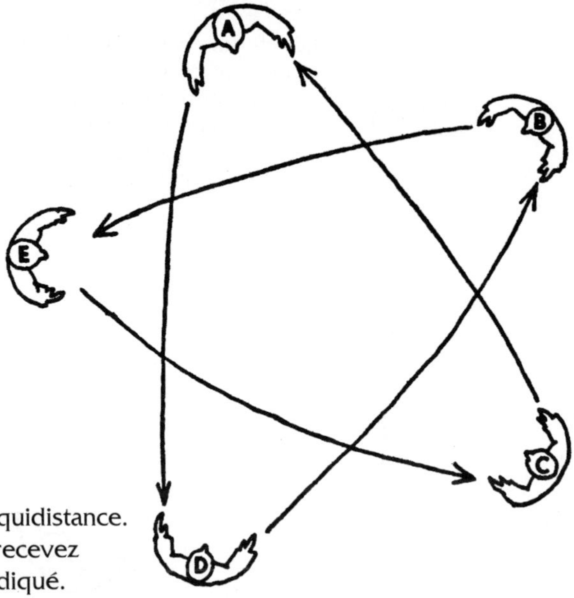

- Restez à équidistance.
- Passez et recevez comme indiqué.
- Passez à chaque 3ème lancer, au début.
- Suivez votre lancer du regard, puis préparez votre réception.

Les collisions sont souvent dues à un rythme irrégulier. Passez ensemble et de la même force.

L'étoile est un exercice fantastique mais vous pouvez aussi :

- la faire tourner pendant que vous passez...
- alterner avec des lancers «double tours» ou «triple tours».
- décider de passer en «flotteurs»
- inclure un 6eme jongleur au centre.

Alimentation pour 5 jongleurs et plus.

Les chutes : si vous êtes receveur, une chute n'aura pas grande conséquence. Continuez de jongler, attendez simplement un «espace» et récupérez votre massue.

Si vous êtes le passeur, ne passez pas à B ou E, recevez d'eux et demandez à un des deux de ramasser votre massue.

Le passing à 5 est semblable au passing à 3 mais les receveurs ont beaucoup plus de temps entre les passes avec le lanceur. Pourquoi ne pas l'employer pour, par exemple :

- faire une pirouette
- lancer dans le dos
- tenter une série de lancers «fantaisies» en solo.

L'alimentation double

Passe à C et D alternativement, en débutant par D

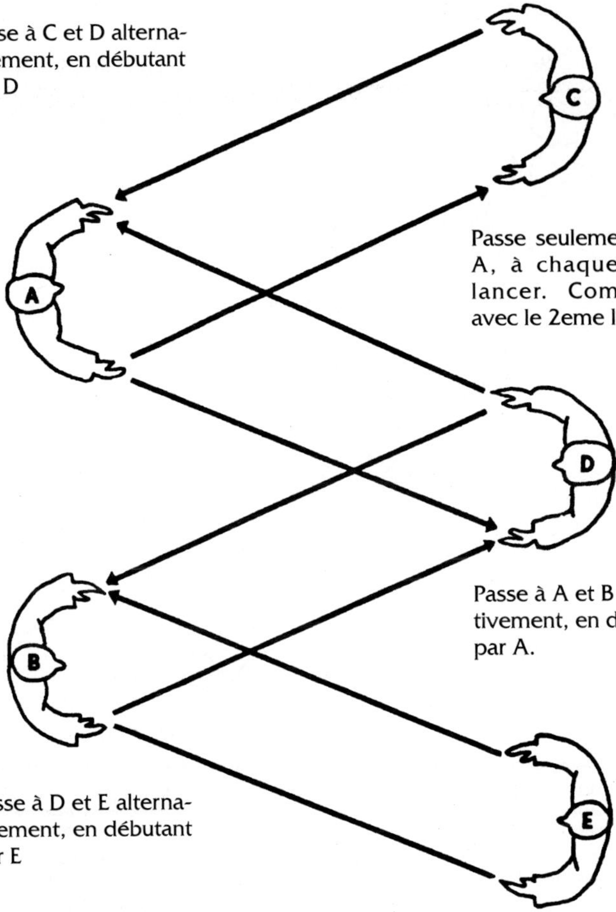

Passe seulement avec A, à chaque 2ème lancer. Commence avec le 2eme lancer.

Passe à A et B alternativement, en débutant par A.

Passe à D et E alternativement, en débutant par E

Les lancers :

1. A passe avec D, pendant que B passe avec E.
2. A passe avec C, pendant que D passe avec D

Passe seulement avec B.

Variations sur une ligne de 5 jongleurs

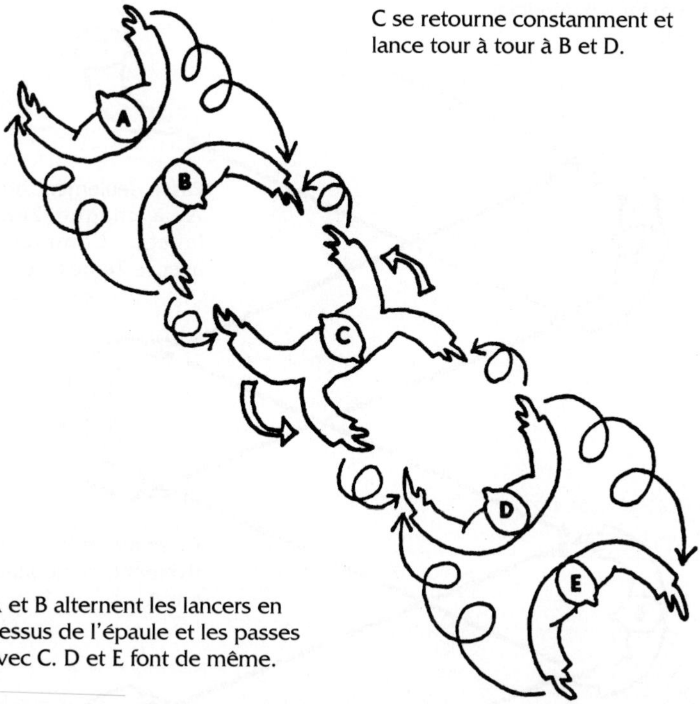

C se retourne constamment et lance tour à tour à B et D.

A et B alternent les lancers en dessus de l'épaule et les passes avec C. D et E font de même.

Note : dans le tableau suivant, le «0» indique qu'il n'y a pas de passe.

jongleur	passe avec	séquence de comptage
A	**B**	**0-0-0-B-0-0-0-B-0-0-0-B**
B	**A et C**	**0-C-0-A-0-C-0-A-0-C-0-A**
C	**B et D**	**0-B-0-D-0-B-0-D-0-B-0-D**
D	**C et E**	**0-E-0-C-0-E-0-C-0-E-0-C**
E	**C**	**0-D-0-0-0-D-0-0-0-D-0-0**

Double alimentation avec 7 jongleurs

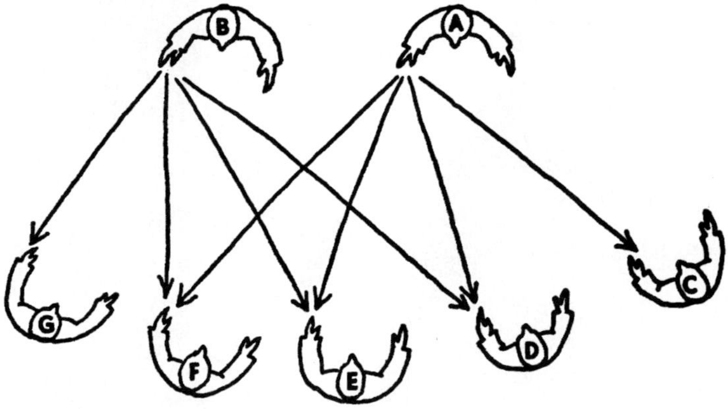

A et B débutent par C et D puis poursuivent jusqu'à F et G, puis reviennnent.

Utilisez le tableau ci dessous pour votre comptage.

Jongleur	Passe avec	Débute par	Séquence de comptage
A	C,D,E et F	C	C-D-E-F-E-D-C- ...
B	D,E,F,et G	D	D-E-F-G-F-E-D-...
C	A	A	A-0-0-0-0-0-A-0-...
D	A et B	B	B-A-0-0-0-A-B-A-0-0...
E	A et B	0	0-B-A-0-a-b-0-B-A...
F	A et B	0	0-0-B-A-B-0-0-0-B-A-B...
G	B	0	0-0-B-0-0-0-0-0-B-0-0...

Bill GALVIN et Steve MOCK

Les boîtes à jongler

Exercices de maîtrise conseillés.

1. Demi-tours et tours complets sur les 2 extérieures.
2. Changement de position des 2 côtés, par en haut et en bas.
3. Rotation de la boîte centrale de 3 manières.
4. Sous la jambe, des 2 côtés.
5. Dans le dos avec les 3 boîtes et retour devant.
6. Mouvements verticaux (à choix).
7. a. Lâcher les 3 boîtes, taper des mains et reprendre les boîtes.
   b. Lâcher les 3 boîtes, croiser les bras et reprendre les boîtes.
8. Manoeuvrer les bras croisés.
9. Démontrer un début fantaisie.
10. Une figure en équilibre.
11. A choix :
    a. mouvement avec 4 boîtes.
    b. pirouette
    c. empilage de 8 boîtes.

Défier la force de gravité ! avec Amy

Tourner une boîte extérieure

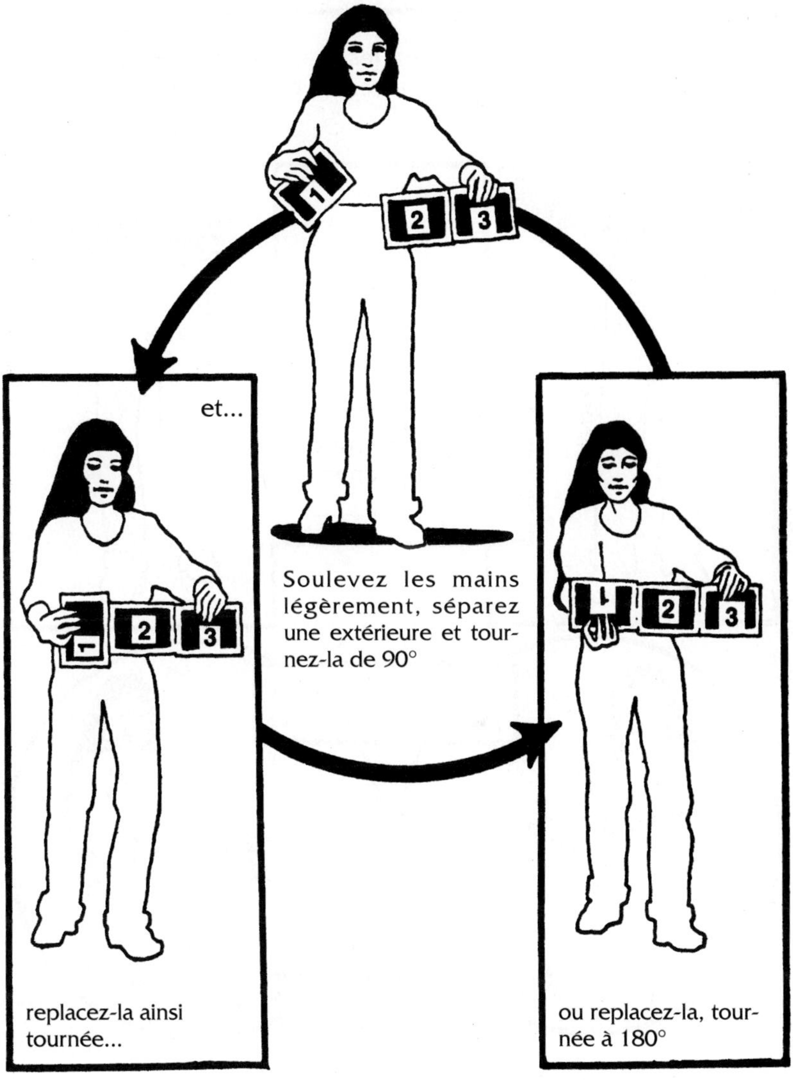

Tourner les 2 extérieures

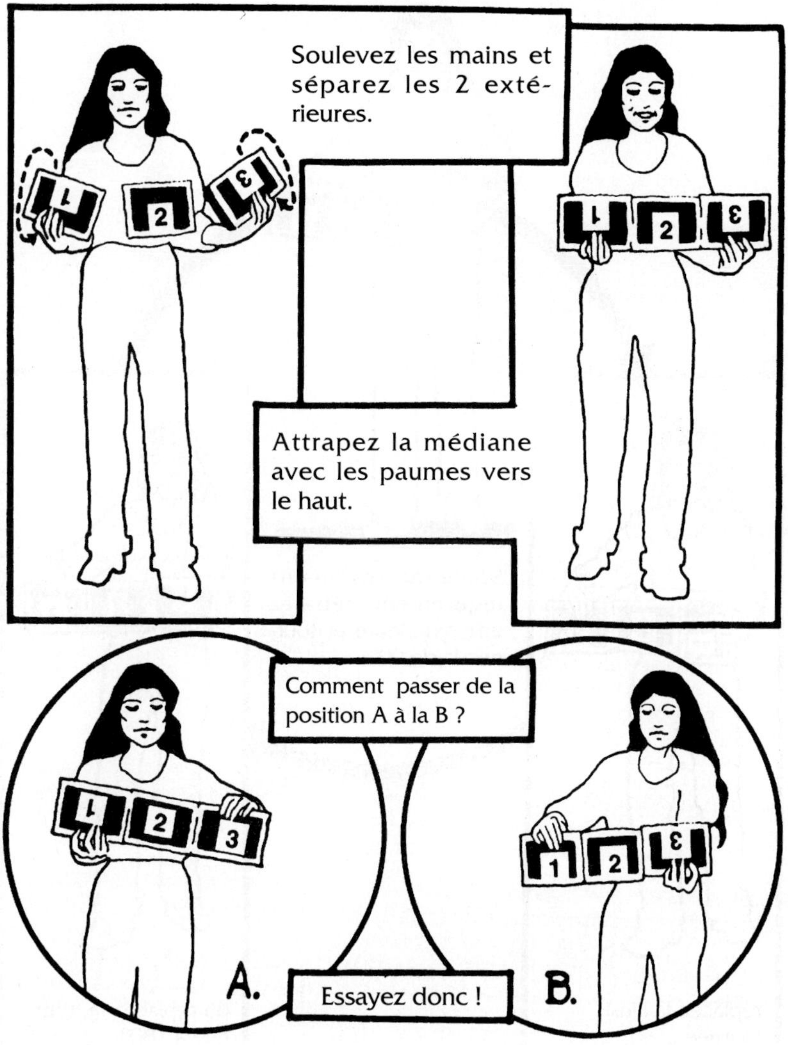

Changement de position

Amy vous démontre de la main gauche.
Habituez- vous à faire de même des 2 mains.

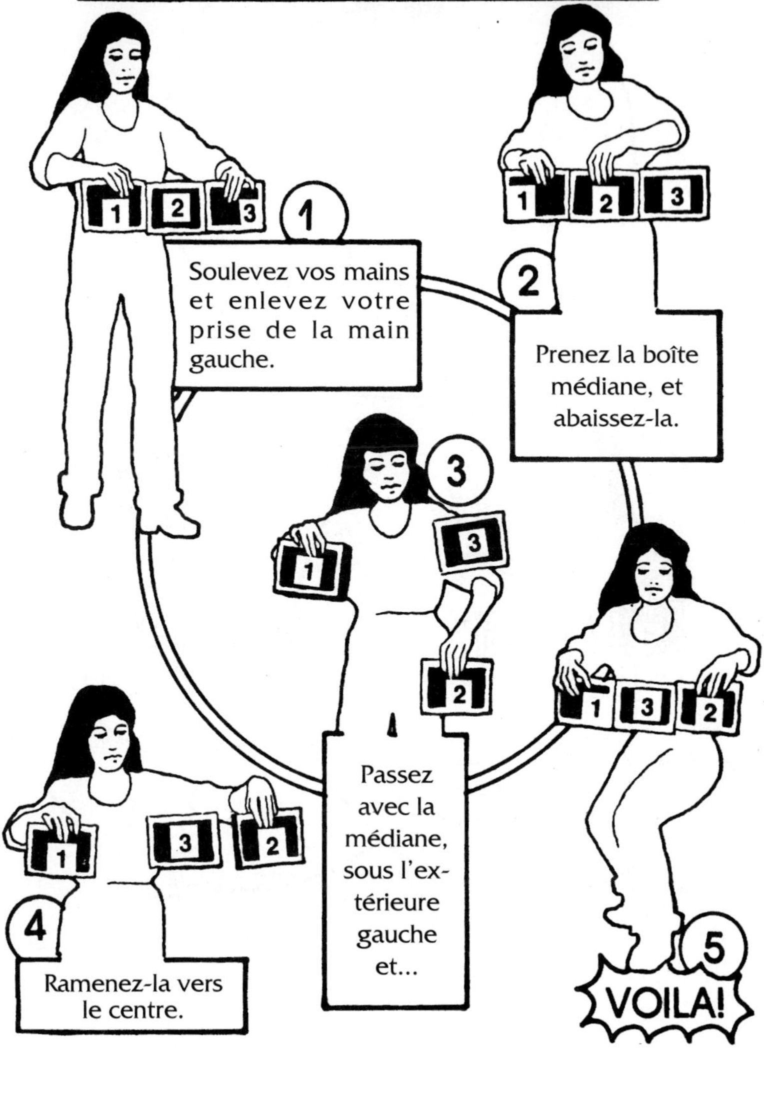

Changement de position par le haut

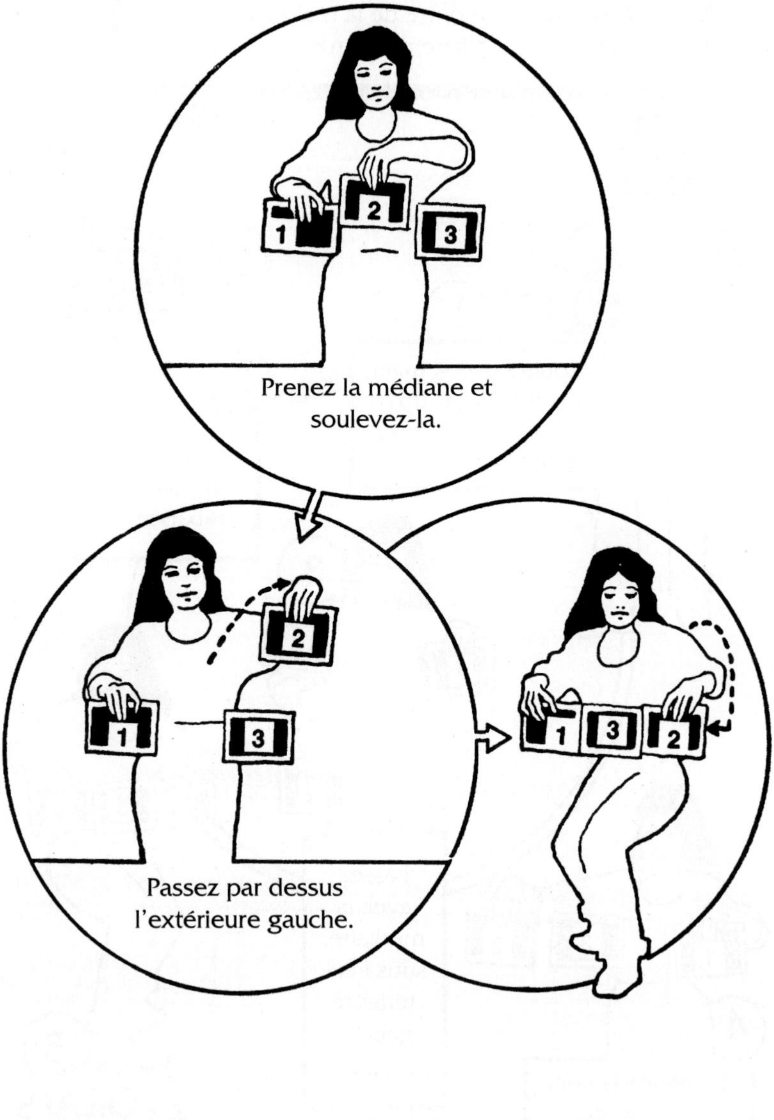

Rotation

En séparant la boîte médiane, donnez-lui une rotation de 90°, 180° ou un tour complet et reprenez-la.

Imaginez-en quelques-unes et essayez-les.

Mouvements du corps

Ou passez tout votre corps dans l'ouverture.

ou coincez votre taille...

ou même votre tête !

Figures verticales

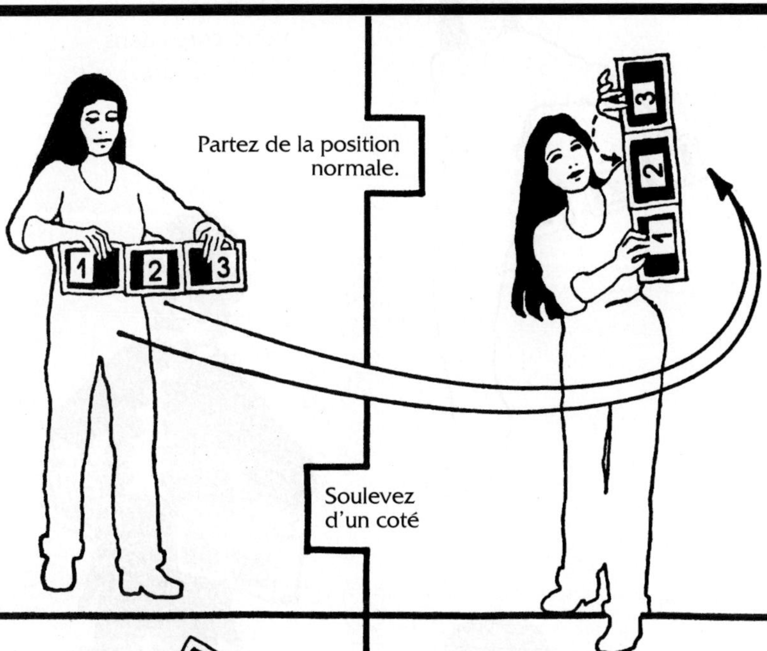

Partez de la position normale.

Soulevez d'un coté

Prenez de votre main haute, la médiane en faisant basculer la boîte du haut.

Rattrapez la boîte qui tourne en position médiane.

Séquence verticale

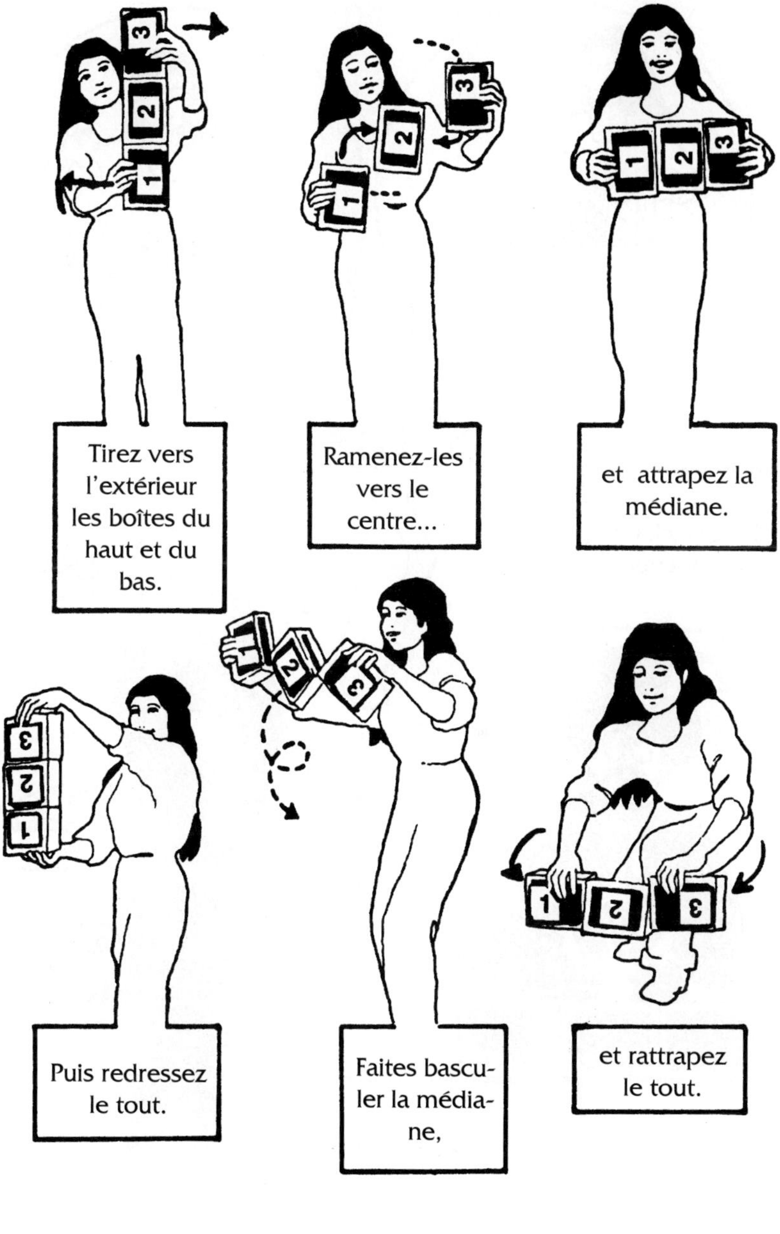

Nous allons maintenant lâcher et reprendre toutes les boîtes.

Avec tout ce temps pour vos mains, pourquoi ne pas faire travailler ces boîtes flottantes ?

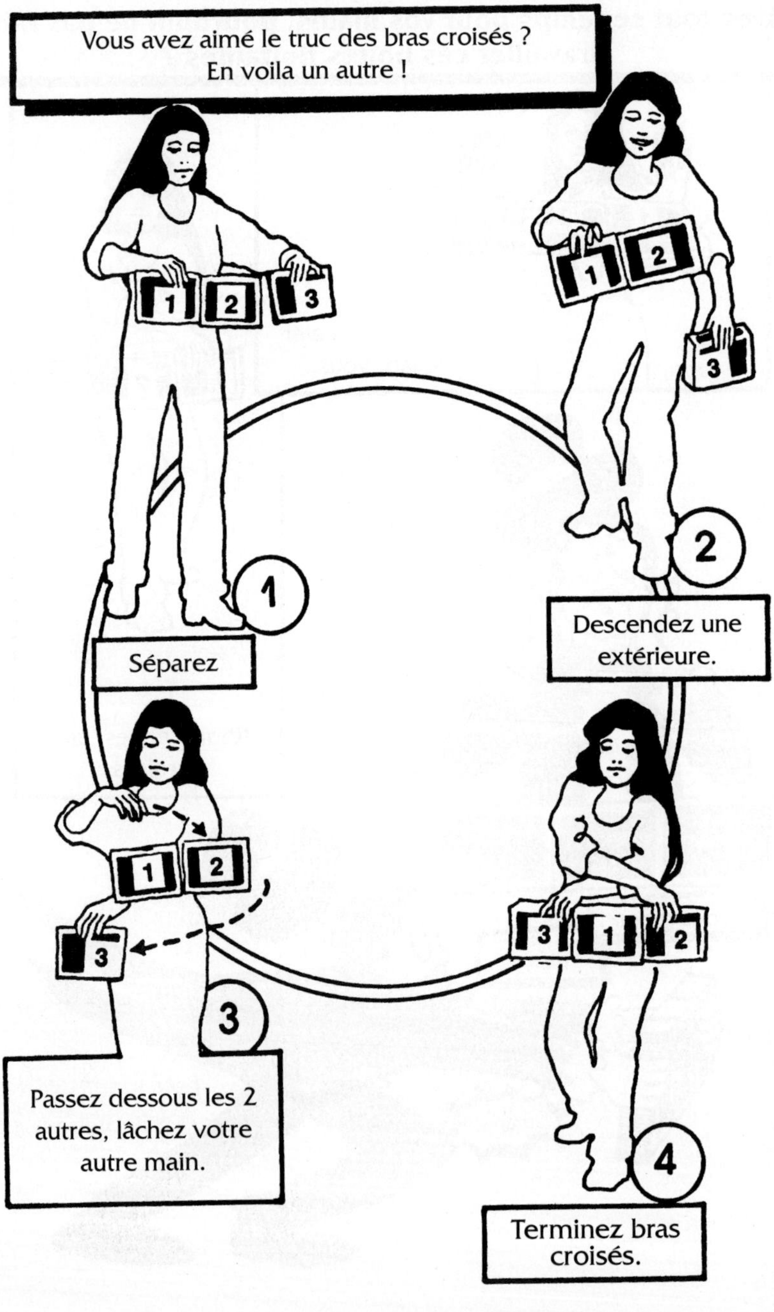
Vous avez aimé le truc des bras croisés ?
En voila un autre !
1
Séparez
2
Descendez une extérieure.
3
Passez dessous les 2 autres, lâchez votre autre main.
4
Terminez bras croisés.

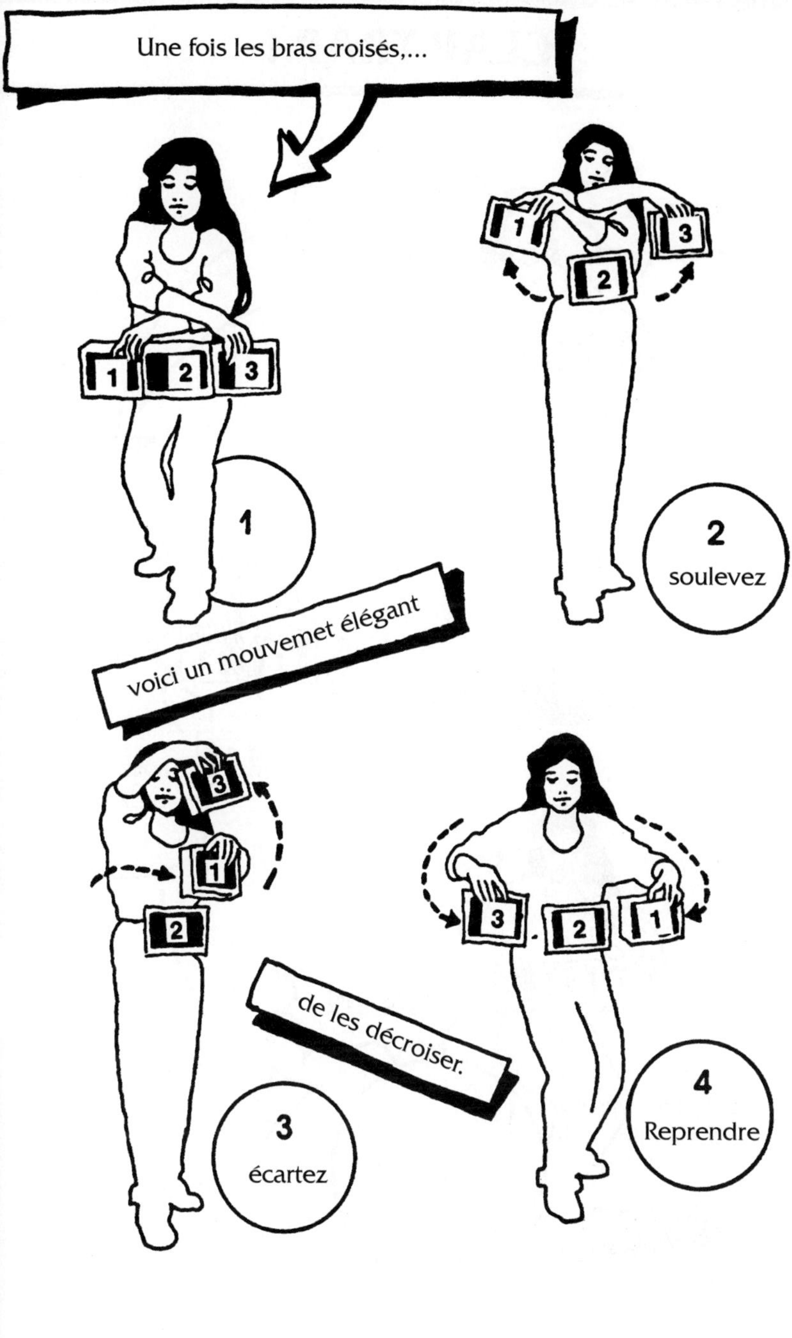

Une fois les bras croisés,...
1
2
soulevez
voici un mouvemet élégant
3
écartez
de les décroiser.
4
Reprendre

CLAP TRAP !

Ecartez
Séparez les extérieurs
1
2
3
CLAP!
1
3
2
Tapez-les 1 ou 2 fois
1
2
3
TRAP!
Reprenez la médiane.

Voici un mouvement RAPIDE

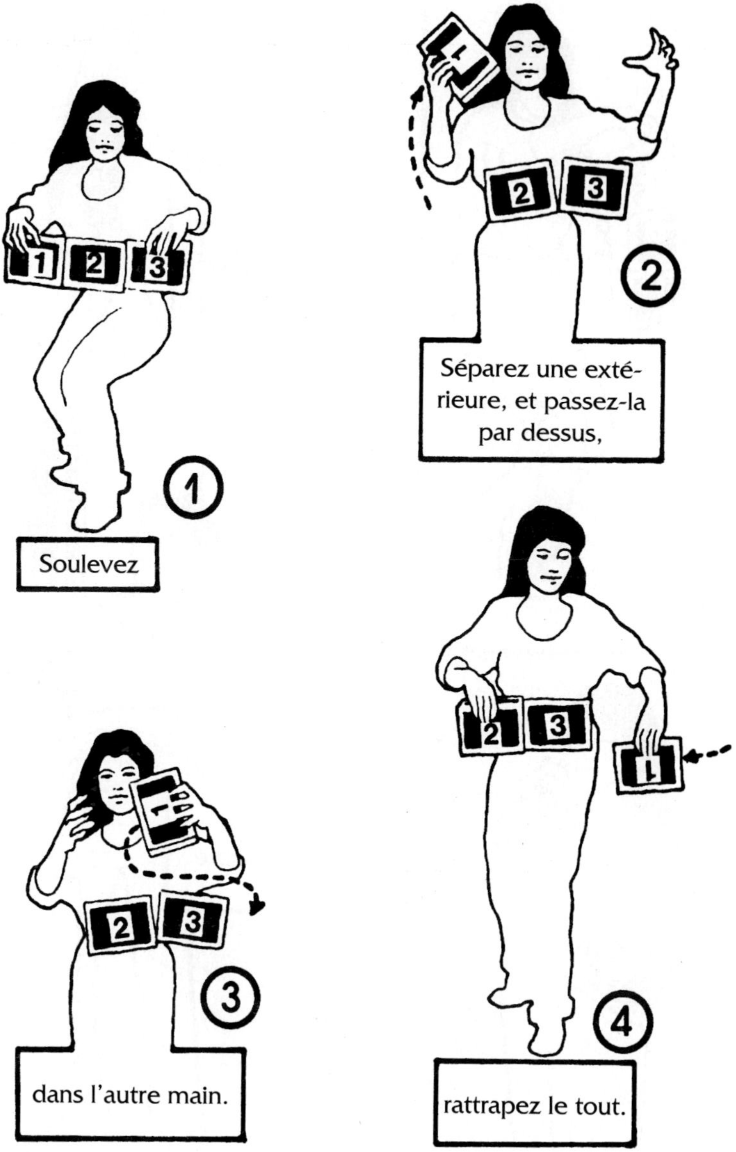

Début fantaisie

Le grand final !

Le bâton fleuri

Le bâton du diable

Exercices de maîtrise conseillés.

1. Démontrer le contact à 2 mains.
2. Démontrer le contact à 1 main :
   a. demi-tour
   b. tour complet
3. Débuter par terre.
4. Hélicoptère
   a. avec 2 bâtons
   b. avec 1 bâton
5. Hélice d'avion.
6. Figure suppplémentaire avec 1 bâton.
7. Figure bras croisés.
8. Sous les 2 jambes.
9. Dans le dos d'un côté.
10. A choix :
    a. mouvement d'équilibre ou
    b. mouvement avec partenaire.

Le bâton du diable

par Todd STRONG

Préliminaires

Avant d'être contaminé par le bâton du diable, faites de courts essais de 5 à 10 minutes.

- Si vous vous sentez découragé, arrêtez-vous ou faites autre chose.
- Ne soyez jamais satisfait. Essayez toujours et encore quelque-chose de nouveau.
- Gardez la bouche fermée, et la langue à l'intérieur !
- Respirez normalement pendant l'exercice. Bloquer la respiration vous empêchera de progresser.

2 pensées d'Aikido

Restez concentré.

Il est très important de restez concentré sur votre activité si vous voulez voir danser les baguettes et le bâton du diable. Si votre esprit est pris par les factures à payer ou par le menu du jour, vous trouverez rapidement que la force de gravité deviendra difficile à surmonter et que la chorégraphie de vos baguettes en souffrira. Plus vous vous entraînerez, plus vous devrez travailler votre concentration. Votre maîtrise en dépend.

Les débutants font de grands cercles, les maîtres, des petits cercles.

Maîtriser le bâton du diable demande un toucher subtile. Les débutants improvisent et perdent souvent le bâton. Ces erreurs apportent l'expérience nécessaire pour restreindre les mouvements et se concentrer sur le principal. Les débutants font de grands mouvements, les initiés travaillent sur des figures plus concises.

Vocabulaire

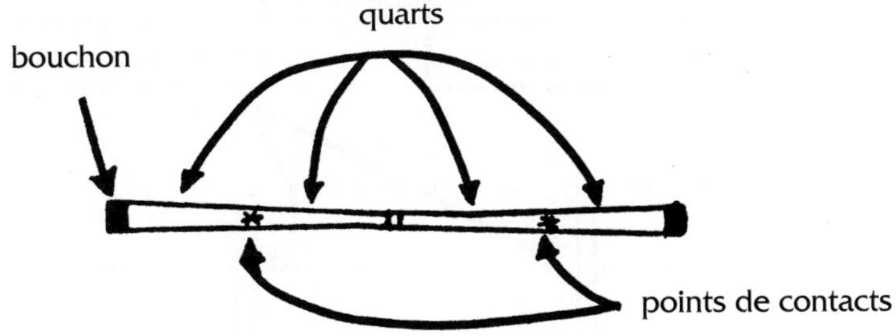

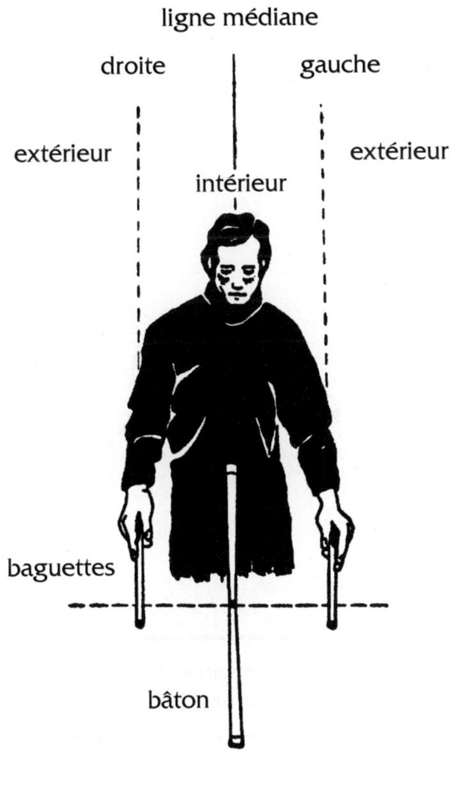

Position de départ : les avants-bras sont parallèles au sol.

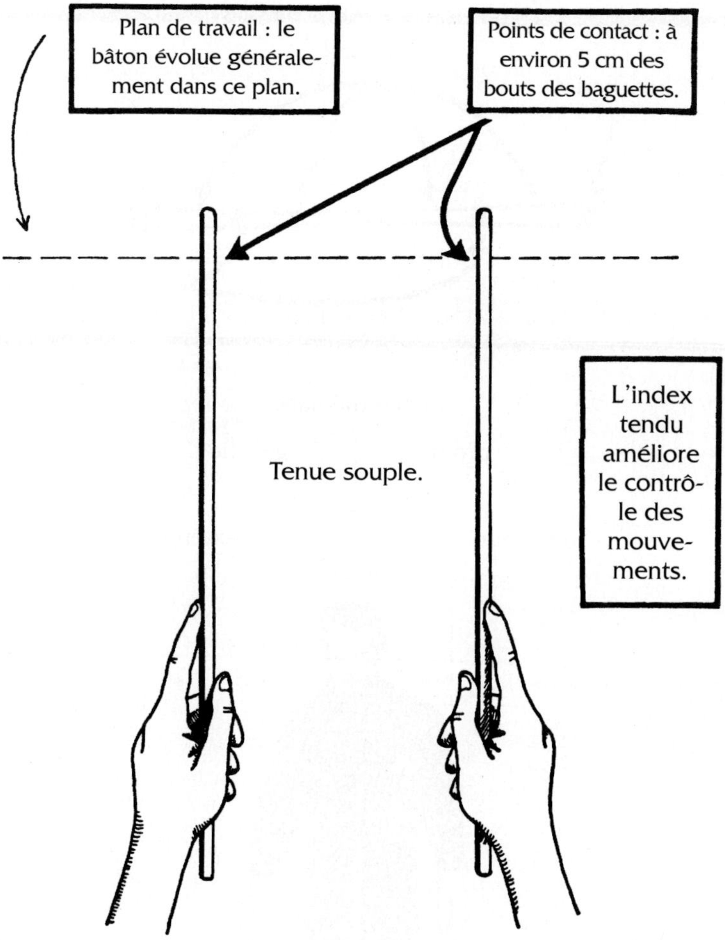

Prenez les baguettes à environ 5 cm du bout pour améliorer la prise et réduire l'effort.

Principes de base

- Accroupi, posez le bâton debout, devant vous, sur une ligne médiane.
- Balancez le bâton de gauche à droite sans qu'il ne quitte le sol. retenez-le dans vos mains.

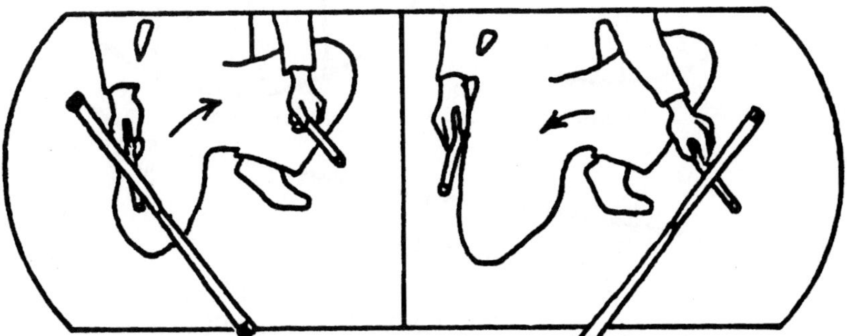

Puis faites de même en utilisant les baguettes au lieu des mains.

Rappel

Attrapez et poussez - ne tapez pas !

Essais de vol

- Debout, esayez les même mouvements, en l'air.
- Faites les même gestes, cette fois le bâton ne touche plus le sol.
- Rappelez-vous qu'une chute est un signe de progression !

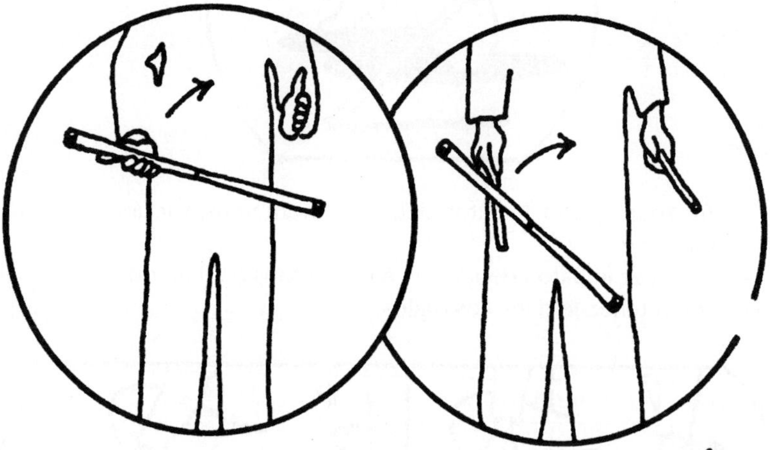

Mains Baguettes

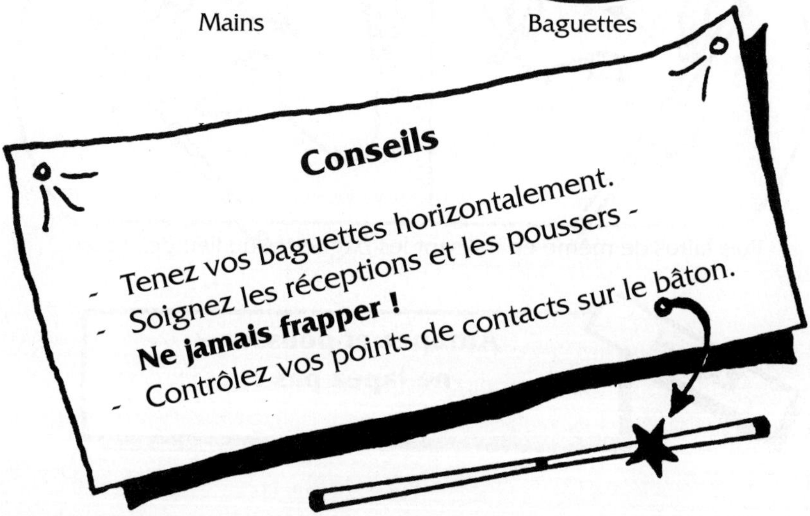

Vous avez des problèmes ?

Question : **Pourquoi est-ce que mon bâton bascule par dessus mes baguettes ?**
Réponse : **Vous le prenez trop prêt du centre - contrôlez vos points de contacts.**
Question : **Je perd le contrôle de mon bâton. Il va trop vite.**
Réponse : **Vous le prenez trop près du bouchon. Prenez-le un peu plus bas.**
Question : **Pourquoi est-ce que mon bâton m'échappe si souvent ?**
Réponse : **Vous tenez vos baguettes en un «V» ouvert vers l'extérieur. Gardez vos baguettes parallèles et horizontales.**

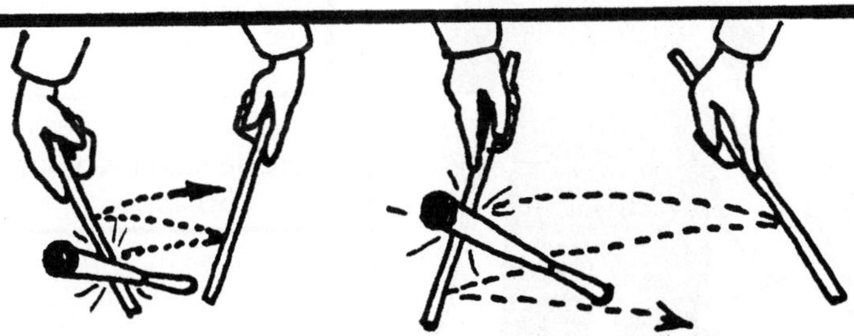

En «V» vers l'intérieur : le bâton se rapproche des mains.

En «V» vers l'extérieur : le bâton s'échappe.

• Rappel des bases •

- Poussez et réceptionnez - ne pas frapper.
- Concentrez-vous sur les points de contact.
- Gardez les baguettes parallèles et horizontales.
- Pas de progrès sans entraînement !

Encore trop de chutes ?

Gardez vos avant-bras et les baguettes parallèles au sol et utilisez pour cela vos poignets, coudes, épaules, hanches et genoux en souplesse. Ne soyez pas statiques. Mieux vous bougerez (en haut - en bas - de côté) plus vous contrôlerez vos mouvements.

Ne vous penchez pas en avant, le bâton va glisser, baissez-vous !

Ne vous penchez pas de côté, le bâton va vous échapper.

Ne vous penchez pas de côté, faites un pas de côté.

Contact à 2 mains. (le piège)

Le piège consiste à pousser le bâton des 2 mains simultanément, une baguette en dessus et une en dessous du centre du bâton.

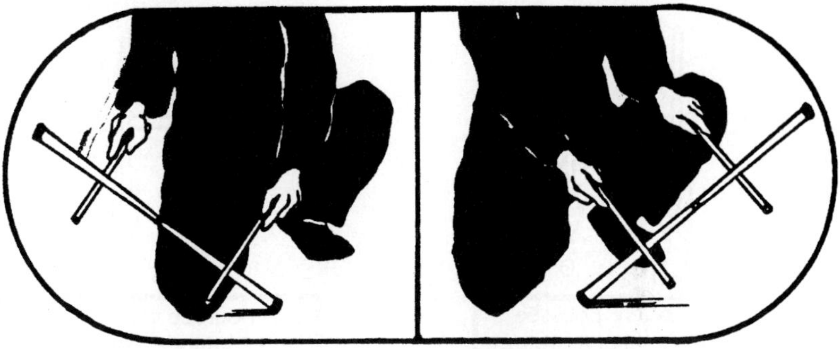

Essayez avec un bout du bâton reposant au sol.

les points de contacts

Maintenant ! Debout !

Prenez votre rythme et essayez en l'air.

Le «métronome» (poussers alternatifs)

- Soulevez le bâton, légèrement, 5 cm environ à chaque poussée.
- Allez y doucement et lentement !
- Soulevez les baguettes par vos épaules et vos coudes, n'utilisez pas vos poignets.
- Alternez les poussées de vos mains, comme des pistons.

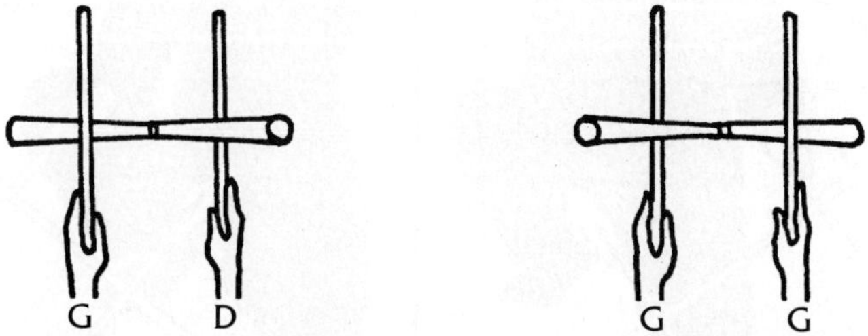

Première poussée vers le haut à droite, vers le bas à gauche.

Puis poussée vers le haut à gauche, vers le bas à droite.

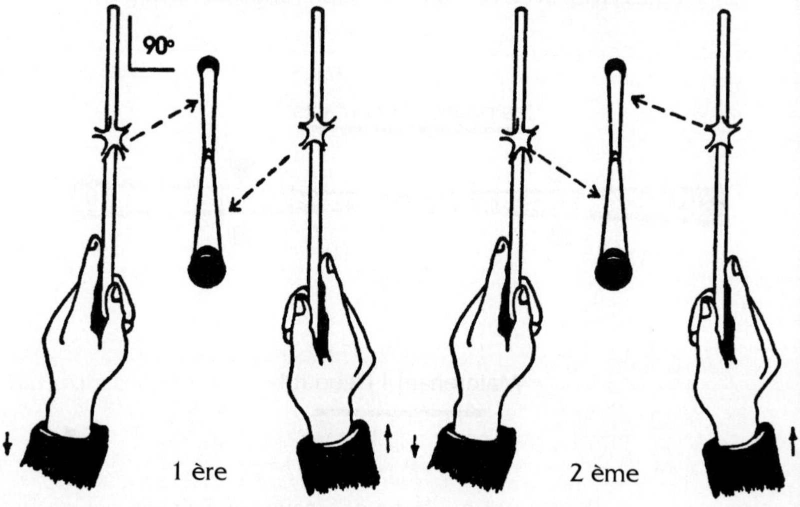

Affiner le contrôle

- Garder le bâton en équilibre sur les baguettes.
- Faites sautiller le bâton sur les baguettes, quelques centimètres.
- Une fois que le bâton est en l'air, croisez les bras et rattrapez-le.
- Relancez et décroisez.
- Essayez la main droite sur la gauche et vice-versa.

Lancer - Croiser

Demi-tours et tours complets

- Gardez le bâton en équilibre sur les baguettes.
- Poussez le bâton d'un côté pour le faire tourner d' un demi-tour. Reprenez-le sur les 2 baguettes.
- Puis faites le tourner un tour complet.
- Entraînez-vous à exécuter des demi-tours et des tours complets des 2 côtés.
- Puis essayez 1 tour et demi ou le double tour !

Reprenez-le sur les baguettes.

RAPPEL :

- La douceur donnera de meilleurs résultats que la force.
- Ne lancez pas trop haut. Juste ce dont vous avez besoin pour votre figure.

Compliquons un petit peu !
et répétons le mouvement pendant le «métronome»

Demi - tours

Prenez un bon rythme de métronome avec vos baguettes, faisant balancer le bâton régulièrement de gauche à droite.
De votre poignet droit, poussez un peu plus pour déclencher une bascule plus importante faisant tourner le bâton de 180 °. Rattrapez avec l'autre baguette.

Tour complet

Même mouvement avec une poussée plus forte et plus haute sur le bâton pour permettre un tour de 360°.

Conseils pour une bonne rotation

Lors d'un tour complet, retirez votre baguette «recevante» de la figure pour laisser le bâton faire son tour complet, puis insérer-la de nouveau pour arrêter le mouvement.

- Essayez les tours de chaque côté.
- Puis faites une succession de combinaisons «métronome» - tours complets. Par exemple : métronome un - deux - trois - tour complet - métronome un - deux - trois - tour complet.
- Enfin, concentrez-vous sur les tours et alternez tours complets avec demi-tours dans les 2 directions sans vous arrêter. Glissez dans votre figure quelques double tours aussi !

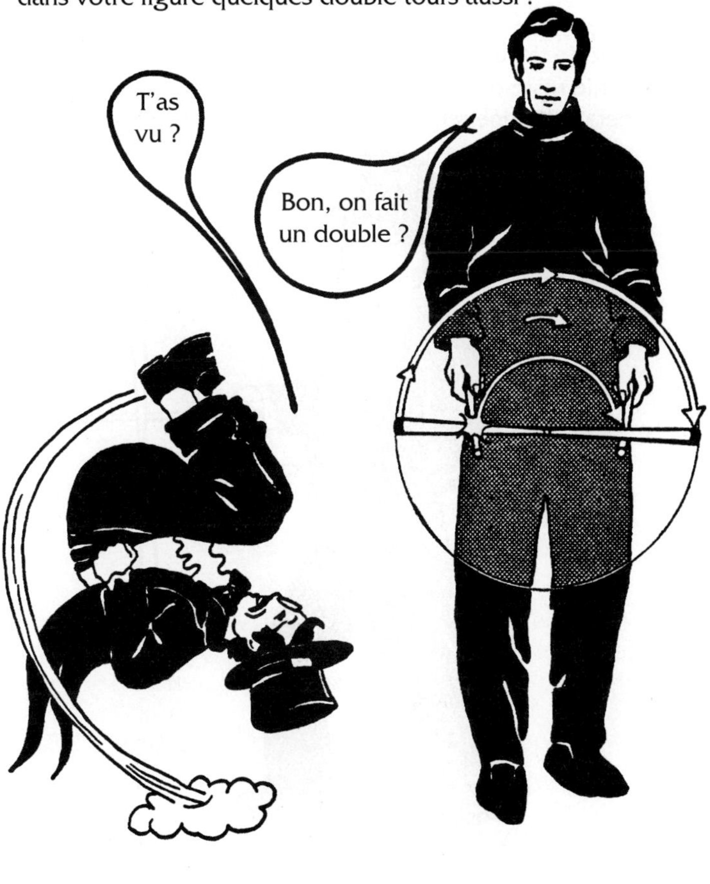

Vous connaissez dès maintenant toutes les figures de base. A vous de les combiner pour développer vos aptitudes.
Le travail commence ! Quelques conseils:

Le métronome

- Si le bâton ne tombe pas c'est que vous n'êtes pas encore en progrès.
- Appliquez-vous à perfectionner vos mouvements en profondeur et bougez sur la largeur de l'espace devant vous pour mieux contrôler les mouvements du bâton.
- Gardez vos séances d'entraînement assez courtes. Faites des pauses.
- Essayez de travailler en musique pour assurer le rythme et oublier le reste du monde. Un morceau de musique vous donnera aussi une référence pour la durée de l'entraînement .

Récupération de bâtons

A ce moment, vous êtes probablement devenu expert en chutes de bâtons !
Voilà 2 méthodes de récupération qui peuvent faire croire que la chute fait partie de votre numéro.

A 2 mains

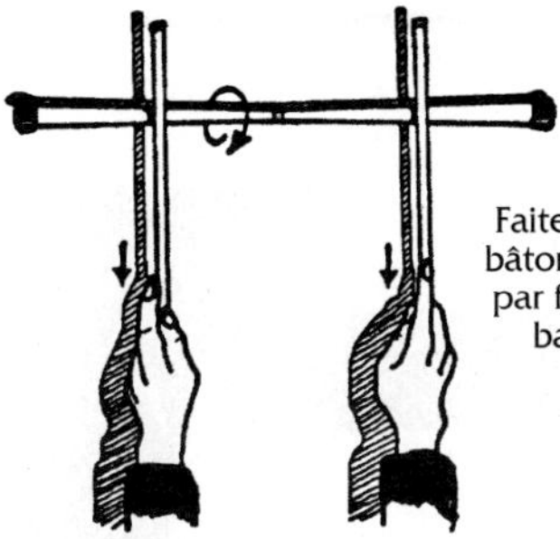

Faites rouler le bâton vers vous par friction des baguettes

Appuyez les baguettes sur le bâton à terre et tirez vers vous.

Poser les baguettes par terre comme un tremplin pour recevoir le bâton.

D'une seule main

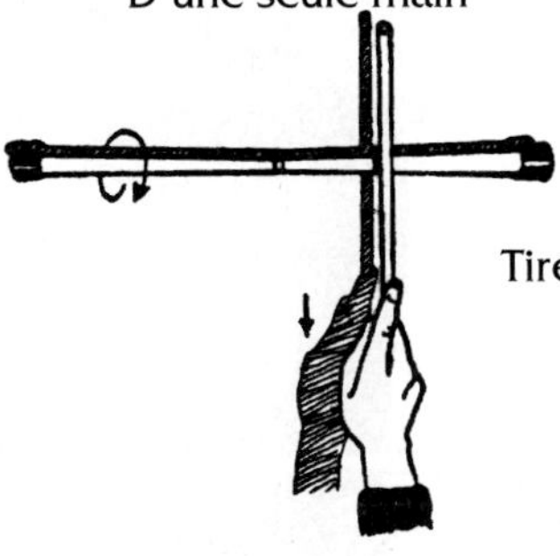

Tirer

Tirez le bâton vers vous d'une seule baguette.

Laissez rouler le bâton sur le tremplin, et lancez le bâton vers l'autre baguette, en métronome.

Coups de pied

Pour ramener de façon spectaculaire le bâton en jeu.
Là aussi, la clé de la réussite est simple : entraînement, entraînement, entraînement.

Posez le bâton sur votre pied, en le bloquant contre votre tibia.

Levez , en gardant le bâton coincé ausi longtemps que possible.

Le même mouvement, décomposé.

Rattrapez et continuez.

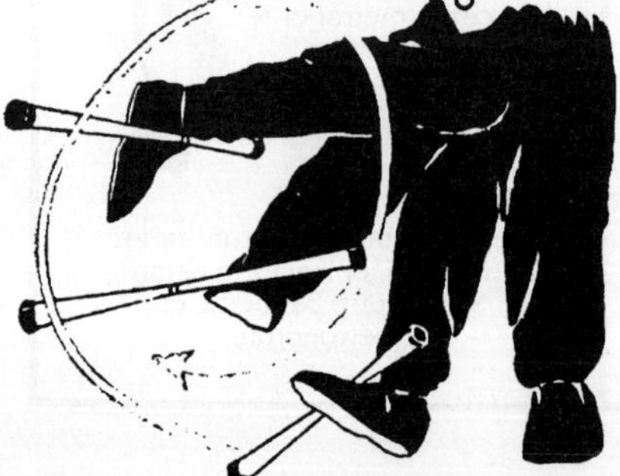

Autre coup de pied

Glissez votre pied au milieu du bâton.

Levez-le d'un coup de «football», rattrapez et continuez.

L'hélicoptère

Positions des mains
pour pousser : paumes vers le bas.
pour tirer : paumes vers le haut.

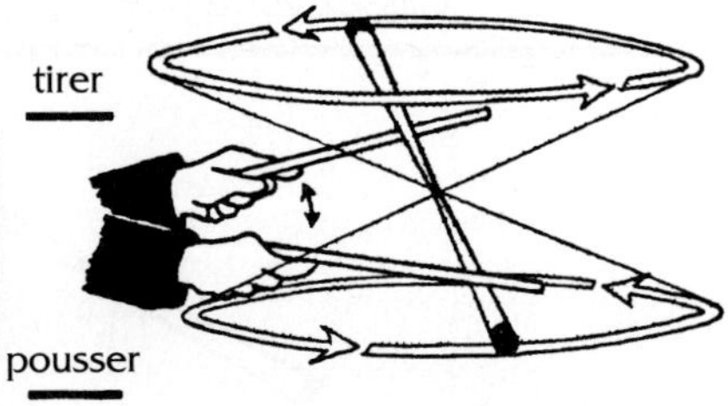

- Pendant que vous faites sauter le bâton sur vos deux baguettes, tirez légèrement d'une main et poussez de l'autre.
- Gardez les baguettes assez près du centre pour le contrôle.
- Utilisez le bout des baguettes pour faciliter le mouvement.

Encore plus fort !

- Dès que vous avez lancé l' hélicoptère, continuez-le d'une seule main !
- Retirez la baguette qui tire, continuez de pousser de l'autre.
- Votre point de contact est le centre du bâton.
- A chaque demi-tour, poussez en montant la baguette.

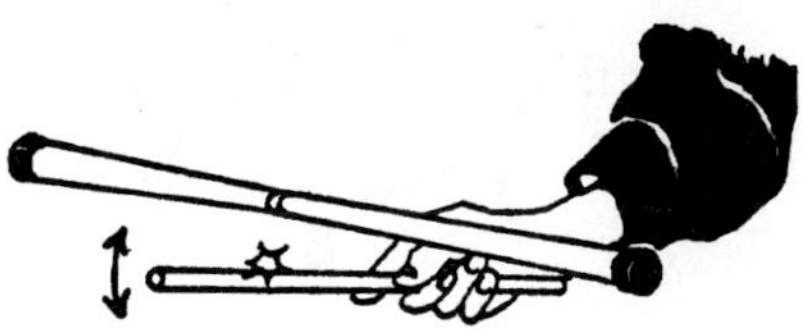

La super-figure !
- Exercez-vous à maîtriser l' hélicoptère de chaque main.
- Lors de votre présentation, changez de main pendant l'hélicoptère !

L'hélice

Vu de devant - face au public.

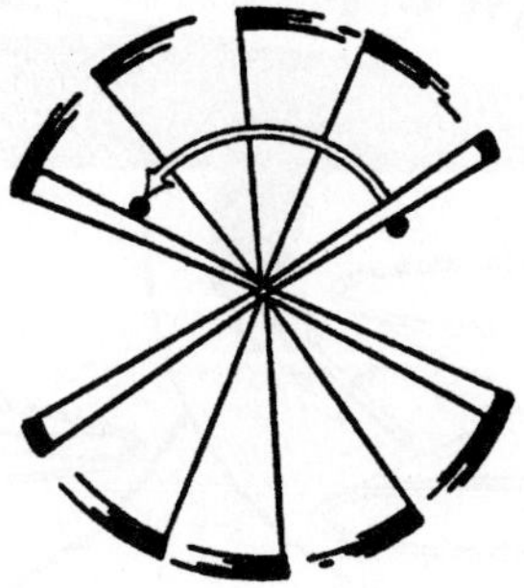

Pour lancer l'hélice, maintenez le contact avec le bâton un peu plus longtemps.

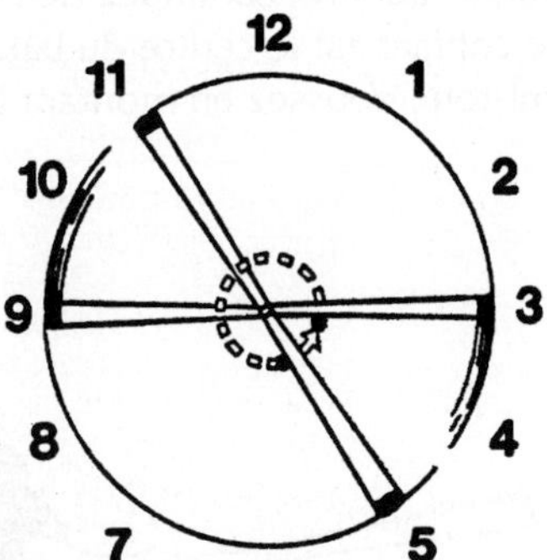

Faites le tour avec la baguette sur le bâton, puis poussez vers le haut, de 5 à 3 heures.

Gardez votre baguette proche du centre du bâton pour assurer un bon contact.

Figures à une baguette

Lancez le bâton d'une baguette que vous retirez ensuite.

Passez de l'autre côté et reprenez le bâton de la même baguette.

Conseils :

- Donner un demi-tour ou un tour complet au bâton pour avoir le temps d'aller le récupérer. Ça va beaucoup plus vite si le bâton de tourne pas !
- Lancez lentement et sûrement, mais bougez votre baguette très rapidement.

Lancez plus fort si vous désirez un tour complet.

D'une seule main, équilibrez le bâton par de petits coups de chaque côté.

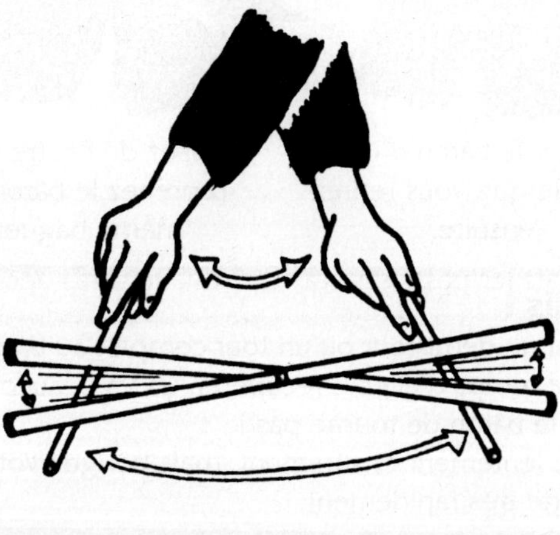

Variations avec bras croisés

Vous vous créez de belles possibilités en sachant manoeuvrer votre bâton avec les bras croisés.

Commencez au sol et poussez le bâton de chaque côté. Puis levez-vous et entraînez-vous à faire passer le bâton, bras croisés. Enfin, alternez les passages bras croisés avec bras décroisés.

Sous la jambe

Placez une baguette sous une jambe et poussez dès la réception. Puis essayez l'autre jambe. Après entraînement vous pourriez sauter sur place en alternant à chaque rotation du bâton le passage sous les jambes droite et gauche.

Dans le dos

Lancez le bâton, puis passez rapidement une main dans votre dos pour ressortir la baguette à hauteur de taille de l'autre côté de votre corps. Travaillez le bâton dans cette position, une main dans le dos. Il est plus facile de faire les contacts à 2 mains (le piège).

Conseils :
- Bougez rapidement.
- Pour accélérer le passage de la baguette dans le dos, gardez la verticale.
- Faites un demi-tour ou un tour complet pour gagner du temps avant de passer dans le dos.

La bicyclette

- Mettez vos baguettes à l'horizontale.
- Faites tourner vos mains comme un pédalier de bicyclette. Rotation vers l'extérieur.
- Incorporez le bâton dans le mouvement.
- A chaque tour, lancez le mouvement de rotation vers l'extérieur, avec la baguette la plus proche de votre corps.

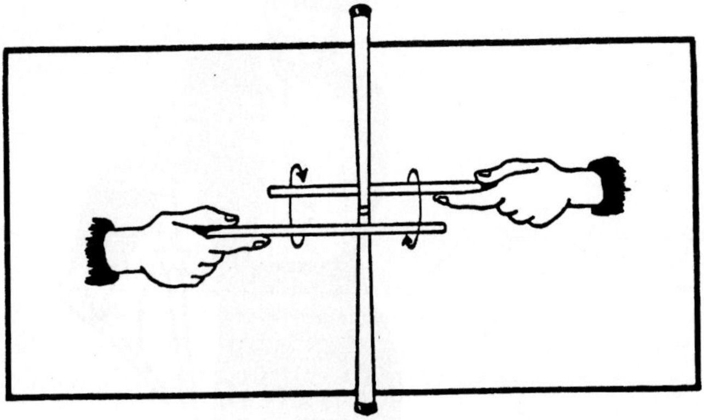

Quand vous maîtrisez bien la rotation vers l'extérieur, changez de côté, soulevez par la main extérieure, et faites tourner le bâton vers vous.

Faites surtout attention à votre menton, et à tout ce qui peut se briser sur vous et autour de vous !

Baguettes chinoises

Nous sommes reconnaissants aux Chinois d'avoir inventé le bâton du diable et les baguettes pour manger. Pourquoi ne pas combiner les deux ?

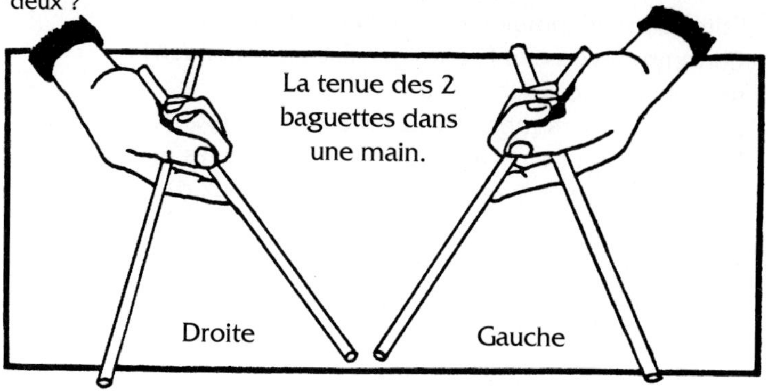

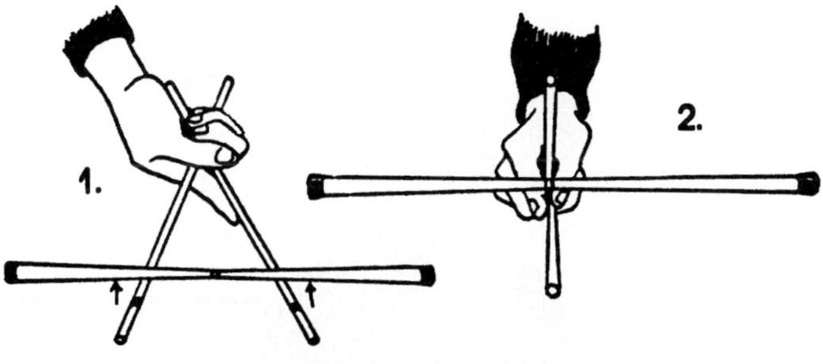

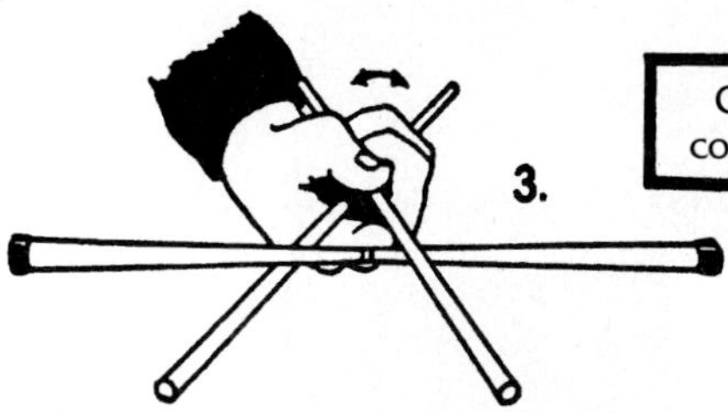

C'est semblable aux contacts à deux mains.

1. Maintenez 1 bâton sur les baguettes et lancez-le verticalement.
2. Retirez les baguettes et réinsérez-les «en pince» autour du bâton.
3. Gentiment, faites tourner les baguettes comme un métronome par mouvements du poignet.
4. Gardez vos baguettes presque à l'horizontale.

De votre main libre, vous pouvez maintenant saisir une autre paire de baguettes et inclure un 2ème bâton par «coup de pied» par exemple.

- Faites un tour complet avec un bâton puis avec l'autre. Concentrez-vous sur le bâton en l'air, et continuez le métronome de l' autre main.
- Puis, en même temps, lancez les bâtons en tours complets. Ils se croiseront en l'air et retomberont dans les mains opposées. Pour éviter les collisions, choisissez des trajectoires différentes en hauteur.
- Enfin, pour «le dessert», amenez par «coup de pied» un 3ème bâton dans la figure et commencez à jongler en «cascade» !

Jeux avec deux bâtons du diable

Prenez la position indiquée ci-dessus.

- Préparez 2 plans de mouvement pour les bâtons, un vers les mains, un vers le bout des baguettes.
- Lancez le mouvement des 2 bâtons en même temps.
- Veillez à garder les bâtons verticaux pour éviter les collisions.
- Employez moins de pression pour le bâton près des mains.
- Gardez les avant-bras écartés, ayez un contact délicat avec les bâtons et allez lentement.

Le bimoteur

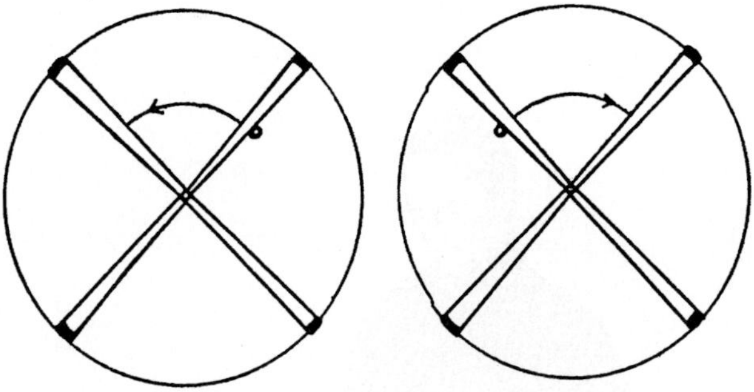

- Prenez un bâton et une baguette dans chaque main. Commencez le mouvement des 2 mains en même temps en faisant tourner les bâtons vers l'extérieur.
- Gardez les mains bien écartées pour éviter les collisions. Vous pouvez travailler sur le même plan.

Si vous arrivez à maîtriser tous les exercices décrits jusqu'ici, vous avez déjà compris que ceci n'est qu'une infime partie de ce que l'on peut réaliser avec un bâton du diable. Poursuivez donc votre propre recherche pour élargir vos possibilités de figures.

l'équilibre

Le truc : gardez votre oeil fixé sur le bout du bâton et votre corps se positionnera tout seul.

Essayez des équilibres sur le pied, sur le menton, sur une baguette etc. Passez en sautant d'une position d'équilibre à une autre.

Variations sur le thème de l'équilibre...

...qui ne fonctionneront peut-être pas tout à fait !

Partenariat

Deux partenaires pour un seul bâton du diable.

Utilisez chacun la main du côté extérieur quand vous êtes très rapprochés. Quand vous êtes côte à côte ou face à face à une distance d'environ un bras, utilisez alors chacun votre main droite.

Deux partenaires avec chacun 2 baguettes mais 1 bâton du diable pour les deux.

Faites de la passe avec le bâton du diable.

Conseils :
- Faites des passes hautes.
- Donnez au moins un tour complet au bâton.
- Rattrapez sur les 2 baguettes.

Pour plus de suspense, essayez les passes en rotation «hélicoptère».

Face à dos
Dos à dos

Le voleur

Le voleur vient par derrière et vole le bâton à la «victime».

Conseils : Le voleur passe rapidement un bras devant la victime et substitue la baguette en place par la sienne. La victime retire ses baguettes et abandonne rapidement le «lieu du crime».

LE DIABOLO

Le diabolo

Exercices de maîtrise conseillés.

1. Mettez et maintenez votre diabolo en rotation. Contrôlez la stabilité.
2. Lancez-le en l'air et rattrapez-le au moins 3 fois de suite.
3. Réussissez le «coup de fouet».
4. Maintenez le diabolo en équilibre sur les 2 baguettes.
5. Démontrez «l'ascenseur».
6. Passez le diabolo par dessus la jambe au moins 3 fois de suite.
7. A choix :
   a. lancez, sautez à la corde et rattrapez, ou
   b. lancez, faites une figure acrobatique et rattrapez.
8. Faites une figure qui se termine bras croisés, puis décroisez les bras.
9. A choix :
   a. faites grimper le diabolo sur une corde tendue, jusqu'à 6 mètres de haut.
   b. lancez le diabolo à votre partenaire.
   c. démontrez le diabolo à «une calotte».

Avec la collaboration exceptionnelle de Todd Strong

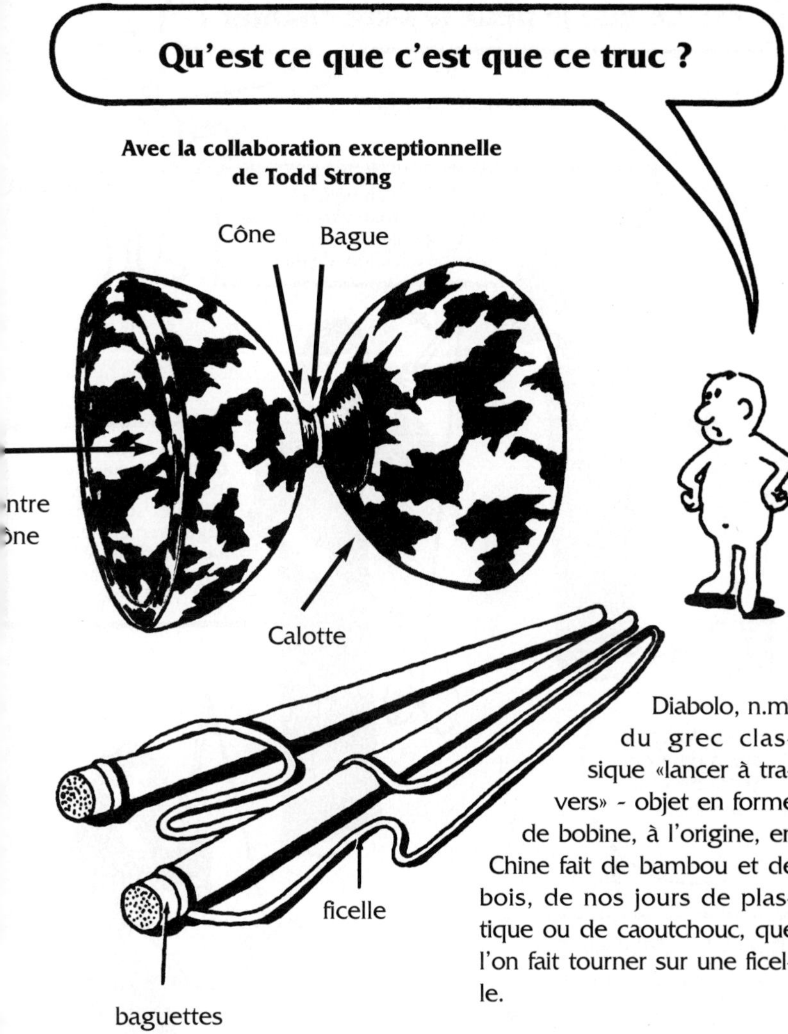

Diabolo, n.m. du grec classique «lancer à travers» - objet en forme de bobine, à l'origine, en Chine fait de bambou et de bois, de nos jours de plastique ou de caoutchouc, que l'on fait tourner sur une ficelle.

Note : un YO-YO est simplement un diabolo captif ! Pensez à tout ce que l'on peut faire avec un YO-YO, puis imaginez que vous lui permettez de quitter sa ficelle, de s'envoler, de revenir....
C'est devenu un diabolo !

Est-ce que je peux le faire chanter ?
Amy vous fait une démonstration.
Débutez en pointant la baguette droite vers le sol, et en gardant la baguette gauche à hauteur de hanche.
le diabolo est au sol, à environ 30 cm de votre pied doit.
Levez la baguette droite pour faire rouler le diabolo sur la ficelle, puis actionnez souplement et régulièrement le mouvement de levier pour augmenter la vitesse du diabolo.
Rappel : le diabolo fonctionnne comme une poulie.
tirer
tirer
A chaque traction de la main droite, la gauche s'abaisse légèrement pour absorber le mouvement.

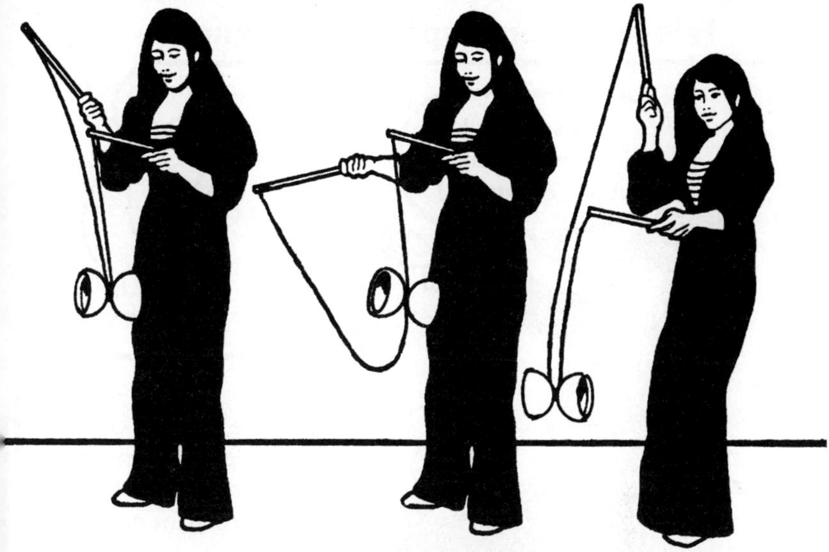

Maintenant, baissez la main droite et levez légèrement la gauche.

La main droite arrête sa descente quelques centimètres en dessous de la gauche

puis remonte en «coup de fouet» alors que la gauche amortit le choc en redescendant.

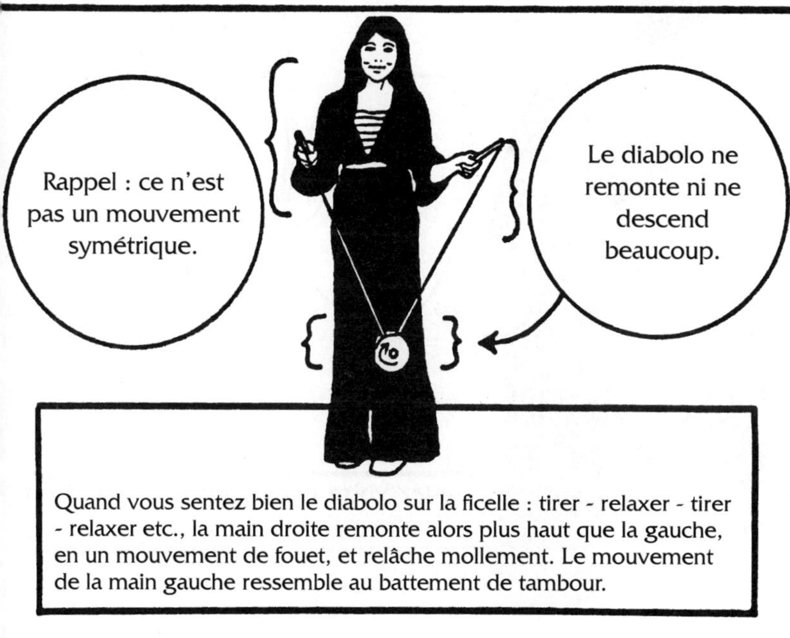

Quand vous sentez bien le diabolo sur la ficelle : tirer - relaxer - tirer - relaxer etc., la main droite remonte alors plus haut que la gauche, en un mouvement de fouet, et relâche mollement. Le mouvement de la main gauche ressemble au battement de tambour.

Fais attention, espèce de guignol !
Au secours ! mon diabolo veut s'échapper !
Pour rééquilibrer votre diabolo, continez le mouvement de la main droite en la rapprochant de votre corps.
vous êtes ici
point de contact
Etendez votre main gauche et rapprochez votre main droite de vous.

Et si le diabolo penche trop vers vous ?

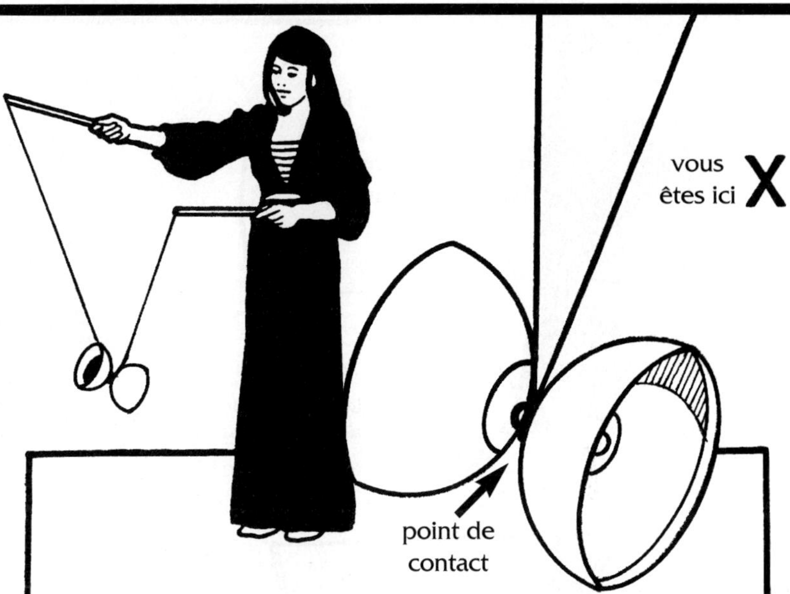

Maintenez votre mouvement de la main droite, en l'éloignant de votre corps.
Etendez votre main droite, ramenez votre main gauche vers vous.

Si votre diabolo se met de travers, d'abord suivez-le pour rester toujours face au diabolo. Avec un peu d'expérience, vous pourrez corriger l'orientation du diabolo en touchant légèrement l'intérieur ou l'extérieur de la calotte, de votre baguette droite.

Va-t'il vraiment

quitter sa ficelle ?

TTENTION :
xercez-vous sur un
ıpis et avec de
espace. Evitez la
roximité des vases
: éloignez vos
ents...

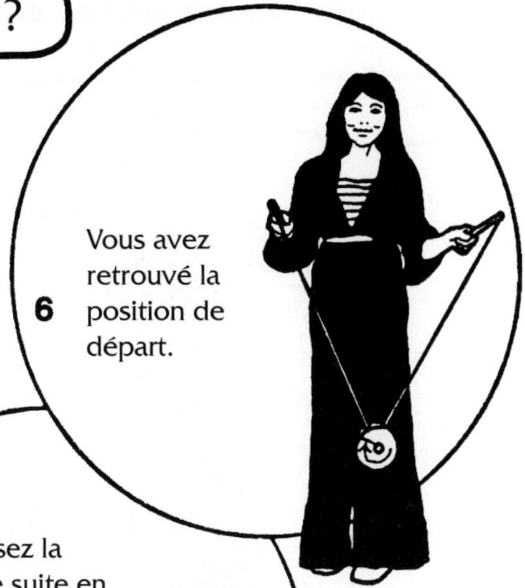

Fouettez votre diabolo pour lui donner de l'entrain !
Le diabolo vole devant vous grâce au mouvement gauche-droite de votre main droite.
1 Utilisez la main et l'épaule droite. Relevez votre coude gauche.
2 La baguette droite passe sous le coude gauche. La baguette fouette l'air en fin de mouvement.
3 En revenant, vous accélérez toujours votre diabolo.

Maintenant vous pouvez presque tout faire !
Lancez votre diabolo, puis rapprochez vos pointes de baguettes.
Recevez le diabolo sur une baguette.
Puis, toujours en rotation, lancez-le …
… sur l'autre baguette.

Faites sauter votre diabolo...
...sur la ficelle tendue. Une fois en l'air,...
croisez vos baguettes,
et rattrapez dans le «V».

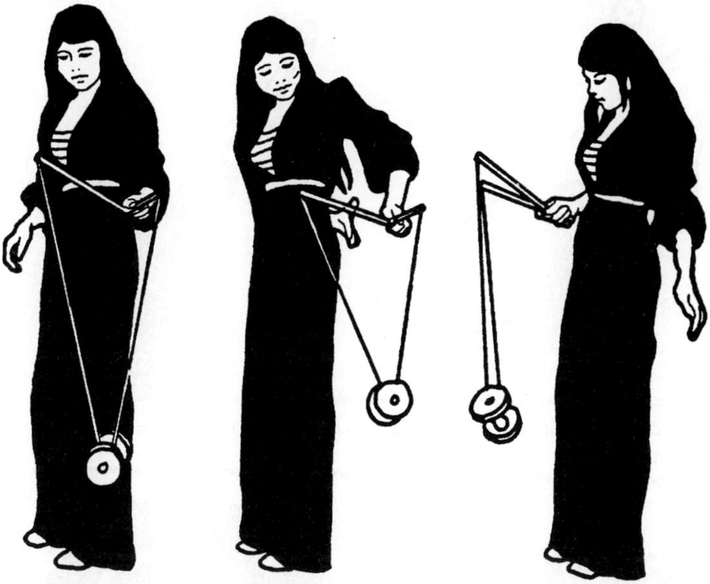

Passez les baguettes dans le dos.

Faites faire un tour de ficelle autour de l'axe, et tirez légèrement vers le bas pour faire grimper le diabolo sur la ficelle.

A la réception d'un lancer, reculez vos baguettes et rattrapez le diabolo dans le dos.

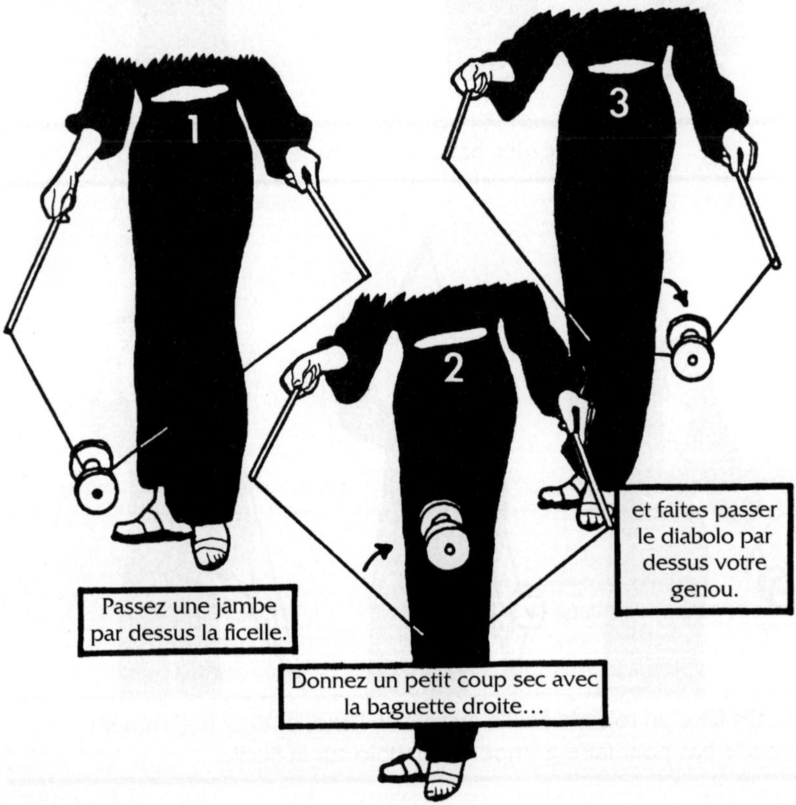

Autour du monde !
Attention : cette figure présente un danger !
Augmentez la rotation.
1
Balancez le diabolo en un grand arc de cercle.
2
Il fera le tour de votre tête.
3
Et terminera sa course, ficelle croisée. (Pour décroiser, faites le chemin inverse.)
4

«Autour du monde» ... avec danger !

Attention à votre menton !

Mettez vous sur le côté du diabolo comme indiqué.

Balancez le diabolo vers l'avant en un grand cercle.

Le diabolo basculera à l'apogée.

Et redescendra devant vous.

«Autour du monde» avec une escale

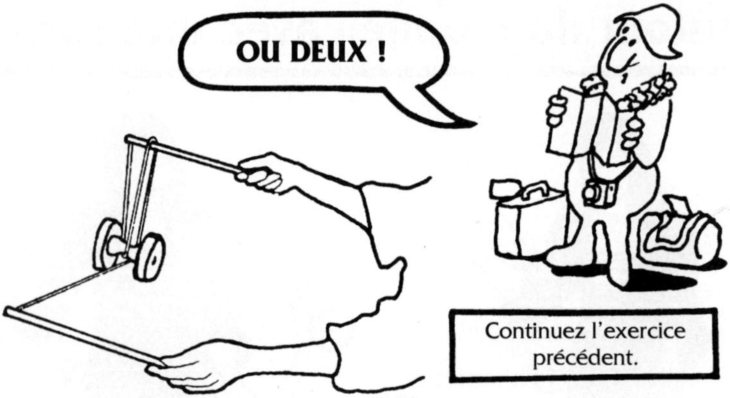

Continuez l'exercice précédent.

Faites passez le diabolo par dessus la baguette gauche.

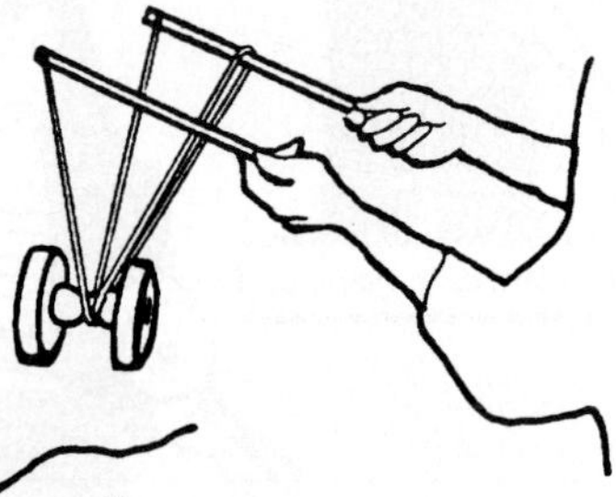

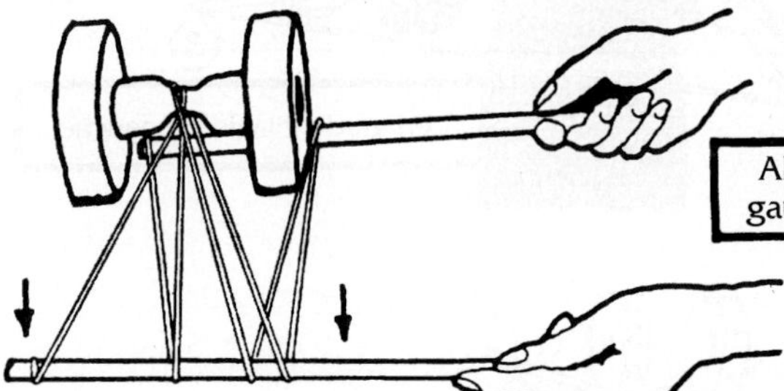

Abaissez la baguette gauche sur les ficelles.

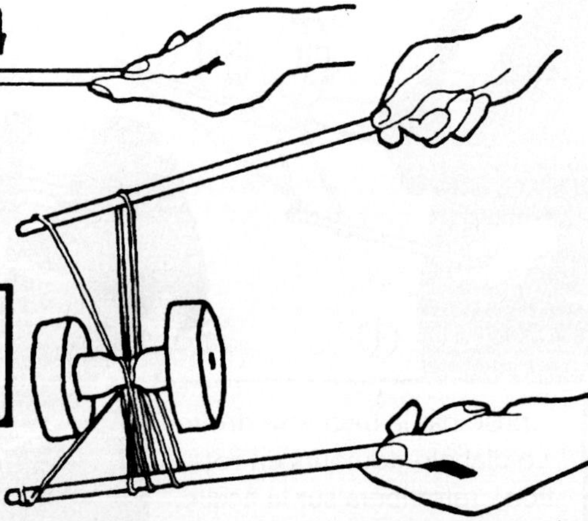

et reprenez le diabolo, en principe encore en rotation, sur les ficelles.

Imaginez donc ce que vous pouvez faire pendant le vol de votre diabolo.
Vous pouvez sauter à la corde....
!
Attention : chute de diabolo !

Vous pouvez aussi faire une pirouette.
Assez chouette, non ?

Compliquons un peu ces figures.

Au lieu de faire sauter votre diabolo sur votre genou, faites-le passer dans votre dos et...

1
Faites de votre main droite, un tour de ficelle
2
autour de l'axe.
3
puis tirez légèrement vers le bas.
4
Le diabolo grimpera .... puis passera par dessus la baguette gauche.

1 Imprimez une forte rotation au diabolo.

2 Puis baissez votre main droite,

3 et passez par dessus le diabolo...

4 pour le reprendre par dessus d'un mouvement tournant.

5 Vous terminerez mains croisées.

Pour terminer votre spectacle.

Attachez une ficelle au plafond.

Donnez une super-rotation à votre diabolo.

Demandez à un ami de faire une boucle à la ficelle.

Tirez-la légè-rement vers le bas, pour envoyer votre diabolo au plafond.

2 façons de tenir les 2 baguettes dans une main

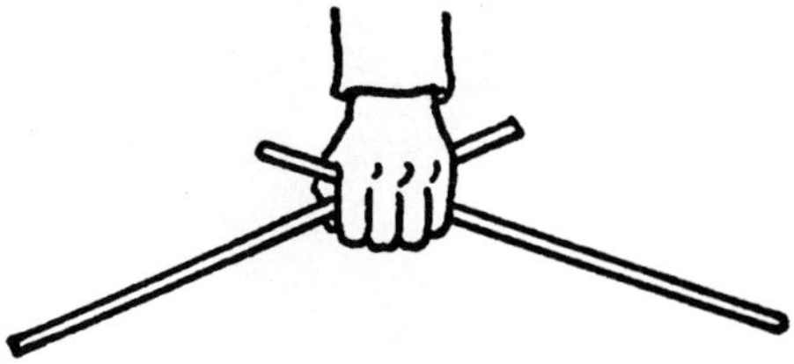

essayez les deux, et des
deux mains.

Demandez à un ami de vous passer un second diabolo
et jouez avec deux diabolos.

Avec 2 partenaires ou plus, vous pouvez :

Passer le diabolo de ficelle à ficelle.

Ou avoir plus d'un diabolo sur votre ficelle.
Vos partenaires vous les lancent.

Côte à côte.

D'avant en arrière.

Pour les figures suivantes, vous devez apprendre à contrôler votre diabolo de la main gauche également.

Face à face.

Dos à dos.

Il y a même des diabolos à une seule calotte.

Deux façons de les mettre en rotation.

Diabolo au sol, faites au moins 3 tours de ficelle autour de l'axe.	Levez délicatement le diabolo, et commencez à tirer légèrement de la main droite. La ficelle se déroulera et le diabolo commencera à tourner.

Début de la méthode no. 2.

②

A Donnez 4 à 5 tours au diabolo, en tenant les baguettes de la main gauche.

B Dès que la ficelle se déroule, faites le mouvement habituel de la main droite.

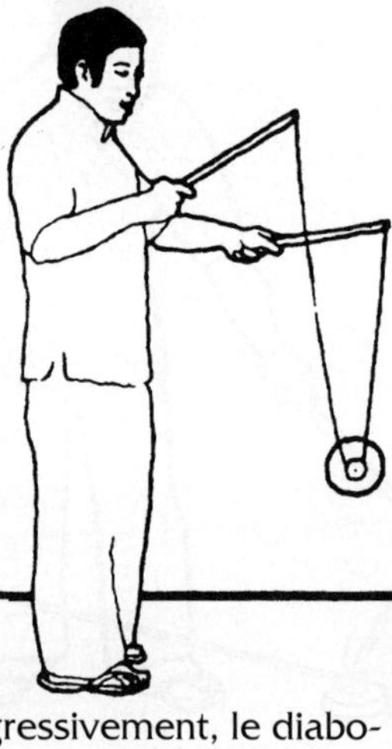

C Progressivement, le diabolo prendra sa rotation.

Voilà ce que l'on peut faire avec un diabolo à 1 calotte

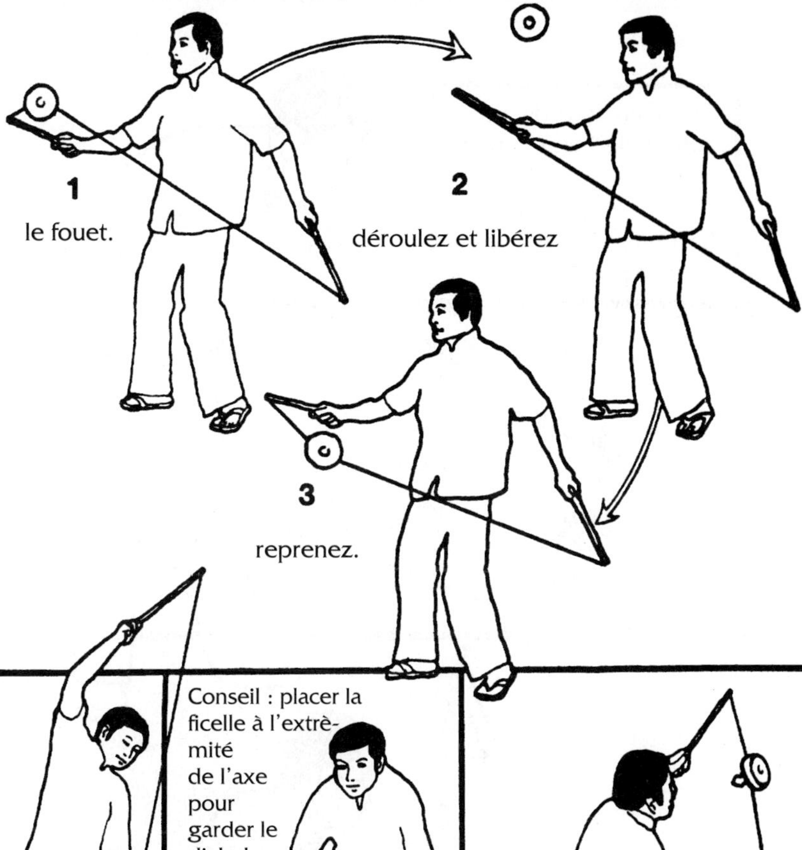

Equilibre sur une baguette.

Conseil : placer la ficelle à l'extrémité de l'axe pour garder le diabolo droit.

La toupie.

L'ascenseur.

Commencez votre programme comme un Pro !

Avec la ficelle autour de l'axe, vous pouvez monter et descendre votre diabolo plusieurs fois sans le lâcher.

Libérer et reprendre.

La main gauche s'avance, déroule la ficelle. La main droite s'avance alors et reprend le diabolo en plaçant la ficelle par dessus.

Le diabolo est en l'air.

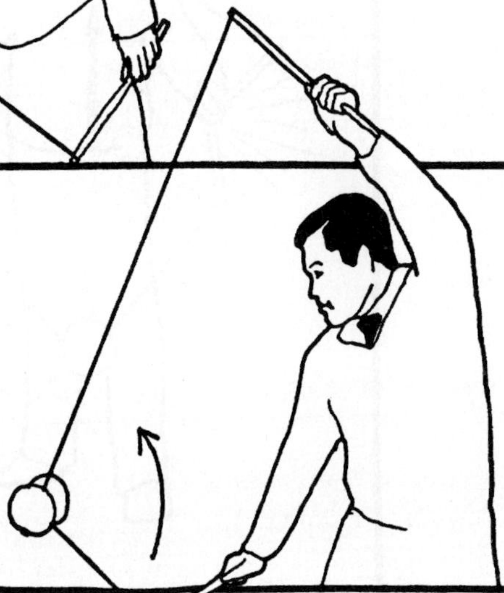

Vous pouvez dérouler et reprendre le diabolo plusieurs fois de suite.

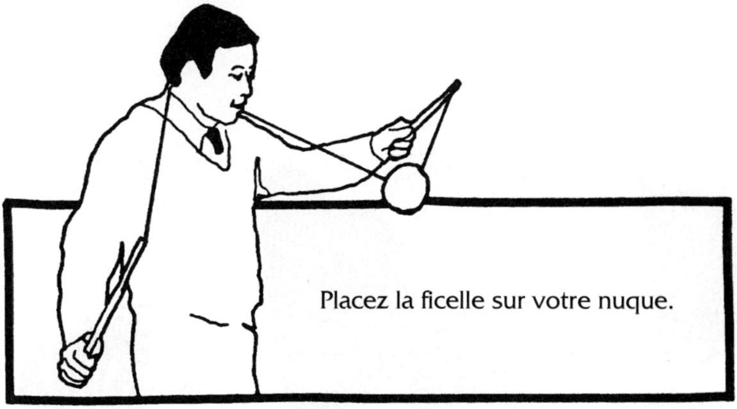

Placez la ficelle sur votre nuque.

Gardez les 2 baguettes devant vous comme indiqué et faites sauter le diabolo.

Faites passer le diabolo d'une ficelle à l'autre.

BELLA AND KRIS KREMO

Manipulation du chapeau

Exercices de maîtrise conseillés.

1. Rouler le chapeau le long du bras et remise sur la tête. Des 2 côtés.
2. Rouler le chapeau de la main tendue vers la tête. Un côté.
3. Enlever le chapeau des 2 mains en le tournant. Retour sur la tête.
4. Démontrer 3 façons de faire tourner ou basculer le chapeau.
5. Lancer le chapeau sur la tête par une rotation ou double tour.
6. Lancer le chapeau sur le pied et le retourner sur la tête.
7. Garder le chapeau en équilibre.
8. Faire rouler le chapeau le long des bras, dans le dos.
9. A votre choix :
   a. jongler avec 3 chapeaux en utilisant les mains et la tête.
   b. basculer le chapeau vers l'arrière et le ramener sur la tête depuis le dos.
10. Lancer le chapeau sur la tête ou le bras d'un partenaire.
11. Démontrer une figure combinant un chapeau et au moins un autre objet.

Manipulation du chapeau

La manipulation du chapeau attire toujours le regard et réserve au piblic des bons moments et des surprises.

La forme du chapeau importe peu pourvu qu'il soit en feutre de bonne qualité. Les chapeaux de fourrure, de mélanges de tissus ou ceux avec des bords cartonnés supportent mal les traitements du jongleur. Choisissez de préférence un chapeau assez lourd.

Pour changer d'atmosphère, nous allons maintenant rire un peu, nous transporter dans une ambiance de vaudeville et apprendre des trucs marrants avec le chapeau.

Rouler le chapeau le long du bras

Enlevez votre chapeau en le faisant basculer d'un coup de doigt derrière la tête et faites-le rouler le long de votre bras tendu, paume de la main vers le haut.

Le premier contact se fera vers l'épaule par le bord (1), puis l' avant du sommet du chapeau touchera la jointure du coude (2), l'arrière touchera le poignet (3) et vous attraperez le bord dans votre main (4).

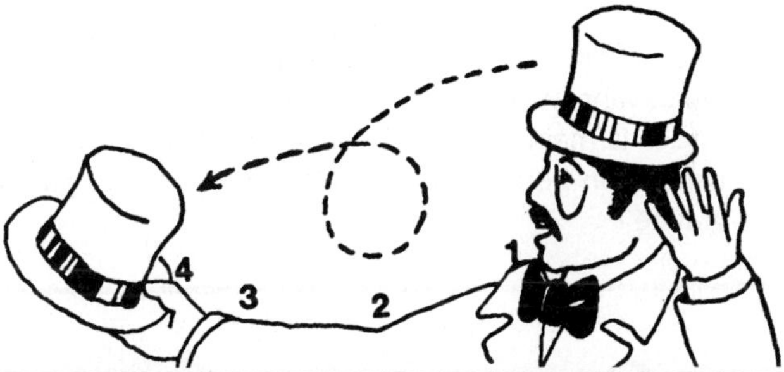

Remettre son chapeau

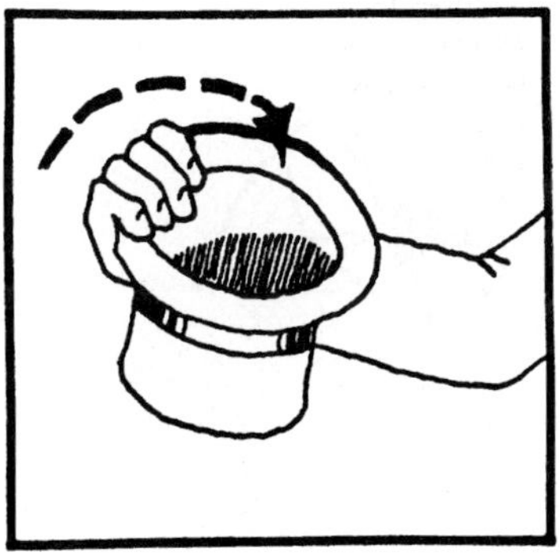

De la position de réception, renversez le chapeau vers l'intérieur de votre poignet.

Pliez votre bras et amener le chapeau sur la tête, main derrière la tête. Lâchez lorsque le chapeau est bien en place.

Remettre le chapeau en roulant

Une figure plus difficile consiste à faire rouler le chapeau comme auparavant mais à l' inverse, en partant de la main tendue. Gardez la main un peu haute, rentrez la tête dans les épaules, baissez un peu le front, et faites vous assister par la force de gravité !

Enlever et remettre le chapeau des 2 mains.

Posez les 2 mains, pouces en haut sur les bords et doigts sous les bords, écartez les coudes. Tournez vos poignets par l'avant. Vous pouvez ensuite augmenter le nombre de tours en laissant le chapeau tourner autour de vos doigts comme un bâton. Faites le procédé inverse pour retourner sur la tête.

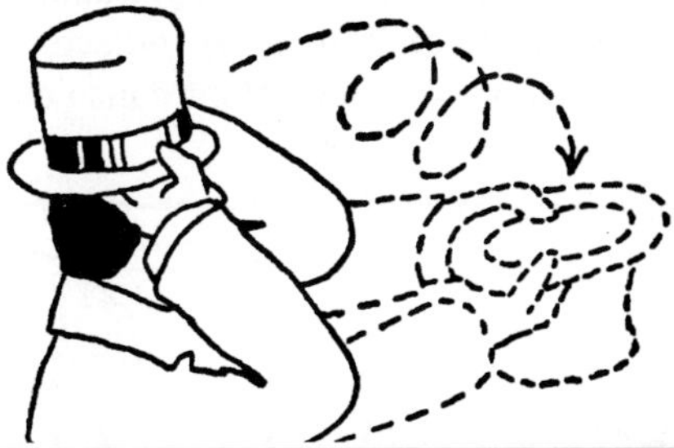

Rotation par les bords.

Tenez le chapeau par le bord droit dans la main droite. Faites-le tourner ou sauter vers la gauche et reprenez-le par le bord gauche, de la main gauche.

Après les tours simples, faites des double-tours !

Exagérez le mouvement en allant chercher le chapeau, comme s'il vous échappait.

Rotation par le pouce

Tenez par le bord et de la main droite, le chapeau horizontal, ouverture vers l'extérieur, avec votre pouce sur le haut du bord.

D'un mouvement du poignet vers l'arrière, faites tourner le chapeau sur lui-même, enlevez la main et replacez-la dans la position initiale. Le chapeau a volé un instant dans l'air.

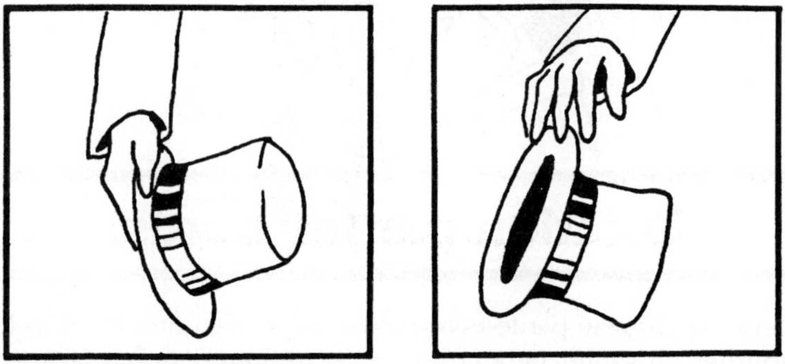

Le chapeau - tourne

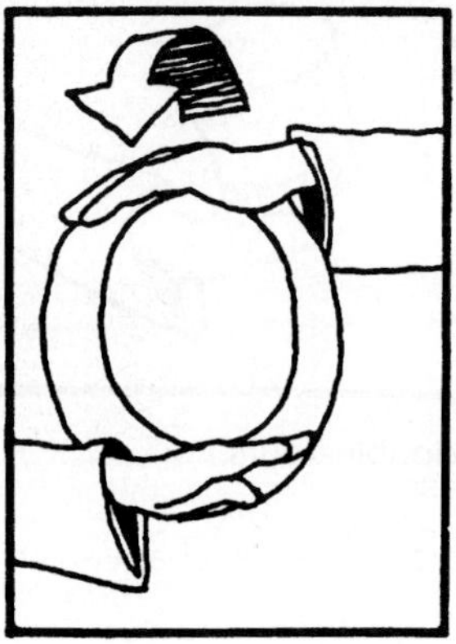

Mettez votre chapeau horizontal, l'ouverture vers vous ou vers le public, à votre choix. Placez une main sur le bord supérieur et une sous le bord inférieur comme indiqué. Faites tournez vos mains vers l'avant l'une par dessus l'autre. Le chapeau tournera autour du poignet du bas.

Le lancer de chapeaux

Exercez-vous d'abord à donner à votre chapeau une seule rotation. Tenez-le par le bord et faites-le basculer vers vous d'un coup de poignet souple. Attrapez-le dans l'autre main, puis de la même main. Faites l'exercice de chaque main.Puis passez au double tour.

Dès que vous maîtriserez les lancers dans la main, exagérez le mouvement et glissez votre tête sous le chapeau. Progressivement vous contrôlerez mieux vos lancers et arriverez à recevoir le chapeau sur votre tête sans devoir vous baisser. Ici aussi, essayez ensuite les double tours.

Le même lancer à une rotation peut arriver dans votre main, tendue au dessus de votre tête. Apprenez à recevoir le chapeau sans le regarder, en restant fixé sur votre public.

Rouler dans le dos

Basculez votre tête en arrière pour faire tourner votre chapeau que vous laisserez rouler sur votre dos.

Attrapez-le à l'aveugle à hauteur de taille.

Penchez-vous en avant à 45 ° et faites remonter votre chapeau en roulant sur votre dos.

En tournant, le bord du chapeau basculera contre votre nuque et se retrouvera sur votre tête !

La grande promenade !

Tenez le chapeau à bout de bras, l'ouverture face au public.

D'un coup de poignet vers le haut donnez-lui une bonne rotation (anneau - frisbee)

Laissez rouler le chapeau sur son bord le long du bras, de la nuque (baissez la tête), de l' autre bras.

Tournez votre main vers le haut pour saisir le chapeau. Maintenant, de l'autre côté !

Sous le bras

Passez votre main avec le chapeau dans le dos, sous l'autre bras. Lancez-le sur votre tête.

Restez droit jusqu'au dernier moment, puis baissez-vous pour passer sous le chapeau.

Lancer au «porte-chapeau»

Tenez le chapeau ainsi.

Lancez directement sur une main tendue, un porte-chapeau, ou la tête de votre partenaire.

Pour affiner la trajectoire, jouez aussi le «receveur».

Rappelez-vous que vous pouvez placer votre chapeau sur votre coude ou votre genou.

Un superbe effet : lancez votre chapeau ou faites-le basculer de votre tête. Donnez un seul tour. Rattrapez-le sur le pied. Ajustez-le en équilibre sur la pointe du pied, et relancez-le, d'un seul tour sur votre tête par un grand coup de pied.

Vrille entre les doigts

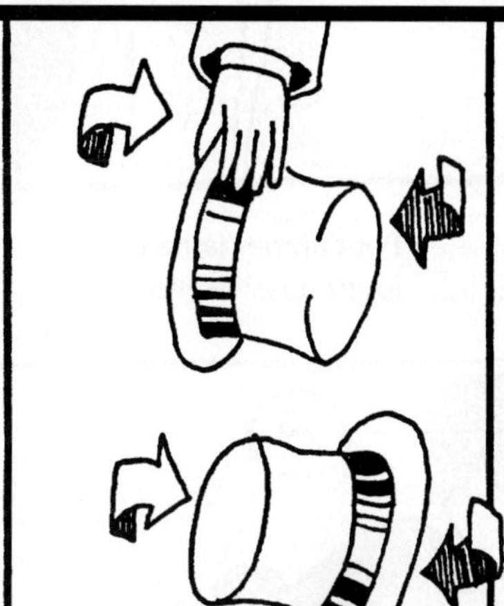

Tenez le chapeau par le bord, le pouce dessous. Veillez à ce qu'il soit en prolongement de votre avant-bras et main tendue. Faites-le tourner en insérant vos doigts tendus entre le bord. Puis arrêtez le mouvement par votre pouce. Reprenez la rotation, augmentez la vitesse. Tournez de chaque côté.

La même figure se fait bras tendu en dessus de votre tête. Gardez le chapeau au dessus de votre main, en ligne avec tout le bras. Travaillez avec les doigts tendus.

Jongler avec 3 chapeaux

Méthode A : Un côté à la fois

Débutez avec 2 chapeaux : un sur la tête et un dans une main. Lancez le chapeau de la main vers votre tête en 1 rotation; poursuivez le mouvement du bras et ôtez l'autre chapeau qui est sur la tête. Recevez le chapeau lancé en baissant la tête.

Faites de même de l'autre côté. Puis prenez un chapeau dans chaque main et un 3ème sur la tête. Alternez les lancers en répétant le même mouvement qu'auparavant. Séquence : main droite lance puis prend sur la tête - arrivée sur la tête du chapeau lancé - main gauche lance puis prend sur la tête - arrivée sur la tête de l'autre chapeau lancé etc.

Méthode B : Le carrousel.

Tenez, par le bord, un chapeau dans chaque main et posez-en un 3ème sur la tête. Lancez le chapeau de la main gauche vers la droite et poursuivez le mouvement pour enlever le chapeau qui est sur la tête. La main droite pose «son chapeau» sur la tête et réceptionnne le chapeau lancé. Enlevez les chapeaux de la tête en les prenant par le bord, pouce vers le haut. Faites un tour complet puis arrêtez-vous pour réajuster les chapeaux....

Le mouvement des 2 bras est simultané et reste en rythme.

Méthode C : Lancers en rotation.

Cette méthode vous laissera un peu plus de temps. Prenez un chapeau dans chaque main et un sur la tête. Lancez de la main gauche devant vous en une trajectoire haute et en une seule rotation vers la main droite. A son apogée, lancez de la main droite directement vers la tête en une rotation aussi et poursuivez le mouvement pour retirer le chapeau qui est sur la tête. Recevez le chapeau lancé sur votre tête.

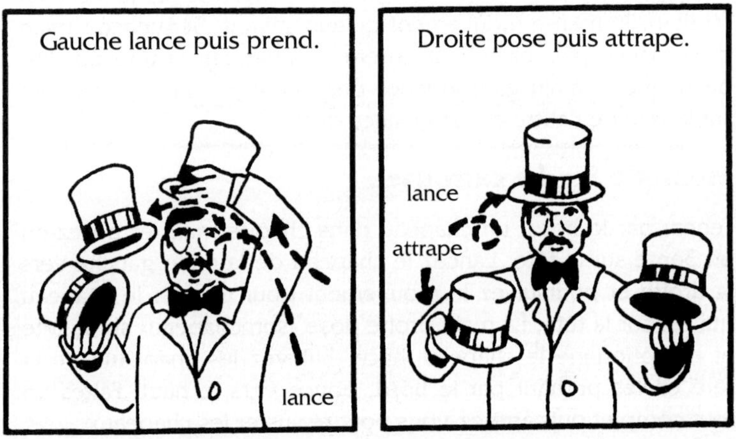

Votre chapeau en équilibre

Vous pouvez maintenir votre chapeau en équilibre sur pratiquement n'importe quel point de votre corps pour autant que vous puissiez contrôler la plus grande partie des bords du chapeau. Essayez sur votre pied, votre nez ou votre main.

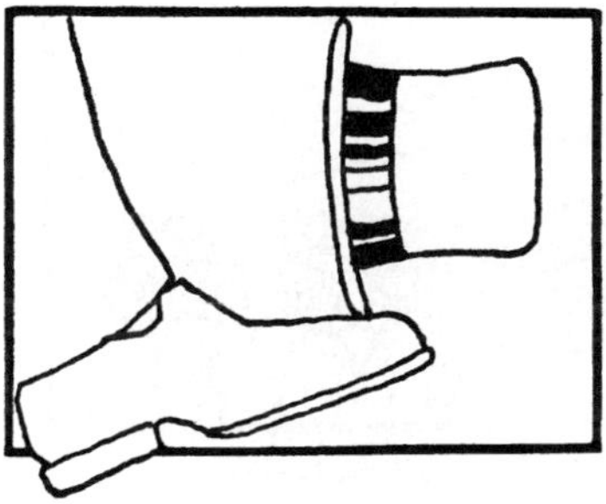

Placez le bord sur la pointe du nez, renversez votre tête en arrière et regardez vers le haut.

Concentrez-vous sur la bande intérieure et garder l'équilibre en bougeant légèrement sous le chapeau. Pour le faire tomber sur votre tête, avancez simplement votre front.

Et enfin... passer le chapeau

C'est la partie la plus délicate de votre présentation. Si elle est manquée, vous pourriez vous croire un magicien car tout votre public aura disparu !

La préparation du «passage du chapeau» inclut les points suivants :

1. **Attirer l'attention :** Juste avant votre dernier numéro de prestige, demandez au public de préparer la monnaie et avisez du passage prochain du chapeau.

2. **Demander :** Juste après votre grand final, tirez cérémonieusement votre chapeau et sortez un billet et annonçant que c'est le «...cadeau moyen bien que certains donateurs sont plus généreux.»

3. Passer : Continuez de parler. «Merci mes amis. Ne soyez pas timides. Donnez aujourd'hui pour ne pas le regretter demain. J'ai fait ma part, à vous maintenant. C'est comme à l'église.» Regardez chaque donateur dans les yeux, souriez et remerciez les tous.

Maintenant que votre chapeau et vous êtes de vrais partenaires, inventez donc des figures personnelles. Rappelez-vous que vous passerez de nombreuses heures ensemble. Voici quelques idées :

---

1. Manipulez le chapeau entre plusieurs partenaires jongleurs.
2. Exercez-vous à le rattraper en aveugle, dans le dos, avec la main ou le pied.
3. Roulez-le sur votre poitrine ou sur votre dos.
4. Faites-le sauter de pied en pied.
5. Jouez avec d'autres objets que vous attraperez sur les bords ou dans le chapeau.
6. Laissez le chapeau sur scène et rejoignez-le par une pirouette, un roulé-boulé ou une culbute arrière.
7. Combinez une figure de jonglage en incluant votre chapeau.

Amusez-vous et considérez votre chapeau avec respect. Aimez-le !

Les assiettes chinoises

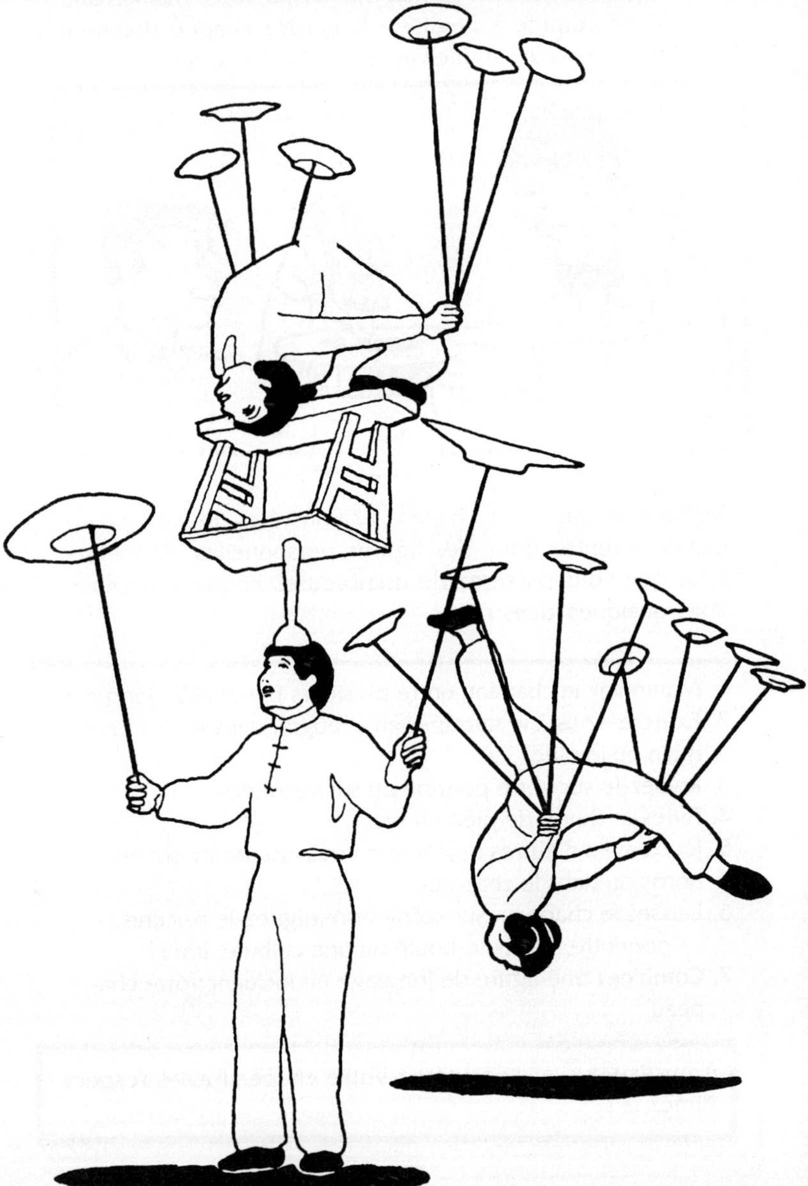

Les assiettes chinoises

Exercices de maîtrise conseillés.

1. Démontrer le début de rotation et l'accélération d'une assiette, de chaque main.
2. Lancer et recevoir une assiette sur une baguette.
3. Passer une assiette en rotation sur une baguette dans le dos et sous une jambe.
4. Passer sous un bras.
5. Démontrer une figure avec un doigt.
6. Gardez une assiette en équilibre pendant que le jonglage de massues de l'autre main.
7. A votre choix :
   a. démontrer un mouvement acrobatique d'une main
   b. faire tourner 3 assiettes ou plus dans une main.
   c. faire tourner 3 assiettes ou plus sur des baguettes fixes.
   d. démontrer la technique de rotation avec d'autres objets (frisbee - tissus plombés livre - plateau)

On commence

Cette méthode vous garantit un succès immédiat !

- Posez la pointe de votre baguette au centre de l'assiette.
- Tenez la baguette droite dans votre main droite.
- Prenez le bord de l'assiette entre votre pouce et un doigt de votre main gauche.
- Faites tourner l'assiette dans votre direction.

Accélération

1ère partie : Faire tourner une assiette invisible.

Imprimez un mouvement de petits cercles (diamètre de 15 cm environ) au sommet de la baguette.

Gardez la baguette bien verticale.

Posez votre index le long de la baguette.

Tournez avec votre poignet.

2eme partie : avec une assiette...

Faites le même mouvement qu'à la page précédente.

Dès que l'assiette tourne, imprimez le mouvement tournant de votre poignet et amenez la pointe de votre baguette contre le rebord du dessous de l'assiette.

Arrêtez le mouvement tournant et la baguette se repositionnera au centre de l'assiette qui tournera beaucoup plus rapidement.

Un départ plus difficile

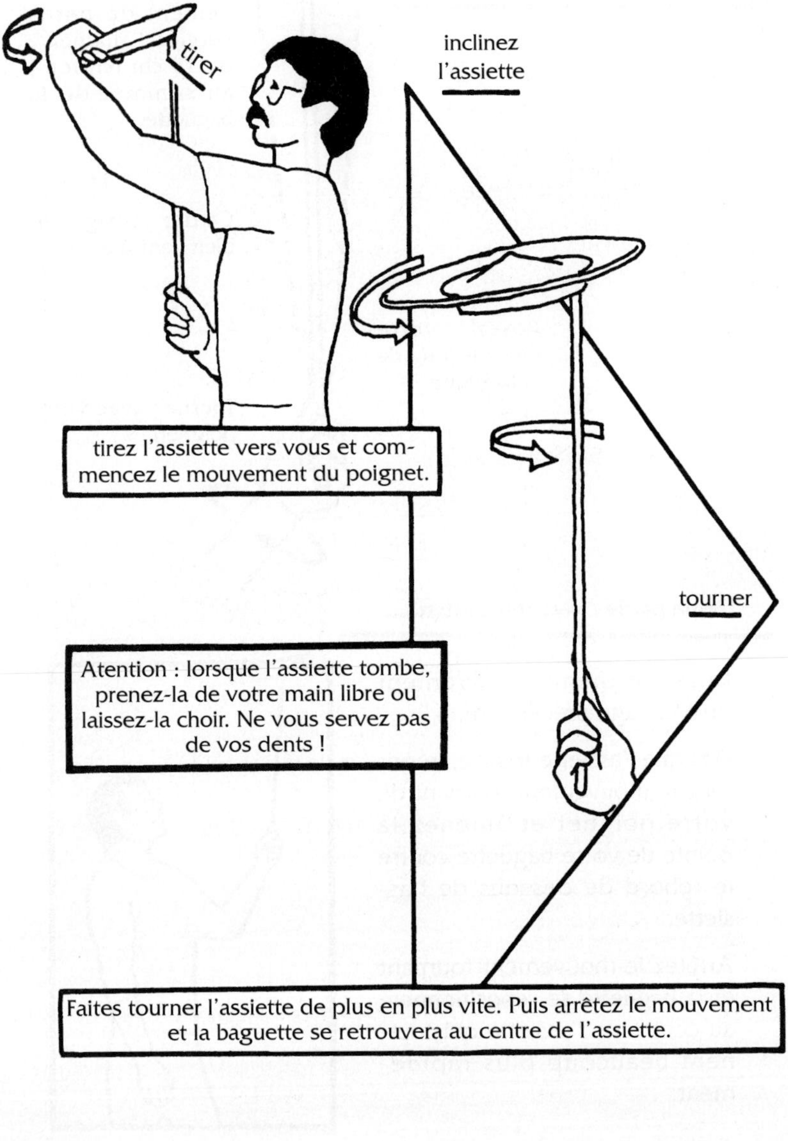

tirez l'assiette vers vous et commencez le mouvement du poignet.

Atention : lorsque l'assiette tombe, prenez-la de votre main libre ou laissez-la choir. Ne vous servez pas de vos dents !

Faites tourner l'assiette de plus en plus vite. Puis arrêtez le mouvement et la baguette se retrouvera au centre de l'assiette.

Les lancers

Faites tourner.
Lancez l'assiette.
Rattrapez-la sur la pointe.

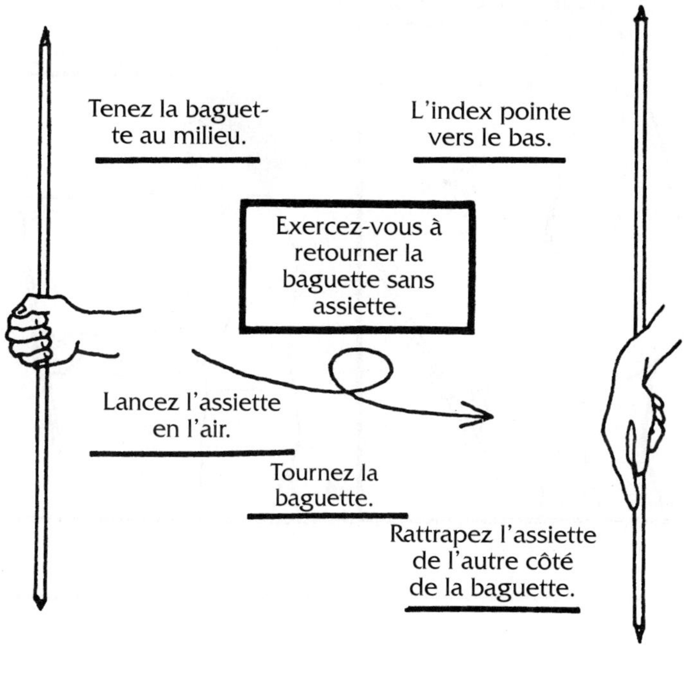
Tenez la baguette au milieu.
L'index pointe vers le bas.
Exercez-vous à retourner la baguette sans assiette.
Lancez l'assiette en l'air.
Tournez la baguette.
Rattrapez l'assiette de l'autre côté de la baguette.

Sous la jambe

Sous les bras

Comme pour la plupart des exercices, vous pouvez essayer d'abord avec la baguette seule.

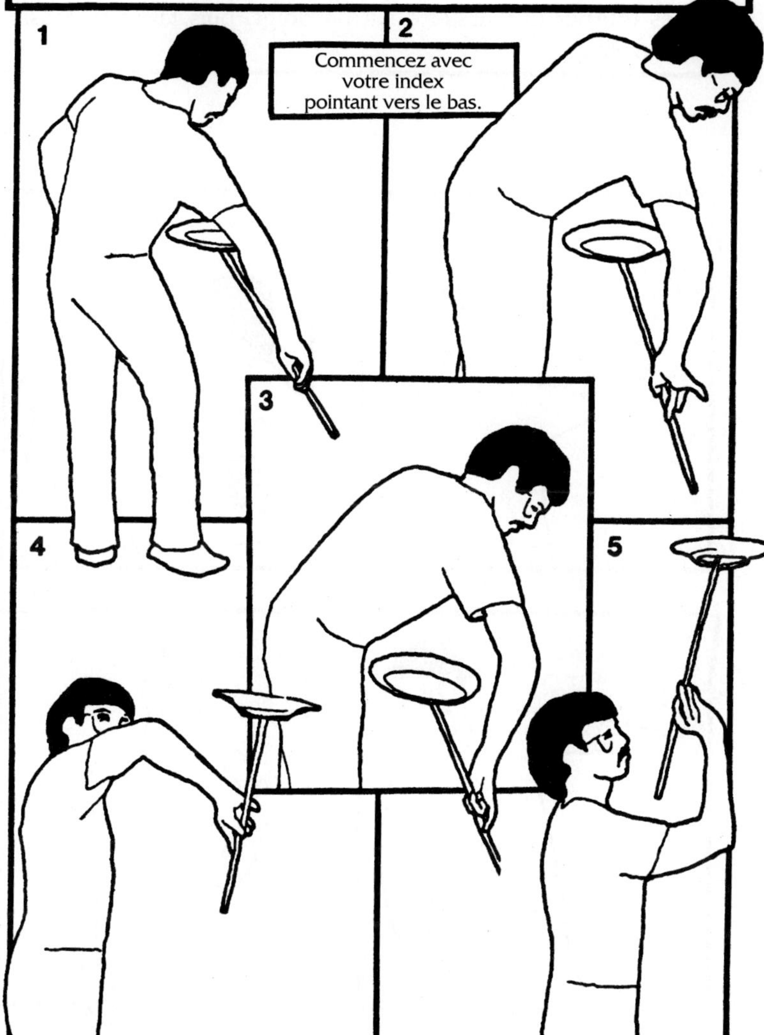

Sur un doigt

Faites tourner une assiette sur un doigt, puis faites-la passer sous le bras.

Dans votre dos

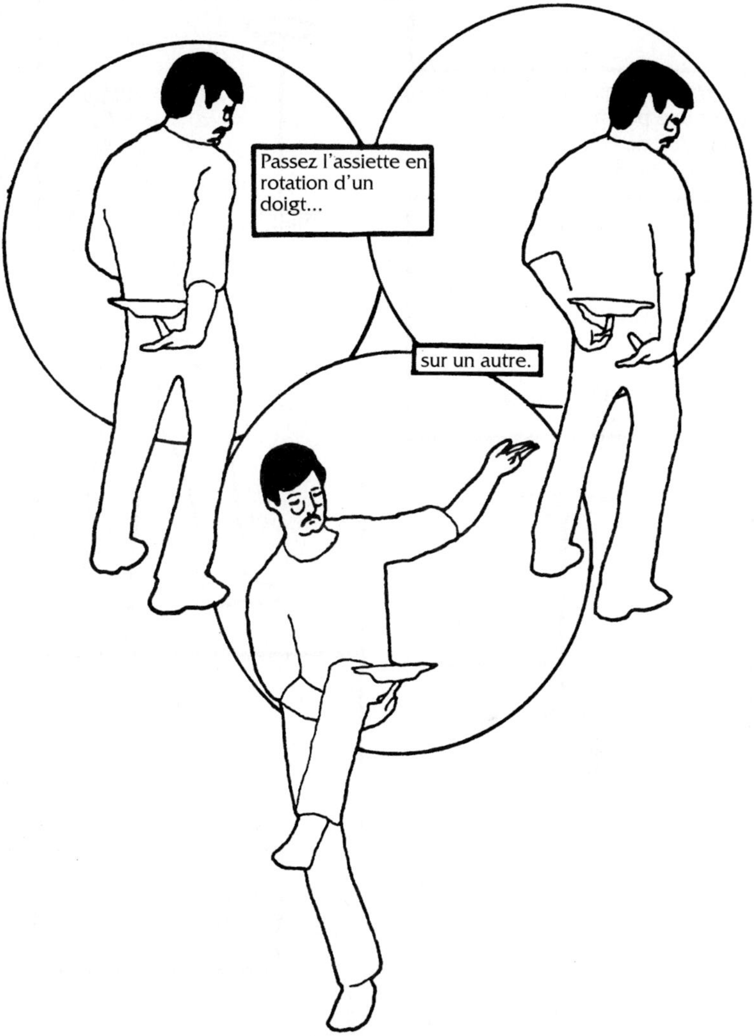

Les exercices avec une assiette seront utiles pour maîtriser l'équilibre, la rotation et les passages avec un ballon.

Equilibres

Pendant l'équilibre d'une assiette sur une paume de main, jonglez de l'autre main avec 2 ou 3 anneaux.

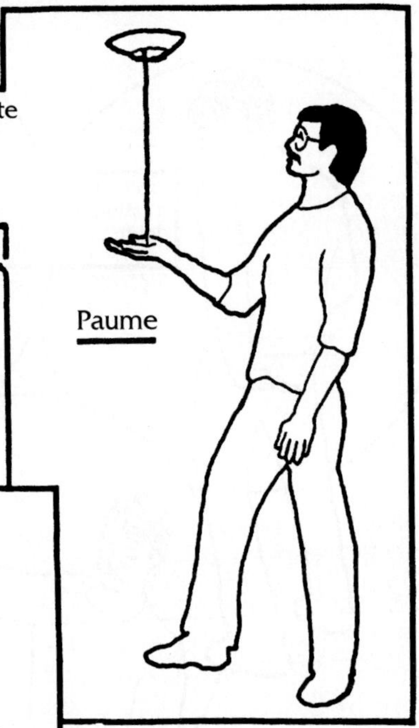

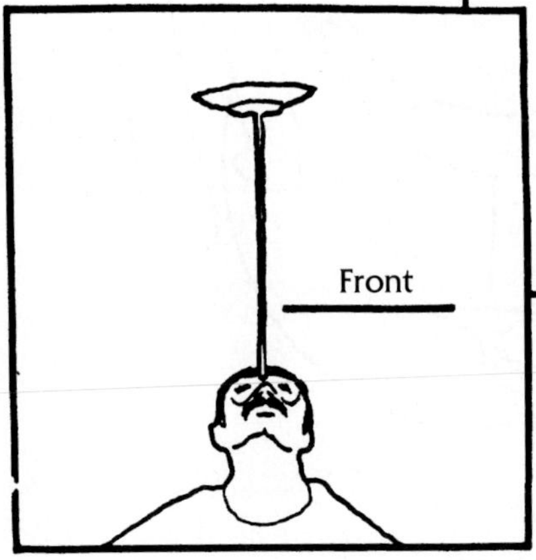

Chaque main a sa propre activité.
Les objets ne se croisent pas.

Pendant l' équilibre sur le front, jonglez avec un nombre pair d'anneaux ou autres objets.

Assiettes en nombre

Un partenaire vous aidera à mettre vos assiettes en rotation. Il vous passera les assiettes qui tournent, une à une.

Tenez-les comme indiqué et poursuivez les mouvements du poignet.

Baguettes fixes

Les baguettes sont fermenent tenues à leur base et espacées de 150 cm.

Et maintenant ?...

Maintenant que vous savez faire tourner une assiette, vous pouvez essayer votre technique sur d'autres objets, même rectangulaires tels que des livres ou plateaux. Faites tourner des ballons, ou un grand tissu coupé en rond avec un ourlet plombé. Les mêmes mouvements de base restent valables.

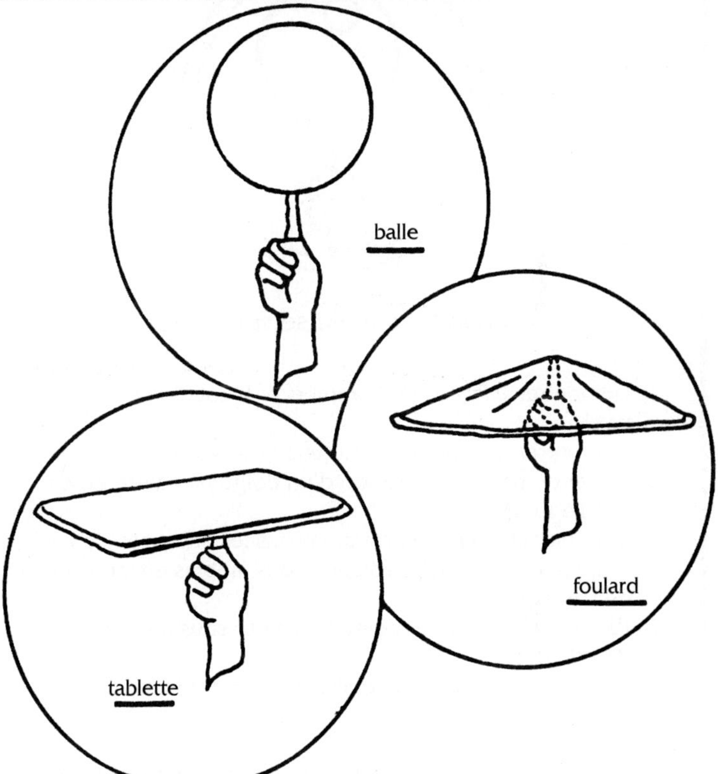

Ballon-toupie

Exercices de maîtrise conseillés.

1. Démontrer 2 façons de commencer la rotation d'un ballon.
2. Démontrer 2 façons de maintenir la rotation.
3. Passer un ballon en rotation d'un doigt sur l'autre et sur une baguette.
4. a. passer un ballon en rotation sous les bras (spirale).
   b. passer un ballon en rotation sous un bras en jonglant de l'autre main.
5. Passer un ballon d'un doigt à un autre sous une jambe ou dans le dos.
6. Maintenir un ballon en équilibre pendant plus de 5 secondes.
7. A votre choix :
   a. rouler un ballon du front aux tempes et retour (roulé sur tête).
   b. lancer le ballon 3 fois de suite de la tête.
   c. attraper un ballon sur un «bâton de bouche» 3 fois de suite.
   d. rouler sur la poitrine ou sur le dos (grande traversée).

Rotation : départ d'une main

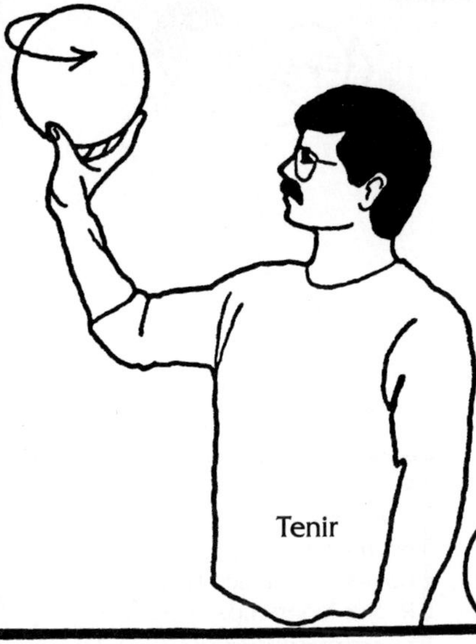

Tenez le ballon au bout des doigts. Tournez le poignet pour voir le dos de votre main.

Lancez-le en donnant le plus de rotation possible. Donnez un mouvement sec du poignet mais ne lancez pas haut (10 cm environ)

Rattrapez, en amortissant la chute sur votre index fermement dressé. Repliez les autres doigts.

Départ à 2 mains

pour plus de vitesse initiale de rotation.

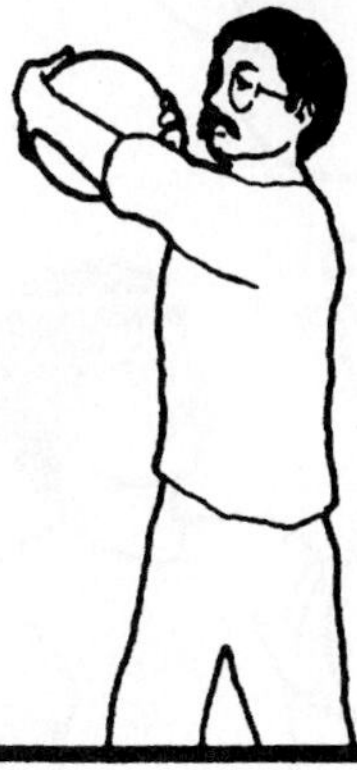

Tenue :
La main droite devant votre visage, la paume vers l'avant. La main gauche de l'autre côté du ballon, la paume vers vous.

Rotation :
Tirez vers l'extérieur des 2 mains en même temps. Laissez vos doigts en contact avec le ballon le plus longtemps possible.

Lancer :
A 30 cm de hauteur environ.
Lancez aussi droit que possible.

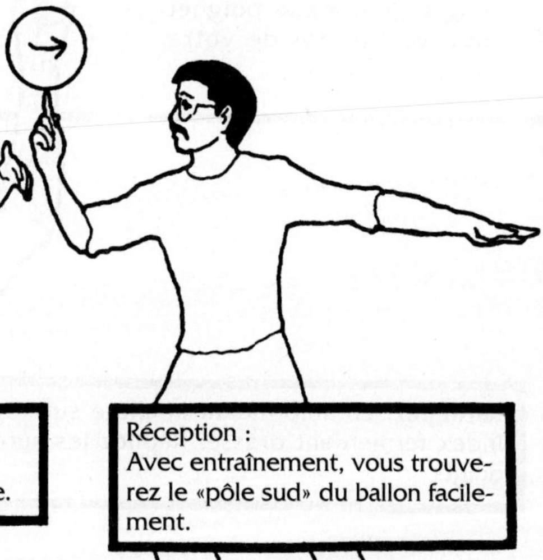

Réception :
Avec entraînement, vous trouverez le «pôle sud» du ballon facilement.

Garder la rotation

Question : Comment dois-je placer mon doigt contre la balle ?

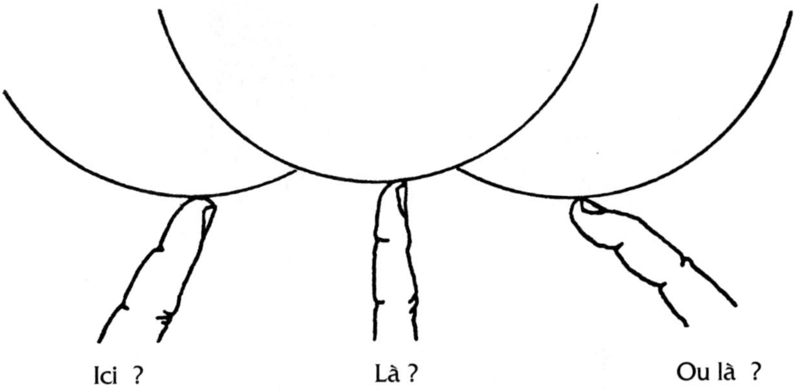

Réponse : Essayez les 3 variantes. Toutes sont bonnes !

Q. : Comment garder le ballon en équilibre durant la rotation ?

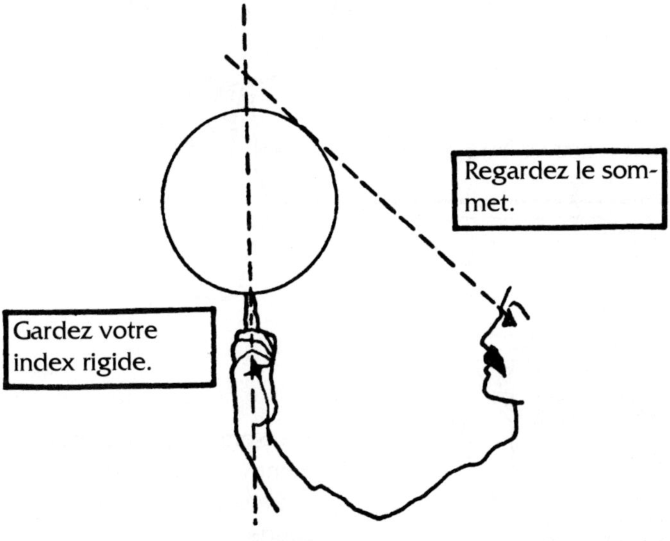

R. : Imaginez un axe passant par votre doigt et le milieu du ballon. Gardez cet axe vertical très droit.

Q. : Comment prolonger la rotation ?

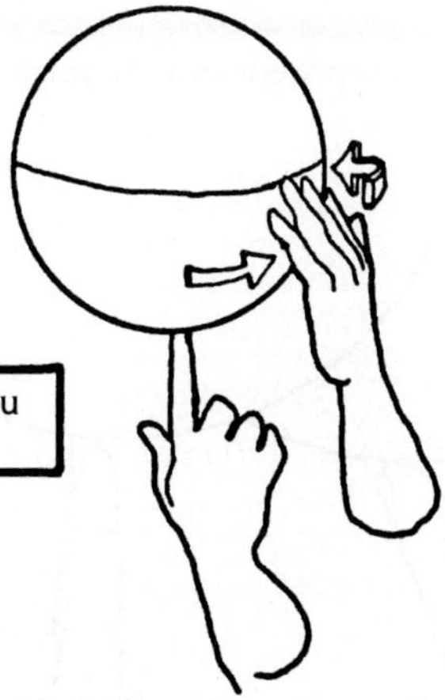

Contact au niveau ou sous l'équateur.

R. : Frottez légèrement le ballon de votre main libre.

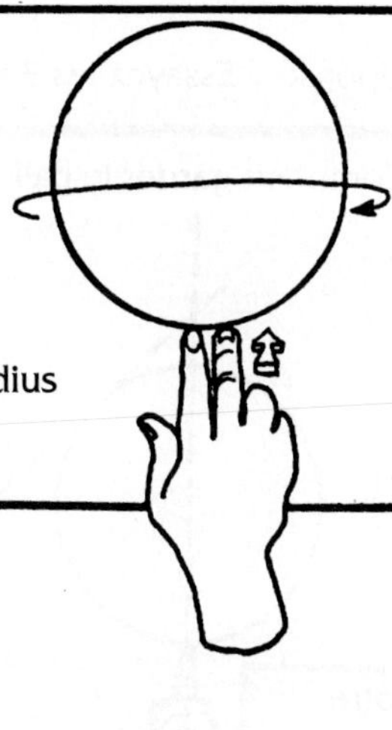

R. : Utilisez le bout de votre médius pour réactiver la rotation.

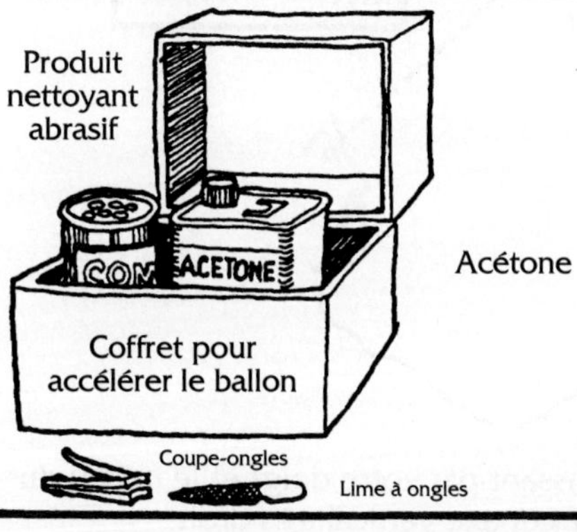

R. : Nettoyez soigneusement votre ballon et entretenez vos ongles courts.

Transfert sur un bâton

- Tenez le bâton fermement dans votre main ou votre bouche.
- Prenez le ballon exactement au milieu.
- Résistez à la tentation de bouger le bâton.

Rotation avec 2 ballons

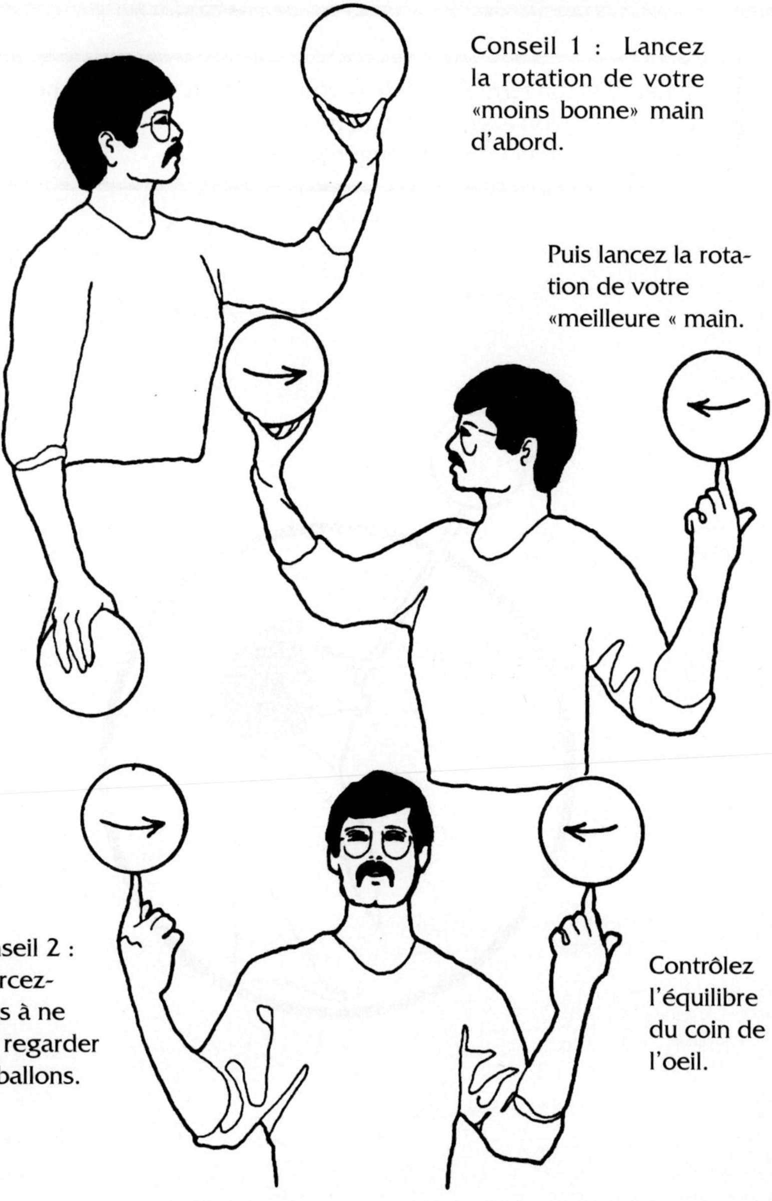

Q. : Pourquoi faire tourner le ballon vers l'intérieur (vers vous) alors que les basketteurs le font tourner vers l'extérieur ?

R. : Ceci me permet d' ouvrir le sujet de

La spirale

Un ballon qui tourne sur lui-même se déplace normalement dans le sens de la rotation. Ainsi une rotation vers l'extérieur permettrait difficilement une spirale sous le bras car votre mouvement irait à l'encontre de la rotation du ballon.

C'est ainsi que...

Le ballon tournant dans votre direction prend une orientation idéale pour passer en spirale sous votre bras.

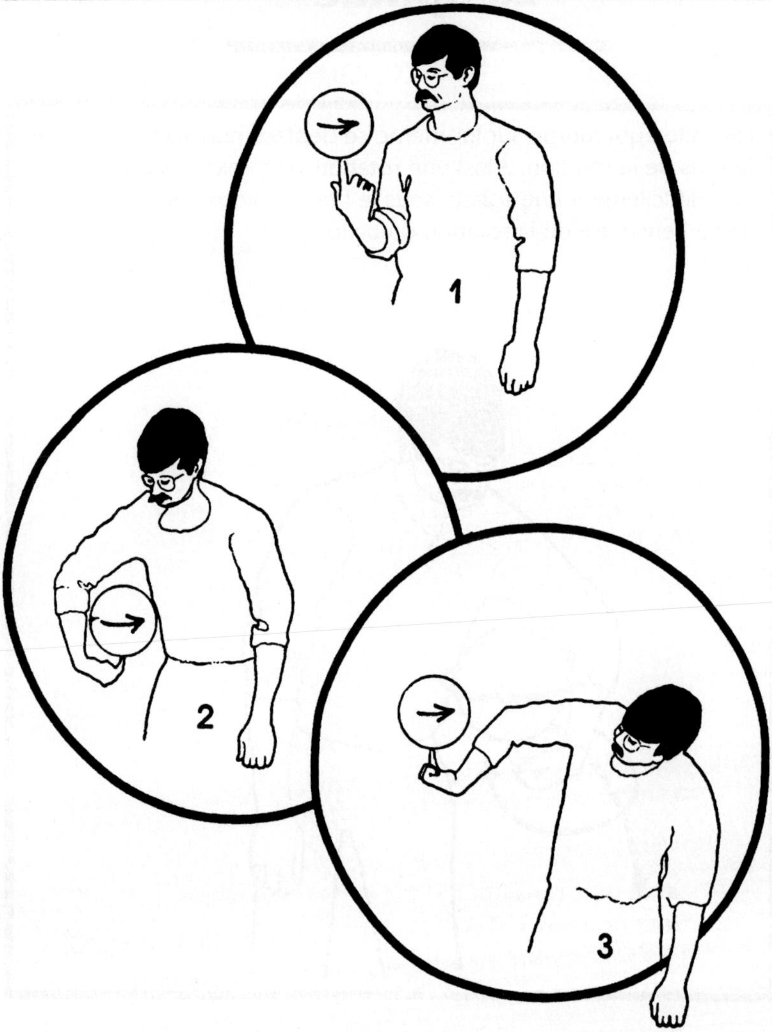

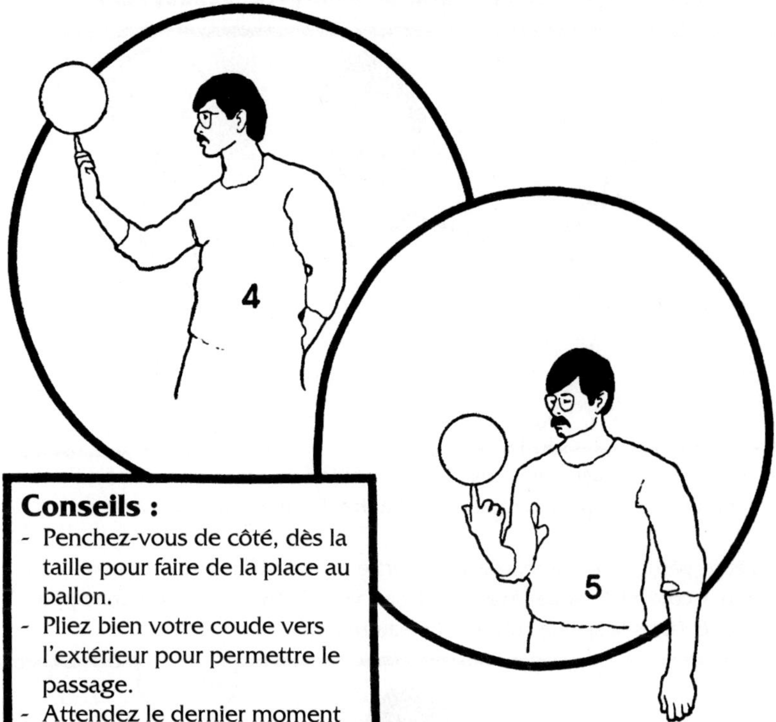

Conseils :

- Penchez-vous de côté, dès la taille pour faire de la place au ballon.
- Pliez bien votre coude vers l'extérieur pour permettre le passage.
- Attendez le dernier moment pour tourner votre poignet et redescendre votre coude.

Vous avez tout compris ? Alors il est temps de refaire ces exercices de l'autre main !

Pourquoi ? La réponse est sur la page suivante:...

La spirale des deux mains

1ère partie : Placez deux ballons en rotation et faites une spirale d'une main tout en gardant la rotation de l'autre. Exercez-vous des 2 côtés.

2ème partie : Commencez une spirale avec le ballon de votre «moins bon « côté et lorsque vous retournez votre poignet et redescendez le coude, faites la spirale suivante de l'autre bras.

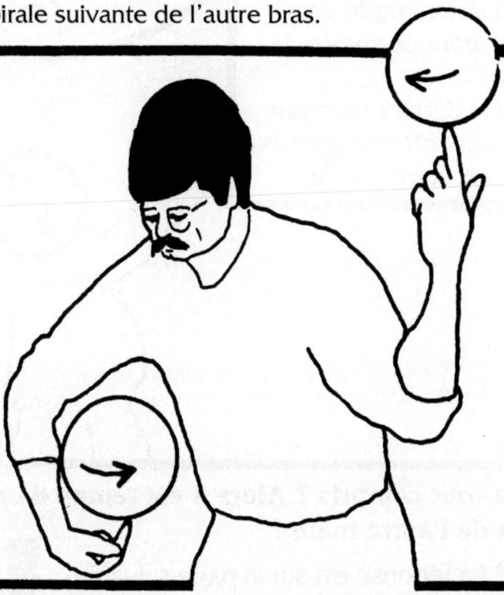

Concentrez-vous toujours sur le ballon passant derière votre bras. Chaque fois que vous «cassez» le poignet, commencez de l'autre côté une nouvelle spirale.

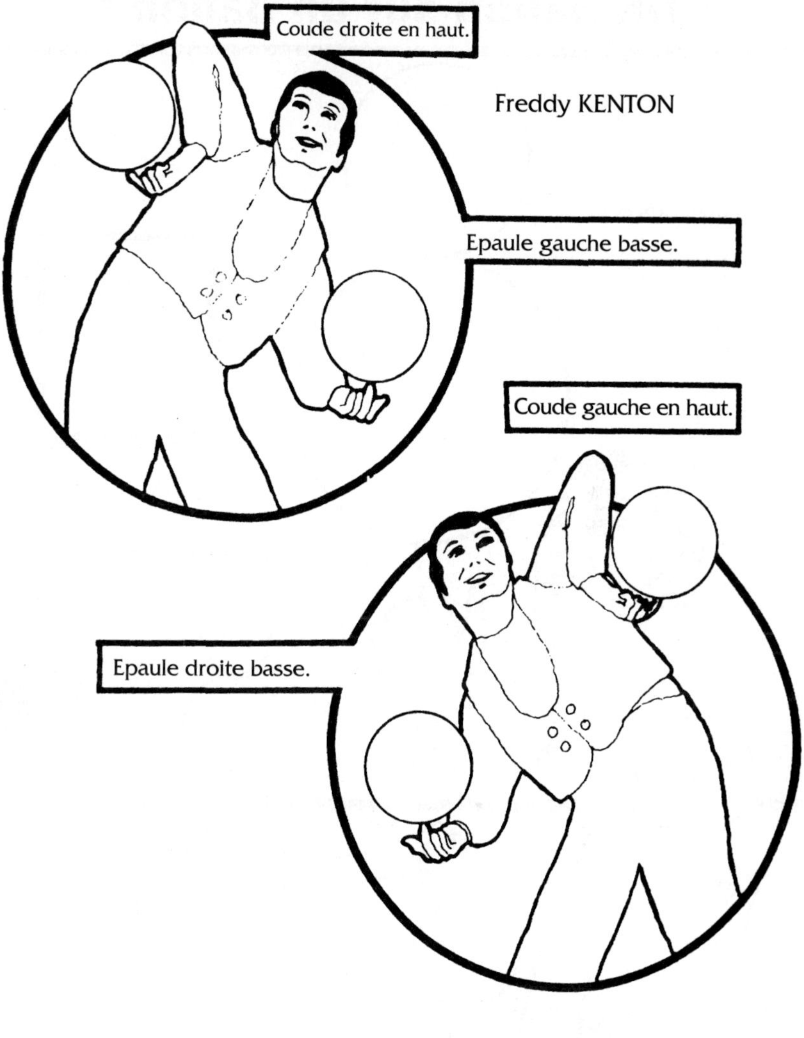

Votre objectif : Progressivement, vous devriez arriver à rester en place et à bouger votre corps le moins possible tout en faisant des spirales sans arrêt, en alternant les 2 mains.

Un ballon sur un ballon !

Francis BRUNN

Concentrez-vous sur le point de contact des 2 ballons.

Placez un ballon sur votre doigt en mettez-le en rotation. Puis, délicatement et sans le faire tourner, déposez le 2ème ballon sur l'autre. Lâchez-le avec précaution. Progressivement il captera la rotation du ballon tournant.

Pour la présentation...

Grands lancers : Pour un beau début de programme avec ballons lancez haut (plus d' un mètre). Pour garantir une rotation plus longue, démarrez-la à 2 mains. Attention de bien amortir la réception.

Pour impressionner : Lancer en l'air un ballon en rotation et reprenez-le sur le même doigt, toujours en action.

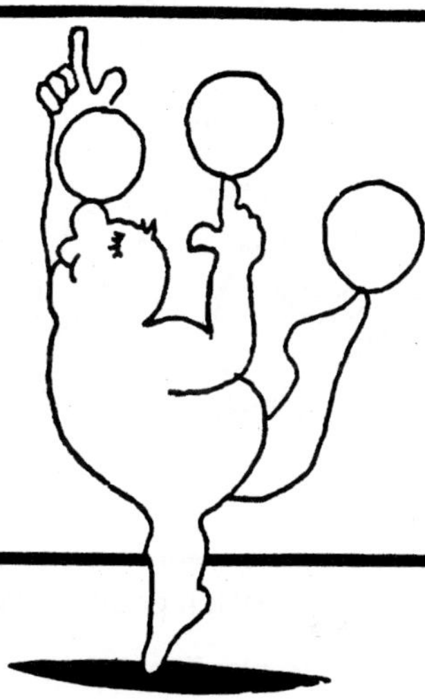

Rappel :

- Tenez-vous droit.
- Tendez vos bras et jambes.
- Faites des mouvements précis.
- Dansez avec le ballon.
- Faites en sorte que les figures difficiles paraissent simples.
- Gardez les poses impressionnantes assez longtemps pour récolter les applaudissements.
- Combinez les figures de ballons avec d'autres objets.
- Pour devenir un véritable expert, considérer votre activité comme un art, et non du jonglage.
- Entraînez-vous, entraînez-vous entraînez-vous donc !

Mouvements combinés

Construisez votre combinaison point par point :

point 1 : jonglez à 2 objets d'une main - faites tourner un ballon de l'autre.
point 2 : jonglez à 3 objets d'une main.
point 3 : jonglez à 3 objets d'une main - faites tourner un ballon de l'autre.
point 4 : ajoutez une balance de tête.
point 5 : ajoutez une balance de bouche.
point 6 : mettez un anneau autour du biceps du bras qui fait de l'équilibre de ballon.
point 7 : Si vous me suivez encore, dépêchez-vous de trouver un imprésario !

Dans le dos

La clef du succès réside dans le transfert du ballon de doigt à doigt.

Sous la jambe

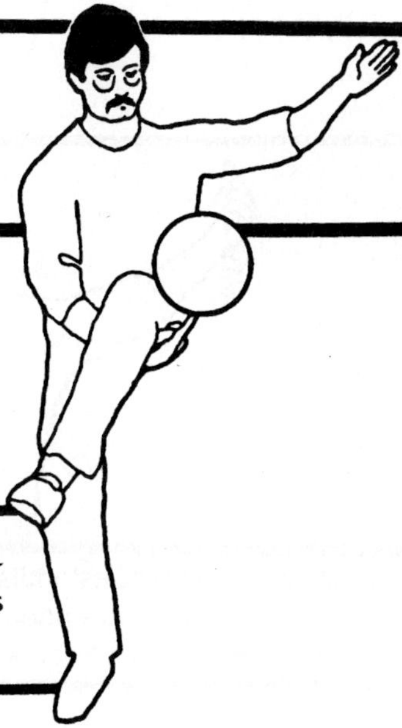

Dès que vous maîtrisez les transferts de doigt à doigt, ces exercices deviennent faciles.

Rouler de poitrine

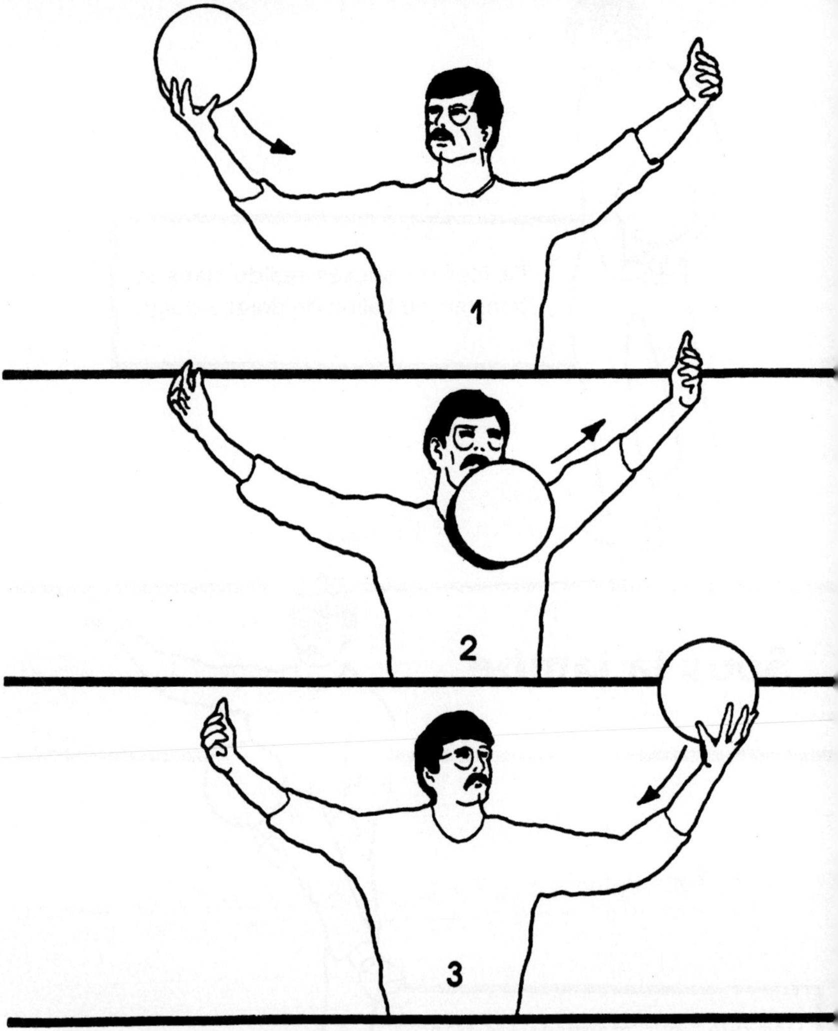

Ici aussi l'entraînement est indispensable. Le départ se fait par une pichenette. Faites attention de retirer votre menton du passage. Essayez les allers et retours.

La grande traversée !

Figure impressionnante. Baissez la tête pour créer un passage sur la nuque.

Roulé sur tête

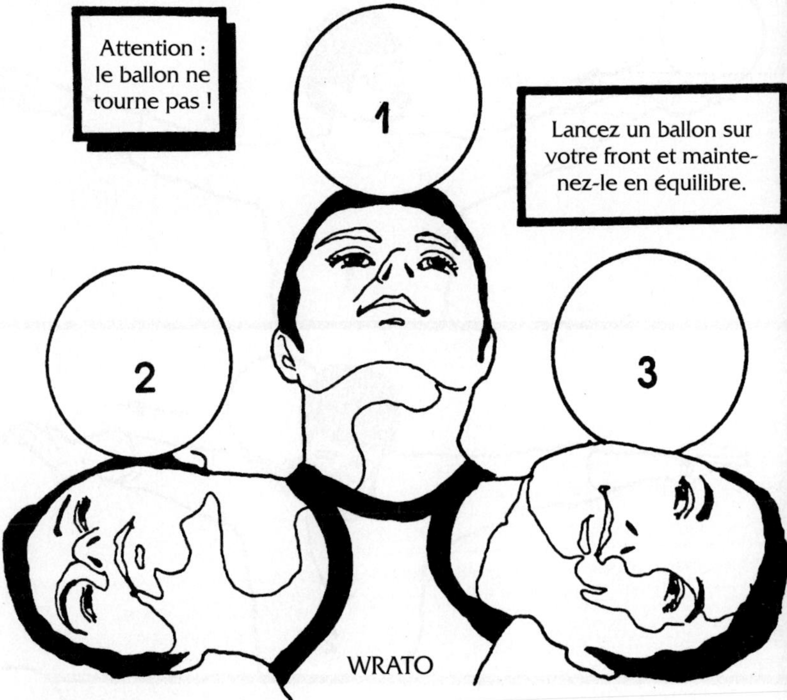

Passez du front à un côté de la tête. Gardez-le en équilibre toujours !

Faites de même de l'autre côté.

Maintenant, entraînez-vous à suivre la séquence suivante :

- de 1 à 2.
- de 1 à 3.
- de 2 à 1.
- de 3 à 1.
- de 2 à 3.
- de 3 à 2.

L'objectif suprême : aller de 2 à 3 en passant par l'arrière du crâne !

La tête

La clé : lever le ballon verticalement.

Francis BRUNN

Après avoir maîtrisé les lancers, imaginez que vous avez un 2ème ballon et entraînez-vous aux mouvements latéraux pour aller chercher le 2ème ballon. Puis prenez-le et cherchez toujours à lancer les ballons très verticalement.

Le bâton de bouche

Etape 1 : - apprendre à garder un ballon en équilibre sur la partie supérieure.
Etape 2 : - apprendre à rattraper un ballon sur le bâton de bouche.
Etape 3 : - apprendre à faire tourner le bâton de bouche autour du ballon.

Figures exceptionnelles !

Equilibre avec 3 ballons.

Michael CHIRRICK

Enrico RASTELLI

Roulé par l'avant

Vous avez besoin d'inspiration ?

Rudi CARDENAS

Paolo BEDINI
(le neveu de RASTELLI)

Gregor POPOVITCH

L'équilibre et ses accessoires.

Exercices de maîtrise conseillés.

1. Passer de la position debout à la couchée et retour en maintenant en équilibre un objet long et droit sur le front, le nez ou le menton.
2. Garder en équilibre un objet de moins de 30 cm de long pendant plus de 10 secondes.
3. Garder en équilibre 3 objets en même temps pendant plus de 10 secondes.
4. a. Mettre en équilibre 2 ballons l'un sur l'autre (sans rotation)
   b. Pendant une combinaison de jonglage, garder en équilibre une massue sur une massue, puis continuer de jongler.
   c. Pendant une combinaison de jonglage, mettre en équilibre une massue sur le menton, puis continuer de jongler.
5. Jongler avec 4 objets ou plus pendant au moins 20 lancers (anneaux, ballons ou massues) pendant que vous maintenez en équilibre un objet droit sur votre nez, votre front ou votre menton.
6. Jongler avec 3 massues pendant au moins 20 lancers et, en même temps :
   a. faire du monocycle.
   b. se balancer sur un rola-bola.
   c. rester sur une boule d'équilibre.
   d. maintenir son équilibre sur divers accessoires : échelle - échasses - fil tendu.

L'équilibre et ses accessoires

Les jongleurs apprécient de démontrer leur art avec divers accessoires tels que le monocycle, les échasses, le rola-bola ou le fil tendu. Différents livres sont déjà parus pour décrire ces magnifiques activités. Je me bornerai donc à présenter quelques conseils à ceux qui désirent agrémenter leurs présentations.

L' équilibre

Il est plus aisé de maintenir en équilibre un objet long qu'un court. Choisissez un objet long et droit, posez-le sur votre paume et concentrez-vous sur son sommet. La plume de paon est un excellent choix. Aussi longtemps que vous fixerez le sommet de la plume, elle restera en équilibre car votre main ajustera automatiquement par dessous.

Dès que vous pouver équilibrer l'objet sur votre paume, essayez donc...

votre coude
votre genou
votre pied
votre épaule
votre appendice nasal...

Après avoir maîtrisé l'équilibre d'une plume,
vous pourrez aussi...

C'est une bonne idée pour
une course de relais.

la laisser basculer vers l'avant et avancer pour empêcher la chute.
Elle vous guidera.
Vous pouvez encore...

mettre un genou à terre...

vous asseoir ou même
vous coucher.

L'équilibre avec de petits objets

Quelques jongleurs arrivent à garder en équilibre sur leur nez une cuillère à café ou un stylo-plume. Cette maîtrise n'est pas venue toute seule. Voila une méthode :

Prenez une baguette d'environ 1 mètre de long et mettez-la en équilibre sur votre nez.

Quand l'exercice vous paraîtra facile, coupez env. 10 cm (de la baguette, pas du nez !)

A force de couper, vous maîtriserez l'équilibre d'une petite baguette d' env. 15 cm.

Puis essayez avec d'autres objets. Vous pourrez bientôt prendre un stylo de la poche d'un ami et le mettre en équilibre sur votre nez, sans problème.

Equilibres simultanés

Un objet long est plus facile à équilibrer. Commencez avec des grandes plumes. Exercez les 2 mains. Puis essayez en même temps 1 main et votre nez. Puis passez à un objet relativement stable (queue de billard, baguette de bois avec assiette)

Equilibre et jonglage

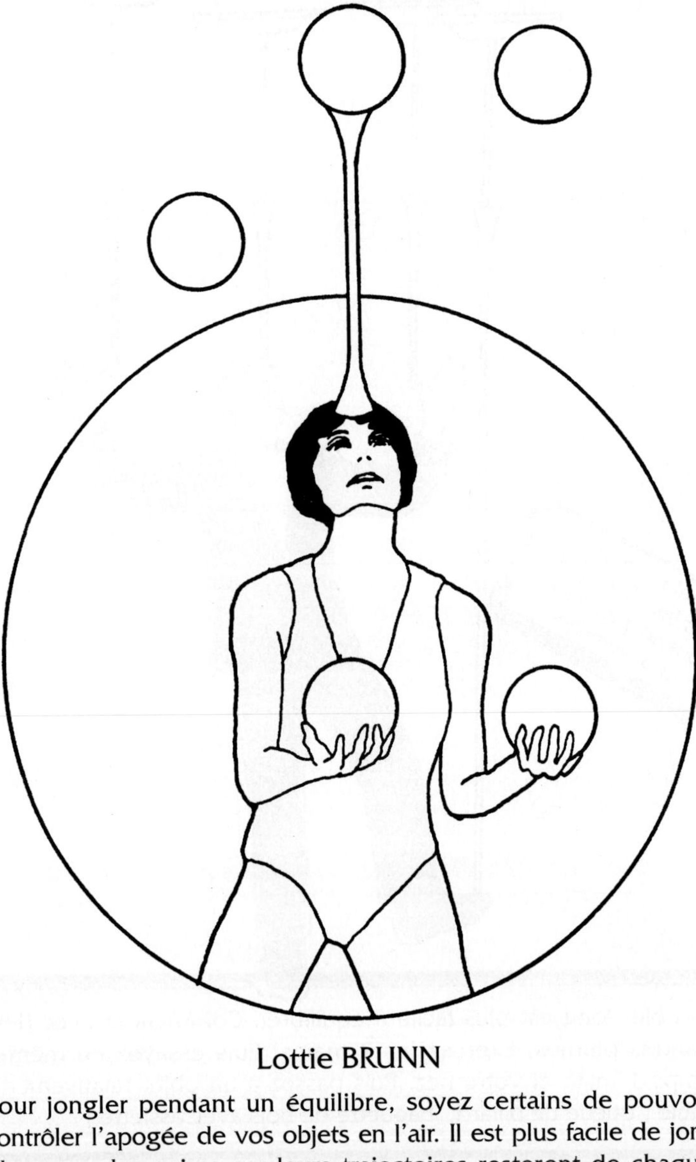

Lottie BRUNN

Pour jongler pendant un équilibre, soyez certains de pouvoir contrôler l'apogée de vos objets en l'air. Il est plus facile de jongler avec des paires car leurs trajectoires resteront de chaque côté de l'objet en équilibre. Les anneaux sont un accessoire idéal.

Tenir un ballon sur un ballon
Mettre, en jonglant, une massue sur une autre.
Puis la faire sauter...
pour la reprendre de l'autre côté !
Garder une massue en équilibre sur votre front, puis la faire réintégrer une «cascade».

Encore quelques idées

Les grands jongleurs, de tous temps, ont combiné le jonglage avec l'équilibre et ont compliqué l'exercice en le présentant, perché sur des échelles, fils tendus ou autres monocycles. Voici quelques exemples :

Gustave REVERHOS

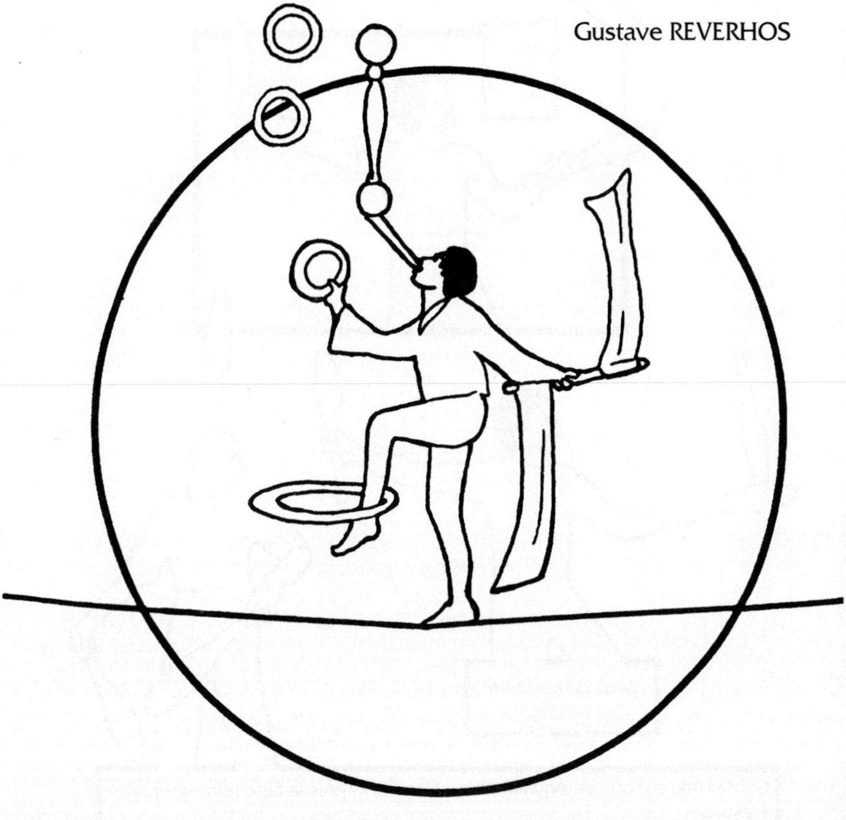

Freddy ZAY
Leonardo FERRONI

REPRESENTATION

Comment mettre au point un numéro.

Tous les jongleurs ne rêvent pas de présenter leur numéro en public. Toutefois, il est important de se préparer techniquement aux transitions entre les figures et aux astuces permettant de garder les objets en l'air. En effet, le passage fluide entre les exercices est très encourageant pour le jongleur et lui permet d' apprendre de nouveaux mouvements.

Dès que vous maîtrisez quelques mouvements individuels et séries de mouvements, faites-en un petit numéro. Au lieu de vous exercer sur une figure, vous vous entraînerez mieux avec une série de mouvements et leurs transitions entre elles. Concentrez-vous non seulement sur les exercices eux-mêmes mais aussi sur les transitions pour les rendre aussi naturelles que possible.

Pour mettre au point votre numéro, vous avec deux possibilités : avec ou sans accompagnement musical. Si vous choisissez la musique, trouvez un morceau qui a des changements de rythme et qui convient à votre style de jonglage. Habituez-vous d'abord à jongler normalement avec votre accompagnement musical. Puis choisissez les endroits pendant lesquels vous pensez faire un tour particulier ou un mouvement précis. Enfin, montez votre séquence de figures et transitions sur votre musique. N'oubliez pas de vous entraîner encore et encore avec votre musique.

Les ouvertures symphoniques (comme «Guillaume Tell») les morceau de jazz-swing («A train») le ragtime («Maple leaf rag»), les cuivres mexicains Tijuana, les thèmes musicaux des séries télévisées ou le rock and roll peuvent tous être de circonstance. Pour garder votre concentration préférez les versions instrumentales aux interprétations vocales.

Pour adapter votre jonglerie à la musique, souvenez-vous que vous avez non seulement une liste de figures à disposition mais aussi que vous pouvez les adapter en les faisant plus ou moins haut ou en largeur, sur place ou en mouvement et en variant la rapidité d'exécution. Vous pouvez minimiser ou au contraire exagérer les mouvements, inclure des sauts, pirouettes et autres figures acrobatiques dans votre numéro. Pensez aussi à changer de position. Rastelli jonglait couché et Bobby May en équilibre sur la tête. Surprenez votre public avec un lancer très haut, un mouvement soudain du corps, un saut, une esquisse de danse, l'emploi d'une balle rebond qui revient toute seule, ou l'arrêt d'une balle sur un pied, sur la tête ou le rebond avec n'importe quelle partie du corps. Si votre musique est pleine de surprises, adaptez votre numéro en ce sens. Si votre accompagnement est lyrique ou très saccadé, suivez-le par vos mouvements de jonglerie.

Vérifiez vos mouvements devant un miroir, ou mieux, utilisez la vidéo ou un ami. Rappelez-vous de variez l'intensité de votre numéro. Votre première figure doit être impressionnante et la dernière doit satisfaire le public. Entre deux, faites vous plaisir et recherchez quelques points critiques qui déclancheront les applaudissements.

Si vous décidez de monter votre numéro sans accompagnement musical, vous pouvez jongler en silence ou rejoindre les rangs des jongleurs-parleurs. Le caquetage humoristique peut paraître facile, mais il nécessite la même discipline, un entraînement identique et une préparation aussi précise que pour la musique. Là aussi le sens du rythme est important.

Certaines figures de jonglerie peuvent vous faire penser à quelque chose, à un objet - un yo-yo, un match de tennis, un volcan etc. Citez le nom officiel des tours ou celui que vous pensez judicieux dès que vous les commencez. Si vous annoncez le nom trop tôt, l'effet de surprise disparaîtra et si vous faites le tour avant de le nommer, les rires ou applaudissements couvriront votre annonce. Les images visuelles et auditives devraient frapper l'esprit des spectateurs simultanément. N' hésitez pas à jouer une scène avec votre tour. Par exemple si vous annoncez le «tennis du jongleur», utilisez la plus grande partie de la scène en jonglant, et chaque fois que vous faites un long lancer, criez «smash !» ou «long line !» De plus si un lancer est un peu court, dites «attention, volée !» ou «au filet !» et «oh le beau lob» pour un lancer haut. Si vous perdez la balle, constatez simplement «zéro-quinze !» et finissez par exemple en lançant la balle en dehors de la scène en hurlant «balle perdue !».

Pour humoriser votre numéro, parlez peu mais préparez bien les effets de vos paroles et synchronisez-les avec vos gestes. Et n'oubliez pas d'accentuer l'aspect comique en grimaçant ou en prenant des positions drôles.

Le jonglage silencieux peut être à la fois musical et comique car le public entendra le bruit des objets dans vos mains et vous pourrez utiliser des expressions et forcer certains mouvements pour créer l'élément de surprise. Avec le bâton du diable ou les boîtes à cigares, le bruit fait par l'équipement pendant le jonglage donnera le rythme.

LES CONSEILS DES «GRANDS»

Francis et Lottie Brunn, Nick Gatto, Bobby May, Homer Stack et Enrico Rastelli, parmi les plus grands jongleurs nous livrent quelques directives qui ont réglé leur carrière :

1. Entraînez-vous chaque jour pendant au moins 20 minutes (Stack), une heure (Gatto), deux heures (May), ou autant que vous le pouvez (Brunn, Brunn et Rastelli).

2. Comptez le nombre de fois que vous réussissez un tour dif-

ficile et efforcez-vous d'en faire un plus grand nombre à chaque entraînement.

3. Exercez votre numéro complet de multiples fois, jusqu'à ce que vous soyez certain de le faire sans perdre d'objets.

4. N'essayez pas de copier d'autres jongleurs. Mais inspirez-vous d'autres formes artistiques comme la danse, l'acrobatie, le théâtre, la comédie, la musique.

5. Utilisez tout votre corps et variez vos tours pour couvrir toute la surface de la scène tout comme le peintre devra couvrir toute sa toile.

6. Ayez recours au maquillage, au costume, à l'éclairage et à des assistants pour donner à votre numéro l'image d'un spectacle complet et bien préparé.

7. Trouvez en vous un personnage de scène et jonglez comme ce personnage.

8. Montrez de la vitalité et de l'enthousiasme avec votre corps et sur votre visage. Souriez, prenez du plaisir. Le public s'amusera aussi.

LA PRESENTATION

En tant qu'artiste, vous devez contrôler tout l'environnement de votre numéro. Ainsi quelques fois vous devrez présenter votre numéro dans des conditions très différentes. Le plafond du bateau de croisière est trop bas pour votre premier lancer, le coin du cabaret réservé est très mal éclairé, le cirque a trois arènes et chaque jongleur a sa propre musique, le seul endroit autorisé est un arrêt d'autobus. Ceci ne doit pas vous empêcher d'offrir un bon moment à votre public.

Si vous êtes le seul artiste en scène, assurez-vous que votre public sera confortablement installé avec une bonne visibilité. A leur entrée, si votre numéro le permet, accueillez-les et faites-en des amis avant le spectacle.

Si possible, mettez de la musique de fond pendant que le public s'installe. Les tubes du top50, les comédies musicales ou la musique de cirque donnent des atmosphères différentes. Assurez-vous que la musique correspond à l'ambiance de votre numéro.

S'il y a un rideau, soyez certain qu'il soit fermé avec toute la puissance lumineuse concentrée sur lui. Quelqu'un fera votre présentation, la lumière de la salle baissera, et votre trac disparaîtra dès que vous prendrez contact avec votre public.

Alors vous devrez prendre une décision. Ou vous commencez en scène ou vous apparaissez en jouant votre personnage. Vous êtes un jongleur comique ? Préférez-vous alors entrer lentement en traînant les pieds ? Vous êtes plutôt un jongleur pressé, façon Las Vegas ? Commencez alors en courant et en jonglant sur un rythme rapide. Quelle que soit votre entrée, prenez le temps de regarder la salle (la rue, la plage, le champ) de sourire et de chercher le contact visuel. Une révérence, un geste de la main, un «salut tout le monde» peut suffire. Remercier votre public.

Après ce premier contact, vous pouvez continuer votre numéro en ménageant toutefois des plages de silence pour permettre à votre public de rire, de s'émerveiller, et d'applaudir. Leur appréciation mérite votre reconnaissance. Faites-le par un mouvement de tête, dites «merci», regardez votre assistance dans les yeux et parlez normalement. Agissez comme si vous faisiez votre numéro dans une cabane pour des copains.

J'aime parler d'un numéro comme d'un collier de pierres précieuses. Les artistes doivent polir et sertir chaque pierre et les présenter dans un ordre esthétiquement plaisant. Dans le vaudeville on dit «ne pas faire suivre un morceau de banjo par un morceau de banjo !» De même, on n'entasse pas toutes les mêmes pierres ensemble.

Gardez l'attention de l'assistance durant tout votre numéro, que ce soit un intervalle de huit minutes au cirque ou un spectacle d'une heure. Changez de matériel, faites participer un partenaire en duo ou en solo, alternez la comédie et les tours musicaux. Faites également participer le public, sur scène ou dans la salle. Pensez à inclure, par exemple un tour avec de la lumière phosphorescente, des torches en feu, un ballet avec des foulards ou des séries d'équilibre. Avec de la préparation, vous pourrez faire de votre numéro une histoire complète, une aventure. Ou alors, soignez les changements de style, de personnage ou de gags pour tenir vos babioles ensemble.

NOUVEAUX TOURS PASSES DANS LE DOMAINE PUBLIC

A vos débuts, vous avez besoin de conseils et de nouveautés. Fort heureusement, il y a passablement de tours qui marchent très bien et sont passés, avec le temps dans le domaine public donc disponibles pour tous. Certains tours sont devenus classiques comme les changements de couleurs des anneaux ou manger une pomme pendant que l'on jongle. Vous trouverez leur description dans leur chapitre respectif. D'autres viennent tout droit du vaudeville. En voici quelques uns :

La pomme et la fourchette

Posez une fourchette sur le dessus de votre main, le manche en direction de votre poignet. Cette main tient une pomme par le dessus. Levez rapidement votre main en lançant la pomme en l'air, retirez votre main pour saisir la fourchette et plantez-la dans la pomme à sa descente

La pomme et la fourchette (avec participation du public)

Entourer le manche d'une fourchette de mousse que vous faites tenir par du ruban adhésif. Lancer une pomme (ou un navet) dans le public en expliquant qu'un usage dans le vaudeville veut que l'on jette des fruits aux artistes. Faites lancer la pomme en lob et attraper le fruit sur la fourchette que vous tiendrez dans la bouche.

La balle attachée

Fixez un fil de nylon à une balle et attachez l'autre bout à votre ceinture. Jonglez et à un moment perdez la balle volontairement. Celle-ci va tomber entre vos jambes et par un mouvement de balancier revenir dans vos mains et dans la figure...

Jonglage musical

Les tambourins s'utilisent en jonglerie comme des anneaux. A chaque passage dans vos mains, frappez- les contre votre genou ou votre hanche. Des grelots peuvent être regroupés en grappes que l'on emploie comme des balles ou attachés sur des massues pendant les fêtes de Noël. De plus, vous pouvez lâcher des balles rebond sur des tambours ou alors jongler avec des baguettes de tambour alourdies comme avec des massues, pendant que vous tapez le tambour. On a même vu des artistes jongler avec des banjos tout en jouant un air !

Le thème du tennis

Il y a plusieurs variations de la figure dite «du tennis». On peut jongler avec une balle de tennis, la boîte d'emballage et une raquette. Le tour se termine en frappant la balle avec la raquette et en la récupérant dans la boîte. Beaucoup d'artistes jonglent avec des raquettes de tennis comme avec des massues. Pour ce faire, procurez-vous les raquettes les moins chères et n'oubliez pas de vous habiller de blanc pour ce tour ! Variez l'exercice en maintenant à un moment une raquette en équilibre sur votre menton. Faites-le aussi pendant que vous jonglez avec trois balles de tennis. Essayez enfin de traiter une raquette comme un bâton du diable et faites-la danser avec vos deux baguettes.

L' ombrelle

Avec une ombrelle chinoise ou japonaise en papier, essayez donc les exercices suivants : équilibre sur le manche ou la pointe; jongler avec l' ombrelle et deux autres objets; faites tourner l'ombrelle ouverte régulièrement et maintenez une balle ou une pièce de monnaie en équilibre sur un bord... (conseil : maintenez la pointe de l'ombrelle à hauteur des yeux, penchez-la sur le côté et faites rouler la balle dans le sens opposé de la rotation de l'ombrelle) Pour apprendre, vous pouvez attacher la balle à la pointe.

La balle sur le nez

Enduisez une balle de ping pong de colle élastique et mettez-en aussi sur le bout de votre nez. Pendant votre numéro, après avoir monté le suspense (par un roulement de tambour par exemple) lancez la balle de ping pong et reprenez-la sur votre nez. Elle y restera collée. Faites semblant de la maintenir en équilibre, jusqu'aux applaudissements, puis redressez-vous et saluez... et le public découvrira la supercherie.

Jonglage à l'aveugle

Jongler les yeux bandés est non seulement possible mais favorable au développement de votre précision. Cela vous permettra aussi de maîtriser la situation lorsque des projecteurs vous aveugleront. Toutefois, il existe, dans les magasins d'articles pour illusionistes, des bandeaux truqués qui permettent de voir parfaitement. Dans un numéro humoristique, mettez le bandeau et jonglez en montrant votre côté droit au public. Après les applaudissements, retournez vous et l'audience découvrira que le côté gauche du bandeau est ouvert ...

Félicitez-vous.... décorez-vous !

Quand vous êtes particulièrement content d'un mouvement, prenez dans votre malle un diplôme impressionnant et montrez-le. Si, par la suite, vous perdez un objet, allez vers votre diplôme et retournez-le ou remettez-le dans la malle. Accrochez une médaille à votre pochette et placez-la dans la poche de poitrine de votre veston. Quand vous pensez pouvoir vous féliciter, sortez la médaille en tirant sur la pochette. A l'inverse quand vous n'êtes plus satisfait, remettez la médaille dans votre poche. Quand vous serez vraiment très heureux, ouvrez votre veste et montrez au public l'intérieur qui est garni de plusieurs médailles.

Le cône en équilibre

Formez un cône avec une feuille de papier-journal et plongez la partie pointue dans 5 à 6 cm d'eau très salée. Laissez sécher. Pendant votre numéro, allumez le cône et maintenez-le en équilibre sur votre nez, votre front ou menton. La chaleur dégagée par la combustion vous aidera et le cône brûlera jusqu'à la partie salée. (attention : ne faites ce tour qu'avec un plafond assez haut et pas de vent - ne laissez pas faire les enfants sans superviser)

Le chapeau volant

Prenez un chapeau mou, en feutre ou en toile, et faites-le tourner en l' air devant vous en le frappant régulièrement à l'aide d'une baguette d'environ 60 cm de long. Le truc est de frapper de bas en haut à l'extérieur du rebord suffisamment fort pour faire monter un peu le chapeau et lui donner une rotation. Combinez cette idée avec le jonglage d'assiettes ou la manipulation de chapeaux.

Le tour des pièces

Jonglez avec 3 grandes pièces de monnaie. Lancez-en une qui retombera, à plat, sur votre front (Charles Carrer réussissait à faire glisser cette pièce sur son oeil, la transformant en monocle et Ginquevalli tenait une pièce de monnaie entre ses orteils avant de la lancer sur son oeil, en monocle !) Alignez les 3 pièces sur le dos de votre main et votre poignet. Lancez-les en l'air et rattrapez-les d'une main en mouvements de patte de tigre. Puis alignez une longue série de pièces sur votre bras et lancez-les tous en même temps avant de les reprendre en l'air, d'un seul mouvement de la même main.

Le carrousel dans la paume

Essayez d'abord avec 2 boules de billiard que vous ferez tourner dans la paume de votre main. Puis faites de même dans l'autre main. Puis passez à 3 balles dans chaque main. En général, c'est le pouce qui fait le gros du travail en poussant les balles. Vous faciliterez la rotation en penchant vos mains vers l'avant. Enfin faites passez d'une main dans l'autre en des mouvements rotatifs puis en forme de huit ou de signe infini (∞), 3, 5, 7 balles ou plus qui donneront l'illusion d' un système d'engrenage en action.

La jonglerie et la magie

Il fut un temps où la magie et la jonglerie étaient très proches. Avec le développement du jonglage de divertissement, les deux formes artistiques ont divergé. Dans les magasins d'articles de magie, vous trouverez des brochures vous expliquant la préparation de tours de jonglage avec des objets venus de nulle part. Vos foulards sortiront par exemple d'une bourse apparemment vide. Vos balles de jonglage sortent d'un tube transparent et disparaissent dans une boîte pliante. Dans les pages jaunes des bottins téléphoniques cherchez la classification «articles de magie» pour retrouver le magasin le plus proche.

La balle de croquet sur la tête

Présentez trois balles semblant identiques et laissez-en tomber deux par terre. Le bruit sera assez fort car il s'agit de balles de croquet très dures. Annoncer que vous allez jongler et les reprendre sur la tête. Faites plusieurs faux départs et finalement lancez-en une haut que vous réceptionnerez sur la tête avec un grand cri et beaucoup de bruit. En fait celle-ci est une balle de plastique vide. Faites le bruit, à la réception en frappant les deux autres balles l'une contre l'autre. Pour l'illusion, décorez les trois balles du même ruban adhésif de couleur.

Jongler avec des hulahoops

En jonglant avec des hulahoops, lancez-en un par terre en lui imprimant une forte rotation inverse et il reviendra vers vous tout seul, en roulant. vous pouvez aussi lancer les trois par terre avec ce même mouvement de rotation inverse et former, sur le sol les trajectoires similaires à la cascade. Lorsqu'ils reviennent vers vous, soulevez-les avec un pied et laissez-les remonter le long de votre jambe pour réintégrer votre figure initiale. Faites rouler aussi les hulahoops le long de votre dos.

Chapeau, canne et cigare

Un tour connu dans le vaudeville a été de garder en équilibre, sur le pied, un chapeau et un cigare comme on le voit sur le dessin ci-contre. En fait le cigare était en bois. Vous levez le pied brusquement pour projeter le chapeau sur votre tête et le cigare en bouche. Quelques jongleurs ajoutent une canne qui est reprise sur le bras ou un petit plumeau qui retombe dans la poche de gilet, maintenue ouverte par un cercle de fil de fer.

L'inventaire de l'armoire d'équipement

Pour les présentations dans une salle de gymnastique, on peut faire un numéro drôle et complet en trois minutes. Il s'agit de courir vers l'armoire de l'équipement et de la vider de tout son contenu. Battes de base ball, quilles, cône de circulation, ballons, hulahoops sont jetés par terre puis ramassés en série pour démontrer que l'on peut jongler avec n'importe quel objet. Puis le tout est remis en place tout aussi rapidement.

Le poulet en caoutchouc

Vous pouvez monter un numéro hilarant avec des animaux en caoutchouc, que l'on trouve dans la plupart de magasins d'articles pour magiciens. Pensez aux poulets, poissons, petits dauphins, canards et faites un baratin en nommant les animaux et en faisant des jeux de mots se rapportant à la politique, aux moeurs ou à certains membres de l'assistance.

L'oeuf au plat

Cet exercice demande beaucoup d'entraînement. Vous casserez pas mal d'oeufs au début. Prenez une assiette en métal et recouvrez-la de mousse avant de réussir à chaque coup. Le tour est très simple, il s'agit de lancer un oeuf en l'air et de le rattraper dans l'assiette sans qu'il se casse, en ammortissant le choc de tout votre corps. Après avoir lancé et rattrapé l'oeuf quelques fois, vous pouvez, bien entendu terminer le numéro en laissant l'oeuf s'écraser dans l'assiette.

Jongler avec des oeufs

Appelez un volontaire sur scène et faites-le choisir 3 oeufs dans un panier. Expliquez que vous allez jongler avec les 3 oeufs et que vous lancerez à un moment précis un oeuf à un nouveau partenaire. Puis jonglez en courant vers et dans le public en criant que vous allez bientôt passer l'oeuf. Ce tour fait en général crier le public et fonctionnne très bien avec les enfants surtout s'ils sont assis par terre.
A la fin, lancez un oeuf à votre partenaire et pendant qu'il le rattrape casser les deux autres oeufs dans un bol. Demandez à votre partenaire de faire de même pour montrer que les oeufs étaient vraiment frais.

Manger une pomme

Manger une pomme en jonglant est relativement facile. Il importe de le faire avec un certain style.
Décidez de la manière calme en mangeant avec distinction ou en dévorant rapidement et en laissant le jus couler sur une bavette. Vous pouvez faire un numéro avec trois légumes, inclure un petit pain, du fromage ou des fruits (pomme, poire et pêche)
Pour apprendre il suffit de porter le produit à la bouche avant de le lancer. Si vous pouvez l'embrasser, vous pourrez le manger. Exercez-vous de la main droite puis également de la main gauche.

La révérence

Si vous jonglez avec 3 anneaux, que vous en réceptionnez un autour du cou en vous baissant, avec un autre dans chaque main, le public va applaudir. Si vous reprenez une balle à grain sur votre nuque en courbant l'échine, les applaudissements vont également simplement saluer votre position corporelle.
Certains jongleurs, comme Francis Brunn, ponctuent leurs

tours de révérences ou autres poses similaires. D'autres préfèrent accumuler les numéros avant de saluer, privant ainsi le public de moments pour relâcher leur tension.
Préparez-vous, devant le miroir, à des poses précises. Elles devront devenir une part importante de votre présentation. Quand vous attrapez votre dernière balle, étendez théâtralement votre bras. Quand vous jonglez à 4 balles, croisez vos jambes en saluant ou tenez vos massues dans une main, bras levé comme on tient un bouquet de fleurs.
De toutes les poses, la révérence est probablement la plus difficile à maîtriser. A la fin d'un numéro il peut être tentant de se retourner et de s'en aller. Mais rappelez-vous que vous jouez un personnage. Soyez aussi votre personnage à la fin. Si vous devez être drôle, partez de manière drôle, si tout devait être rapide, sortez en courant mais n'oubliez pas de dire au revoir, de la voix et par gestes si vous voulez avoir des rappels.
En sortant de scène, restez face au public et n'oubliez pas de garder un sourire sur votre visage jusqu'à ce que vous soyez en coulisses.

MISE EN SCENE

La mise en scène de votre numéro peut être plus importante que votre habileté. Pour la préparer vous devez avoir pleine confiance en votre personnage. La mise au point se fait progressivment, par un entraînement et en restant à l'écoute des messages et réactions qui vous viennent du public.

Grâce aux risques, les jongleurs ont une opportunité plus grande de développer une mise en scéne efficace. Vous pouvez mémoriser les vers d'un texte ou répéter une chanson et les présenter sans une faute. En fait, si vous manquez un mot ou deux, le public ne remarquera rien, mais si vous perdez une balle... tout le monde le verra.

Si votre mise en scène est efficace, on viendra vous demander à la fin du spectacle si la chute de tel objet, était planifiée ! ou on vous félicitera d'avoir fait semblant de lâcher la massue pour montrer la difficulté ! En fait ce que le public pense souvent est que vos petites erreurs ont été si naturelles qu'elles faisaient partie du numéro.

Pour arriver à ce miracle, soyez d'abord très décontracté. Ne vous précipitez pas sur l'objet à terre. Incluez la chute dans votre routine et protégez-la par quelques attitudes ou mots choisis :

. «augmentation soudaine de la force de gravité»

- «vous, au premier rang ne me regardez pas comme cela, vous me troublez»

- «quelqu'un a toussé»

- «vous avez vu, j'ai failli en perdre une»

- «celle-la n'est pas à moi, elle est à la dame du 3eme rang» (lancez-la lui)

- «personne n'a rien vu»

- «je n'aurai jamais dû me laver les mains avec du savon tout à l'heure»

- «ne vous en faites pas, cela fait partie de mon numéro»
- «le soleil est trop fort ce soir, il m'aveugle»

- «il faut bien contrôler s'ils ont nettoyé le plancher»

Les mouvements de dissimulation :

- tomber à genoux et ramasser l'objet tout en continuant de jongler.

- demander à quelque'un du public de vous lancer l'objet.

- lancer les autres objets à terre et faire autre chose pen dant un instant.

- retourner vers votre malle pour en retirer quelque chose de drôle, par exemple un cahier sur la couverture duquel est inscrit en très grosses lettres : pour apprendre à jongler. On peut aussi retirer de la malle une énorme paire de lunettes ou un révolver pour tirer sur l'objet à terre.

- passer à un autre exercice, par exemple, si vous perdez une massue, lancez-vous dans un autre exercice à deux massues seulement.

- relever l'objet avec le pied et le relancer d'un coup de pied dans votre numéro.

Rapidement vous inventerez vos propres mots et vos attitudes de dissimulation qui correspondront à votre personnage.

UNE NOTE SUR LE PLAGIAT

La jonglerie est un art si ancien qu'il est difficile de prouver que quiconque a vraiment inventé un tour. C'est particulièrement vrai pour les objets courants. En fait, chacun suit la formule de quelqu' un d'autre. L' objectif de ce bouquin n'est pas de pondre des milliers de jongleurs qui copient tous le même numéro mais de donner une masse d'informations qui permettront à chacun de faire travailler son imagination et son expérience.
Certains tours ont été présentés de façon si particulière par un jongleur qu'ils s'identifient à la personne. Reprendre le même tour de la même façon peut dès lors provoquer un tollé de la part des autres jongleurs. Il n'y a cependant pas de mal à utiliser un même équipement, à suivre un person-

nage proche, ou à prendre des attitudes rapprochées. Toutefois, quand la similitude entre dans l'habillement, la façon de parler ou les jeux de mots, alors on a dépassé les bornes.

Par exemple, les Frères Volants Karamazov (FKB : Flying Karamazov Brothers) se sont rendus célèbres par des numéros très précis. Si une troupe de jongleurs demande au public de lui fournir des objets impossibles, "plus grands qu'une mesure d'une once et plus petit qu'une boite à pain" et promet que leu champion arrive à jongler sous peine de recevoir une tarte à la crème en plein visage, elle fera bien d'avoir la décence de mentionner au public que ce numéro, à l'origine vient des FKB.

Si un artiste jongle, en solo, avec une boule de bowling, une pomme et un oeuf, mange la pomme en jonglant et termine par s'écraser l'oeuf sur le visage, il copie Michael Davis et devrait s'abstenir de le faire ou en demander la permission. Si un jongleur s'affuble d'un chapeau haut de forme prend la voix et les tours de W.C. Fields, il court le risque de se faire poursuivre par les héritiers du grand jongleur.

N'hésitez pas à apprendre le plus possible de finesses techniques. L'habilité technique est du domaine public. Pour ce qui est de la présentation artistique, fiez-vous à votre propre imagination et créez donc un style bien à vous.

LES SPECTACLES A L'ECOLE

Les spectacles à l'école sont souvent considérés comme du «pain béni» pour les jongleurs. Le Juggling Institute a édicté quelques règles et conseils que je reproduis ci-dessous et qui devraient vous aider à préparer votre programme.

1. Soyez à l'école au moins une heure avant le début du

spectacle et faites savoir que vous êtes arrivés.

2. Préparez quelques lignes présentant votre spectacle et vous-même ou votre personnage et demandez au proviseur de les lire à l'assemblée. Aider-le (ou la) à répéter la présentation.

3. Considérez l'espace qui vous est accordé comme un théâtre. Avec les moyens du bord, prévoyez une scène que vous balayerez soigneusement, une coulisse que vous créerez avec des rideaux. Ajustez l'éclairage et la sono. si vous avec une salle avec des gradins, tournez-vous face à un côté de gradins.

4. Mettez la musique en marche à l'arrivée des étudiants et veillez à ce qu'elle soit rythmée, sans être du rock and roll. Les thèmes musicaux des séries télévisées donnent une très bonne ambiance.

5. Accueillez les étudiants à la porte. Parlez avec eux, créez des liens visuels, serrez des mains.

6. Si vous avez le choix d'asseoir le public sur des chaises ou sur le sol, optez pour le sol. Cela vous permettra d'avoir un contact et un contrôle plus faciles.

7. Ne répétez pas et ne vous échauffez pas en public.

8. Vous pouvez cependant faire patienter le public en jouant avec les petits, en faisant passer un balai ou en jonglant avec votre chapeau. Ces jeux chaufferont l'assistance et vous feront des amis.

9. Dès que possible faites beaucoup de contacts visuels avec votre public. Regardez-les dans les yeux.

10. Demandez au proviseur ou à un élève de faire votre

présentation. Faites leur dire : «Après le tour du monde, après la télévision et le cirque, nous avons le privilège d'avoir ..... en personne dans notre école !»

11. Faites alors une entrés remarquée et n'oubliez pas de saluer.

12. Une fois que le spectacle a commencé, faites participer le public, posez des questions telles que : « combien d'entre vous savent jongler... combien ont déjà essayé ? «

13. Si vous voulez vraiment une réponse demandez : «je veux voir des mains... «

14. Si vous avez besoin d'un volontaire pour vous aider dans votre numéro et voulez chauffer l'atmosphère, demandez : « j'ai besoin de la personne qui peut faire bouger ses oreilles...» ou «de l'élève qui en restant tranquille peut faire la plus belle grimace... «

15. Rassurez votre partenaire, de la voix et par le toucher.

16. Soyez certain que votre partenaire quitte la scène comme un héros.

17. Utilisez les professeurs aussi.

18. N'utilisez pas de voix spéciale, ne soyez pas condescendant avec les enfants. Parlez comme pour des grands et les petits suivront, mais ne faites pas de cours universitaires, les petits seront perdus.

19. Gardez le rythme tout au long de votre spectacle qui ne doit pas avoir de temps morts.

20. Prenez chaque possibilité d' instruire sur des sujets aussi vastes que :

a. La nutrition et les régimes.
b. Faire des amis.
c. Perfectionner son habileté, l'entraînement.
d. Apprendre en s'aidant mutuellement.
e. Consistance dans l'effort jusqu'au résultat.
f. Accepter les défis.
g. Il est normal d'être différent des autres.
h. L'alcool ou le tabac.
i. Les maths, l'ortographe, le français et les langues étrangères.

21. N'oubliez pas l'aspect théâtral. Voici quelques règles :

a. Faites face au public. Si vous devez vous retourner, continuez de les regarder.
b. Si votre partenaire est seul sur scène, pendant la présentation de votre numéro, restez à l'écart, hors de vue. Ne soyez pas le concurrent de celui ou celle sur scène.
c. Echauffez-vous dans les coulisses par des exercices faciles. On ne doit pas vous entendre.
d. S'il y a peu de lumière, concentrez-la à un seul endroit et restez-y.
e. Choisissez-vous un habillement particulier qui vous différencie de tous les autres et présentez bien votre personnage : «c'est un athlète» (par ex. en habits de tennis) ou «c'est un personnage important « (costume 3 pièces ou robe du soir) «c'est une vedette» (paillettes, couleurs or ou argent) «c'est un clown» (grand souliers, vieux habits)
f. Si vous présentez un personnage, restez avec lui.
g. Plus que tout, apprenez-les à être un bon public.

Comment entraîner son public

Avant de vous lancer dans les spectacles à l'école, apprenez ces deux méthodes pour contrôler votre audience. Elles ont fait leurs preuves avec toutes les classes d'âge.

Faire tomber la pluie

Demandez à votre public de faire ce que vous faites. Montrez-leur vos 2 index et frappez-les l'un contre l'autre légèrement. Puis montrez l'index et le médius et frappez-les les uns contre les autres. Montrez ensuite 4 doigts et frappez les puis 5 doigts et vous aurez un bel applaudissement.

Puis retournez à 4 puis 3 puis 2 puis 1doigt, puis «plus de doigts» et vous aurez le silence parfait.
A ce moment criez «Orage !», montrez vos 2 mains et applaudissez furieusement. Puis 3 doigts, 2, 1 et le silence à nouveau.

Chaque fois que votre public sera un peu bruyant par la suite, criez «Orage», commencez à applaudir, puis passez à 1 doigt et vous obtiendrez le silence.
Ça marche à tous les coups !
Bonjour !
Arrivez sur scène en silence. Saluez de la main et mimez «bonjour». Invariablement quelqu'un vous dira «bonjour !». Encouragez-les et les félicitant (pouce en l'air, baiser mimé) ou en mettant vos mains en éventail derrière vos oreilles. Restez silencieux. Rapidement les «bonjour» monteront du public. Puis partagez la salle en deux et faites signe à une partie de rester silencieuse. Demandez des «bonjour» de l'autre côté. Faites leur comprendre qu' ils ne sont pas assez bruyants. Puis changez de côté de salle. Montrez que vous êtes très content et faites varier les côtés qui peuvent dire «bonjour». Enfin, vous obtiendrez de toute la salle, un énorme «bonjour» et vous pourrez commander alors un silence, comme un chef d'orchestre.

Si pendant le spectacle, vous voulez un peu de silence et d'attention, faites ce tour à nouveau. Le principe est très simple : si vous voulez le silence, faites d'abord beaucoup de bruit !

LES JEUX DANS LA JONGLERIE

En jonglant, on s'efforce, seul ou à plusieurs, de maintenir des objets en l'air le plus longtemps possible. Avec un peu d'imagination, on peut y trouver des idées de compétition et la plupart d'entre nous avons tenté, une fois ou l'autre de jongler avec plus d'objets que notre collègue jongleur. L 'association IJA (International Jugglers Association) organise même des concours. Toutefois les jeux en jonglant pour individuels ou groupes sont plus fréquents et ce chapitre vous en présente quelques-uns.

Les jeux de jonglage consistent à pousser un autre jongleur ou une équipe à la faute. Le gagnant est celui qui arrive à poursuivre son exercice alors que l'autre a perdu un ou plusieurs objets, celui qui a accumulé le moins d'erreurs dans une série d'exercices ou celui qui passe une ligne d'arrivée en tête ou avec le plus de points.

Chaque jongleur qui invente un jeu et l'enseigne à ses amis ou collègues peut le voir publié dans le magazine «Jugglers World» et ainsi devenir membre de l'Association Internationale des Créateurs de Jeux de Jonglerie.
(International Juggling Games Inventors Association)

Le vol

Ouvert aux débutants également, ce jeu consiste à essayer de s'approprier les balles de son adversaire. Un joueur jongle avec 3 balles et tente, par des lancers hauts ou bas, larges ou redoublés d'éviter que son adversaire, qui lui fait face, lui dérobe des balles. S'il arrive à voler 1 balle, il doit la remettre en jeu au bon moment de la figure effectuée. S'il attrape 2 balles, il doit recevoir la troisième. Puis on alterne et le voleur devient le volé.

Le joggling

Ce jeu consiste à jongler pendant le «jogging», la course à pied et se pratique avec 3 balles ou 3 massues. Certains coureurs intrépides le font aussi avec 5 objets !

Le but est de ne pas faire tomber d'objets et de courir le plus vite possible. Dans le cas d'une perte d'objet, le coureur doit s'arrêter, ramasser l'objet et reprendre sa figure de jonglage, de l'endroit de la chute avant de repartir. Le gagnant sera celui ou celle qui arrivera en tête à un point déterminé. On peut aussi courir, seul, contre son meilleur temps.

Le «joggling» exerce ainsi de manière égale le haut et le bas du corps. Vous pouvez pousser l'entraînement en le pratiquant avec des balles à grains de plus gros volume (500 gr ou 1'000 gr).

Les courses de «joggling» ont lieu à chaque convention IJA et lors de rencontres régionales entre jongleurs. Des jongleurs ont été vus en action durant des marathons, réussissant même des temps remarquables. Comme la course à pied, le «joggling» offre le rythme régulier et relaxant du bruit de chute des objets dans la main. En plus, il sublime le jongleur par le plaisir de maîtriser ces objets dans des conditions très particulières.

Le «jollyball»

(inventé par le Professeur Confidence)

Pour le «Jollyball» trouver 5 balles d'un diamètre de 12 cm environ et d'un poids minimum de 170 grammes. Le jeu se passe entre 2 joueurs qui se font face et qui s'imaginent un filet entre eux à hauteur des yeux.

Un joueur a 3 balles, l'autre 2. Celui qui a 3 balles a le

service et commence à jongler et après 7 lancers, passe 1 balle par dessus le filet imaginaire. Le receveur peut soit relancer la balle de suite, soit jongler et retourner la balle au plus tard après 7 lancers. Les points se comptent comme au volley ball. Si un joueur perd une balle, il perd le service ou un point.

Vous pouvez lancer haut, bas (mais au dessus du «filet») et de chaque côté de votre adversaire. Vous pouvez aussi décider de lancer deux balles, mais dans ce cas, elles doivent arriver dans l'espace délimité par les bras écartés de votre adversaire. Une mauvaise passe est considérée comme une balle perdue.

Comme au volley, comptez jusqu'à 15 points par manche. Vous pouvez même tracer des limites de terrain sur le sol et installer un vrai filet. Dans ce cas, toucher le filet correspondra aussi à une faute. Toutes les passes doivent être à trajectoire courbe et monter depuis le lanceur. Les smashes ne sont pas autorisés.

La course de relais

Former des équipes de 5 joueurs, au plus. Si le nombre de joueurs est impair, l'équipe qui aura un joueur de moins enverra courir son premier relayeur deux fois. Pour sélectionner les équipes, prenez par exemple le calendrier en annonçant : «ceux nés en janvier, février et mars dans l'équipe 1, ceux d'avril, de mai et juin dans la 2, ceux de juillet etc.»
Les équipes formées, vous avez le choix entre de multiples possibilités de relais, entre autres celles proposées par Mike Vandruska :

Course avec 3 balles par équipe

Chaque équipe se met en rang, en file indienne. Le premier relayeur a 3 balles (ou balles à grains) Au signal, chaque por-

teur de balles se met à jongler et courir ou marcher jusqu'à un endroit déterminé qui devra être contourné avant de retourner au point de départ. A l'arrivée, les balles sont passées au prochain relayeur qui fera le même chemin. L'équipe qui termine la première gagne. Si un jongleur perd une balle, il/elle doit revenir à son point de départ et repartir.
Les points de départ et d'arrivée peuvent être les parois d'une salle de gymnastique ou d'un terrain de sport ou ils peuvent être marqués par les organisateurs.

Course d'obstacle avec 3 balles par équipe

Comme la course précédente, mais avec quelques difficultés supplémentaires. A un moment donné, les concurrents doivent s'agenouiller, les deux genoux en terre, se relever et continuer, plus loin, faire une pirouette, ou monter sur une chaise, sauter, marcher à reculons, toujours tout en jonglant. Vous pouvez aussi compliquer la course en montant un slalom avec des cônes de circulation. Enfin, pour les plus grands et les plus habiles, remplacer les balles par des anneaux ou des masses.

Le relais avec passes à 3 balles

Les équipes sont alignées en file indienne avec un espace d' 1 mètre entre chaque concurrent. La première personne prend 3 balles et fait face à la suivante. Au signal, elle jongle en cascade et passe les balles à sa camarade en une figure droite - gauche - droite. Le receveur reçoit les balles, jongle en cascade puis se retourne et passe de la même manière plus loin, et ainsi de suite. La dernière personne redonnera les balles à celle qui est devant elle et les balles remonteront jusqu'au début de la file. La première équipe qui a terminé a gagné. Si un concurrent perd une balle, il la ramassera et reprendra son exercice.
On peut aussi corser la course en laissant les participants regarder dans la même direction et en faisant les passes en arrière par dessus la tête.

Compétitions contre la montre

Si vous possédez un chrono, vous pouvez garder les temps des courses et proposer des records.
Ceux-ci peuvent être individuels ou par équipe et concerner des jeux, le temps pendant lequel des objets sont en l'air, ou le nombre d' échanges entre 2 ou plusieurs joueurs pendant une minute. Essayez, par exemple, de compter le nombre de passes à 6 balles entre 2 personnes pendant une minute en comptant chaque passing. Bien entendu l'équipe qui a le plus grand nombre de passes gagne.
Dans toute épreuve chronométrée il est intéressant de faire connaître les temps. Cela permet des comparaisons et stimule l'émulation et la compétition.

La patate chaude

(inventé par John Dobleman)

Les joueurs forment un cercle et font face au centre. Chaque jongleur a 2 balles de scène blanches sauf un qui commence à jongler avec une balle de couleur différente. Cette balle est passée de joueur à joueur, dans n'importe quelle direction ou même à travers le cercle. Tout le monde jongle et celui qui reçoit la balle de couleur doit l'inclure dans sa figure. Celui/celle qui perd la balle est hors jeu. L'objectif est de surprendre les adversaires et de leur faire perdre la balle de couleur. A la fin 2 joueurs se font face, en duel pour désigner le vainqueur.

«J - U - G - G - L - E - R»

(créé à la convention IJA de 1986)

Former un cercle pour un jeu qui se pratique comme le jeu du «cheval» autour d'un panneau de basket. Un joueur fait une figure de jonglage et tous les participants l'imitent. Puis son collègue de droite répéte le mouvement et en propose un autre que tout le monde copie. Et ainsi de suite, chaque

joueur, à son tour reprend tous les exercices et en fait un supplémentaire. Celui/celle qui perd une balle ou fait une faute est hors jeu. Le vainqueur de la manche gagne une lettre du mot «jongleur». Celui qui a réussi à avoir toutes les lettres du mot est le grand vainqueur.
Vous pouvez aussi faire le jeu à l'envers en donnant à tous le mot «jongleur» au départ. A chaque faute, le concurrent perd alors une lettre et est déclaré hors jeu quand il n'a plus de lettres.

Le combat par équipe

(dévelopé à la Convention de Winnipeg)

Une équipe attaque et l'autre défend sur un territoire donné. Chaque équipier a 3 objets, balles ou massues. Le but est pour l'équipe attaquante de placer le plus grand nombre de jongleurs derrière une ligne et pour l'équipe défendante d'empêcher les attaquants d' arriver à cette ligne. Tout le monde jongle pour son compte. Les attaquants essayent d'éviter les défendants qui tentent, eux de bloquer les attaquants. Tout jongleur qui perd un objet est hors jeu. Chaque attaquant qui passe la ligne offre un point à son équipe. Puis on change les rôles et on reprend le même jeu. Le total des points, à la fin détermine l' équipe vainqueur.

Les jeux d'équilibre avec plume de paon

Le maintient en équilibre d'une plume de paon est si facile que ce jeu peut se faire avec les petits enfants ou avec des handicapés. Voici les jeux pratiqués par le Professeur Confidence :

Passe la plume

Formez un cercle. Maintenez une plume en équilibre sur une main, placez votre main au dessus de celle de votre partenaire de droite et laissez-la retomber dans sa main. Le jeu se poursuit par la droite et on regarde le temps nécessaire pour faire le tour du cercle. Puis ajoutez une deuxième plume et éventuellement d'autres quand l'habileté des joueurs le permettra.

L'élève bien équilibré

Donnez une plume à chaque élève et demandez-leur de la maintenir en équilibre, à leur choix. Proposez aux petits la paume ou le dos de la main, le coude ou l'épaule. Aux plus grands vous pouvez demander un équilibre sur le pied, le front, le menton ou le nez. Le but est de garder la plume en équilibre le plus longtemps possible. S'ils lâchent la plume ou la touchent, ils la rendent et vont s'asseoir en attendant que tous aient terminé. Pour accélérer la fin, vous pouvez demander des mouvements tels que : «à genoux» ou «pirouette», «assis - debout». Cela devrait suffire pour désigner un vainqueur.

Course relais avec plume

Séparer les élèves en équipes de 4 à 5 joueurs et alignez-les au fond de la salle. A tour de rôle chaque équipe envoie un participant, tenant une plume en équilibre, qui devra traverser la salle, toucher la paroi du fond et revenir. Le première équipe qui termine a gagné.
On peut corser le relais en demandant aux plus âgés de tenir la plume sur leur front, leur nez ou leur menton.

Le corps à corps
(inventé par Mike Vondruska)

Ce jeu implique 2 personnes, dos à dos dans une zone de jeu restreinte. (par exemple un cercle de mise en jeu au basket) Chaque joueur a 3 balles et jongle. Au signal, les jongleurs se pousse, par le dos et essayent de faire sortir

l'adversaire du cercle.
Le joueur qui perd un objet, arrête de jongler ou sort du cercle, a perdu. Pour raisons de sécurité, on ne peut employer le coude ou le pied pour désarçonner son adversaire mais seulement tout le côté du corps ou le dos.

Le combat de groupe

Ce jeu est drôle aussi longtemps que ces règles précises sont suivies :
Les joueurs ne chercheront en aucun cas à faire du mal aux adversaires.
Dès que vous n'êtes plus en jeu, vous devez quitter l'aire jusqu'à la prochaine manche.
Si ces règles ne sont pas respectées, ce jeu peut s'avérer dangereux et l'auteur ne prend aucune responsabilité pour les bleus, oeil au beurre noir ou autres dents cassées. Que le meilleur gagne !

Pour ce jeu, prévoir beaucoup de monde et décider s'il se joue avec des balles ou des massues. Ce n'est pas un jeu d'endurance, mais d'agilité et d'agressivité dans lequel un seul joueur restera capable de jongler.

Au signal, chacun jongle et se lance contre ses adversaires pour leur faire perdre l'équilibre ou les objets de jonglage. Vous pouvez jongler très haut et dans l'intervalle mettre un adversaire à terre ou lui voler ses balles. Vous pouvez utiliser votre imagination, tout votre corps et même votre voix ! Oui on arrive à destabiliser quelqu'un avec la voix !
Quelques exemples de tactique :

- lancer une massue au loin et en voler une autre à un adversaire, par la droite, sans perdre le rythme.
- pourchasser bruyamment une victime.
- raconter des blagues pour faire rire vos adversaires.

Le «combat» est un jeu très rapide et plusieurs manches pourront avoir lieu par heure ce qui permettra à chacun de gagner ou d'être un des derniers debouts. La plus grande satisfaction n'est pas toujours d'être le vainqueur mais aussi de gagner un duel avec un adversaire coriace.

Le «combat» vous aidera à apprendre à récupérer votre équilibre ou un mauvais lancer dans des conditions difficiles, à élargir votre champ de vision. C'est un jeu drôle si les conditions de sécurité et les règles sont respectées.

Jonglerie sur gazon
(inventé par Ken Burke)

La «jonglerie sur gazon» est à l'art de jongler ce que le hockey sur glace est au patinage artistique. C'est un jeu rapide et excitant nécessitant de la tactique, du jeu d'équipe, de l'habileté et beaucoup de course. Je pense que ce jeu a toutes les qualités pour devenir un sport reconnu avec clubs, championnat et groupes de supporters.

La «jonglerie sur gazon» est jouée sur un terrain de footbal. chaque joueur a en mains 2 balles dites «mortes». Une balle «en vie» d'une couleur contrastée est mise en jeu et l'objectif est de garder cette balle en mouvement en direction d'une ligne de but. L'équipe qui a le plus de points après 15 minutes gagne. Il est interdit de bloquer ou de faire trébucher l'adversaire. Bien passer la balle, courir et habileté sont les secrets de l'attaque. Les interceptions, le vol de la balle dans la figure de jonglage sont les clés de la défense. Actuellement, les règles de la «Jonglerie sur gazon» sont simples et assez générales. Avec le temps et les rencontres, nous pourrons affiner et standardiser ces règles. Dans la liste des règles ci-dessous, les paragraphes marqués d'un astérisque* sont définitifs parce qu'essentiels pour le jeu. Les autres peuvent être changés si cela devait améliorer le jeu.

1. Le jeu est joué sur un terrain de footbal américain d' environ 90 mètres de long, marqués de sections de 9 mètres. Chaque équipe a le même nombre de joueurs dans son camp. Le nombre minimum est de 7 joueurs par équipe.

2. Chaque joueur de la première équipe a une balle de scène blanche dans chaque main. Dans l'autre équipe, les balles seront toutes jaunes. Ces balles ne peuvent pas s'échanger avec celles de l'autre équipe. Elles sont nommées «mortes» car elles ne peuvent pas servir à marquer des points.

3. La balle qui détermine les points sera une balle de scène orange. Elle doit toujours être jonglée et en mouvement constant. Si un joueur décide de jongler avec 2 balles dans une main, une des deux doit impérativement être la balle orange. Aucun joueur ne peut tenir 2 balles dans un seule main à aucun moment.

4. Au départ, chaque équipe se positionne derrière sa propre ligne des 20 mètres et un joueur prend la balle orange et jongle pendant au moins 4 lancers avant de passer la balle à l'équipe adverse. La passe doit arriver dans le camp adverse. Si ce n'est pas le cas, elle devra être rejouée. Si la passe est courte une seconde fois, la balle sera donnée à l'équipe adverse pour l'engagement. Dès que la balle orange est lancée, les joueurs sont libres de se mouvoir sur tout le terrain.

5. Les joueurs sans la balle orange se placent à leur choix ou selon la tactique. Le joueur qui jongle peut s'approcher d'une ligne de 10 mètres mais ne peux pas la croiser sans risquer de perdre la balle orange. Pour franchir les lignes la balle doit être passée à un partenaire. Les passes et les réceptions ne peuvent se faire qu'en jonglant.

6. Lorsque la balle orange arrive dans la zone terminale et qu'elle est passée 4 fois dans la même équipe, cette équipe marque un point. La balle orange est alors remise à l'autre équipe qui recommence.

7. Il est interdit de toucher les balles «mortes» d'un adversaire ni de toucher un adversaire.

8. Si le joueur en possession de la balle orange perd une balle, le jeu s'arrête et son équipe doit donner la balle orange à l'adversaire.

9. L'équipe qui récupère la balle orange peut se disposer comme elle l'entend dans la zone dans laquelle la balle a été récupérée et les joueurs de l'équipe adverse doivent évacuer cette zone jusqu'à ce que la balle ait été jonglée 4 fois. Le joueur qui relance le jeu ne peut passer la balle orange avant le 5eme lancer.

10. Si plusieurs balles sont perdues simultanément, on fera le décompte des balles perdues et l'équipe avec le moins de balles perdues gardera la balle orange. Si les deux équipes ont le même nombre de balles perdues, l'équipe qui était en possession de la balle orange recommence le jeu.

11. La balle orange peut être interceptée pendant le jeu, à condition que le «voleur» jongle avec ses propres balles et ne les perde pas pendant le vol. Le voleur ne peut pas toucher son adversaire si ses balles sont «mortes». Toutefois les contacts non intentionnels ne sont pas sanctionnés surtout si le voleur ne perd pas de balles et arrive à ses fins. Si le voleur fait une faute, et fait perdre des balles, le jeu s'arrête et le joueur en possession de la balle orange reprend le jeu à l'endroit où il a été intercepté.

12. Le vol de la balle orange est autorisé si aucun contact

n'est fait avec le corps du joueur en possession de la balle orange. Tout contact intentionnel sera pénalisé.

13. La pénalité pour jeu dur, faute, contact intentionnel avec le corps ou les balles «mortes» doit être décidée à l'avance. Ce peut être une expulsion du jeu pour un temps donné, une avance en mètres, un changement de possession de la balle orange ou une perte de mètres.

14. Le jeu est divisé en deux périodes de 15 minutes chacune. L'engagement peut être gagné par tirage au sort ou lancer de pièce. Le repos entre les 2 périodes sera de 5 minutes. Pour la deuxième période les équipes changent de camp. Chaque équipe a droit à trois temps morts de 1minute au maximum. Si le score est nul à la fin du jeu, on donnera un temps supplémentaire de 5 minutes. S'il n'y a toujours pas de vainqueur, le jeu continuera jusqu'à ce qu'une équipe score un nouveau point, qui lui donnera la victoire.

15. Lors de la passe initiale ou à chaque passe, un joueur de l'équipe adverse peut intercepter la balle orange en jonglant et la passer à son tour à ses équipiers, à condition que sa propre passe croise au moins 2 lignes de 10 mètres.

16. Une variante propose de ne pas recevoir directement la balle orange mais de la laisser tomber par terre. A ce moment-là les joueurs des deux équipes peuvent la toucher pour la stopper, mais pas avec les mains, puis s'en emparer normalement pour la mettre en mouvement.

17. Si un joueur touche la balle à terre avec la main, il doit immédiatement se mettre à jongler 4 fois avant de la passer car dès que l'on touche la balle orange de la main, toutes les règles concernant les lancers, touchers, pertes et interceptions sont appliquables.

18. Si, lors de l'engagement la balle orange tombe par terre et roule hors du terrain, l'équipe adverse prend possession de la balle et la remet en jeu à l'endroit où elle est sortie.

19. Si l'équipe recevante décide de ne pas toucher la balle qui sort du terrain, elle peut aussi la remettre en jeu à l'endroit où la balle orange a touché le sol.

20. Si la balle sort du terrain pendant le jeu, l'équipe qui l'a touchée en dernier perd la possession et l'autre équipe la remet en jeu à l'endroit où elle est sortie du terrain.

21* Durant le jeu, la balle orange peut être attrapée et passée immédiatement pour autant qu' une autre balle au moins soit jonglée avec la balle orange. Le joueur peut aussi décider de ne pas passer la balle et de continuer de jongler aussi longtemps qu'il ne croise pas une ligne de champ.

Notes de l'inventeur du jeu

On peut aussi jouer au jeu de «Jonglerie sur gazon» avec des massues mais il ne faut pas mélanger les massues et les balles.

Si vous n'avez pas assez de place pour avoir toutes les lignes de champ, vous pouvez changer les règles et jouer sur un terrain de basket ball par exemple en prenant les paniers comme buts.

LA JONGLERIE DANS L'ENSEIGNEMENT
INFORMATION POUR LES ENSEIGNANTS

Ce livre peut être utilisé comme guide pour un programme d'études par les instructeurs d'éducation physique, de danse ou de théâtre, dans des établissements spécialisés ou non, par des pédagogues de jeu ou de temps libre, par des responsables de camps de vacances ou de formation ou par quiconque qui désire apprendre et enseigner la jonglerie avec une méthode écrite rapide et efficace.

La jonglerie est un modèle pour le développement de l'agilité motrice. Les figures simples et progressives favorisent l'apprentissage d'activités physiques plus complexes. L'étudiant progresse à son propre rythme et trouve de nouveaux défis à chaque niveau. Les nouvelles figures ou pièces d'équipement sont autant de problèmes à résoudre individuellement et sont aussi un guide et une source d'expériences. L'étudiant construit son propre répertoire à travers un procédé qui va de l'éveil à l'intérêt, de l'exploration à l'expérimentation et du perfectionnement à la prouesse technique. En fin de compte, cette technique de formation permettra à chaque étudiant de devenir instructeur à son tour. Les seules conditions seront d'être physiquement apte, de désirer apprendre la méthode pour obtenir une meilleure agilité de mouvements, et de vouloir transférer son savoir.

L'apprentissage de la jonglerie se fait au rythme de l'élève, sans contraintes extérieures. L'étudiant doit travailler sans pression de temps. Il n'y a pas de moyens de comparaison ou d'appréciation chiffrables, à l'exception des résultats visibles présentés par chaque individu.
La jonglerie peut servir à l'entraînement de la coordination main-oeil dans tous les sports qui la nécessite. Pour les étudiants qui ont de la peine à apprendre, ou qui ont des problèmes d'attitude liés à l'émotivité, la jonglerie est idéale

car elle peut encourager à faire un effort pour se surpasser, travailler en groupe, ou se concentrer sur une tâche précise.

Les objectifs généraux des étudiants en jonglerie incluent les avantages suivants :

- amélioration de la coordination main-oeil.

- développement de la précision dans le lancer et la réception d'objets.

- amélioration des réflexes, du rythme et de l'équilibre.

- développement de la concentration et de la focalisation.

- amélioration de la confiance en soi, de l'aplomb et de la présence en scène.

- développement de l'esprit d'équipe et des capacités d'enseignement.

Il y a de nombreuses raisons pour inclure des cours de jonglerie dans les programmes d'éducation physique, de récréation ou d'art dramatique. C'est une activité sans dangers dans laquelle les garçons et les filles ont les mêmes possibilités et qui permet de regrouper un maximum d'élèves dans un espace restreint. C'est un sport sans contacts violents, ou une activité de récréation et de spectacle, à disposition des solitaires ou des groupes et qui demande un investissement réduit. Possible à l'intérieur ou en plein air, la jonglerie est une activité vivifiante, drôle, un peu avant-garde et un magnifique changement dans la routine des professeurs et des étudiants.

LA MOTIVATION

Pour soutenir la motivation et la continuité dans l'effort, vous pouvez :

1. Organiser un petit concours à la fin de la classe et voir qui peut jongler ou balancer sa plume de paon le plus longtemps.

2. Permettre aux étudiants d'apposer leur nom sur un tableau félicitant ceux et celles qui arrivent à jongler pendant 20 lancers.

3. Préparer un spectacle de jonglerie à la soirée annuelle ou à la mi-temps d'un match d'une équipe de l'école.

4. Donner une note d'éducation physique pour des bons résultats.

5. Suivre le programme de récompenses des certificats de l'IJA et des épinglettes (voir le détail à la fin de ce livre)

pour récompenser les élèves et les aider dans leurs défis.
6. Devenir un membre de l'IJA et passer l'information sur les spectacles et l'équipement disponibles et recommandés pour les aptitudes de vos élèves.

7. Former un club de jonglerie dans votre école, l'affillier à l'IJA, participer aux conventions régionales ou nationales et devenir un instructeur officiellement reconnu par l'IJA.

8. Préparer, avec vos élèves une rencontre dans votre communauté comprenant un festival de jonglage, un spectacle, des jeux et de la formation.

9. Ouvrir une classe de jonglage pendant la pause de midi ou après les cours.

10. Organiser une sortie pendant un congé pour voir un spectacle de jonglage ou un cirque.

11. Récompenser particulièrement les étudiants qui peuvent pratiquer le «joggling» c'est à dire la course à pied en jonglant.

12. Laisser vos meilleurs éléments enseigner aux autres et les encourager à se produire en public dans l'école ou dans les écoles voisines.

13. Remplacer le «marche - a - thon» annuel de l'école par un «jongle - a - thon» pour récolter de l'argent pour les bonnes oeuvres. Le but est de jongler le plus longtemps possible, chaque minute comptant pour le payement des dons.

14. Envoyer vos meilleurs éléments à la réunion annuelle des professeurs d'éducation physique.

15. Organiser un concours dans l'école, et offrir au lauréat le voyage à la convention nationale.

16. Lancer un défi à l'école voisine pour un jeu ou un match de Jonglerie sur gazon.

17. Vendre de l'équipement de jonglage dans la cantine de l'école pour récolter des fonds.

18. Faire au moins un jeu de jonglerie lors de la journée sportive.

19. Organiser un championnat de «jollyball».

20. Afficher les résultats individuels et les performances ou records de vos élèves au tableau officiel de l'école.

ORGANISATION D'UNE CLASSE DE JONGLERIE

Vous pouvez organiser vos classes de jonglerie dans une salle ou en plein air. Toutefois si votre but est de familiariser vos élèves avec le foulard, évitez de le faire en extérieur car le moindre souffle de vent perturbera les trajectoires des foulards. Un sol en bois est idéal pour le travail avec les balles et il est préférable de débuter avec les anneaux, massues ou autres objets fragiles sur une surface plus molle comme le tapis ou l'herbe.

La musique sera de la partie autant que possible pour donner du rythme à votre classe et inspirer vos élèves. Choisissez des cassettes d'aérobic, de ragtime ou de rock des années 50, de swing, de dixieland, de la disco ou de la musique militaire pour garantir le rythme.

Si votre assistance est importante, répartissez vos élèves en cercle autour de vous ce qui facilitera votre passage devant chacun pour les soutenir. Le contrôle du groupe peut être fait comme suit :

1. Asseoir les élèves sur le sol.

2. Faire déposer le matériel derrière eux.
3. Démontrer le prochain exercice uniquement.
4. Enclancher la musique et laisser les élèves s'entraîner.
5. Passer vers chacun pour les corrections en évitant les mots tels que : «non»-»faux»-»pas juste».
6. Dès que le mouvement est bien assimilé, arrêter la musique, demander à tous de s'asseoir, de remettre le matériel derrière eux et de poser leurs mains devant sur leurs genoux.
7. Expliquer et démontrer le mouvement suivant.

FIN DU COURS ET RAMASSAGE DU MATERIEL.

Au début de la leçon, le matériel devra être préparé soigneusement et l'annonce suivante faite aux élèves : « à la fin de la leçon, je veux le matériel rangé exactement comme maintenant...» Si vous enseignez le jeu avec les foulards, il faudra donc prévoir de terminer environ 3 minutes avant la fin officielle de la leçon pour permettre le rangement qui s'annoncera comme suit : «empilez vos foulards devant vous, à plat, comme 3 crêpes. Dès que vous les avez applatis, posez-les sur ceux de votre voisin pour faire un tas de 6 pièces, puis sur ceux de votre prochain voisin pour faire un tas de 12 pièces. Continuez d'empiler jusqu'à ce vous ayez un grand tas de tous les foulards. Puis asseyez-vous ici.»

Pour les balles à grains et les balles dures, prévoyez des récipients à différents endroits de la salle et demandez : « aussi tranquillement que possible et sans lancer, déposez vos balles dans le seau le plus rapproché puis venez vous asseoir vers moi.» En vous assurant que vos élèves s'assoient avant de quitter la salle, vous aurez la certitude qu'ils ne disparaissent pas en emportant du matériel.

PLAN DE LECONS

Que vous ayez seulement une heure avec vos élèves ou que vous les rencontriez tous les jours, il est important d'avoir un plan de leçon. Considérez donc chaque chapitre de ce livre comme une base pour préparer vos leçons.

Petites classes : Ce sont les plus enthousiastes et les moins habiles. Vous pouvez jouer avec eux en utilisant les foulards ou les plumes de paon pour préparer leurs aptitudes au jonglage.

Les leçons suivantes sont prévues pour les petits, de la maternelle à la 3eme classe et durent de 20 à 40 minutes chacune. Pour les petits de la maternelle et de la première année, il semble préférable d'utiliser les leçons 1 et 2 ainsi que les premiers éléments de la leçon 10. Pour les élèves des 2ème et 3ème années, essayez de suivre la série complète et ajustant la rapidité des exercices à leurs aptitudes.

Cette série de leçons peut être expérimentée durant toute une année scolaire à raison d'une leçon de jonglerie par semaine. A certaines occasions, il peut apparaître intéressant de donner une courte leçon quotidienne mais les résultats sont bons avec la planification hebdomadaire d'un jour pour avoir la leçon de jonglerie. Pensez aussi de programmer la jonglerie en cas de mauvais temps.

Leçon 1 - jeu avec le foulard

Matériel : 1 foulard par enfant.

Objectifs : améliorer l'habileté du lancer et de la réception, prendre confiance dans l'utilisation des 2 mains, commences l'apprentissage de tâches multiples.

Progression didactique : démontrez le mouvement 1, puis distribuez un foulard par élève.

1. Lancer et rattraper, d'une main.
Demandez aux élèves de mettre l'autre main dans leur ceinture.

2. Lancer et rattraper, de l'autre main.
Assurez-vous qu'ils gardent la paume ouverte pour le lancer et rattrapent par un mouvement de «patte de lion».

3. Lancer d'une main, rattraper dans l'autre. Puis lancer de cette dernière main et rattraper dans la première.
Assurez-vous qu'ils lancent réellement le foulard et ne le passent pas simplement de main à main.

4. Lancer, frapper des mains, rattraper de l'autre main.

5. Lancer, frapper des mains, répéter le frapper des mains, rattraper de l'autre main.

6. Lancer, frapper sous la jambe droite, rattraper de l'autre main.

7. Lancer, frapper sous la jambe droite, frapper sous la jambe gauche, rattraper de l'autre main.

8. Lancer, frapper des mains, frapper sous la jambe droite, frapper sous la jambe gauche, frapper des mains à nouveau, puis rattraper de l'autre main.

9. Lancer, pirouette sur place, rattraper de l'autre main.

Vous avez certainement compris le concept. Il s'agit de progresser dans l'habileté. Mettez de la musique et utilisez un microphone pour dicter vos conseils. N'arrêtez la musique que pour démontrer un nouvel exercice. Laissez-les continuer en rythme. Dès que la majorité a maîtrisé l'exercice, passez au suivant. Ainsi vous pouvez inclure d'autres mouvements :

1. Lancer sous la jambe droite puis la gauche.

2. Lancer derrière le dos de la main gauche, rattraper de la main droite, puis vice versa.

3. Souffler le foulard en l'air, s'asseoir, se relever et rattraper.

4. Lancer, toucher la tête, toucher le ventre, toucher les genoux, rattraper.

Utilisez votre imagination et demandez aux enfants d'inventer d'autres mouvements. Placez-les en cercle et demandez à chacun, à tour de rôle, de faire son propre exercice que tous les autres copieront.

Leçon 2 - Deux foulards

Matériel : deux foulards par élève.
Objectifs : être capable de maintenir 2 objets en mouvement - découvrir et comprendre les trajectoires - préparation à la cascade avec 3 foulards.

Progression didactique : démontrer le mouvement 1, puis distribuer 2 foulards par élève.

1. Prendre 2 foulards dans la «meilleure» main. Lancer 1 foulard. Quand il atteint son apogée, lancer le deuxième. Chaque foulard a sa propre trajectoire. La démonstration se fait en lançant le premier foulard verticalement, puis le deuxième parallèlement au premier. Refaire l'exercice en prenant du rythme, toujours d'une seule main, l'autre étant plaquée dans le dos.

2. Lancer en arc de cercle, de l'extérieur vers l'intérieur. Quand le premier foulard est à son apogée, lancer le deuxième sur la même trajectoire.

3. Lancer en arc de cercle de l'intérieur vers l'extérieur.

4. Faire chacun de ces mouvements de l'autre main.

5. Prendre un foulard dans chaque main. Lancer le premier en travers comme une barre d'une grande lettre «X». A son apogée, lancer l'autre foulard comme l'autre barre du «X». Reprendre le premier puis le second. (illustration dans la section «foulards» de ce livre - page 11)

6. Lancer le premier en «X», lancer le second dans l'axe opposé du «X», frapper des mains, rattraper le premier, puis le second.

Ces deux derniers mouvements sont identiques à ce que devra être la jonglerie avec 3 foulards. Vos élèves sont maintenant en route pour devenir de vrais jongleurs. Vous pouvez assurer leur succès en procédant à quelques exercices supplémentaires qui apprennent les lancers, sans réception.

Leçon 3 - Trois foulards

Matériel : trois foulards par élève

Objectifs : lancer et recevoir 3 foulards - découvrir le mouvement continu avec 3 foulards.

Progression didactique : démontrer d'abord le mouvement 1, puis distribuer 3 foulards à chaque élève.

1. Commencer avec 2 foulards dans la «meilleure» main. Le premier est tenu par le bout des doigts, le deuxième est dans l'autre main, le troisième est aussi dans la «meilleure main». Lancer le no. 1. A son apogée, lancer le no. 2. A son apogée, lancer le no. 3. Ne rien rattraper. Laisser les foulards choir sur le sol. Répéter le mouvement plusieurs fois.

2. Puis lancer no. 1, lancer no. 2, rattraper no. 1, lancer no. 3, laissez choir les no. 2 et 3.

3. Puis lancer no. 1, lancer no. 2, rattraper no. 1, lancer no. 3, rattraper no. 2, laisser choir no. 3.

4. Puis lancer no.1, lancer no. 2, rattraper no. 1, lancer no. 3, rattraper le no. 2, rattraper le no. 3.

En 3 leçons, vous avez touché les bases de l'apprentissage de divers aspects menant à la jonglerie et vos petits élèves sont prêts. Maintenant commencez progressivement les étapes de la jonglerie proprement dite.

Leçon 4 - Jongler en continu.

Matériel : trois foulards par élève.

Objectifs : jongler avec 3 foulards, en continu - rattraper les erreurs et lancers approximatifs - jongler en grands et petits mouvements, lentement et rapidement.

Progression didactique : suivre les points expliqués dans ce livre dans le chapitre «foulard» du début à la figure de la «cascade renversée» (page 7 à 12).

Leçon 5 - Jongler à 3 foulards avec un partenaire.

Matériel : trois foulards pour 2 élèves.

Objectifs : jongler en continu avec 3 foulards en les passant à un partenaire - changer de main.
Progression didactique :

1. Suivre la progression des exercices concernant les passes avec un partenaire dans le chapitre «foulard» de ce livre, page 22.

2. Laisser les partenaires découvrir les mouvements. Puis, demander l'entraînement avec la moins bonne main, puis en passant sous la jambe à chaque lancer.

3. Mettre les partenaires côte à côte. Le jongleur de gauche jongle avec la main gauche et a 1 foulard. Celui de droite jongle avec la main droite et a 2 foulards. Les mains non utilisées sont dans le dos. Le jongleur avec 2 foulards commence et les 2 partenaires alternent les lancers comme le feraient une main droite et une main gauche.

Leçon 6 - Les trucs et figures.

Matériel : trois foulards par élève.

Objectifs : arriver à présenter la «cascade renversée» et les «colonnes»

Progression didactique : suivre les exercices «cascade renversée» et «colonnes» dans le chapitre «foulard» de ce livre, pages 13 à 15.

Avec chaque classe, vous pouvez prendre la première partie de la période consacrée à la jonglerie pour laisser les élèves découvrir, en musique toutes les leçons jusqu'à celle-ci. Cette activité aérobique développera l'habileté, fortifiera la condition physique des élèves et leur apprendra à suivre des instructions précises.

Leçon 7 - Encore des figures.

Matériel : trois foulards par élève.

Objectifs : savoir jongler sous une jambe et dans le dos - savoir souffler les foulards ou travailler avec les pieds - faire une pirouette en jonglant.

Progression didactique : suivre les exercices décrits en pages 16 à 18 du chapitre «foulards» dans ce livre.

On peut maintenant diviser les élèves en 2 groupes pour séparer ceux qui savent et ceux qui ont quelques problèmes. Il ne faut pas ralentir, à ce stade ceux qui arrivent à jongler. Au contraire, il faut les encourager et les laisser s'entraîner à de nouveaux défis, pendant que vous corrigez ceux qui ont un peu plus de peine. Découpez les exercices en des mouvements simples et petits, puis reconstruisez l'exercice au complet, point par point. En tout cas, gardez tout le monde en mouvement, actif et de bonne humeur !

Leçon 8 - Et encore des figures...

Matériel : trois foulards par élève.

Objectifs : arriver à démontrer la figure de la «douche» - jongler à 3 foulards dans une seule main.

Progression didactique : suivre les étapes décrites dans le chapitre «foulards» de ce livre.

Tous les exercices se font mieux d'un côté que de l'autre. Assurez-vous que les élèves s'exercent aux deux côtés et qu'ils arrivent à démontrer la «douche» de la main gauche comme de la droite.

Leçon 9 - Jongler à 6 foulards avec un partenaire.

Matériel : quatre foulards par élève.

Objectifs : garder 6 foulards en l'air entre 2 partenaires pendant au moins 20 lancers. (voir page 24)

Progression didactique :

1. Répétez la leçon 5, les mouvements 1 et 2.

2. Suivez les étapes du chapitre «foulards» de ce livre, traitant de l'échange de 6 foulards entre 2 partenaires.

3. Motivez vos élèves en organisant un concours pour voir quelle équipe arrive à jongler le plus longtemps possible.

Leçon 10 - Les plumes de paon.

Matériel : une plume par élève.

Objectifs : comprendre et pratiquer les principes de l'équilibre.

Progression didactique : démontrer le mouvement 1 avant de distribuer une plume par élève.

1. Maintenir une plume en équilibre sur la paume de la main (voir chapitre «équilibre» pages 408 et 409)

2. Maintenir une plume en équilibre sur le dos de la main, sur chaque doigt, sur le pied, le coude ou le genou, sur chaque épaule, et sur le front, le nez ou le menton.

3. Maintenir une plume en équilibre sur le front, en s'agenouillant et en se relevant.

4. Même exercice, mais en s'asseyant et en se relevant.

5. Organiser un concours pour voir quel élève garde sa plume en équilibre sur la main le plus longtemps.

6. Même concours pour l'équilibre sur le front ou le nez.

Leçon 11 - Les jeux de jonglerie

Matériel : trois foulards et une plume par élève.

Objectifs : arriver à jongler, jouer et faire des courses de relais avec foulards et plumes.

Progression didactique :

1. Faire les jeux décrits aux pages 443 et 444 de ce livre.

2. Inventer votre propres jeux.

3. Nous faire connaître vos propres jeux pour les inclure dans la prochaine édition de ce livre.

L' ENTRAÎNEMENT ET LA PROGRESSION

Que vous soyez enseignant dans une école, démonstrateur ou conduisant un atelier hebdomadaire, ou même élève solitaire avec ce livre, vous devriez établir et suivre une méthode de contrôle de la progression et des résultats par une carte, un fichier ou un dossier.

Poussez vos élèves à s'entraîner au moins 20 minutes par jour. Rappelez-leur que l'entraînement peut se pratiquer partout, même devant la télévision, pendant les pauses publicitaires. N'oubliez pas de donner de la musique entraînante pendant vos leçons pour favoriser la concentration et le rythme. A la maison, faites de même et employez les écouteurs ou le baladeur pour ne pas gêner les voisins.

Au début, l'entraînement se concentrera sur la répétition des exercices jusqu'à les connaître par coeur. Puis il faudra les mettre ensemble selon un schéma personnel, comme pour faire son propre numéro. Essayez les exercices difficiles point par point, puis tentez de les faire d'un coup. Chaque jongleur se rappelle le jour où il a pu faire un «3-3-10» avec un partenaire ou celui qui a vu une figure qui semblait impossible enfin réalisée. C'est la raison pour laquelle il est recommandé de tenir un compte écrit des exercices que vous savez faire pour les reprendre et les améliorer régulièrement.

LE CONTRÔLE D'UNE CLASSE

Si vous n'avez pas enseigné devant un groupe important auparavant, voici quelques conseils qui vous permettront de tenir votre classe sous contrôle d'une manière sympathique, amicale et efficace.

1. Ne jamais permettre la distribution du matériel avant d'avoir donné les instructions pour son usage et d'avoir démontré le premier mouvement.

2. Ne jamais donner d'instructions ou de commentaires à une classe qui n'est pas silencieuse et attentive. Si nécessaire, restez immobile et attendez. Ou dites simplement «merci d'être silencieux» et attendez. Normalement les élèves se passeront le mot et feront respecter le calme.

3. Regroupez toujours votre matériel 2 à 3 minutes avant la fin de la leçon et faites asseoir les élèves pour donner les derniers mots de recommandation ou de commentaires. Cela vous aidera à récupérer votre matériel.

4. N'utilisez pas de sifflet dans la salle mais plutôt un microphone pour vous aider à dominer la musique lorsque toute la classe est en mouvement. Pour attirer l'attention, arrêtez la musique et demandez le calme.

5. Parce que les articles de jonglerie sont petits et très appréciés, faites en sorte que les manteaux, sacs et effets personnels restent en dehors de l'endroit d'entraînement.

6. Pour récupérer les balles à grains, alignez les élèves à la fin de la leçon et passez prendre les balles vous-même vers chacun. Cela réduira considérablement vos pertes de matériel.

7. Pour corriger des mouvements, donnez des appréciations positives . « Vos réceptions sont meilleures, essayez de faire un lancer de plus» aura plus d'effet que «vous êtes bloqués à 3 lancers, il faut vous en sortir».

8. Si vous voulez voir vos élèves rapidement assis, dites leur : «à l'endroit où vous êtes...(pause) ... aussi vite que possible...(pause)... asseyez-vous». Ils tomberont comme des pierres.

9. S'ils jouent avec leurs balles à grains demandez-leur : « posez vos balles... tirez vos mains en l'air... posez-les sur votre tête... sur vos épaules... sur vos jambes... et ne touchez pas vos balles à grains !»

10. Pour calmer un petit noyau d' élèves distraits ou bavardant sans cesse, dites-leur «merci de votre attention» ou dites au groupe «je ne crois pas que j'aie l'attention de tous». Les autres élèves se chargeront de calmer les commères.

11. Si les balles à grains volent dans la classe comme des missiles, arrêtez immédiatement la leçon et précisez que celle-ci ne reprendra qu'après avoir obtenu l'assurance que les balles serviront à jongler et à rien d'autre.

UN MESSAGE SPECIAL POUR LES ADMINISTRATIONS SCOLAIRES.

La jonglerie n'est pas automatiquement restreinte au cadre des programmes d'éducation sportive. En fait, elle offre l'opportunité d'analyser son influence en profondeur dans de nombreux domaines et branches d'études. Imaginons que vous songiez à inclure la jonglerie dans votre programme. Quelle serait la marche à suivre pour optimaliser les résultats de cette nouvelle expérience ?

Vous pourriez, dans un premier temps prendre contact avec une troupe de jongleurs pour présenter au corps professoral et estudiantin les facettes de cet art et vous aider à donner une orientation claire à votre projet. Un conseil : avant que les jongleurs arrivent, étudiez l'histoire de la jonglerie.

Dans les classes de science, la jonglerie peut vous aider à discuter de la force de gravitation, des trajectoires de chute d'objets, de la physique de l'équilibre et des problèmes physiologiques liés aux lancers et réceptions d'objets. Dans la classe de diction et de théâtre, la jonglerie peut donner lieu à l'écriture d'un scénario pour un cirque ou une représentation artistique.

Le jour de la réunion, les élèves peuvent profiter d'apprendre à écrire des lettres de remerciements aux jongleurs, ou à dessiner leurs impressions. Vous pouvez aussi utiliser le spectacle pour une étude de l'histoire des arts anciens et les élèves plus grands pourraient écrire une dissertation ou des essais, voire des nouvelles sur le sujet d'un spectacle de jonglerie. Une séance de lecture peut aussi être organisée, sur la base, par exemple des livres de Georges Meredith («les testament du jongleur Jerry») ou des autres ouvrages connus tels que «le jongleur de Notre Dame» ou «Alex le jongleur fantastique».
Dès que le cours de jonglerie aura débuté dans la section d'éducation physique, il y a plusieurs possibilités de continuer l'information et la découverte de cet art. Ces possibilités sont décrites dans le chapitre suivant.

PLAN DE LEÇONS POUR LE DEGRE MOYEN ET SECONDAIRE

Les plans et exercices suivants sont prévus pour des leçons de 40 à 50 minutes, dans une salle avec plafond haut ou en extérieur sur une surface en herbe ou pavée (pour les exercices de rebond).
Prévoyez un échauffement de 5 à 10 minutes avant de commencer les exercices de jonglerie, en vous concentrant sur les étirements pour assouplir les muscles du dos. Demandez à vos élèves d'avoir la même tenue vestimentaire que pour les leçons de gymnastique. Jusqu'en 4ème année, vous enseignerez en principe à l'aide de balles à grains et autres balles. Dès la 5eme année, vous pourrez introduire les anneaux et les massues.

Commencez tous vos programmes par les foulards. Pour les plus grands, vous pouvez condenser les leçons 1 à 4 en 30 à 40 minutes environ. N'oubliez pas la musique pour garantir le rythme. Les leçons 5 à 9 des foulards pourront faire l'objet d' une deuxième leçon. Dans votre 3ème leçon, faites une rapide révision et passez en revue quelques jeux et exercices d'équilibre. Dès que le niveau est acceptable, passez directement à la leçon 12 : la «cascade».

On obtient des résultats excellents en planifiant, en 4ème année, une session journalière de 40 minutes pendant une semaine. Cette dose permettra de faire passer vos étudiants du stade de maladroits hésitants à celui de jongleurs débutants avec de plus en plus d'assurance. Après les 5 leçons, 60 à 90 pour cent des participants pourront jongler avec 3 balles sans problème pendant au moins 10 lancers, et quelques uns seront même au stade de la «cascade renversée» et des «colonnes».

Présentez la jonglerie comme une récompense. Incluez le

temps pour jongler dans l'intervalle des matches de volley, de badminton ou d'autres jeux, ou entre les périodes de sport en extérieurs. Prévoyez une série de 5 à 10 jours consécutifs de jonglerie au moins une fois dans l'année.

Pensez à inclure dans votre programme un système de récompenses pour ceux qui progressent le plus et marquez les records ou autres résultats sur un tableau que tous pourront consulter.

UN MOT SUR LA METHODOLOGIE

Chaque classe a son propre objectif. Faites-le comprendre et rappelez-le à vos élèves afin de donner un sens à leurs efforts. Chaque leçon doit avoir une progression dans la difficulté. Vos élèves doivent découvrir le procédé d'apprentissage «point par point» et le plaisir d'acquérir de l'habileté progressivement. N'oubliez pas de montrer leurs progrès aux enfants. Dites-leur toujours ce qu'ils font juste.

Pendant la préparation de vos leçons, dites-vous que vous ne pourrez jamais simplifier à l'excès. Par exemple, des enseignants, lors du passage de 3 balles à 3 massues demandent à leurs élèves de substituer une balle par une massue. L'élève devra alors pratiquer deux méthodes différentes de lancers et de réceptions simultanément. Evitez donc de compliquer !

Certains instruisent la «cascade» en demandant de lancer en arc de cercle par dessus la tête, vers la gauche et vers la droite. Ce mouvement n'a rien à voir avec la «cascade». Pourquoi ne pas simplement demander de lancer une balle, dans une trajectoire en forme de signe infini ou de 8 allongé, comme on devra le faire avec 3 balles plus tard.

Beaucoup d'élèves ont perdu le contact avec la jonglerie à cause de l'erreur commune d'enseignants même bien intentionnés, qui leur font débuter avec 2 balles dans une main. Cette très mauvaise habitude débouche sur un lancer en profondeur, les mains allant en avant puis en arrière, les balles tournant vers l'élève qui devra utiliser ses avant-bras comme des pistons sans pouvoir corriger les trajectoires. Confirmez bien aux élèves que les figures se font dans une zone plane devant le jongleur, les mouvements allant de haut en bas et de gauche à droite mais jamais d'avant en arrière. Si vos élèves entrent dans ce faux manège, vous les verrez courir après leurs balles dans toute la salle ou jongler en tournant en rond. D'abord l'élève devra se sentir en confiance avec 3 objets suivant une jolie trajectoire en «cascade». Plus tard il pourra tenter l'expérience de travailler avec 2 balles dans les mains. Corriger une erreur de base comme celle-ci peut prendre plusieurs mois.

LE DEGRE SECONDAIRE

Désirant assurer un taux de succès important avec les élèves du degré secondaire, je commence souvent les cours de la manière suivante :

1. Je m'assure le soutien d'un aide qui est à l'aise avec le maniements des foulards.

2. Je démontre la «cascade» avec les foulards puis avec les balles à grains et laisse aux étudiants le choix du matériel afin d'accélérer leur degré de confiance et de coordination de mouvements.

3. Je partage la classe en 2 groupes : un pour les foulards et l'autre pour les balles et tente de séparer les groupes autant que possible afin de permettre à ceux qui désirent apprendre plus lentement de se concentrer sans être dérangés par les plus téméraires ou plus avancés.

En règle générale, 3 jours suffisent pour donner de l'appétit aux étudiants plus âgés. Dès qu'ils ont réussi les leçons 12,13 et 14, je propose de faire de la leçon de jonglerie une session à option pour leur permettre de jongler à discrétion et à leur propre rythme. Beaucoup d'étudiants auront pris le virus de la jonglerie et désireront continuer avec n'importe quel objet : ballons de basket, balles de tennis et même des boulets d'athlétisme si vous les laissez faire. Une leçon ouverte leur donnera l'occasion de jongler beaucoup plus librement.

PLAN DES LECONS

Leçon 12 - La «cascade»

Matériel : Trois balles à grains de couleurs différentes par élève.

Objectifs : Jongler en continu avec 3 balles.

Première partie : (suivez les instructions de la «cascade» dans les pages 27 à 32 de ce livre) Donnez une balle à chacun. Demandez aux étudiants de la lancer devant eux dans une trajectoire en forme de signe «infini» jusqu'à ce que le mouvement soit régulier et continu.

Progression didactique : (vous pouvez l'utiliser tel quel)

1. Commencez avec la balle à l'extérieur du corps, sur le côté. Amenez-la vers le centre d'un mouvement arrondi vers le bas et lancez.

2. Veillez à ce que l'apogée soit à environ 30 à 50 centimètres au dessus de l'épaule.

3. Ne suivez pas la balle, concentrez-vous sur l'apogée.

4. Rattrapez la balle comme un oeuf, puis relancez de l'autre

côté en veillant bien au mouvement arrondi vers le bas avant le lancer.

5. Gardez les paumes des mains ouvertes vers le haut pendant tout l'exercice.

Deuxième partie : Quand les élèves maîtrisent une balle, passez directement à trois balles. Faites la démonstration avant de distribuer les balles. Pour maintenir une deuxième balle dans une main, repliez l'annulaire et l'auriculaire. Demandez aux élèves de tenir ainsi une balle dans chaque main et passez la 3ème balle comme dans la première partie, en la tenant dans le «nid» formé par les trois autres doigts.

Progression didactique : (vous pouvez l'utiliser tel quel)

1. Assurez-vous de la position des balles et lancez la balle du bout des doigts.

2. Lancez, rattrapez, mouvement arrondi vers le bas, relancez, etc.

3. Ce mouvement est un échauffement, une préparation à la jonglerie et à votre numéro. Il est important de se rappeler que les lancers du bout des doigts se font avec plus de sécurité.

Troisième partie : Il est maintenant temps d'échanger 2 balles.

Progression didactique : (vous pouvez l'utiliser tel quel)

1. Commencez par la main tenant 2 balles.

2. A l'apogée de la trajectoire de la première balle, lancez la 2ème d'un mouvement arrondi par le bas. Lers trajectoires forment un «X» devant votre poitrine.

3. Attrapez la première balle, puis la 2ème. Recommencez.

4. Durant cette procédure, parlez à haute voix : «lance... lance... attrape... attrape».

Corrections : Plusieurs problèmes apparaissent fréquemment à ce point.

1. Passer la balle de main à main. Beaucoup d'élèves connaissent un jeu qui consiste à faire passer une balle de main à main avant de la lancer. Avant de corriger, expliquez l'origine de ce mouvement et précisez qu'il est très fréquent. Faites changer le départ en mettant 2 balles dans la «moins bonne main» Ainsi, comme l'élève sait déjà lancer correctement avec sa «meilleure» main, le lancer sera plus aisé. Puis faites parler le débutant à haute voix en insistant sur le mot «lance».

2. Lancer les 2 balles en même temps. Souvent des élèves précipitent leurs 2ème lancer. Faites-les se concentrer sur l'apogée de la première balle et les faisant lancer une seule balle d'abord. Faites-leur dire ensuite quand la 2ème balle doit être lancée. Faites l'exercice aussi longtemps que l'élève reste hésitant car la maîtrise de ce point est très importante pour la poursuite de l'apprentissage.

3. Lancers dans tous les sens. Souvent le premier lancer est bon, le 2ème beaucoup moins car trop bas ou non symétrique au premier. Rappelez d'abord que la jonglerie ne se fait pas en profondeur mais sur une zone plane devant le jongleur. Soignez les lancers en disant que les élèves peignent un tableau devant eux. Soignez aussi les hauteurs des lancers. Les lancers doivent être totalement symétriques. Faites aussi changer de main pour recommencer de la «moins bonne main».

4. Les mains recherchent les balles. Avant de maîtriser les lancers, les élèves montent souvent leurs mains à la ren-

contre des balles qui retombent. Forcez-les à attendre les balles avec les mains à hauteur de taille.

«Remède de cheval» : pour ceux qui ont vraiment de la peine à lancer, demandez-leur de se concentrer uniquement sur les lancers et oubliez les réceptions. Laissez tomber toutes les balles. Comme il n'y a plus la crainte de perdre les balles, souvent, les lancers s'améliorent rapidement. Faites-leur reprendre le cours normal en insistant sur leurs annonces à haute voix : «lance - lance - attrape - attrape».

Remarque sur le matériel : Pour faciliter les corrections, veillez à ce que les élèves aient des balles de couleurs différentes. Il est en effet plus facile de faire comprendre de «rattraper la rouge», «quand la bleue est en haut, lance la verte» que de donner de longues explications.

Remarque sur les chutes : Faites bien comprendre que perdre une balle est un signe de progression et surtout pas une honte. Dites aussi que toucher la balle sans la saisir est bien, que c'est mieux que de ne pas la toucher du tout. La confiance en soi est plus important que la coordination des mouvements.

Quatrième partie : Rappelez à vos élèves que jongler, c'est comme marcher. On alterne les pieds en marchant, on alterne les mains en jonglant. Confirmez que le lancer de 2 balles est très important et qu'ils doivent très souvent revenir à ces exercices avant d'aller plus loin.

Progression didactique : (vous pouvez l'utiliser tel quel)

1. Commencez de la main qui a 2 balles. Lancez la première, du bout des doigts.

2. A son apogée, lancez la 2ème, sous la trajectoire de la première.

3. A l'apogée de la 2ème, lancez la 3ème, en la laissant rouler vers l'avant de votre main, et en la lançant du bout des doigts.

4. Les balles 1 et 3 ont changé de main. Remettez une balle dans votre main de départ et recommencez l'exercice. En jonglant, dites, à haute voix : « un... deux... trois.... stop»

Corrections : A ce niveau, les problèmes fréquents sont les suivants :

1. Jongler en avançant : après les deux premiers lancers, il arrive souvent que l'élève se mette à avancer pour suivre les lancers suivants. Rappelez qu'il n'y a que deux points à atteindre avec les balles. Un en dessus de chaque épaule. Faites-les se concentrer sur ces deux points.

2. Haut, moyen, bas : la première balle est souvent à bonne hauteur, les autres vont toujours plus bas et augmentent la vitesse. Les résultats sont la chute ou l'avance du corps. Le premier exercice de correction est identique au no.1 ci-dessus. Puis faites parler à haute voix en insistant sur le compte «deux» qui devra être intensifié. Si nécessaire forcez les lancers «deux» pendant un moment avant de reprendre normalement.

3. Panne du lancer no. 3 : il peut arriver qu'après avoir maîtrisé les lancers 1 et 2, le 3 ne puisse pas quitter la main. Faites alors lancer 1 et 2 sans rattraper les balles, puis la balle 3. Puis lancez et rattrapez la balle 1 mais pas les autres. Puis lancez et rattrapez les balles 1 et 2. Enfin lancez et rattrapez les 3 balles.

4. Passage de la balle 3 de main à main : Si l'élève se bloque à la balle 3 et la passe dans l'autre main faites recommencer en changeant la main de départ. Normalement cela devrait suffir à résoudre le problème.

Sinon, mettez-vous en face et bloquez la main de réception au 3ème lancer afin que l'élève se rende compte de ce qu'il fait, ce mouvement de passage étant souvent réalisé inconsciemment.

5. Lancers trop rapides : Dès que les lancers semblent être maîtrisés, le rythme s'accélère, souvent un peu trop et les 3 balles sont en l'air en même temps. Le résultat est la chute car les élèves ne savent plus quelle balle reprendre. Faites ralentir les lancers, et faites compter à haute voix. Demandez aussi la concentration sur les apogées des trajectoires de balles.

6. Jongler en «ramassant à la pelle» : pour ceux qui ont appris à jongler seuls, ou avec 2 balles par main, le mouvement de lancer devient vite un avant - arrière comme s'ils avaient une pelle en main. Les balles sont utilisées en profondeur au lieu de l'être uniquement en largeur et en hauteur devant eux. Pour corriger ce problème, il faudra d'abord faire découvrir la zone plane devant eux dans laquelle les balles doivent être, puis reprendre les exercices de base en insistant sur la trajectoire en forme de signe infini à une balle, sur le mouvement arrondi vers le bas pour lancer, sur le mouvement des avant-bras de l'extérieur vers l'intérieur. Puis demandez-leur de fixer les coudes au corps et de jongler. Cette mauvaise habitude est une des plus difficiles à corriger. Elle doit l'être même si l'élève arrive à jongler avec 3 balles.

7. Dans tous les cas : dès que vous voyez une erreur répétée, arrêtez l'élève, et corrigez le mouvement. Une erreur fréquente peut devenir une habitude et sera très difficile à corriger par la suite. Faites comprendre à l'élève l'erreur et demandez-lui de se concentrer sur ce qu'il a fait et pourquoi il y a eu chute. En connaissant le pourquoi d'un problème, la correction se fera plus facilement.

Cinquième partie : une fois que les élèves ont pu faire 3 bons lancers et 3 réceptions, ils peuvent progresser à leur propre rythme. Donnez-leur l'objectif 4 lancers, puis 5, 6 et ainsi de suite jusqu'à 12 lancers. Faites-les compter à haute voix pour aider la concentration et les lancers.

Progression didactique : (vous pouvez l'utiliser tel quel)

1. Jongler, c'est comme marcher ! Alternez les lancers comme vous alternez les pas. Dès que la balle 3 atteint son apogée, faites, de l'autre main le lancer no. 4.

2. Le lancer no. 4 est le 2ème lancer de votre «moins bonne main». C'est en fait la balle no. 1 qui revient.

3. Lancez 4 dès que 3 est bien en haut. La trajectoire de 4 est la même que celle des autres. Rien ne change.

4. Comptez les lancers : un... deux... trois... quatre.

5. Dès que vous savez faire 4 lancers et 4 réceptions, vous pouvez continuer et tenter 5 lancers, avant d'accrocher les chiffres 6, 7, 10 ou plus ! Quand vous pouvez lancer 12 fois, vous le pouvez 100 fois !

N'oubliez pas de remettre de la musique avec un bon rythme. La musique aidera les élèves à garder l'allure et le rythme. Quand vous arrêtez la musique c'est le signe que la leçon de jonglerie est terminée.

Corrections : la plupart des problèmes vus avec 3 balles réapparaissent ou sont amplifiés au 4eme lancer. Répétez les corrections proposées avec 3 balles puis poursuivez par les points suivants :

1. Bloqué au 3ème lancer : certains étudiants se sentent bien avec le début du mouvement mais ne peuvent pas

prendre le risque de continuer. D'autres ne parviennent pas à saisir le rythme et le dessin de la figure dans l'air, à comprendre que le 4ème lancer est le même que le 2ème. Dans les deux cas, ils s'arrêtent et posent la question : « que faire après avoir 2 balles dans mon autre main ?»

Commencez par expliquer que dans la jonglerie continue, on n'a jamais 2 balles dans une main, sauf au tout début. Faites lancer la balle qui est dans la main avant qu'une autre y arrive. Précisez qu'il n'y a pas de balle no. 4 mais seulement des balles 1 et 2 et que le 4ème lancer n'est que la balle 2 qui est lancée pour la 2ème fois. Pour simplifier,. faites jongler en comptant à haute voix seulement «un - deux - un - deux «. Quand l'élève dit «deux» il lancera la balle qui se trouve dans sa «moins bonne main».

Enfin, si un débutant est réellement bloqué, il peut jongler en comptant à haute voix «un - deux - un - deux» et en exagérant les lancers «deux». Une fois que le mouvement continu sera enregistré, il pourra progressivement lancer les «deux» moins haut et reprendre la figure normale.

2. Jongler en avançant : si les lancers ne sont pas réguliers par les côtés, vos élèves se mettront rapidement à marcher ou à courir en jonglant, en général vers l'avant. On peut corriger ce problème de plusieurs façons. Rappelez-leur d'abord la manière exacte de lancer par les côtés. Confirmez que la jonglerie se fait dans une zone plane devant le jongleur et que les apogées des balles ne peuvent être qu'au-dessus de chaque épaule. Puis faites-les jongler, sur la pointe des pieds, les orteils sur une ligne inscrite sur le sol. Enfin, comptez le nombre de lancers exacts et arrêtez-les dès qu'ils commencent à lancer moins bien. Ils remarqueront que leurs bras se sont relevés, ou que les mains sont tombées. En fait ils jonglent trop haut ou trop bas. Sur la base du compte de lancers exacts, faites-les progresser en se concentrant sur les points précédents.

Progressez d'un seul lancer à la fois s'il le faut.

3. Arrêt involontaire : certains élèves s'imaginent ne pas pouvoir franchir certaines limites et s'arrêtent. «je ne peux pas aller plus loin que 6 lancers...» En réalité, ils lancent souvent de plus en plus bas et le lancer no. 6 est si bas que le 7ème ne peut pas partir. Ou alors les mains montent et finissent par être à hauteur des yeux. Faites corriger la hauteur et la constance des lancers et assurez-vous que leurs mains restent basses, à hauteur de taille.

4. Collisions : quand le nombre de lancers augmente, les collisions deviennent plus fréquentes. Ceci est dû à une baisse de la concentration et à la rupture de la ligne de figure. Par exemple, les lancers ne vont plus en direction de l'épaule opposée, mais deviennent pratiquement verticaux. Exercez la constance dans les lancers et précisez bien qu'il n'y a que 2 lancers possibles, identiques et symétriques, un de gauche et un de droite.

5. Empressement : l'élève qui n'a pas le rythme va souvent jongler de plus en plus vite et finira par mélanger les lancers. Faites-le se concentrer sur les apogées, ne pas lancer avant l'apogée, et compter à haute voix . Mettez éventuellement un fond musical plus lent.

6. Lancers trop lents : il peut aussi arriver que l'élève lance juste avant de recevoir la balle. Les lancers seront en retard et de ce fait seront trop au centre, sans arrondi, mauvais. Ceci est souvent dû à l'apprentissage en solitaire avec 2 balles dans la main. Pour la correction, faites jongler plus haut pendant 2 lancers au début en insistant sur la qualité du lancer et de l'arrondi. Pour le 3eme lancer, faites-le jongler sous un microphone imaginaire devant lui. Et bien sûr, poussez la concentration sur les apogées et faites-le lancer à ce moment-là en comptant à haute voix.

Sixième partie : à ce niveau, l'objectif est de jongler en continu.

Progression didactique : (vous pouvez l'utiliser tel quel)
1. Pour poursuivre la figure, vous devez être réguliers. Rappelez-vous qu'il ne peut y avoir que 2 apogées, en dessus de chaque épaule. Concentrez-vous sur ces points.

2. Changer de rythme en jonglant haut et lentement puis plus bas et donc plus rapidement. Elargissez la figure en écartant les bras. Explorez tout l'espace devant vous.

3. Quand vous maîtrisez ces exercices, habituez-vous à fixer, à travers la figure que vous faites, un mur à quelques mètres devant vous. Ceci vous permettra d'ajuster votre vision et de ne plus regarder directement vos balles. Vous utiliserez uniquement votre vision périphérique.

Leçon 13 - La «cascade renversée» et les «colonnes»

Matériel : trois balles à grains par élève.

Objectifs : maîtriser les deux autres figures de base de la jongerie (voir pages 35, 44 et 45)

Echauffement : faire la «cascade» (que vous venez d'apprendre dans la leçon précédente) pendant quelques minutes.

Première partie : chaque élève dépose 2 balles et n'en garde qu'une. Ils forment avec cette balle une trajectoire semblable au signe mathématique «infini», en débutant par l'extérieur et en lançant par le haut.

Progression didactique : (vous pouvez l'utiliser tel quel)

1. Imaginez, devant vos yeux, un petit panier de basket de

la taille d'un cercle fait par la jonction de vos pouces et index. Lancez votre balle par en haut et faite la retomber dans ce petit panier.

2. Lâchez la balle à hauteur d'épaule, par l'extérieur. Rattrapez-la au centre de l'autre main. Gardez toujours vos paumes de main ouvertes, tournées vers le haut.

3. Faites le même exercice de l'autre main. Puis faites-le en continu en changeant de main et en donnant à la balle une trajectoire en forme de signe mathématique «infini» ou de «8» couché.

Deuxième partie : quand vous pouvez passer une balle en continu, vous pouvez passez à deux balles.

Progression didactique : (vous pouvez l'utiliser tel quel)

1. Lancez la première balle. A son apogée, lancez la deuxième, de l'autre main, par dessus. Elles se croisent et finiront dans les mains opposées à leur départ.

2. Rappelez-vous de lancer les balles de façon à ce qu'elles passent dans le petit panier de basket devant vos yeux.

Troisième partie : pour continuer à jongler, poursuivez vos lancers. Chaque fois qu'une balle est à son apogée, lancez-en une autre.

Corrections : voici les problèmes courants et leurs solutions :

1. Lancers par dessous : l'erreur la plus fréquente est le retour au lancer traditionnel par dessous, avec arrondi vers le bas. Faites concentrer l'élève sur la prise de la balle au centre, le mouvement vers l'extérieur, le porter jusqu'à l'épaule et le lancer vers le haut par l'extérieur.

2. Lancers irrattrapables : souvent également, la trajectoire s'élargit trop et les lancers deviennent irrattrapables. Rappelez à vos élèves que l'apogée se trouve du même côté que votre lancer et que les balles retombent au centre. «Les débutants font de grands lancers, les maîtres des petits». Faites donc jongler vos étudiants plus court et plus rapidement.

Quatrième partie : les colonnes sont commes des cages d'ascenseur et les balles voyagent à la verticale de leur point d'origine. Commencez par lancer, du bout des doigts, de la main qui tient 2 balles. Lancez une balle, verticalement, au centre. A son apogée, lancez, en même temps les 2 autres balles, verticalement par les côtés. Puis rattrapez la balle solo, et ensuite les 2 autres.

Cinquième partie : recommencez, en lançant la balle solo, par le centre. A son apogée, lancez les 2 autres balles, verticalement par les côtés. A la réception de la balle solo, relancez-la sur la même trajectoire, puis rattrapez les 2 et relancez-les de même. Et ainsi de suite. Rappelez-vous de lancez toutes les balles à la même hauteur.

Sixième partie : maintenant que vous maîtrisez la figure des «colonnes» faites-la, en commençant à lancer de votre «moins bonne main».

Progression didactique : souvent les élèves jonglent en profondeur en formant un mouvement de pelle, ramenant les balles contre eux. Rappelez-leur que les trajectoires de cette figure se situent aussi dans une zone plane devant le jongleur.

Septième partie : vous savez maintenant jongler avec 2 balles d'une seule main, l'autre main ne lançant qu'une seule balle continuellement.

Défis : jongler en colonnes, puis alterner la main qui relance la balle solo du centre. Une fois la main droite, une fois la gauche, une fois les deux ensemble.
Gardez les 2 balles extérieures à la verticale, mais lancez la balle solo plus haut, par dessus les autres balles, en direction de la droite, puis de la gauche.
Ou encore, lancez la balle solo verticalement, au centre, et lancez les 2 autres l'une par dessus l'autre, se croisant pour changer de main. Pour éviter la collision, lancez plus haut la balle de la main droite.

Leçon 14 - Les transitions et l'apprentissage à 4 balles.

Matériel : quatre balles à grains par élève.
Objectifs : apprendre les transitions pour passer de la «cascade» à la «cascade rensversée», aux «colonnes» - apprendre les bases de la jonglerie à 4 balles.

Echauffement : faites la «cascade», la «cascade renversée» et les «colonnes» pendant 5 minutes.

Première partie : les élèves s'exercent à la transition de la «cascade» à la «cascade renversée» et retour à la «cascade».

Progression didactique :
1. Les collisions sont fréquentes lorsque vous commencez l'entraînement des transitions. Il devient alors encore plus important de soigner les lancers et d'éviter de jongler en profondeur en ramenant les balles vers vous.

2. Pendant l'apprentissage des transitions, habituez-vous à utiliser tout l'espace devant vous en élargissant les trajectoires, et en jonglant alternativement haut ou plus bas. Essayez les transitions vers toutes les figures et essayez progressivement de jongler à hauteur des yeux.

Deuxième partie : faites les transition de la «cascade» ou «cascade renversée» aux «colonnes» et vice versa. Rappelez-vous de jongler avec la balle solo de votre main droite ainsi que de votre main gauche.
Défis spéciaux : A ce stade, certains élèves ont une bonne maîtrise de leurs lancers. Il convient alors de leur donner quelques défis spéciaux tels que :

1. Jongler en marchant dans toute la salle.

2. Jongler en montant une rampe d'escaliers.

3. S'asseoir et se relever, tout en jonglant.

4. Monter sur une chaise, sauter à terre, tout en jonglant.

Quatre balles à grains : cette figure est présentée rapidement car dès qu'un élève sait jongler à 3 balles, il demande à le faire à 4 balles.

Première partie : démontrez les 3 trajectoires possible avec 2 balles dans une main : la «fontaine intérieure», la «fontaine extérieure» et les «colonnes» (voir pages 90 à 93). Entraînez chaque figure de chaque main, séparément.

Progression didactique : gardez la trajectoire sur une zone plane devant vous. Ne rapprochez pas les balles de vous. Bougez vos coudes et vos bras en même temps que vos mains pour suivre les trajectoires. Entraînez-vous plus de votre «moins bonne main». Soyez vraiment sûrs de vos lancers.

Deuxième partie : lancez 2 balles simultanément dans une trajectoire de «fontaine extérieure». A leur apogée, lancez les 2 autres , rattrapez les 2 premières et relancez-les, et ainsi de suite... Puis faites de même avec les trajectoires de «fontaine intérieure» puis des «colonnes». Suivez les exercices dans cet ordre.

Leçon 15 - Pattes de tigre

Matériel : trois balles à grains par élève.

Objectifs : être capable de rattraper les balles avec les paumes tournées vers le bas, de façon continue. (voir les pages 36 et 37 de ce livre)

Echauffement : jongler en musique pendant une chanson au moins.

Première partie : commencer avec une balle. Lancez-la de main à main, paumes vers le bas, en traçant des signes «infini» dans l'air. Lancez asez haut pour faciliter l'apprentissage, à environ 40 à 60 cm en dessus de chaque épaule. Un conseil : « lancez comme pour dire au-revoir et aggripez la balle vers le bas, comme un coup de patte de tigre.

Deuxième partie : lancez une balle, paume de la main vers le bas. A son apogée, lancez une 2ème balle, de l'autre main. Puis aggripez la première, ainsi que la seconde. Résistez à la tentation de retourner vos paumes de main vers le haut.

Troisième partie : passez à 3 balles. Continuez de pratiquer comme précédemment en trajectoire de «cascade». Progressivement, amenez vos lancers plus bas jusqu'à ce qu'ils soient à hauteur des yeux. Les mouvements seront alors très rapides et chaque balle sera dans vos mains pour une seconde seulement. Résistez à la tentation de retourner vos paumes de main.

Maintenant que vous savez jongler avec les paumes de mains tournées vers le bas, il y a certaines figures intéressantes à faire. La plus connue s'appelle «le receveur d'impôts»

Le receveur d'impôts : première version (années 1960) : Tout en faisant la «cascade», annoncez à votre public que vous allez faire «le receveur d'impôts des années 60». Vous aurez une balle rouge, une bleue et une jaune. Chaque fois que la rouge arrive dans votre main droite, aggripez-la d'un coup de patte de tigre, retournez votre paume et renvoyez-la dans la figure normale.

Le receveur d'impôts : deuxième version (années 1970) : vous aggripez maintenant la balle rouge à chaque passage de la main droite. On récoltait plus d'impôts en 1970 !

Le receveur d'impôts : troisième version (années 1980) : Cette fois vous aggripez chaque deuxième balle, de la main gauche et de la main droite. La difficulté est de tourner rapidement les poignets pour passer de «paumes vers le bas» à «paumes vers le haut».

Le receveur d'impôts : quatrième version (années 1990) : C'est un mouvement rapide de prise, en coup de patte de tigre de toutes les balles, des 2 mains. Annoncez aussi : «d'ici à l'an 2000, ils auront ramassé toutes les balles!»

La balle en cavale : cette autre figure spectaculaire consiste à jongler en «cascade» basse et serrée puis à lancer une balle en dehors de la «cascade», comme si elle s'échappait, puis à la rattraper rapidement d'un coup de patte de tigre, et de la réintégrer dans la figure serrée et rapide.

Si le temps vous le permet, faites jongler vos élèves en patte de tigre avec les figures de la «cascade renversée» ou des «colonnes». Le fait d'aggriper les balles peut être utile dans plusieurs situations pour accentuer un mouvement, ou rattraper un objet qui vous échappe. Avec l'entraînement, jongler avec les paumes tournées vers le bas sera aussi confortable que jongler dans la position standard des mains.

Leçon 16 - la douche.

Matériel : trois balles à grains par élève.

Objectifs : être capable de lancer 10 fois consécutivement, en trajectoire de «douche» de droite à gauche pour les droitiers et de gauche à droite pour les gauchers. (voir page 39)

Première partie : «lancer - lancer - rattraper - rattraper» Commencez avec 2 balles dans votre «meilleure» main. Lancez-les simultanément et rapidement en un arc de cercle assez haut, jusque dans votre autre main. La 2ème balle a fait une bonne partie de la trajectoire lorsque la première arrive dans votre autre main. Refaites l'exercice en disant à haute voix «lance - lance - rattrape - rattrape».

Deuxième partie : «lance - lance - passe - lance - rattrape - rattrape - rattrape» Commencez comme auparavant et mettez une 3ème balle dans votre autre main. Lancez les deux premières balles comme auparavant, puis juste avant de recevoir la première balle dans votre autre main, passez rapidement la 3ème balle dans votre «meilleure» main. A ce niveau, la vitesse d'exécution est primordiale. Les 2 premiers lancers doivent se faire en succession rapide pour vous donner le temps de passer la 3eme balle avant l'arrivée de la balle no. 1. La précision des lancers est importante, chaque lancer doit être similaire au précédent.

Souvent, les élèves, à ce moment retourne automatiquement aux mouvements de la «cascade». Un bon jongleur apprend ses mouvements jusqu'à ce qu'ils deviennent automatiques puis doit apprendre à casser ces automatismes pour apprendre une autre figure. C'est assez difficile à faire comprendre. Dites à vos élèves que ce qui était difficile hier paraît aujourd'hui facile et encouragez-les à continuer leur entraînement jusqu'à ce que les nouveaux mouvements paraissent automatiques.

Troisième partie : commencez comme dans la deuxième partie, mais pousuivez les mouvements. Chaque fois qu'une balle arrive dans votre «moins bonne» main, passez-la immediatement dans votre «meilleure» main et lancez-la de suite en arc de cercle. La clé du succès est la précision et la rapidité.

Quatrième partie : quand les élèves maîtrisent la «douche», demandez-leur de varier les hauteurs de lancers et la rapidité des mouvements. Plus l'arc de cercle est haut, plus la vitesse sera faible et l'exercice aisé. En descendant l'arc de cercle des lancers, vous augmentez fortement la vitesse et exercez vos réflexes. Organisez un petit concours pour voir qui arrivera à garder la «douche» en l'air le plus longtemps possible.

Cinquième partie : faites la «douche» à l'envers ! Comme la «douche» est une figure qui s'appuie beaucoup sur l'agilité de votre «meilleure» main, il est gratifiant de refaire tous les mouvements dans le sens inverse, en se basant sur les lancers de la «moins bonne» main. Cet exercice sera sans aucun doute beaucoup plus difficile mais votre joie quand vous y arriverez effacera tous les efforts !

Gardez bien vos paumes de main tournées vers le haut pour la «douche». N'aggrippez pas la balle qui est passée et essayez de vraiment la passer en la lancant et non pas en la portant. Veillez aux intervalles entre les balles : ils doivent être aussi réguliers que possible.

Sixième partie : pour donner un vrai défi à votre classe, demandez à vos élèves de faire la «scie», figure qui comprend des alternances de «douche» des deux côtés. (voir pages 46 et 47 de ce livre)

Avant chaque cours, demandez à vos élèves un échauffement de quelques minutes et faites-les essayer toutes leurs figures, en toute décontraction.

Leçon 17 - Temps d'arrêts, réceptions spectaculaires et rattrapages.

Matériel : trois balles à grains par élève.

Objectifs : apprendre 3 temps d'arrêts et 2 rattrapages (voir pages 54 à 61)

Première partie : prenez une balle et exercez-vous à la rattraper à plusieurs endroits : sur le bras, derrrière la nuque, sur le pied ou le dessus de la main. Quel que soit l'endroit, amortissez le choc de l'arrivée de la balle.

Deuxième partie : prenez maintenant 2 balles. Lancez la première en «cascade» et la deuxième à votre guise, pour être receptionnée de manière spectaculaire. Quand vous maîtrisez l'exercice à 2 balles, passez à trois balles et tentez vos réceptions spéciales tout en jonglant.

Demandez à vos élèves de diviser leur figure ou leur réception en plusieurs mouvements et de les entraîner séparément, puis par groupe avant de tenter la figure totale. Vous verrez ainsi qu'ils oseront des figures très spectaculaires comme des réceptions dans le creux du genou, sur le sommet de la tête, sur la tempe ou sur le haut des fesses.

Troisième partie : dans un spectacle, ou même en privé, il est important et amusant de poursuivre son exercice même si une balle est perdue, mal réceptionnée ou reste en main. Démontrez l'exercice qui consiste à reprendre une balle tombée à terre en l'envoyant, par un coup de talon par dessus l'épaule. Il n'y a pas de limite pour récupérer une balle à terre. Un de vos élèves essayera peut-être de la remettre en jeu en faisant une roue !

Défis particuliers ! Apprenez le rebond avec diverses parties de votre corps. Commencez avec une balle que vous ferez rebondir sur votre genou. Puis passez à 2 balles. Commencez une «cascade» avec la première et laissez l'autre rebondir sur votre genou puis dans votre main droite. Maintenant avec 3 balles. Chaque lancer de la main gauche rebondi sur votre genou droit avant d'être reprise par la main droite. Puis essayez les rebonds avec le pied, le coude, le front, un mur. Avec un peu d'entraînement, le rebond deviendra une partie naturelle de vos figures de jonglerie.

Leçon 18 - Le «yo-yo» et le «oy-oy»

Matériel : trois balles à grains par élève.

Objectifs : apprendre le «yo-yo» et ses variations sur un seul côté.

Première partie : refaites les exercices avec 2 balles dans une main. Exercez votre «moins bonne» main, en faisant des «colonnes».

Deuxième partie : jonglez à deux balles dans la «meilleure» main et portez la «moins bonne» main à hauteur des yeux. Habituez-vous à la voir en cette position, fixe, immobile.

Troisième partie : continuez la jonglerie avec votre «meilleure» main, et commencez à bouger votre «moins bonne» main sur un plan horizontal et vertical, à votre guise.

Quatrième partie : coordonnez les mouvements de votre «moins bonne» main avec ceux d'une des balles qui sont jonglées verticalement, de l'autre main. Enfin refaites le même exercice, en tenant une balle du bout des doigts de votre «moins bonne» main. Essayez de suivre parfaitement la trajectoire d'une des balles jonglées.

Cinquième partie : refaites les mêmes mouvements mais approchez la balle que vous tenez de la balle que vous allez suivre, de très près. Positionnez-la juste au-dessus de la balle jonglée pour le «yo-yo» ou juste en-dessous pour le «oy-oy».

Sixième partie : reprenez depuis le début et changez de main. Vous jonglerez avec votre «moins bonne» main et votre «meilleure» main portera une balle et suivra la trajectoire d'une autre. L'apprentissage du «yo-yo» est un excellent exercice pour devenir ambidextre.

Lecon 19 - Sous la jambe et dans le dos.

Matériel : trois balles à grains par élève.
Objectifs : continuer de jongler normalement même si une balle est hors du champ de vision
(voir pages 65 à 69 de ce livre)

Première partie : levez votre jambe droite, et prenez 2 balles dans votre main droite. Lancez les balles en passant par dessous votre jambe levée. Répétez l'exercice pour affiner l'équilibre.

Deuxième partie : levez la jambe droite et prenez 2 balles dans la main gauche. Lancez les balles normalement et au lancer de la main gauche, passez les balles sous la jambe levée. Répétez l'exercice et vous saurez ainsi commencer une figure ainsi que poursuivre une figure déjà commencée en passant sous la jambe.

Troisième partie : reprenez 2 balles dans votre main droite. Lancez-les normalement. A votre premier lancer de la main gauche, levez la jambe droite et passez cette balle sous la jambe, puis reposez votre jambe et rattrapez la 2eme balle dans la main gauche.

Quatrième partie : maintenant vous devez être à l'aise pour lever rapidement votre jambe droite et coordonner les mouvements de la main gauche. Il sera probablement utile, au début, de lancer plus haut la balle juste avant celle que vous voulez faire passer sous la jambe. Cela vous donnera un peu plus de temps. Reprenez maintenant les exercices de l'autre côté pour exercer la jambe gauche.

Cinquième partie : avec de l'entraînement, vous arriverez à passez la balle alternativement sous chaque jambe, à chaque lancer. Cette exercice vous donnera l'impression de faire du «jogging» sur place.

Sixième partie : pour jongler dans le dos, commencez votre figure par un lancer dans le dos, en insistant sur la position aussi en arrière et aussi haute que possible de votre bras. Lancez la balle par dessus l'épaule opposée. Puis prenez 2 balles dans votre «moins bonne» main, lancez la première normalement et lancez la 2ème, de votre «meilleure» main, dans le dos.
Quand vous lancez dans le dos, la trajectoire de la balle est plus longue. Vous devrez donc faire une petite pause avant le prochain lancer. Si vous lancez de votre main droite dans le dos, faites-le par dessus l'épaule gauche et tournez votre tête à gauche pour contrôler l'arrivée de la balle. Exercez-vous à lancer plusieurs fois successivement de la main droite dans le dos. Puis passez aux même exercices avec la main gauche.

Septième partie : pour alterner les lancers dans le dos, commencez avec 2 balles. Lancez de la main droite par dessus l'épaule gauche puis, immédiatement, de la main gauche par dessus l'épaule droite. Regardez à gauche et rattrapez, puis à droite et rattrapez.
Prenez une troisième balle. Lancez comme suit : no.1 dans le dos, no. 2 dans le dos, no. 3 normal et continuez en «cascade». Plus tard, vous serez capable de jongler en «cas-

cade», de lancer de la main droite puis de la gauche dans le dos et de continuer votre «cascade».

Leçon 20 - Le «tennis du jongleur» et deux départs amusants.

Matériel : trois balles à grains par élève. Au moins une de couleur différente.
Objectifs : apprendre à présenter simultanément la «cascade» et la «cascade renversée».

Première partie : lancer de votre main gauche en «cascade» et de votre main droite en «cascade renversée». Cette figure se nomme la «demi - douche «. Puis lancez en «cascade» de votre main droite et en «cascade renversée» de votre gauche. (voir page 26 à 41)

Deuxième partie : commencez de jongler en «cascade» et à chaque fois que la balle d'une couleur définie arrive dans la main droite, lancez-la en un grand arc de cercle par dessus, dans votre main gauche. Faites ensuite le même mouvement de l'autre côté.

Troisième partie : puis à chaque fois que la balle dune couleur définie arrive dans une des 2 mains, relancez-la par dessus, dans l'autre main. Les 2 autres balles poursuivent la «cascade».

Quatrième partie : entraînez-vous à varier les lancers. Jonglez petit et faites de petits sauts par dessus les 2 balles, puis jonglez plus haut et faites des «lobs de fond de court» avec la balle différente. En spectacle vous pouvez arriver à lancer des lobs de 5 à 6 mètres et à courir pour les rattraper, donnant ainsi l'illusion du match de tennis.

Reprenez les pages 81 et 82 de ce livre pour essayer quelques départs amusants.

Ceci conclut la série des leçons à pratiquer en solitaire avec les balles à grains. A ce stade de développement vos élèves ne devraient plus avoir de difficultés avec 3 balles. Faites comprendre à vos élèves que pour chaque nouvelle figure ou spécialité personnelle, ils doivent compter avec un apprentissage allant de 15 minutes à une heure ou plus pour arriver correctement, selon la complexité.
La clé du succès est de décomposer la figure ou le numéro en un grand nombre de petits mouvements et de les apprendre parfaitement avant de reprendre la figure complète.
Après les balles à grains, passons maintenant aux anneaux et massues.

Leçon 21 - Les anneaux.

Matériel : trois anneaux par élève (mettez-vous sur un tapis ou de l'herbe pour atténuer le bruit)

Objectifs : arriver à jongler en continu avec 3 anneaux.

Progression didactique : (voir pages 156 à 162 de ce livre)

1. Démontrez comment lancer un anneau d'une main dans l'autre. Puis distribuez 1 anneau par élève. Demandez-leur de lancer plus haut que d'habitude.

2. Passez à 2 anneaux. Distribuez le 2ème anneau à chacun et laissez-les s'exercer plusieurs minutes. Veillez à ce que les apogées soient au même niveau des 2 côtés.

3. Montrez la tenue de 3 anneaux avant de distribuer le 3ème anneau. Puis entraînez les départs. Donnez beaucoup de temps pour parfaire cet exercice.

4. Montrez comment faire basculer les anneaux en l'air et la réception d'un anneau en rotation dans un autre.

5. Les anneaux permettent bien de commencer les passings à 5 objets comme expliqué en page 164.

Leçon 22 - Les massues

Matériel : trois massues par élève. (pour réduire le bruit et les bris d'objets, entraînez-vous sur un tapis ou sur de l'herbe)

Objectifs : jongler avec 3 massues pendant au moins 20 lancers et terminer proprement.

Progression didactique : (voir pages 170 à 199 de ce livre)

1. Démontrez le passage d'une massue de main à main. Distribuez une massue par élève. Rappelez-leur de bien arrondir le mouvement de poignet avant le lancer.

2. Dès qu'ils sont à l'aise avec 1 massue, faites la démonstration avec deux et distribuez la 2ème massue.

3. Montrez la tenue de 3 massues, comment débuter, et comment rattraper la dernière. Fixez le but de 4 lancers et 4 réceptions et donnez-leur du temps pour y arriver. Insister sur les mouvements des bras de côté pour éviter que les massues partent en avant ou se heurtent.

4. Organiser un concours pour voir qui arrive au plus grand nombre de lancers et réceptions propres.

Leçon 23 - Les stations.

Matériel : tout votre matériel de jonglerie, ainsi que des balles de tous les sports. Pensez aussi aux bâtons du diable, aux boîtes à cigare, aux diabolos et assiettes chinoises.

Objectifs : chaque élève avance autant que possible avec 1,

2 ou 3 articles de son choix.

Progression didactique : préparez la salle en disposant le matériel à différents endroits. Faites un panneau d'instructions pour chaque station.

1. Les élèves sont assis, en cercle, au centre de la salle pendant que vous démontrez l'usage de tous les articles ainsi que vos instructions.

2. Séparez les élèves en fonction de leurs intérêts. Pour chaque station, un temps d'exercice est fixé. Vous contrôlez le temps et annoncez les changements de stations.

3. Exemples de stations :
- jongler à 3 ou 5 ballons de basket entre 2 élèves.
- jeu de jollyball avec des balles de scène.
- introduction à la jonglerie avec des objets tels que : frisbee, hulahoop, et autres de toutes les tailles, formes et poids.
- n'importe quel article de jonglerie.

Gagner de l'argent en jonglant

Chaque jongleur a une fois l'idée de se produire en public, en professionnel. Bien peu arrivent à «tenir la rampe» assez longtemps pour voir leur rêve réalisé, et la plupart se consolent avec un «vrai boulot».
Les même aptitudes nécessaires pour apprendre à jongler, à savoir la planification et la persistance, sont utiles pour préparer et garder une activité d'artiste ou d'enseignant de cet Art. Dans ce chapitre, nous passerons en revue quelques-uns des marchés potentiels qui peuvent s'ouvrir à vous et nous verrons les méthodes de marketing à utiliser pour prendre les bonnes décisions et se donner plus de chances de succès.

Le procédé

Je présume que vous savez maintenant assez bien jongler pour présenter un spectacle de 20 à 30 minutes. Vous pourriez même avoir préparé des cartes de visite, un dépliant avec photos, un costume et vous attendez à côté du répondeur téléphonique. Mais pourquoi le téléphone ne sonne-t-il pas ?
Voyons deux aspects de la question que vous pouvez contrôler : le produit (c'est vous) et l'emballage (la perception que les autres ont de vous) Nous allons essayer de mettre ces deux critères en relation avec les acheteurs potentiels, de manière méthodique, organisée et en espérant que le résultat sera la réception de beaucoup d'appels et de propositions de travail.

Le produit

Vous êtes le produit. Etes-vous un jongleur par hobby, un amateur éclairé ou un employé de banque qui connait une douzaine de figures ou êtes-vous déterminé de vous engager complètement dans la jonglerie. Ci-dessous, quelques exigences :

1. Vous devez accepter d'investir deux ou trois ans de dur labeur avant d'entrevoir un semblant de succès. Si vous décidez de vous engager, ne quittez pas votre travail de suite.

2. Vous allez devoir prendre une décision importante sur l'image que vous voulez donner de vous et investir de l'argent et de l'énergie pour réaliser cette image avec costumes, maquillage, musique, photos, promotion, impression de documents. Rappelez-vous que vous devrez dépenser de l'argent avant d'en gagner.

3. Vous devrez apprendre à parler d'affaires, à vous présenter, à parler de vous. Vous allez faire d'innombrables coups de téléphone, et de multiples visites pour vendre votre image.

4. Vous devrez constamment être au courant du développement de votre marché et rester très compréhensif à propos de votre futur public et des endroits où vous accepterez de vous produire.

5. Vous déciderez de votre horizon professionnel, de la distance que vous serez d'accord de parcourir pour travailler votre marché. Rappelez-vous que les artistes sont de grands voyageurs.

6. Vous ne pourrez plus perdre de temps, par exemple à regarder la télévision ou bavarder avec des gens négatifs et inutiles.

Commencer par une analyse personnelle

Votre personnalité déterminera l'image que vous pourrez offrir à votre public. Etes-vous grand et maigre ou petit et grassouilllet ? Avez vous une bonne intonation de voix travaillée, ou êtes-vous plutôt du genre bouffon avec une

réserve importante de grimaces ?
Regardez bien votre style, votre allure dans la vie courante et accentuez-en les contours pour tenter de déterminer votre image de scène. Réapprenez à marcher, à parler, à vous déplacer et exercez-vous aussi longtemps que cela sera nécessaire pour que cette image soit naturelle.

Acceptez-vous les critiques et les conseils ? En fait peu d'entre nous apprécient les commentaires critiques des autres. Apprenez à écouter, non pas les flatteries mais les mots qui n'ont pas le but de flatter votre ego. Si vous hésitez dans la marche à suivre, demandez à un(e) vrai(e) ami(e) de vous juger et de critiquer votre spectacle. N'oubliez pas non plus de prendre votre numéro en vidéo et jugez-vous vous-même ! Analysez toutes les parties en vous posant toujours les mêmes questions : qu'est ce qui pourrait être mieux ? Que dois-je changer pour obtenir un rire plus sonore et spontané du public ? Quel est le langage de mon corps durant tout le spectacle, durant chaque numéro ? Y a t'il des moments morts, des pauses trop importantes ?

Après avoir affiné votre personnage et votre style et savoir leur effet sur le public, vous n'aurez plus la crainte qu'un collègue vous subtilise votre tour, votre matériel et votre public.La qualité prime toujours ! Il n'y a pas de raccourcis pour faire de vous un excellent artiste et ceux qui voudraient simplement copier une partie de ce que vous faites et êtes perdront simplement leur propre crédibilité.

Dans la conversation, ne vous moquez pas de vos collègues. Si vous n'avez rien de positif à dire à leur sujet, ne dites rien !

Dès que vous avez testé votre numéro, vos mouvements et votre matériel et accessoires devant vos amis, la famille et la caméra vidéo, fixez-vous des objectifs qualitatifs et maintenez le cap. Ne soyez jamais satisfait dans la médiocrité, demandez-vous toujours plus. Critiquez-vous vous-même. Si vous estimez que quelquechose vous tracasse, ne tombez pas dans la facilité de changer votre matériel ou votre costume en espérant un remède miracle. Travaillez plutôt votre numéro et tout votre spectacle.

Développez une «personnalité»

Vous aurez besoin de confirmer ou de développer un caractère de gagneur. Si vous êtes extraverti , avec de l'assurance, une présence évidente et une bonne voix, il vous suffira d'augmenter le volume de votre personnalité pour apparaître sur scène avec charisme.

Si, au contraire, votre nature est plutôt timide, modeste et introvertie, vous aurez plus de travail de préparation car vous devrez créer votre personnalité de scène de toutes pièces. Débutez par des cours de théâtre, de diction et de développement personnel pour acquérir, dans le cadre précis de la scène une forte confiance en vous. N'oubliez pas que la meilleure école de présence est la rue car si vous ne gardez pas l'attention de votre public pendant un numéro de rue, les passants continueront leur chemin.
Vous apprendrez à les garder autour de vous par le ton de votre voix, votre sourire engageant, votre regard fort et direct, votre capacité de créer et contrôler une tension et aussi, un peu, par votre habileté de jongleur.

Habituez-vous à prendre des risques. Faites venir un volontaire dans votre numéro, travaillez avec lui et faites-en un héros. Préparez-vous à tenir un baratin un brin insolent et des répliques coquines. Le jongleur doit être aussi rapide avec sa langue qu'avec ses mains.

Les traits de caractère nécessaires à la préparation technique d'un excellent jongleur ne sont pas toujours identiques à ceux qui vont modeler un bon acteur. Le technicien hors pair se concentrera sur une multitude de petits détails, démontrera de la patience, de la persistance et aura une mémoire critique de tous ses mouvements, tout en travaillant dans des circonstances contrôlées. Le bon acteur sera plutôt un enthousiaste à l'imagination fertile qui lui permettra de faire face à de multiples situations imprévues, au bagout impressionnant et à la bonne humeur communicative.

Avant de préparer votre entrée dans le monde du spectacle, regardez-vous en détail et analysez sans fards, vos forces et faiblesses. Les quelques éléments suivants pourront vous aider :

- habileté technique de jonglerie.

- qualité artistique des numéros.

- mise en scène, continuité et force du spectacle.

- attitude et présentation en public.

- organisation, préparation, prise de rendez-vous.

- administration, gestion.

- utilisation optimum de votre temps.

Comprenez et acceptez vos manques avant de chercher un soutien, une agence ou un imprésario qui rempliront la brèche. Ne vous entourez pas de personnages semblables à vous.

La promotion

Maintenant que vous avec un produit dont vous pouvez être fier, il est temps de quitter le spectacle pour parler affaires. Quand vous maîtriserez le travail d'acteur et celui de vendeur de vos talents, vous entrerez vraiment dans le «show business».

Durant la période de lancement, vous serez probablement contacté pour donner des représentations gratuites. Utilisez ces opportunités pour roder votre matériel et contrôler vos effets de scène. Si le spectacle se déroule bien, n'oubliez pas de demander en compensation, une lettre de recommandation et de référence.

Quand votre spectacle est réellement prêt, ne le donnez plus pour rien (sauf à votre oeuvre de charité préférée) Vous pouvez toujours dire «non» à une demande de spectacle gratuit et renvoyer la requête à l'agence régionale de l'IJA qui trouvera certainement un jongleur qui voudra se produire pour affiner son numéro. Quand vous serez capable de présenter un spectacle de professionnel, vous serez en droit d'exiger une compensation financière à chaque présentation de votre travail.

Articles publicitaires

Soyez sérieux en affaires et pensez que vos contacts sont autant d'outils de promotion pour vous. N'envoyez pas simplement vos lettres de recommandation photocopiées et agrafées dans une quelconque enveloppe. Par expérience, je peux vous assurer que la promotion fonctionne bien si l'on suit les recommandations ci-dessous :

- Préparez un dossier de présentation et trouvez des enveloppes qui conviennent exactement à ces dimensions. Imprimez votre logo et adresse sur les enveloppes ou faites des étiquettes imprimées à votre nom, logo et adresse.

- Présentez votre documentation sous une chemise de couleur. Personnalisez-la avec vos étiquettes imprimées.

- Présentez vos références sur une feuille A4 en les séparant par type de spectacle. Précisez votre expérience dans chaque marché et expliquez en quelques mots ce que vous vous proposez de faire. Soignez le graphisme de la présentation en utilisant diverses formes d'écriture. Soyez concis.

- Demandez à un photographe professionnel de prendre quelques instantanés de vous en spectacle et en gros plan. Demandez des copies noir-blanc et incluez au moins une photo par dossier.

- Acompagnez le tout d'une lettre de deux paragraphes expliquant ce que vous recherchez.

- N'oubliez pas de mentionner vos tarifs. Pour plus de crédibilité et pour éviter les marchandages, préparez votre liste de tarifs sur une feuille séparée et imprimez-la si possible.

- Si vous n'avez pas encore de logo, faites-en dessiner un par un graphiste. Imprimez ce logo sur tout votre papier à lettres. N'utilisez que du papier de qualité et pensez à acheter le même papier pour les lettres et les enveloppes.

- Si vous devez envoyer un colis. Annoncez son expédition par téléphone et rappelez quelques jours plus tard pour vous faire confirmer sa réception. Cela vous donnera un contact avec la personne que vous cherchez à convaincre et vous aidera à demander un rendez-vous ou un contrat d'engagement.

Toute cette préparation devrait vous coûter environ US$ 5.-

par contact si vous faites le travail vous-même. Comptez le double si un bureau de représentation s'occupe de votre promotion.

La cassette vidéo

Dans ce cas également, assurez-vous que c'est un professionnel qui vous filme et prépare le programme vidéo. Une cassette de 7 minutes, dans un format 1pouce ou 3/4 pouce vous coûtera au moins US$ 500.- Prévoyez de la musique, votre meilleur costume et du matériel neuf pour la vidéo que vous pourrez enregistrer en studio, ou, de préférence, en public pour donner une meilleure ambiance.

Faites au moins une douzaine de copie VHS et 3 à 4 en format 3/ pouce. Veillez à respecter les format de reproduction qui sont différent aux USA (NTSC) et en Europe (SECAM pour la France, PAL pour les autres pays) quand vous envoyez une cassette, ajouter au colis une enveloppe affranchie, à votre nom pour le retour de la cassette. N'hésitez pas à demander le renvoi de la cassette si votre contact tarde.

Pour de meilleurs prix de production vidéo, utilisez les pages jaunes et demandez plusieurs offres. Marchandez, les prix varient énormément.

Quand vous recevez une confirmation de spectacle, demandez comment la personne a obtenu vos références et votre adresse. Cette information vous aidera à mieux diriger votre stratégie de promotion. Si vous donnez un numéro de téléphone dans votre promotion, assurez-vous qu'il est en fonction et qùe quelqu'un y répondra toute la journée.

Faites une liste de tous vos contacts et notez-y les spectacles que vous avez faits ou les raisons qui vous ont empêché d'y participer. Cela vous permettra de rappeler quelques temps après pour envisager une suite à la collaboration ou pour indiquer que vous êtes toujours disponible.

Attendez-vous à devoir faire au moins 20 appels par jour pour suivre et développer votre affaire. Si vous travaillez avec les écoles, vous ferez certainement plus de 40 appels journaliers durant la période des réservations des cours à option.

Dans les pages jaunes de votre ville et des régions avoisinantes, vous trouverez, sous les rubriques «imprésario» ou «représentations théatrales» des adresses d'agences artistiques qui vous aideront, contre payement d'une commission, à trouver des engagements. En général la commission est de 15 % au minimum ce qui est peu en regard du travail effectué pour vous obtenir un contrat. Dès que vous êtes payé après le spectacle confirmé par votre agent, envoyez-lui sa commission sans tarder, avec un petit mot de remerciements.

Si vous êtes dans la situation embarassante d'avoir beaucoup trop d'engagements, essayez de ne pas dire non, mais assurez-vous la présence d'un «protégé» de bonne qualité qui vous remplacera. Ainsi vous garderez le contact avec votre cercle de clientèle et développerez une collaboration avec votre collègue.

Bonne allure = bonnes affaires

Si vous avez l'allure d'un hippy, vous serez traité comme tel et payé en conséquence. Dans les années 1960, la jonglerie était considérée comme un art alternatif, aujourd'hui, essayez de vous démarquer de ce label car il en va du contenu de votre porte-monnaie. Si, à l'ouverture du rideau, vous apparaissez vêtu d'un pantalon trop grand et d'habits de couleurs, on vous prendre de suite pour un clown. Si vous choisissez un costume trois pièces, vous serez le «gentleman-jongleur». Le T-shirt et le jean seront accepté mais votre encaisse diminuera d'au moins 80 %. Cherchez bien l'uniforme et le style qui vous convient, et gardez-le.

Si vous aimez les cheveux longs, assurez-vous qu'ils soient propres et bien arrangés pour la représentation. N'oubliez pas aussi qu'un jongleur a le droit d'utiliser un déodorant pour masquer les résultats de son travail ! Lavez-vous les mains, soignez vos ongles, brossez-vous les dents pour utiliser ce sourire éclatant et, en cas de besoin ayez sur vous un aérosol bucal.

Evitez les boissons alcoolisées en public, rabattez-vous sur les jus de fruit car vous représentez un type de personne saine et sportive. Assurez-vous que votre allure (et votre ventre) corresponde à cette attente. Soyez en bonne forme physique.

Les jongleurs sont perçus aussi comme des gens en pleine santé, non-fumeurs et probablement allergiques aux viandes crues, au sucre, aux colorants artificiels et autres additifs comestibles. Comme nous sommes en rapport étroit avec notre corps et nos réflexes, nous sentirons très rapidement les effets de la négligence alimentaire. Rappelez-vous que vous représentez votre numéro mais aussi l'ensemble d'une ancienne profession, que le public n'a pas souvent l'occasion de côtoyer.

Votre bureau

Si vous installez une organisation efficace dès le début, vous réduirez votre travail administratif. Chaque tâche ne devra être nouvelle qu'une seule fois avant de devenir une routine organisée. Les outils essentiels pour une bonne gestion administrative sont les suivants :

- Un chambre consacrée au commerce et à l'administra-tion. Lorsque vous entrez dans cette pièce, vous devenez un commercial.

- Un système informatique vous permettant de former des-lettres, formulaires, envois promotionnels et de calquer ces documents sur une base de données avec toutes vos adresses. Le service de dactylographie/secrétariat peut être loué à l'extérieur ou fait sur place. Dans ce cas, assurez-vous que votre imprimante donne une bonne qualité à votre correspondance et évitez les imprimantes matri-cielles.

- Une armoire de classement pour tous vos documents et votre matériel de promotion.

- Une table assez grande pour pouvoir y travailler, et beaucoup d'espace d'étagères. Pas besoin de mobilier de luxe, consultez les registres des ventes aux enchères, ou placez une grande planche sur deux chevalets.

- Deux téléphones avec deux lignes séparées. Une pour vos appels et une pour les appels entrants. Si vous n'avez qu'une ligne, utilisez votre téléphone privé pour vos appels et laissez l'autre ligne libre pour les appels des clients.

- Un répondeur téléphonique, ou mieux, une «secrétaire» pour prendre les appels en votre absence.

- Tout le matériel de bureau pour l'administration.

- Un agenda pour prendre vos rendez-vous.

Attention : vous risquez de devoir prendre une licence de travail pour votre occupation, même si cela se fait à votre domicile. Renseignez-vous auprès de votre mairie.

Les acheteurs potentiels

Votre marché est immense. La liste que nous décrivons plus avant n'est pas exhaustive mais elle correspond aux marchés que je connais par expérience et qui semblent les plus atteignables à court terme. Quel que soit le marché que vous voulez toucher, rappelez-vous la règle d'or des 5 «P» :
Politesse - Patience - Persévérence - Promptitude - Payements.

Les spectacles à l'école

A moins que vous viviez en plein Sahara, il y a probablement des centaines d'établissements scolaires à petite distance de votre maison. Chaque école organise au moins une fête annuelle. Pour un spectacle de 40 minutes environ, vous êtes en droit d'attendre un cachet intéressant. Si, en plus, vous avez travaillé votre aptitude didactique, vous pourrez profiter de donner un cours de jonglerie qui sera payé en plus. Les tarifs horaires varient selon la région, l'importance de la fête et bien entendu votre réputation. Renseignez-vous auprès de la mairie ou des maisons de la culture pour connaître les tarifs. En vous organisant à l'avance vous arriverez probablement à faire près de 100 jours de travail par année dans les écoles.

Voila quelques conseils pour atteindre les personnes susceptibles de réserver des engagements dans les écoles :
- Participez aux conventions et rencontres des responsables culturels, directeurs, doyens, coordinateurs d'études et professeurs d'éducation physique. En général, vous pourrez louer une table de présentation ou un petit stand, que vous décorerez et qui sera votre base de promotion pendant les 2 ou 3 jours du congrès. Si vous arrivez à dénicher un espace libre dans le programme, proposez à la direction d'animer une séance d'apprentissage à la jongle-

rie ou même de donner un aperçu de votre spectacle. Demandez au bureau de coordination del'éducation de votre région les noms des responsables de telles conventions.

- Participez aussi aux conférences promotionnelles ou foires organisées par les ministères de l'éducation et qui donnent la possibilité aux entreprises d'offrir leurs programmes et matériel éducatifs. Ne manquez pas ces évé-nements et allez-y avec votre meilleur matériel.

- Envoyez, à chaque école de votre région, à l'attention du responsable de l'animation et de la planification des programmes à option, un courrier promotionnel vous concernant et poursuivez la démarche par téléphone. Vous arriverez à localiser la personne qui pourra décider de votre engagement après 5 à 6 appels. Attendez-vous à devoir lui parler 2 fois avant qu'elle vous écoute réellement, et ce n'est qu'après plusieurs années de présence dans ce marché que ces personnes vous appelleront. Soyez persévérant.

- Dans chaque école, des périodes précises sont habituellement consacrées aux réservations pour les cours à option. En général la rentrée de septembre est une période importante, et les 3 semaines après les semaines de neige le sont aussi. Soyez vigilant et préparez une promotion à temps. Quelques écoles, rares, ont une organisation de réservation de cours à option toute l'année. Soyez certains de connaître ces adresses !

Les spectacles et réceptions à domicile

Ce marché inclus les goûters d'anniversaire des bambins et les réceptions très mondaines durant les vacances dans un country club. Les tarifs varient énormément et peuvent aller de moins de US$ 100.- à plusieurs milliers de dollars si vous devez voyager.

- Commencez par faire de la promotion dans votre entourage et votre district en distribuant des papillons de couleurs dans les boîtes à lettres et en collant des affichettes sur chaque panneau à disposition.

- Inscrivez-vous dans les pages jaunes sous les rubriques «divertissement», «jongleur» ou «magicien». Ajoutez une petite publicité décrivant le genre de divertissement ou de spectacle que vous pouvez offrir.

- Essayez une petite annonce dans votre journal local pour voir les résultats. Attendez, puis répétez l'annonce sur une période d'un mois environ avant de juger du résultat.

-Considérez chaque personne que vous rencontrez comme un client potentiel. Distribuez vos cartes de visite à tout moment, même après votre numéro ou spectacle. Les clients contents sont votre meilleure promotion et le bouche à oreille est la publicité la moins chère.

- Recherchez dans toutes les entreprises importantes de la région la personne qui s'occupe de la coordination des activités artistiques, sportives ou culturelles, et proposez-lui de participer au pique-nique annuel, à la réunion des actionnaires ou autres événements importants.

- Si vous êtes engagé pour un anniversaire, préparez-vous à faire un numéro spécial pour le ou les «enfants du jour».Inscrivez un nom sur chaque boîte à cigare par exemple et en jonglant montrer un message tel que : «joyeux» «anniversaire» «Albert» ou «Daniel» «aime» «Albertine».
N'oubliez pas d'utiliser les 2 côtés de chaque boîte pour vos messages.

Parcs d'attraction - Clubs de sport et santé - Département des divertissements.

- Prenez avantage de la mode actuelle pour le sport, l'exercice et la santé en proposant d'enseigner la jonglerie aux membres des clubs de santé, groupements sportifs ou clubs de jeunes et moins jeunes. Si votre programme est intéressant, vous pourrez le développer en une classe hebdomadaire sur une plus longue période. Le tarif pour ces cours est d'environ US$ 5.- par personne et par session. Ne donnez pas la première leçon gratuitement et collectez le total du cours avant la première leçon.

- Attirez l'attention de vos élèves sur le danger qui consiste à comparer ses aptitudes avec l'habileté des autres participants. C'est une pratique courante mais qui risque d'en décourager plus d'un et de diminuer dangereusement l'effectif de votre classe. Encouragez-les à revenir chaque semaine, même s'ils n'ont pas fait d'exercices ni d'entraînement durant la semaine.

- Donnez la liste du matériel que vous employerez durant le cours. Donnez des instructions claires sur les achats et n'oubliez pas de passer, à chaque session, du temps en tête à tête avec tous les participants.

- Informez les participants des endroits (et des heures) où ils peuvent acheter leur matériel. Conseillez-les sur le type d'article de jonglerie à se procurer et insister sur la qualité du matériel.

- Pimentez vos cours en invitant un ami jongleur ou en organisant des jeux, des concours, des courses de relais. Prévoyez au moins une soirée de vidéo pendant laquelle chaque participant pourra se voir.
- Célébrez les résultats importants de vos élèves comme la première série de 20 lancers, le premier 3-3-10. Arrivez progressivement aux célébrations hebdomadaires.

- A la fin de chaque cours, demandez à vos élèves leurs

désirs pour la semaine suivante. Au début de chaque cours, répétez rapidement le programme de la semaine passée et vérifez ce que chaque élève en a retiré.

- Fixez un objectif pour tout le groupe. L'idéal est de se préparer pour un spectacle, de faire la fête de Noël dans une institution pour personnes âgées, de participer à un cortège.

Représentation dans la rue

La rue est un endroit idéal de représentation pour le jongleur. En fait, la renaissance des activités artistiques dans les rues est due en grande partie aux jongleurs.

- Votre objectif est d'attirer une audience, de la garder intéressée pendant 15 à 20 minutes et de recueillir votre cachet. Avoir l'esprit vif, la répartie cinglante et du coeur au ventre sont des aptitudes au moins aussi nécessaires que l'habileté technique.

- En préparant votre matériel, commencez à rassembler votre public. Dès que quelques personnes s'arrêtent, prenez contact avec eux brisez la glace et demandez-leur de participer au spectacle au premier rang. Si vous avez besoin d'un partenaire, choisissez une de ces personnes.

- Débutez par un tour impressionnant. Le feu attire la foule, comme la lumière les moustiques. Faites du bruit, utilisez un sifflet, faites participer les premiers arrivés. Dès que le public s'agrandit, essayez de faire s'asseoir les premiers 5 ou 6 rangs.

- Employez du matériel assez grand et faites des mouvements visibles des derniers rangs aussi. Parlez très fort. N'hésitez pas à poser des questions aux spectateurs. Ne laissez pas votre spectacle un instant sans action ou votre public disparaîtra.

- Au moins deux fois durant votre spectacle, faites votre grand «bouquet final». Certains spectateurs resteront ainsi pour le revoir. Mais gardez de la tension, du suspense dans l'air ou alors donnez entièrement dans la pantomime.

- En Europe, presque chaque jongleur de rue a un assistant qui durant la représentation, passe avec le chapeau dans les rangées pour recueillir les pièces. Dans certains autres pays, la coutume veut que l'on ne demande de l'argent qu'à la fin du spectacle. A la fin, passez aussi le chapeau vous même en continuant vos mimiques et vos blagues. Regardez chacun droit dans les yeux et dites de grands «Merci» à très haute voix.

- Il peut y avoir des risques à se présenter ainsi dans la rue. Des voyoux, des ivrognes peuvent chercher querelle, la police vous demander des autorisations spéciales ou veut vous expulser, il reste néanmoins certain que la représentation dans la rue est une merveilleuse expérience qui peut rapporter gros. Ne soyez pas intimidé par l'endroit, le coin de trottoir est votre scène. Restez vigilant.

- La sélection de l'endroit est très importante dans le rendement financier de votre spectacle. Quelques villes bienveillantes ont même érigé des scènes à des endroits très passants, avec des bancs pour les spectateurs. C'est évidemment idéal. Mais vous pouvez créer l'événement vous-même et tout ce dont vous avez besoin est un espace assez grand pour contenir votre public, puis du courage et du bagout pour le garder assez longtemps.

- Les musiciens et les magiciens peuvent donner leur représentation en petit comité dans une allée. Le jongleur a besoin de beaucoup d'espace et se produira généralement sur une place, devant les escaliers d'un monument ou dans un parc public. Un bon spectacle de jonglerie peut attirer 300 à 500 spectateurs. Pensez à cela avant de vous installer car votre succès risque de vous attirer des ennuis si le public bloque un passage.

- Dans la plupart des villes, il est préférable de s'adresser au poste de police ou à la mairie pour obtenir une autorisation de représentation et des conseils d'emplacements.

Centres commerciaux

Dans chaque ville, un centre commercial plus ou moins important a une personne chargée des relations publiques, dont le travail consiste à promouvoir les différents commerces, la publicité globale du centre mais aussi l'animation culturelle et sportive du centre.

- Faites-lui parvenir votre dossier promotionnel et suivez votre démarche par un appel téléphonique dans la semaine suivante. Sachez que les animations de centres commerciaux sont souvent préparées 4 à 6 mois à l'avance. Le budget de l'activité de la scène est presque toujours très restreint car les écoles de danse et de gymnastique locales sont trop heureuses d'avoir une scène pour rien. Ne vous attendez donc pas à un gros cachet.

- Soyez compréhensif et malin. Plutôt que d'insister pour faire un spectacle complet sur la scène, offrez vos services pour des animations ponctuelles devant les commerces : modelage de ballons, pantomime, petits numéros avec des balles, passes de magie, maquillage des enfants etc. Dès que vous vous installerez, le public viendra, le succès est assuré.
- Si vous vous y prenez bien à l'avance, le bureau des relations publiques peut préparer un communiqué de presse annonçant votre passage, garantissant ainsi un public plus nombreux.

- Une bonne journée dans un centre commercial demande

beaucoup de travail mais peut rapporter entre US$ 200 à 300.- pour quelques heures intenses.

Les bateaux de croisières

Selon votre expérience et le genre de croisière, une semaine de travail sur un bateau pourra vous rapporter de US$ 800.- à 2'500.-

- Recherchez dans les pages jaunes, sous la rubrique «voyages» ou «croisières» les références de quelques compagnies maritimes. Appelez-les et demandez le nom de la personne responsable de l'animation à bord. Il y en a toujours une. Puis faites-lui parvenir votre dossier avec photo en costume de scène, lettres de recommendation et une description succinte de votre programme. Ajoutez bien entendu votre vidéo si vous en avez une de bonne qualité.

- Faites savoir à cette personne que votre offre est dans le courrier et suivez par appel téléphonique quelques jours plus tard. Répétez vos appels jusqu'à ce que la personne confirme avoir vu votre dossier et se prononce. Demandez une rencontre pour parler et éventuellement montrer quelques tours.

- Pour travailler sur un bateau, vous devrez avoir au moins 3 ou 4 programmes complets de 30 minutes. N'oubliez pas que vous verrez le même public plusieurs fois et que le même gag ne passera certainement pas deux fois.

- Oubliez les splendides mouvements avec 4 et 5 massues car les plafonds sur un bateau sont rarement plus haut que 2,50 m. Laissez également vos torches à la maison. Vous devrez garantir environ 2 heures de spectacle et penser à tous les âges.

- Utilisez les spectateurs et intégrez-les dans vos numéros.

Organisez des petits concours, faites découvrir la jonglerie par des mouvements faciles que tous peuvent réussir. Soignez votre apparence, votre verbe, votre musique et vos attitudes théâtrales.

- Attendez-vous à devoir participer à la vie sociale à bord, à partager des repas avec les vacanciers, à devenir le chevalier servant de telle ou telle personne. Faites attention à votre tenue, les rumeurs voyagent très vite à bord !

Le circuit des collèges

Si votre spectacle est très sophistiqué, et garanti 50 à 60 minutes de rires et de d'impressions fortes, vous pouvez vous présenter à la sélection pour le circuit des collèges aux USA.

- Ce travail est intensif et demande beaucoup de voyages. Votre vie se limitera à des séjours d'une seule nuit en hôtel et d'une succession de 3 à 4 spectacles par semaine. Mais vous pourrez gagner jusqu'à US$ 1'000.- par engagement.

- Les réservations se font par l'intermédiaire de la «National association of Campus Activities NACA - PO Box 6828, Columbia, South Carolina 29260, USA». Pour la sélection, vous devrez payer vos frais de voyage jusqu'à l'endroit de la convention annuelle de l'association et présenter votre spectacle gratuitement pour évaluation. Les représentants de centaines de collèges seront présents.

- Après l'audition, vous distribuez votre matériel de promotion et parlez avec les représentants des étudiants puis attendez qu'ils vous recontactent pour confirmer les dates de vos spectacles.

- Dès que vous êtes accepté, faites imprimer des grands posters qui seront disposés sur tous les campus avant votre arrivée. Vous pourrez en vendre, ainsi que des T-shirts à votre effigie après votre spectacle.

- Votre scène pourra être dans une cafétéria, dans le parc, sur les gradins d'un stade ou dans un théâtre ou une salle de gymnastique.

- Le public des collèges américains adore les blagues loufoques, la participation avant et pendant le spectacle, et apprendre quelques tours pour épater les copains. Attendez-vous à des interpellations, commentaires pendant vos numéros et à de la répartie à vos traits d'humour.

Les casinos et night-clubs

Dans cette catégorie, les spectacles sont hyper-rapides et intensifs et votre numéro ne durera pas plus de 10 à 15 minutes. Pour ces engagements, votre matériel devra être comme neuf, votre costume impressionnant et impeccable, votre musique parfaitement en harmonie avec vos mouvements. De plus une belle assistante est de mise.

- Votre engagement dépendra de l'activité et des relations de votre imprésario. La liste des agences se trouvent dans les pages jaunes sous la rubrique «imprésario» ou «agences théâtrales». Vous avez le choix de traiter avec plusieurs agences à vos débuts. Toutefois, restez fidèle à celle qui vous donne du travail.

- Votre programme-vidéo sera essentiel pour ce marché, soyez certain qu'il est de parfaite qualité. Vous pourrez être convoqué pour une audition qui sera payée, ou non.

- Si vous désirez vous produire dans de petits établissements ou dans des soirées ponctuelles, vous pouvez aussi prendre contact directement avec la direction artistique, faire parvenir votre dossier, votre vidéo, et ne pas oublier de téléphoner pour demander des nouvelles.

Tous les autres marchés

Les marchés que nous avons étudiés jusqu'à maintenant sont les plus importants. Il y en a d'autres qui peuvent se montrer très profitables aussi :

- La publicité : pour cela un agent est indispensable. Ne vous attendez pas à avoir de bonnes nouvelles rapidement. C'est une loterie mais qui peut payer un cachet de 4 chiffres, en avance.

- Les foires commerciales : si vous êtes bon vendeur, vous pouvez attirer les visiteurs dans un stand, faire une démonstration de vos talents, trouver le lien entre la jonglerie et le produit ou les services qui doivent être promus, et créer une ambiance de fête sympathique. Contactez la direction commerciale des produits en question.

- Les parcs d'attration : tous les parcs d'attraction s'assurent les services de jongleurs. C'est un engagement sûr, avec salaire, pour 5 à 8 petits spectacles journaliers de 20 minutes environ. A raison de 6 jours par semaine, c'est un excellent moyen de gagner un peu d'argent tout en s'entraînant beaucoup. Appelez le département de l'animation pour demander une audition.

Les contrats

A l'exception des numéros de rue, vous devrez signer un contrat pour chaque spectacle. Dès que vous recevez la confirmation de votre engagement, envoyez votre contrat standard en 3 exemplaires signés et demandez à votre client d'en retourner deux copies avec sa signature. Prenez-en une pour le spectacle, et gardez l'autre pour l'administration. Bien entendu certains clients vous envoyent leurs propres contrats. La procédure reste la même, gardez deux copies.

La jonglerie et votre santé

Ce livre n'est pas écrit à l'intention de ceux qui doivent être convaincus que la jonglerie est un effort qui en vaut la peine.Personne n'a gravi le Mont Everest après avoir lu que l'alpinisme était bon pour la santé ! A ce stade du bouquin, vous ne savez peut-être pas pourquoi vous vous êtes mis à la jonglerie mais vous savez que vous devez jongler et que vous n'arrêterez plus de jongler.

En revanche, vous devrez sûrement convaincre d'autres personnes des bienfaits de la jonglerie, ou qu'en tout cas, jongler ne fait pas de mal. Ce chapitre vous donnera des arguments pour parler à votre patron qui se fait du soucis pour votre image, à vos parents ou à toute personne qui ne comprend pas comment on peut s'adonner à une telle activité.

La jonglerie n'est pas une métaphore de la vie, mais un modèle. Jonglez et vous vous entraînez à simplifier les problèmes. Vos progrès dans la jonglerie vous aideront sans doute à comprendre et faire face à des problèmes physiologiques et émotionnels.

Pour bien apprendre à jongler, vous devez savoir décomposer chaque figure complexe en une série de petits mouvements, les prendre un à un puis reconstruire la figure totale. Jongler demande et renforce la patience et récompense la persistance et l'analyse personnelle. Vous mettrez de l'ordre sans cesse dans un chaos de mains et d'objets. Vous-même et votre entourage remarquer les progrès, et ce qui semblait impossible deviendrer progressivement banal. Votre horizon se retira sans cesse devant vous au fur et à mesure de votre progression.

Vous constaterez avec surprise qu'avec le temps et l'expérience vos mouvements se ralentiront. Comme vous gagnerez en agilité, en équilibre et en précision, vous aurez toujours plus de temps à disposition pour faire vos mouvements. Vous deviendrez un expert pour réduire les complexités en simples formalités.

Si vous êtes un thérapeute, ou actif dans les professions médicales ou para-médicales.

La précision des mouvements en jonglerie permet de constater et vérifier les faiblesses du système neuro-moteur. Souvent, pendant les cours de jonglerie avec foulards aux petits enfants, l'auteur a constaté de simples ou grossières déficiences de l'habileté motrice chez des élèves. Une recherche spécifique devrait être entreprise à ce sujet.

On peut aussi proposer la jonglerie comme thérapie. Pour certains malades et handicapés, jeunes ou vieux, les foulards peuvent aider à provoquer les premières expériences de lancers et réceptions. En réhabilitation de maladie ou d'accident chez les personnes âgées, la jonglerie avec foulards a donné des preuves positives de renforcement de la confiance en soi.

Si vous travaillez dans un bureau
La jonglerie offre un dérivatif idéal aux pressions dans un bureau. Lorsque vous jonglez, le passé et le futur s'effacent, seul le présent doit compter si vous voulez réussir votre série de figures. Dès que vous reprenez le travail, votre esprit, libéré des tensions antérieures, pourra appréhender plus directement les problèmes et exigences de la vie professionnelle.

Une pause café vous donne une «coup de fouet» artificiel. Une pause «Jonglerie» réveille votre corps et accélère la circulation du sang, vous rendant plus alerte. Les effets de cette pause se poursuivent bien après que vous ayiez rangé vos balles à grains dans votre tiroir.

Si vous êtes étudiant

Vous recherchez, pendant vos études, un changement ponctuel d'activité qui ne soit pas débilitant comme la télévision ni dangereux comme la consommation d'alcool ou de drogue. La jonglerie est le moyen tout trouvé. Sans puiser beaucoup dans votre bourse, la jonglerie vous déconnectera de votre routine sans vous envoyer dans une salle de gymnastique ou un bistrot. La jonglerie pourra même vous rapprocher de vos copains si vous faites des figures de passing avec des balles ou des massues. Et, qui sait, vous pourriez même gagner un peu d'argent en enseignant la jonglerie ou en organisant un spectacle. Vous aurez un sentiment de satisfaction profonde si vous arrivez à concilier votre hobby avec votre activité professionnelle. L'auteur a la chance d'avoir découvert cette satisfaction.

Si vous vous adonnez à la méditation

Certains jongleurs atteignent dans l'exercice de leur Art ce que des adeptes du Yoga ou des philosophies Zen mettent des années à ressentir. L'auteur en a fait l'expérience. Ayant chanté et médité pendant un an avec l'espoir d'atteindre la condition de Samadhi, dans laquelle les sens sont déconnectés et seule reste le lien entre l'homme et l'infini, l'auteur a trouvé les mêmes sensations dès qu'il a pu jongler correctement et sans aucun effort. Il a connu la condition de Samadhi en jonglant et pour la retrouver, il lui suffit de 3 balles à grains et de commencer à tracer des trajectoires dans l'air.

A l'inverse des arts martiaux qui sont linéaires et dirigés vers l'extérieur, la jonglerie est faite de courbes dirigées vers l'intérieur. L'auteur la nomme «art impartial» car elle est non violente et discrète. En jonglant, vous pratiquez une sorte de prière silencieuse, emplie de paix qui vous focalisera sur vous-même.

Si vous travaillez de vos mains

La jonglerie s'adresse aux pilotes, chirurgiens, ouvriers sur une ligne d'assemblage, chauffeurs, opérateurs de claviers informatique, et toutes personnes travaillant de leurs mains, car cette activité augmente la dextérité et l'endurance dans l'usage des mains et offre une diversion bénéfique à la routine professionnelle.

La jonglerie exige et rapporte de la précision. Si votre activité est de travailler dans la précision vous constaterez probablement les phénomènes suivants :

- Amélioration de la motricité dans les petits et grands mouvements.

- Lancers plus précis, réceptions plus sûres.

- Un sens du rythme plus aiguisé.

- Une meilleure sélection visuelle, particulièrement dans la vision périphérique.

- Découverte de la possibilité d'être ambidextre.

- Augmentation de la rapidité des réflexes.

- Amélioration de la capacité de concentration.

- Plus de patience avec soi-même.

Si vous êtes soucieux et avez des problèmes de stress.

La jonglerie, une fois maîtrisée, taille dans le stress comme un couteau brûlant dans du beurre !
Pour éviter la frustration des débuts, commencez donc à jongler avec des foulards. Cela minimisera votre impatience et vous donnera rapidement de bonnes bases de progres-

sion. En effet, votre première approche de la jonglerie peut augmenter votre niveau de stress par l'utilisation de la partie gauche de votre cerveau, lors des comptages, de la réflexion sur les mouvements et des petites déceptions lors des chutes. Dès que vous saurez un peu jongler, la partie droite de votre cerveau sera prédominante et vous vous laisserez bercer par l'ambiance créée par ces trajectoires d'objets.

La transition allant de la tension à la concentration puis à l'élévation est rapide et peut même être brutale lorsque, d'un coup, tous vos mouvements se mettent en place. La première «cascade» est un grand moment ! Dès que vos lancers et réceptions se font sans efforts, vous obtiendrez une force intérieure que vous pourrez utiliser lorsque vous devrez faire face à des problèmes. Vous n'annulez pas les problèmes en jonglant, mais vous les minimisez et prenez de la distance avec eux, ce qui les rend moins imperméables.

Si vous êtes un athlète ou un futur athlète.

Jongler sera positif pour votre entraînement de fond et pour la coordination entre vos mains et vos yeux. Les professionnels de basket devraient s'exercer avec 3 ballons de basket et les footballeurs avec 3 ballons de foot. Dans tous les cas, la perception, le toucher de balle sera amélioré.

Pour améliorer votre force en plus de votre agilité, augmentez le poids de votre matériel. Mélangez aussi les objets et variez les figures pour vous forcer à réagir rapidement dans des situations très différentes.

Jongler avec des grosses balles peut être un excellent exercice de musculation. Lancer 3 balles de 1 à 2 kilos pendant 10 minutes correspondra à soulever un poids considérable, tout en soignant la coordination, la concentration et l'agilité en même temps.

Si vous êtes amateur de musique et de théâtre

La jonglerie est faite de rythmes et de différents tempos selon les objets, les trajectoires et les figures. Vous pouvez même composer votre propre «musique pour les yeux». L'apprentissage pas à pas d'un instrument de musique suit la même méthodologie que la jonglerie. A chaque leçon vous notez un peu de progrès. La jonglerie est une succession ordonnée de lancers et réceptions débouchant sur une symphonie visuelle. Combinée avec de la musique, la jonglerie peut être une parfaite synergie de deux arts.

Comme la jonglerie demande aussi une présentation devant un public, elle peut vous aider à améliorer votre présence sur scène et la confiance en vous-même. Comme l'escrime, la jonglerie est un parfait éveil des sensations de son propre corps.

Si vous êtes un adepte de la course à pied.

La course à pied est une inclination salutaire, tout comme la jonglerie. Combinez donc les deux et pratiquez le «joggling», c'est à dire occupez vos yeux, bras et mains en même temps que vos pieds et jambes. Les objectifs sont de minimiser les chutes d'objets et d'améliorer vos temps de course. Pendant le «joggling», si vous perdez un objet, vous vous arrêtez simplement pour le ramasser. Utilisez donc de préférence des balles à grains, bien que certains le fasse avec des massues ! Lors de compétition populaire, recherchez les autres adeptes du «joggling» et partagez avec eux le plaisir du jeu.

Si vous êtes soldat ou incarcéré.

La jonglerie devrait absolument figurer au programme des activités à l'intérieur des maisons d'arrêts. C'est un passe-temps non agressif qui demande un bonne concentration.

La seule différence entre un bon et un excellent jongleur est le temps passé à l'entraînement. Et comme en prison on a du temps en abondance....

Les chefs militaires pourraient aussi penser à la jonglerie comme activité pour les recrues. En effet ils pourront améliorer leurs réflexes, leur coordination et leur acuité visuelle. De plus l'exercice ne demande que peu de place et peut se pratiquer même dans un sous-marin. Dans les magasins de matériel, on devrait trouver un peu de matériel de jonglerie avec un bon bouquin de méthodologie.

Les lésions dues à la jonglerie.

Comme dans tous les sports, les jongleurs peuvent être exposés à certaines lésions. Le premier danger venant à l'idée des parents est la lésion due aux chocs. Rassurez-vous, en jonglant il n'y a pas de risque de voir un adversaire vous renverser, vous faire un «tackling» par derrière, vous frapper et il n'y aura pas de mêlées dangereuses devant un but. Le risque de recevoir une massue sur la tête ou un bouchon de massue en rotation sur les doigts est réel cependant, tout comme celui de perdre une lentille de contact ou de griffer son partenaire en prenant un foulard. Cela n'est pas trop grave...

Que font la plupart de jongleurs pendant des heures ? Ils restent fixés à un endroit précis et lancent des objets en l'air. Leurs mouvements de tête pour suivre les trajectoires restent dirigés vers le haut, surtout s'ils travaillent avec plus de 4 objets. Ils s'exposent ainsi à un raidissement de la nuque, voire à un blocage d'une vertèbre qui nécessitera le passage chez un physiothérapeute. Pour éviter ou prévenir ceci, procédez à un échauffement qui comprendra des étirements et assouplissements de la colonne vertébrale. Puis durant l'entraînement, changez de position, faites des mouvements doux de la tête de côté et d'avant en arrière, pliez-vous en deux par la taille et redressez-vous lentement comme un chat en déroulant vos vertèbres.

Un entraînement assidu de plusieurs heures au passing avec des massues peut créer des contusions sur les doigts et articulations de la main gauche à cause des chocs répétés des bouchons de massues arrivant en rotation. Sans précaution, ces petits problèmes peuvent même se développer en douleurs irradiantes dans toute la main se prolongeant pendant plusieurs semaines. D'abord arrêtez complètement de jongler avec des massues pendant un certain temps et achetez-vous des massues avec poignées douces. Les débutants devraient commencer l'apprentissage de la massue avec la massue d'entraînement «Soft and Safe» de MISTER BABACHE qui évitera toute contusion. Pour la reprise après des contusions, mettez donc un gant de ski ou de racketball et protégez, par un coussinet de coton hydrophyle la région la plus exposée.
De même, si vous travaillez longtemps avec 4 et 5 anneaux, la surface entre le pouce et l'index, de même que certaines articulations seront très exposées aux coups. Là aussi protégez-vous par un gant et des emplâtres ou bandes élastiques médicales.

Il est relativement fréquent de froisser un muscle pendant les exercices de jonglerie. On oublie trop souvent que la jonglerie est une activité sportive qui demande un échauffement conciencieux avant tout entraînement prolongé. Avant une session de plus de deux heures, faites des étirements, exercices d'échauffement et d'assouplissement pendant au moins 20 minutes. Efforcez-vous de commencer votre séance par des figures simples et progressives, ne sautez pas de suite sur votre dernière trouvaille, et ne prenez pas 5 massues dès la deuxième minute ! A la convention mondiale de l'IJA les jongleurs passent, chaque matin, par une longue séance d'assouplissement et d'étirements.

Les muscles développés par l'exercice de la jonglerie sont longs et fins et certains jongleurs apparaissent maigres, sans grande musculation pectorale. Si vous voulez ajouter du volume à votre constitution, renforcer votre corps et améliorer votre allure, alternez quelques séances de musculation avec vos entraînements. Ceci est surtout recommandé aux jeunes jongleurs en pleine croissance.

De plus, n'oubliez pas de muscler vos jambes. Deux exercices remplissent ce rôle et devraient être à votre programme quotidien. Le premier est le lancer sous la jambe. Affiner cette figure jusqu'à ce que vous puissiez passer sous la jambe à chaque lancer, devant ainsi sauter ou courir sur place. Ce sera excellent pour votre équilibre et l'entretien de vos abdominaux.
L'autre figure est le «joggling» qui consiste à pratiquer la course à pied tout en jonglant. Faites-le pour améliorer votre résistance.
Il y a quelques objets qui sont assez dangereux pendant certaines figures. Les torches, par exemple, ont des parties métalliques qui, surchauffées par le feu, peuvent causer des brûlures. Si vous devez rattraper une torche à l'envers, n'essayez pas de lui donner un demi-tour, laissez-la tomber. De plus votre équipement de feu et votre réserve de combustible devront être éloignée de votre endroit de représentation et vous aurez une couverture ou un extincteur à portée de main.

Les machettes, couteaux et haches sont, par définition, des objets à manier avec beaucoup de précaution. D'abord éviter d'aiguiser les lames ! Si vous voulez impressionner votre public, montrez vos lames très propres et brillantes, pour faire croire qu'elles coupent, puis démontrez leur danger en coupant des fruits et légumes (pomme, choux) ce qui est facile, même avec une lame ronde. Le mieux est simplement d'éviter tous les objets pointus ou coupants.

Propagez le plaisir de jongler.

Maintenant que vous savez jongler.... que faire ?

Jongler seul est passionnant, jongler avec un partenaire est nettement mieux. Si vous êtes comme l'auteur, vous voudrez rapidement convaincre des copains à se joindre à vous pour partager le plaisir de jongler. Si tous les jongleurs s'y mettent, nous aurons bientôt une énorme école de jonglerie car tout le monde voudra apprendre. Il y a de multiples manières d'aborder le problème.

Vous êtes si avancé dans ce bouquin que vous avez certainement déjà montré vos talents et probablement donné des conseils. Pourquoi dès lors ne pas former un groupe de jongleurs dans votre région ou votre quartier. Apprenez à vos copains et demandez-leur de faire de même avec d'autres. Voyez par la suite le temps nécessaire pour que toute une région, toute une école s'adonne ouvertement à ce passe-temps génial.

Mettez au défi vos proches et chacun dans votre école d'arriver à jongler. Officialisez le défi dans les colonnes du journal de l'école ou au tableau d'affichage. Apprenez à huit copains, et mettez les noms sur un panneau que vous mettez bien en vue à la cafétéria par exemple. Chaque fois que quelqu'un est formé, ajoutez son nom au panneau et donnez-lui un badge disant, par exemple :

«je sais jongler et je t'apprendrai !»

Suivez ensuite la multiplication des badges et voyez le temps nécessaire pour convaincre presque tout le monde. Si des élèves n'arrivent vraiment pas à jongler pour de multiples raisons physiques, donnez-leur aussi un badge disant par exemple :

Comme cela tout le monde participera à l'expérience. Une fois que toute l'école sait jongler, écrivez-nous pour confirmer le temps qui a été nécessaire , nous tiendrons un registre des temps et récompenserons le meilleur. Qui sait, il entrera peut être dans le livre Guiness des records !

Maintenant que vous avez beaucoup de partenaires et collègues jongleurs, vous allez devoir entretenir l'esprit d'équipe en formant un club par exemple. Il y a de multiples clubs de jongleurs dans le monde et certains sont très actifs. Voici quelques recettes :

1. Une personne ou un petit groupe rend l'engagement de convoquer le club à des endroits précis pour des séances régulières. Chaque session sera préparée et dirigée par un des membres. Oubliez l'idée que l'anarchie et l'apathie font recette. Soyez aussi enthousiaste vis-à-vis de votre club de jongleurs que vous l'êtes pour la jonglerie.

2. A chaque réunion, arrêtez de jongler, asseyez-vous et prenez un moment pour parler de la prochaine séance, des plans et futurs événements. Structurez un peu vos réunions de façon à ce qu'elles ne soient pas qu'une séance d'entraînement d'une clique de jongleurs.

3. Nommez un responsable de l'enseignement qui se concentrera, pendant un certain temps sur les leçons à donner aux nouveaux adeptes. Il n'y a rien de plus frustrant que d'entrer dans une salle pleine de passeurs avec massues alors que vous en êtes à la découverte de la «cascade». Quelqu'un doit s'occuper des visiteurs et leur permettre de voir quelque chose d'autre.

4. Choisissez également un coordinateur des concours et autres fêtes. Par exemple la préparation d'un spectacle dans

le cadre de l'école, ou l'animation d'une fête ou de la mi-temps du match de basket.

5. Elisez un trésorier, décidez de cotisations et imprimez chaque mois un feuillet donnant à tous des nouvelles de vos activités et projets.

6. Il serait bien d'avoir un responsable de la promotion qui se chargera des contacts avec le journal local, les stations de radio afin d'obtenir le maximum de publicité à vos rencontres et autres événements publics.

7. Encouragez les membres à rejoindre l'association officielle des jongleurs, l'IJA et distribuez des exemplaires du magazine «juggler's world» ou «kaskade» lors de vos rencontres.

8. Préparez une délégation pour la convention annuelle régionale, nationale ou européenne. Réfléchissez aux moyens de gagner de l'argent pour financer tout ou partie des frais pour la délégation aux conventions.

9. Décidez qui se chargera d'organiser un jeu de jonglerie à intervalles fixes (hebdomadaire, mensuel)

10. Régulièrement, prenez du temps pour vous passer et comparer les vidéos de chacun.

11. Nommez un «prof» qui aura la tâche d'apprendre quelque chose de nouveau aux autres lors de chaque rencontre hebdomadaire ou mensuelle.

12. Organisez des compétitions sur le modèle des normes de l'IJA et des rencontres de Jollyball.

13. Sélectionnez un comité des récompenses qui jugera des progrès de tous et distribuera des distinctions aux plus méritants.

14. Organisez une journée de charité dans le genre d'un «jongle - thon» pour récolter des fonds pour une bonne oeuvre, et donnez un spectacle gratuit à l'hôpital, à la prison ou à la maison de retraite.

15. Assurez-vous que le magasin local d'articles de sport, ou le magasin de jouet, offre une sélection de matériel de jonglerie. Faites de la promotion pour votre club sur ce lieu de vente.

16. Lancez un défi au club de jonglerie le plus proche pour une rencontre permettant d'organiser des concours tels que : jollyball - course de «joggling» - match de «jonglerie sur gazon» etc.

17. Contrôlez, dans le livre Guiness des records si vous avez une chance de battre ou d'établir un record dans le domaine de la jonglerie en tenant compte des aptitudes de votre club.

18. Invitez un ou plusieurs jongleurs professionnels de passage à rendre visite à votre club pendant une réunion.

19. Faites vos offres de service aux clubs de sports de la région afin que votre club puisse enseigner l'Art de la jonglerie aux diverses équipes, professionnelles ou amateurs.

20. Au moins une fois dans l'année, organisez un festival de jonglerie avec concours, cortège, ateliers, jeux et un spectacle pour le public. Pour plus de détails, rapportez-vous plus avant à la section : «organisez un festival de jonglerie».

Tous les concours ne doivent pas automatiquement être très sérieux. Qu'en est-il de ceux-ci par exemple ?

- course de «joggling» à trois pattes.

- course d'endurance avec ballons remplis d'eau.

- course de relais- jonglerie avec oeufs.

- concours de jonglerie avec boule de bowling.

- suivez le guide en jonglant.

- course de jonglerie en mangeant une pomme.

Organisez un festival de jonglerie

En suivant les conseils ci-dessous, le succès de votre festival de jonglerie est pratiquement assuré.

1. Veillez, au moins six mois à l'avance, à déterminer une date qui ne coïncide pas avec une autre activité majeure dans votre région. Réservez l'endroit en vous assurant d'avoir une salle couverte également. Si un théâtre ou un auditorium est sur place, tant mieux.

2. Préparer un feuillet promotionnel mentionnant votre festival et décrivant le programme et envoyez-le aux journeaux régionaux, aux radios et télévisions, aux mairies, associations culturelles et sportives, à toutes les écoles ainsi qu'aux chambres de commerce et offices du tourisme. Confirmez par appels téléphoniques et faites en sorte que tous prennent votre festival au sérieux. Demandez des rendez-vous, des rencontres avec la presse, préparez des articles et des annonces en avance. Assurez-vous que des reportages en direct auront lieu le jour «J».

3. Préparez un accord de «sponsoring» et faites-le parvenir aux entreprises locales pour obtenir des fonds ou des compensations en matériel ou en services. Vous pouvez par exemple demander à une radio locale de vous installer la

sonorisation et à des entreprises de faire imprimer des T-shirts, un programme, et d'offrir les récompenses et trophées.

4. Si vous voulez également monter un «jongle-thon», identifiez l'oeuvre de charité ou la cause assez tôt et préparez les renforts en personnel pour les inscriptions avant la course.

5. Imprimez un programme qui donne des renseignements précis sur le déroulement des compétitions et activités, les horaires, les sponsors ainsi que des informations sur vos objectifs. Utilisez ce programme comme outil promotionnel aussi et n'oubliez pas de vendre des espaces publicitaires pour couvrir au moins les frais d'impression et de distribution.

6. Votre sonorisation sera importante avec microphones, haut-parleurs pour les annonces et un système de diffusion de musique d'ambiance et de rythme. Montez quelques gradins pour les spectateurs et prévoyez suffisamment de toilettes. Pour garder le public sur place plus longtemps, soignez les emplacements distribuant de la nourriture et des boissons.

7. Nommez un responsable de confiance pour chacune des activités suivantes :
- Recherche de publicité pour le programme.
- Relations avec la presse.
- Comptoir d'informations et d'enregistrements.
- Annonces haut-parleurs, musique, coordination des activités.
- Ateliers de jonglerie pour les jongleurs.
- Classes d'apprentissage pour le public.
- Concours.
- Spectacle sur scène.
- Jeux et courses.

- Sponsoring.
- Logement pour les visiteurs et les jongleurs de l'extérieur.
- Commerçants divers et marchands de matériel de jonglerie.
- Concessions, répartition des emplacements sur le terrain.
- Cortège.
- Pique-nique.
- Banquet officiel.

8. Il est important de donner des récompenses aux vainqueurs des différents concours durant une cérémonie officielle. Les prix viennent en général des sponsors et de la commune. N'oubliez pas de récompenser au moins par un T-shirt tous les auxilliaires qui vous ont aidé.

9. Faites payer un droit d'entrée à la manifestation, et si vous ne trouvez pas de sponsors demandez une participation financière symbolique aux concours pour pouvoir acheter des prix. Vendez des souvenirs et les T-shirts officiels.

10. Pour attirer des jongleurs de renom, organisez un spectacle public payant et partagez la recette avec les jongleurs. Demandez l'autorisation de vente, de passer le chapeau et de prendre des droits d'entrée à la mairie pour éviter toute surprise le jour du festival.

11. Pensez à inviter des associations amies ou des sportifs proches tels que les joueurs de frisbee, le club de saut à la corde ou à l'élastique, les éducateurs physiques, les mimes et clowns, les majorettes et autres artistes de scène. Ils découvriront un peu plus la jonglerie et seront d'un précieux apport lors des ateliers ou pendant le spectacle.

12. Prévoyez assez de monde derrière la table d'enregistrement pour éviter les queues. Facilitez-vous la tâche en permettant des enregistrements préalable par payement postal.

13. Faites commencer les ateliers assez tôt le matin et alignez-les les uns après les autres. Ils devraient commencer par une courte démonstration de l'instructeur et laisser beaucoup de temps d'entraînement aux participants. Les ateliers se dérouleront idéalement dans une salle séparée ou dans un coin du parc. Certains ateliers doivent prévoir deux niveaux de participants : ceux qui découvrent et ceux qui viennent pour affiner leur technique. Ne mélangez pas les deux niveaux. Les participants choisiront.

14. Les jeux de jonglerie, les concours, le «joggling» et les courses de relais se feront dans un parc ou sur un stade. Un cortège attire du monde et surtout des familles. Un pique-nique rapproche les gens et fera de votre festival un véritable événement local.

15. Proposez aux revendeurs de matériel de jonglerie de monter des stands tout près de la salle des ateliers. Organisez des tables et chaises. Fixez un prix de location par unité de stand.

16. Organisez une assemblée générale des participants pendant le festival, durant laquelle vous pourrez reconfirmer votre organisation, faire des élections, annoncer les changements et récompenser les collaborateurs. L'idéal est de la faire juste avant le cortège pour profiter du rassemblement pour mettre en place la parade.

17. Chaque jour, à midi, arrêtez toutes les activités un instant pendant lequel vous remercierez vos sponsors, les jongleurs et présenterez les visiteurs ou personnalités. Vous reconfirmerez aussi le programme du reste de la journée et donnerez des précisions sur les horaires.

18. Voici d'autres idées, en vrac :

- Afficher le programme de la journée sur les portes

d'entrée et de sortie.

- Contrôler l'état des douches ou de la piscine.

- Offrir un grand tableau pour les messages personnels.

- Avoir sur place et bien en vue une équipe paramédicale pour les premiers secours.

- Organiser une séance de dédicaces pour les jongleurs de renom en visite.

- Organiser avant le festival des activités promotionnelles (battre un record, enseigner la jonglerie au maire ou à un sportif connu) dans des endroits de grande affluence (centre commercial, un samedi).

- Essayer de faire désigner par la mairie un jour de l'année comme «jour de la jonglerie».

- Prévoir un mini-spectacle promotionnel et le présenter dans toutes les écoles de la région.

- Ne pas oublier un endroit de stockage des marchandises, du matériel pour tout le festival, ainsi que des endroits fermés pour la marchandise des vendeurs et commerçants.

- Organiser une rotation de présence pour le personnel d'acceuil.

- Nommer un photographe officiel et négocier avec lui un tarif populaire pour vendre ses instantanés.

- Faire un rapport et une description précise des tâches de chacun pour faciliter l'organisation d'un futur festival.

- Ne pas oublier de laisser beaucoup de temps pour les

entraînement et les petits spectacles improvisés.

- Essayer de mettre le festival juste avant ou juste après une grande fête régionale et faire en sorte que votre festival soit reconnu par cette fête.

Exemple d'annonce - information à la presse.

Festival de jonglerie dans notre ville !
calendrier de la manifestation

Dates : du vendredi 12 au dimanche 14 juin
Emplacement : Salle de gymnastique du collège - parc communal.
Programme des actitivés : Vendredi 09'00 à 20'00 : enregistrement et jonglerie libre.
Dès 20'00 : concours de jonglerie de notre ville.
Samedi de 09'00 à 18'00 : ateliers et jeux.
20'00 : spectacle ouvert au public - entrées : adultes 5.- $ - enfants 2.- $.
Dimanche de 09'00 à 13'00 : ateliers.
de 14'00 à 15'00 : cortège dans la Grand rue.
de 15'00 à 17'00 : jonglerie libre dans le parc communal.
dès 17'00 : pique-nique et démonstrations individuelles.
Billets : gratuit pour les spectateurs - 5.-$ pour les participants.
Invités : «Les Frères Saucisson-rôti» qui seront l'attraction spéciale du spectacle et donneront démonstrations et leçons gratuites au parc communal, dimanche.
Ateliers : pour les jongleurs de tous âges et aptitudes.
Concours : vendredi dès 20'00 avec les meilleurs jongleurs de notre région.
Sponsors : «la Pizza de papa», radio KJUG, glace «lèche doigts», notre commune.
Pour plus d'informations contactez : (le nom de votre club, du responsable, avec adresses et numéros de téléphone)

Mini-poster

FESTIVAL DE JONGLERIE

12 - 14 Juin

Collège communal : salle de gymnastique

Ateliers et leçons
Jeux et concours

Championnat régional de jonglerie
Spectacle de gala public

Cortège et pique-nique

Programme :

Vendredi

09'00 - 18'00 Enregistrement et jonglerie libre
20'00 - 22'00 Championnat de jonglerie
dès 22'00 Jonglerie libre jusqu'à minuit

Samedi

09'00 - 15'00 Ateliers :
09'00 Etirements et échauffement
10'00 Figures à 3 balles
11'00 Jonglerie avec 4 et 5 balles
12'00 Anneaux
13'00 Boîtes à cigares
14'00 Passing avec massues
15'00 - 18'00 : Activités dans le parc
15'00 Course de «joggling» et courses de relais
16'00 Championnat de «jollyball»
17'00 Rencontre de jonglerie sur gazon

20'00 - 22'00 : Spectacle de gala public

Dimanche

09'00 - 13'00 : Ateliers
09'00 Etirements et échauffement
10'00 Bâton du diable
11'00 Diabolo
12'00 Passing avec massues

13'00 - 14'30 : Repas en commun - récompenses et assemblée annuelle de l'association.
15'00 - 16'00 : Cortège officiel du collège au parc communal
16'00 - 17'00 : Jonglerie libre dans le parc
dès 17'00 : Pique-nique et présentations individuelles

Participer à une convention de jonglerie

Au milieu d'une halle de gymnastique, entouré d'environ 1'000 jongleurs à la convention annuelle de l'IJA, vous n'aurez pas de peine à reconnaître vos racines et à faire un retour en arrière sur notre histoire.

Dans un coin, Albert Lucas, Tony Duncan, Sue Kirby, Demetrius Alcarese, Matt Cantrell, Dann Bennet et Robert York se lancent des défis pour voir qui arrivera à garder en l'air le plus grand nombre d'objets, et pour combien de temps. Lucas a égalé ou battu tous les records du monde avec 10 balles, 12 anneaux et 7 massues. Sa performance de jongler avec 5 massues pendant 37 minutes et 10 secondes a amélioré le précédent record que Serge Ignatov avait signé à Moscou avec 16 minutes 20 secondes.

C'est une des manies des jongleurs et un défi permanent : le nombre d'objets en l'air. Dans les années 30, Enrico Rastelli, artiste italien d'origine russe et troisième génération de vedettes de cirques, battit les records avec 10 balles et 8 assiettes.

Bien que Rastelli ait fixé les records de l'ère moderne, la course aux objets dans l'air date de l'antiquité. Dans la Rome antique, on représentait Septimus Spika avec 7 balles. Le nom de Rastelli doit être connu de tout jongleur, non seulement pour ses exploits mais pour sa maîtrise spectaculaire avec d'autres objets tels que les bâtons et les ballons gonflés. Rastelli a été inspiré par le jongleur japonais Takashima qui a fait une tournée en Europe à la fin du 19ème siècle. L'idée de maintenir de grandes balles en équilibre sur diverses parties du corps puis de les faire rouler d'un point à l'autre a été réalisée pour la première fois par un jongleur Birman nommé Moung-Toon lors de son passage en Europe en 1890. Rastelli vécu en Russie de 1912 à 1920 et pendant la révolution se réfugia dans des cirques et théâtres où il s'entraînait sans cesse. Ses premières tournées aux USA datent de 1924 et 1928 et il y jouait le vaudeville. En 1931, à l'âge de 34 ans, pendant l'entraînement, il s'entailla la gencive avec son embout de bouche. La blessure s'infecta et il mourut rapidement. Cependant, son oeuvre de pionnier porta ses fruits et toute une génération de jongleurs prirent exemple sur lui.

Dans un autre coin de la «Grande Halle des Jongleurs», nous trouvons l'athlétique Michael Chirrick qui s'entraîne avec sa mère, la magnifique Lottie Brunn. Dans la famille Brunn, l'entraînement est aussi naturel que la respiration. Lottie et son frère Francis ont été formés par leur père qui adorait les voir s'entraîner et ne manquait jamais de placer ses conseils. Francis confirmait que «pour s'améliorer, un jongleur ne doit pas regarder d'autres jongleurs mais d'autres formes d'expression.» C'est ainsi qu'il s'est spécialisé dans le flamenco, prenant avantage de son allure élancée et de son regard de braise. Une des nombreuses spécialités de Francis est de faire rebondir un ou deux ballons sur son front, ou de faire rouler une grande balle, de son pied à sa main, en passant par la jambe, le torse et derrière la nuque avant de redescendre par l'arrière du bras. Comme Rastelli, Francis Brunn excellait à l'équilibre de la balle sur son embout de bouche. Avec une rapidité extraordinaire, il arrivait même à faire le tour complet de la balle avec son embout et de la reprendre en équilibre. La famile Brunn a lancé la mode du numéro final spectaculaire. Le final classique, appelé «final Brunn» consiste à balancer une balle en rotation sur un embout de bouche, une autre sur un équilibre de tête placé sur le front alors qu' une troisième tourne au bout de l'index de la main droite. Ce n'est pas tout : deux anneaux tournent en sens contraire sur le bras droit, deux autres autour de la jambe droite qui est levée. Quant à la main gauche, elle jongle avec 3 anneaux !

Poursuivant la tradition, certains jongleurs aujourd'hui, offrent un final époustoufflant : Anthony Gatto, protégé, conseillé par son plus fidèle admirateur, son père Nick, contrôle en même temps balles, anneaux et massues, tout en balançant un animal en peluche sur un long équilibre de tête - Ernest Montego, le beau frère de Francis et Lottie Brunn arrive à présenter la même combinaison que Francis mais sur un monocycle qu'il actionne de la jambe gauche - Larry Vacksman, lui, termine son spectacle en faisant tourner 4 hula hoops autour de ses genoux et 3 autour de sa taille pendant qu'il jongle avec un ballon de basket ball et une massue de sa main gauche, ainsi que 3 balles de sa main droite !

Avancez au fond de la halle et prenez la porte qui donne sur la salle capitonnée réservée aux arts martiaux. Vous y verrez Larry Merlo, Toby Twist et Bob Nickerson en competition pour voir lequel jonglera le mieux avec des boules de bowling ! L'équipe professionnelle de footbal américain des «Dallas Cowboys» a récemment opté pour des cours de jonglerie avec boules de bowling afin de renforcer leurs joueurs tout en augmentant leur agilité et leurs réflexes. Les «Cowboys» utilisent aussi des grosses balles remplies de sable et de plomb.

Ces jongleurs de poids lourds ne sont que les disciples de Severus Schaffer et Herr Holtum qui, au début de ce siècle en Europe, jonglaient avec des boulets de canon et autres obus d'artillerie ! Cette mode a été exportée aux USA par Paul Spadoni et Paul Conchas qui tenaient un canon en équilibre sur leur tête ou recevaient un boulet de canon lâché d'un plongeoir directement sur leur tête ! La manipulation de matériel militaire a été populaire et on ne compte plus les jongleurs de bayonettes, de fusils ou de révolvers. En fait, dans la Chine antique, les soldats d'élite s'entraînaient à lancer, manipuler, faire tourner et jouer leurs lances qui pesaient 20 kilos. On peut voir certains de ces exercices encore aujourd'hui dans les programmes des cirques de Chine et Taiwan.

A la convention des jongleurs, un des ateliers les plus populaires est celui de la massue, démontrée par Allan Jacobs, assisté de Sandy Brown, Karen Rothstein et Robert Nelson, l'»homme papillon». Par leurs efforts, ils ont révolutionné l'usage de la massue. Jongler avec les lourdes massues de bois faites par les indiens a commencé au 19ème siècle. Les artistes du vaudeville qui le faisaient en scène ont noms Gus Hill, DeWitt Cook ainsi que Morris Cronin et James Darmody vers la fin du siècle. Il apparaît que Darmody arrivait même à jongler avec 5 de ces massues en bois !

Dès la fin des années 1950, avec l'apparition de la massue en plastique, légère et moins chère, la diffusion de la massue a explosé !

En fait, l'histoire de la jongelerie se confond souvent avec le développement de la fabrication d'objets. Au début de ce siècle, on jonglait avec des raquettes de tennis et haches comme on le fait aujourd'hui avec les massues. La massue était un objet très difficile à faire, manuellement. Les chinois avaient une version dont le corps était en bambou, les parties bombées en bambou tressé, puis le tout était recouvert de papier mâché. La première massue «moderne» à corps vide, toujours en bois, a été développée par Edward Van Wyck qui a vendu sa patente plus tard à Harry Lind.Harry Lind a fait des massues pour tous les jongleurs jusqu'à sa mort en 1967. Ses dessins ont été adapté par Stu Raynolds à la technique de la fibre de verre, et restent l'exemple de fabrication pour les massues actuelles en plastique. Les massues d'aujourd'hui sont plus légères, plus solides et permettent des figures qui auraient été impossibles avec les anciennes massues de bois.

La présence sur scène d'un jongleur a été lancée par l'attitude extraordinaire de Bobby May. Connu comme «Le jongleur international» pendant 35 ans, il a développé un style de lancers de massues fluide, harmonieux et avait l'habitude de danser, courir sur toute la scène avec une grâce inégalée. Son contrôle des 5 balles de Lacrosse reste légendaire et deux de ses numéros sont encore dans toutes les mémoires : jongler avec 5 balles qui rebondissent sur un tambour placé sur sa tête - et son fameux final qui le voyait jongler avec 5 balles rebonds dans une série incroyable de figures pour finir par en rattraper 4 dans son chapeau et par arrêter la cinquième sur sa nuque, la laisser rouler dans son dos pour la reprendre dans son chapeau tenu entre ses jambes, et, finalement, se laisser tomber en avant en roulé-boulé et se relever pour un dernier salut !

Homer Stack, un fameux artiste de vaudeville a été le premier à enseigner les jeunes jongleurs. Auparavant le transfert des trucs et figures ne se faisait qu'à l'intérieur du cirque ou de la famille et la connaissance passait de parents à enfants. Au début de ce siècle, les artistes américains envoyaient même la description de leurs numéros au bureau des patentes pour éviter les copies. Souvent, ils contrôlaient qui était dans la salle et omettaient leur meilleur numéro s'ils apercevaient un jongleur ou un concurrent potentiel dans les fauteuils. Il y a même eu des débuts de poursuites judiciaires.

La grande différence entre la magie et la jonglerie est que dans la jonglerie, on montre les trucs et mouvements. Il est inutile de cacher ses numéros. De ce fait, les jongleurs célèbres, de nos jours, imitent Homer Stack et recherchent des «disciples».

Dans les pays de l'Europe de l'Est et en Chine, le cirque est un organisme d'Etat et les anciennes vedettes restent dans la troupe pour enseigner toutes les «ficelles» aux jeunes et pour fonctionner comme entraîneurs. Chaque génération a l'obligation de faire mieux que la précédente. C'est ainsi que l'on arrive à leurs spectacles d'une qualité inégalée dans la maîtrise des objets et mouvements.

Les enseignants modernes comme Randy Pryor, Kit Summers, Mike Vondruska et l'auteur ont brisé le cercle du secret et donnent toutes les informations sur leurs tours à leurs élèves. Pour diffuser cet Art encore plus, l'Institut de la Jonglerie (Juggling Institute) a été fondé en 1977. Il s'agit d'un réseau d'enseignants et d'entraîneurs confirmés qui forment des élèves en groupe jusqu'à 100 personnes.
C'est ainsi qu'à la convention des jongleurs, vous verrez certainement si vous venez tôt le matin, un professeur du Juggling Institute entouré de jeunes enfants qui s'essayent au foulard et à la balle à grains. Le JI est aussi présent sur les camps de vacances d'été dans tous les Etats-Unis.

Les professeurs d'éducation physique ont incorporé des éléments de jonglerie dans leurs cours depuis très long-temps. Dès le début du siècle, il n'était pas rare de voir dans les cours d'école de Scandinavie, de Hollande des jeux de jonglerie et au Japon pratiquement chaque jeune fille apprenait le «Otedama», un jeu avec 2 balles. Jongler avec deux balles ou deux pierres en trajectoire circulaire, presque comme la «douche» a été pratiqué par la plupart de nos grand-mères lorsqu'elles étaient jeunes filles. Demandez-leur donc !

Regardez donc, dans un autre coin de la halle ce groupe rassemblé autour de Daniel Holzman, le jongleur aux cheveux bouclés.Les applaudissements crépitent après chaque figure. Les grands maîtres des 3 balles, Robert Peck, Edward Jackman, Steve Mills et Craig Barnes qui le suivent sont les héritiers des troubadours du 11ème siècle.
Les origines écrites de la jonglerie avec 3 balles datent des égyptiens. On a retrouvé des hiéroglyphes décrivant des jongleurs dans les tombes Beni Hassan, sur la partie est du Nil, datant de 2600 avant notre ère. On sait aussi que le légionnaire romain Sidonius Appolinaris distrayait ses troupes en jonglant avec 3 balles.
Autour du 6ème siècle, les jongleurs étaient fréquents dans les campagnes françaises et anglaises. Leurs balles étaient en bois, en terre cuite ou en cuir et ils jonglaient aussi avec des couteaux. Vers 1100, les troubadours commencèrent leurs tournées, chantant, récitant des poèmes. Ils devinrent aussi jongleurs et formèrent la congrégation des ménestrels. La première organisation de jongleurs a vu le jour à Fécamp au 10ème siècle et, sous le règne de Guillaume le Conquérant, on donnait le titre de «Roi des jongleurs» à l'artiste qui présentait le meilleur spectacle de palais. Cette coutume a duré pendant quatre siècles.
Durant la Renaissance, le jongleur ambulant a poursuivi ses tournées. De nos jours aussi, à chaque fête médiévale, on peut admirer des ménestrels jongleurs. Les plus connus sont Moonbeam, Lynn Thomas, Stuart Fell, Roberto Morgantini, Jim Ridgely, Turk Pipkin, Paul Zimmerman ou Kaj Fjelstad mais vous ne les verrez pas à la convention des jongleurs car elle se déroule généralement en été qui correspond à leur meilleur saison pour exercer leur Art.

Beaucoup de jongleurs excellent dans le spectacle de rue. Il

y a même une convention annuelle dédiée aux ateliers pour jongleurs de rue et les secrets y sont diffusés par Robert Nelson «l'homme papillon», Laura Mae Green «miss Tilly» et Bounce-Murph et Benji que l'on peut voir et entendre à un coin de rue dans le monde entier. On y apprend les trucs pour se défendre légalement, les lois régissants le spectacle de rue et on donne envie aux jeunes de se lancer à l'aventure.
Ray Jason, un des jongleurs de rue les plus engagés, certifie que cette activité est la plus honnête car le public ne paye qu'après avoir vu le spectacle, et en proportion directe avec le plaisir qu'il en a retiré. C'est vrai que le public peut partir en tout temps, sans payer. On se demande alors la raison qui pousse les administrations à redouter les jongleurs de rue.
Le vaudeville a été tué par la radio et le tourne-disque, la télévision ayant fourni les clous du cerceuil. De 1875 à 1925 pourtant ce fut un succès partout. L'association Mondiale des Jongleurs (IJA) a été fondée par 8 artistes du vaudeville : Harry Lind, Bernard Joyce, Georges Barvin, Jack Greene, F. R. Dunham, Eddie Johnson, Roger Montandon et Art Jennings. Ils lancèrent également le journal «Jugglers world» et sont les pères d'une association qui regroupe aujourd'hui des milliers d'adhérents dans le monde entier qui organisent des conventions régulièrement.

La fin du vaudeville jeta des milliers d'artistes à la rue, où certains poursuivirent leur travail. Les gouvernements des années de la Grande dépression puis ceux d'après la deuxième guerre mondiale édictèrent de multiples lois restreignant ou banissant la possibilité de se produire sur la rue. De nos jours, dans certaines régions, on reconnait progressivement ce droit d'expression et on accepte peu à peu les artistes de rue à nouveau. Ces endroits sont encore regardés comme des lieux privilégiés. Les villes les plus sympathiques sont Boston (le marché Quicy), San Francisco (Fisherman's wharf), New York (les parcs), Amsterdam,

Paris et presque toute la France, ainsi que plusieurs villes en Angleterre et en Allemagne.

A notre convention, nous retrouvons Bruce Block qui construit patiemment une pyramide de 40 boîtes à cigares pour la maintenir en équilibre sur son menton. Les manipulateurs de boîtes les plus connus sont Tim Graham, Ron Meyers et bien sûr Kris Kremo qui a appris de son père Bella. On ne jongle avec des boîtes à cigares que depuis 1900 environ lorque le clochard-jongleur Harrigan lança l'idée. Il inspira W.C.Field qui l'immortalisa dans son film «Old Fashioned way».

Un objet qui nous vient de Chine a toujours fasciné les jongleurs de l'Ouest : le diabolo. D'abord fait en bambou, il est arrivé en France au 17ème siècle et a connu de suite un succès retentissant, devenant un sport en concurrence avec le tennis de l'époque. L'artiste allemand Mc Sovereign a porté le titre de «roi du diabolo» de 1907 à 1947 et a même déposé plusieurs patentes pour la fabrication de cet objet.

Le bâton du diable est porté à la quasi perfection par Todd Strong et Andrew Allen. Ce sont aussi les Chinois qui ont développé et apporté cet objet, qui, à l'époque était garni de pompons en forme de fleurs à chaque bout. Nommé «hua kung» en chinois, ou «bâton de fleurs», on a changé son nom en «diabolo» de l'origine grecque «lancer de travers». On désignait ainsi le diabolo et le bâton du diable par le même nom. Les manipulations du bâton du diable ont été perfectionnées par les acrobates chinois de Shenyang et ils ont incorporé à leurs mouvements de la musique folklorique et de la danse.

Les artistes de cirque rendent souvent visite aux conventions de jongleurs tant il est vrai que la jonglerie a toujours fait partie du spectacle de cirque. Avec de la maîtrise, de la présence et de la technique, le jongleur peut même se présenter en solo sur le rond de sciure. Lottie et Francis Brunn captivaient l'audience jusqu'au dernier rang des spectateurs. Lorsque John Ringling North les aperçus à Madrid en 1947, il leur offrit de suite un contrat qui leur permit d'être vedettes au cirque Ringling Brothers Barnum de 1948 à 1950. Lottie, trop exceptionnelle pour rester dans l'ombre de son frère, débuta une carrière en solo dès 1951 et obtint le titre de «jongleur le plus rapide du monde».

La plupart des activités que vous rencontrerez à la convention des jongleurs ont l'Europe médiévale comme origine. On y organisait déjà le cortège au centre de la ville, le spectacle public, le bal costumé et le pique-nique dans le parc. L'IJA joue en fait le même rôle que celui de la Guilde des Art pendant la Renaissance.

ANNEXE n°: 1

Reconnaissance et récompense par l'épinglette de jongleur !

La découverte du monde de la jonglerie ne se fait pas sans efforts. S'il apparaît évident à la plupart des enseignants que la jonglerie est un excellent moyen pour distraire, former certains traits de caractère et améliorer la concentration, il est aussi clair que bien des débutants commencent par «serrer les dents», ramasser des objets par terre, courir après une balle et «s'emmêler les bras» !
Ainsi, ceux qui ont suffisamment d'application pour passer le premier cap de la découverte méritent une récompense et la reconnaissance de leur réussite.

En arrivant à maîtriser avec succès :

plus de 20 lancers de 3 foulards et 20 lancers de 3 balles à grains, en trajectoire de «cascade»,

ils font leur entrée dans le monde magique des jongleurs. Pour confirmer cette réussite, ils ont droit à nos félicitations amicales, à une épinglette séduisante et à un diplôme qui prouvera à tous leur nouvelle et prestigieuse condition de jongleur. BRAVO !

Pour obtenir l'épinglette de nouveau jongleur, accompagnée du diplôme, il suffit de demander à votre professeur d'éducation physique, de sport ou de cirque, à votre animateur de club ou d'association, de remplir et de faire parvenir le formulaire de la page suivante à :

Jonglerie Diffusion S.A.
Récompenses «nouveaux jongleurs»
Case postale 2
CH -1232 CONFIGNON - Genève - Suisse

Formulaire de commande d'épinglettes (pin's) «nouveau jongleur»

Vos élèves ont obtenu le droit de porter une épinglette (pin's) certifiant qu'ils ont maîtrisé les premiers éléments de la jonglerie en faisant une figure de «cascade» pendant :

20 lancers avec 3 foulards et 20 lancers avec 3 balles à grains.

A réception de ce formulaire et d'une somme de FFR 200.- (SFR. 50.-) nous vous ferons parvenir 12 épinglettes (pin's) et 12 diplômes pour vos élèves. Nous envoyons épinglettes (pin's) et diplômes supplémentaites par paquet de 12 pièces pour le montant cité ci-dessus. Prévoyez 2 semaines pour la livraison.

Nom de l'association ou école : ______________________________

____

Adresse : ____

____

Nom du professeur-témoin : ___________________________

____

Nombre de paquets de 12 épinglettes (pin's) et diplômes : ___

____

Signature du professeur-témoin attestant la réussite
et confirmant la commande : ___________________________

____

Formulaire à faire parvenir à:
Jonglerie Diffusion S.A.
Récompenses «nouveaux jongleurs»
Case postale 2
CH-1232 CONFIGNON - Genève - Suisse

ANNEXE n° 2 :

Les bonnes adresses pour jongleurs

On trouve, dans tout le monde francophone des magasins spécialisés en articles de jonglerie et de magie, des magasins d'articles de sport, de cadeaux, de jouets ou des points de vente dans des associations et des écoles qui offrent du matériel de jonglerie de qualité.

Fiez-vous à leurs conseils et n'achetez que du matériel de qualité pour profiter pleinement des enseignements de ce livre et progresser dans votre art et votre plaisir.

Depuis plus de 10 ans, la maison Jonglerie Diffusion S.A. invente, fabrique et diffuse depuis son siège de Genève, en Suisse, une gamme complète d'articles de jonglerie qui est reconnue mondialement pour sa qualité, sa fiabilité et sa durabilité. Jonglerie Diffusion S.A. a un réseau de distributeurs officiels dans plus de 15 pays. Dans la francophonie, ces points de diffusion de première force sont :

France :

Unicycle
3, Impasse J. Dalou
91000 EVRY

Jonglerie Diffusion France
156, Fg Poissonnière
75010 PARIS

Suisse :

Der Spieler
Kerngartenstrasse 15
4104 Oberwil

Canada :

Brault et Bouthillier
700 Ave Beaumont
H3N 1V5 MONTREAL

Belgique :

Vlieger OP BV
Veterinkade 5a
2515 DEN HAAG

Prenez contact avec ces maisons de confiance. Elles vont indiqueront certainement le magasin de votre ville ou de votre région qui vous fournira le matériel désiré.

Si vous habitez une autre région que celles mentionnées ci-dessus, appelez le fabriquant :

Jonglerie Diffusion S.A.
Case postale 2
CH - 1232 Confignon - Genève - Suisse
Tél: +41 22 757 32 07
Fax: + 41 22 757 31 38

ANNEXE n° 3 :

Suivez et appréciez vos progrès !

Nom : ____

Date :										
Figure :	**Durée ou nombre de lancers réussis**									

Comment utiliser cette feuille :

1. Noter les dates dans les cases prévues.
2. Dans la colonne de gauche, faites la liste de toutes les figures que vous essayez.
3. Chaque jour ou à chaque entraînement, ne manquez pas d'indiquer vos résultats dans la case correspondant à la date et à la figure choisie.

ANNEXE n° 4 :

Glossaire des appellations.

Ce glossaire a pour but d'unifier le language utilisé par les jongleurs pour définir telle figure, tel mouvement. C'est aussi un index, vous renvoyant à la page consacrée à l'appellation choisie. Les termes qui, dans la profession sont plus souvent utilisés en anglais qu'en français sont mentionnés dans les 2 langues.

Albert, les lancers d' : mouvement de lancer de massues entre les jambes, d'avant en arrière, sans lever les pieds. Appellation due au jongleur Albert Lucas qui a popularisé ce mouvement. (page 195)

Albert à l'envers : même mouvement que «l'Albert» mais les lancers vont d'arrière vers l'avant.

Américaine, massue : massue à corps épais, plus large que la massue normale. Diamètre environ 100 mm.

Ancrée, baguette : se dit de l'emplacement très solide d'une baguette pour assiette chinoise.(page 382)

Anglais, rebond d' : se dit d'un effet donné à une balle de façon à ce que le rebond se fasse dans une direction autre que celle escomptée. (pages 77-78)

Anneau : article de jonglerie en forme d'anneau de diamètre d'environ 30 cm ou de 24 cm pour les juniors, fait en bois ou en plastique. (pages 155-166)

Applaudissement : moment magique durant et après le numéro. Peut être provoqué par une pause, une position du corps, une remarque aussi. (Pages 54 - 59)

Arrêt : Se dit des figures stoppant une ou plusieurs balles sur une partie du corps, sans employer les mains (page 54 - 59)

Assiette chinoise : article de jonglerie en forme d'assiette courante avec un rebord en dessous permettant de la maintenir en rotation, puis en équilibre sur une baguette de bois ou de plastique. (pages 370-383)

Aveugle, à l' : se dit d'une figure pendant laquelle le jongleur ne peut pas apercevoir l'objet (exemple : rattraper une balle dans le dos) (page 69)

Back to back : terme anglais pour définir la position dos à dos dans le passing.

Back to front : terme anglais pour définir la position en file indienne des jongleurs pendant un passing à plusieurs (page 128)

Back roll : terme anglais pour le «passage des épaules» avec une balle. (page 401)

Balance : terme anglais pour dire «équilibre»

Balance de tête : pièce de bois que l'on tient en équilibre sur la tête et sur laquelle on peut maintenir en équilibre ou en rotation des objets. (page 412)

Balle à grains : balle en tissus, souvent plastifié, remplie de graines, boules plastiques ou autre matériel. Article de base pour apprendre à jongler.

Balle de scène : article de jonglerie en plastique brillant, plus grande que la balle à grains pour être mieux vue du public. Diamètre de 70 à 100 mm.

Bâton du diable : article de jonglerie d'origine chinoise consistant en un bâton en bois tourné et entouré de bandes adhésives de couleur comme décoration. Manipulé par 2 baguettes de soutien, souvent recouvertes de silicone. Le bâton du diable pendant les figures apparait suspendu dans l'air. (pages 279- 316, 547)

Bean bag : terme anglais pour la «balle à grains»

Boîte : formation de passing dans laquelle les 4 partenaires se tiennent dans un carré, regardant le centre. Chaque jongleur passe à la personne qui lui fait face. (page 249)

Boîte à cigare : article de jonglerie inventé en Chine, développé au Japon et popularisé par W.C.Fields. En bois, légères, décorées, pouvant être manipulées ou tenues en équilibre.

Bouchon : partie supérieure d'une massue.

Boule d'équilibre : grosse boule de bois ou de plastique, d'un diamètre de 80cm à 100 cm sur laquelle le jongleur se tient en équilibre.

Bras Croisés : position appréciée qui consiste à jongler avec un bras posé sur l'autre. (pages 52-53)

Carrousel : formation de passing entre 3 personnes, avec 6 massues, dans laquelle les partenaires changent de position pendant le passing. (pages 246-247)

Cascade : figure de base de la jonglerie dans laquelle 3 objets sont lancés de l'intérieur vers l'extérieur. D'un mouvement arrondi vers le bas, les objets sont amenés de l'extérieur vers le centre du corps puis lancés en diagonale vers le haut, en direction de l'épaule opposée et l'extérieur. La figure la plus connue et la plus courante de la jonglerie. Le mouvement vers lequel on revient pour se concentrer, se relaxer. (pages 8 - 12, 26 - 32, 87)

Cascade renversée : figure courante de jonglerie dans laquelle les objets sont lancés de l'extérieur vers l'intérieur dans une trajectoire arquée par le haut et qui retombent au centre du corps du jongleur. (pages 13-14, 35, 103)

Chute d'objet : la preuve que vous continuez d'apprendre. En aucun cas un échec.

Club : terme anglais définissant la massue.

Colonnes : figure courante formée par les objets lancés verticalement et retombant sur la même trajectoire. (pages 15, 44-45, 186-187)

Combinaisons : se dit de la présentation dans votre numéro de plusieurs figures en même temps, par exemple : jongler de la main gauche, équilibre sur la main droite, et faire tourner un anneau autour d'une jambe. (page 398)

Compte : rythme d'une figure de jonglerie ou d'un passing.

Configuration : position de chaque jongleur dans une formation de passing.

Corps : partie ventrue de la massue. Diamètre normal 75 à 85 mm.

Côte à côte : position de 2 jongleurs côte à côte pour se passer des objets (pages 23, 116, 130, 222, 343)

Crêpe : lancers de massues ou d'anneaux avec des renversements et rotations comme des crêpes. (page 162)

Croisements dos : se dit d'un lancer dans le dos en direction de l'épaule opposée, d'un côté comme de l'autre. La main droite lance par dessus l'épaule gauche et vice versa. (pages 69, 196)

Demi-douche : figure de jonglerie très courante dans laquelle une main lance en trajectoire de cascade et l'autre en cascade renversée. (page 102)

Devil Stick : ferme anglais pour définir le «bâton du diable».

Diabolo : du grec «dia» à travers et «bolo» lancer. Article de jonglerie d'origine chinoise consistant en un assemblage de 2 coupoles de plastique ou de caoutchouc. Le diabolo est maintenu en rotation sur une cordelette fixée à deux baguettes que l'on tient en mains et peut être lancé ou former des figures impressionnantes. (pages 317-351, 546-547)

Diagonale : passing à votre partenaire de votre main droite dans sa main droite ou de votre main gauche dans sa main gauche. (page 127)

Dos à dos : position de passing avec divers articles dans laquelle les 2 partenaires se tournent le dos (pages 129, 228, 315 et 344)

Double : faire tourner la massue ou la torche deux tours en l'air. (page 230)

Double équilibre : maintenir en équilibre un objet sur un autre objet aussi en équilibre. (pages 396, 406, 414)

Douche : figure de jonglerie en trajectoire de cercle dans laquelle une main fait tous les lancers et l'autre toutes les réceptions et passes rapides dans la main qui lance. (pages 19, 36, 86, 105)

Drop : terme anglais commun pour désigner une chute d'objet. (page 248)

Embout de bouche : baguette avec un embout pour tenir en bouche et sur laquelle on maintient en équilibre une ou plusieurs balles en rotation. (page 404)

Equilibre : maintenir un objet en équilibre sur une partie de votre corps (pages 165, 182, 311-312 , 367, 380-381, 407-415)

Etoile : formation de passing avec massue dans laquelle 5 jongleurs au moins se tiennent à équidistance dans un cercle. (page 253)

Europe, massue : massue à corps plus fin, développée par les jongleurs européens.(diam.env 80 mm)

Fake : terme anglais définissant le geste de lancer un objet sans le lâcher.

Feed : terme anglais définissant la position du jongleur lançant, en passing à plusieurs partenaires l'un après l'autre. (pages 238, 248)

Figure : ensemble de mouvements qui, répétés forment une figure de jonglerie. La cascade est la plus connue.

File indienne : position des jongleurs les uns devant les autres, regardant tous dans la même direction, pendant les passings avec divers articles. (page 128)

Flash : terme anglais définissant les lancers rapides et successifs de plusieurs objets qui se retrouvent tous en l'air en même temps. (page 188)

Flip : terme anglais définissant le tour que fait un objet dans l'air. Exemple double flip = 2 tours. (pages 290-293, 301-302)

Fontaine : figure de jonglerie par laquelle un nombre pair d'objets sont lancés de chaque main, de l'intérieur vers l'extérieur sans se croiser. (page 92)

Fontaine renversée : figure de «fontaine» avec des lancers de l'extérieur vers l'intérieur d'objets qui ne se croisent pas.

Handle : terme anglais définissant la poignée d'une massue.

Hélice : Figure courante avec le bâton du diable qui est mis en rotation comme l'hélice d'un avion. (pages 300, 310)

Hélicoptère : se dit d'une rotation horizontale d'une massue. (pages 217, 298)

Indienne, massue : massue en bois utilisée pour le twirling et les manipulations.

International Juggler's Association : association mondiale des jongleurs, basée aux USA.

Jongle-thon : rencontre de jongleurs de tous niveaux qui s'engagent à payer et faire payer à des sponsors choisis par eux, un montant fixe par minute pour exécuter des figures de jonglerie pendant un certain temps. Les sommes récoltées sont destinées à une oeuvre de bienfaisance.

Kaskade : magazine européen paraissant en langues anglaise et allemande, et adressé aux jongleurs.

Kickup : terme anglais définissant le coup de pied qui remonte une balle à terre et permet ainsi de la réintroduire

dans la figure. (pages 60-61, 184, 296-297)
Kissing : terme anglais désignant 2 objets qui se heurtent, volontairement, en l'air. (page 45)

Lacrosse, balle : balle de cuir utilisée dans le sport canadien de Lacrosse et exemple ayant permis le développement de la balle à grains moderne..

Mill's mess : figure célèbre et impressionnante, inventée par le jongleur Steve Mills, et dans laquelle les mains se croisent et se décroisent pendant les lancers.

Multiplex : se dit d'un lancer avec plus d'un objet. (pages 88, 140-153)

Nuque, arrêt de : arrêt le plus connu qui consiste à se plier en deux et à bloquer une balle sur la nuque. (page 57)

Passage des épaules : passer une balle d'une main à l'autre en la faisant rouler sur le bras, derrière la tête et sur l'autre bras. (page 401)

Passe flash : passe rapide à un partenaire, pendant laquelle tous les objets sont en l'air.

Passeur : jongleur qui passe les massues, en face de lui à plusieurs partenaires, l'un après l'autre.

Passing : passes d'objets entre partenaires. (pages 117, 121-139, 238-257)

Pattern : terme anglais définissant l'ensemble des trajectoires d'une figure.

Pattes de tigre : position des mains, paumes vers le bas pour attraper les balles. (pages 36-37)

Pause : arrêt temporaire de jongler pour attendre un objet lancé haut, maintenir un autre en équilibre un instant, faire une blague au public. Souvent utilisé pour changer le rythme et dramatiser son numéro. Excellent moyen de provoquer des applaudissements. (pages 54 - 59)

Pirouette : rotation de 360 degrés du jongleur tout en jonglant. (page 188)

Pistons : se dit d'une figure de colonne lorsque les objets sont lancés simultanément en rythme rapide et très régulier.

Poignée : partie de la massue que l'on tient dans la main. (page 170)

Rattrapages : mouvements soudains et nécessaires pour éviter la chute d'un objet ou pour relever un objet à terre et qui sont faits de manière théâtrale donnant ainsi l'impression au public qu'ils font partie de votre numéro. (pages 60-61)

Rebonds sur le corps : utiliser les parties de son corps pour faire rebondir une balle. (pages 79-80)

Rola Bola : article d'équilibre formé d'une planche posée sur un cylindre de bois ou de plastique. Le jongleur se tient debout sur la planche.

Routine : ensembles de mouvements ou de figures mises dans un ordre précis par le jongleur pour son numéro. (pages 416-418)

Scie : figure de jonglerie avec 3 balles dont 2 sont lancées en colonne (une par main), et la troisième est passée de main à main. (page 46-47)

Scoop : terme anglais définissant le mouvement arrondi, objet en main, exécuté avant un lancer. Indispensable pour la figure de cascade. (page 171)

Single : terme anglais définissant le passing de massues en donnant un seul tour à la massue.

Sous la jambe : figure courante qui consiste à passer un objet sous une jambe en le lançant. (pages 65, 179, 226, 304, 399)

Spin : terme anglais définissant le tour que fait un objet dans l'air. Exemple double spin = 2 tours. (pages 290-293, 301-302)

Spinning ball : terme anglais définissant une balle gonflée que l'on fait tourner sur un doigt, une autre balle ou une baguette. (pages 384-405)

Stack : terme anglais définissant la pile de boîte à cigares en équilibre. (pages 276-277)

Stage ball : terme anglais définissant la balle de scène.

Statue de la liberté : figure de jonglerie à 3 balles qui consiste à tendre un bras au dessus de la tête, et à lancer les balles de l'autre main dans la main ainsi étendue, qui les relâchera. La main qui lance, rattrape également les balles. (page 49)

Stick : autre terme pour les baguettes de bâton du diable, diabolo ou d'assiette chinoise.

Synchronisée, figure : lorsque plusieurs jongleurs jonglent en même temps la même figure. (page 91)

Talon : partie renforcée et protégée de la base d'une massue

Tambour : mouvement très rapide, pendant la cascade, qui consiste à porter un objet à travers la figure, comme un coup de karaté. (pages 50-51, 192-193)

Tennis : figure courante de jonglerie qui consiste à lancer une balle par dessus la figure, comme une balle de tennis par dessus le filet. (page 40)

Tonnerre et douche : passing entre deux partenaires qui consiste à passer à chaque lancer, des deux mains. (page 229)

Treblas : autre appellation pour les lancers d'»Albert à l'envers».

Triangle : position de passings avec trois jongleurs disposés en triangle. (page 240)

Trick : terme anglais désignant une figure spéciale ou une combinaison de mouvements.

Triple : s'annonce lors d'un passing avec massues pour donner 3 tours à la massue.

Trois-Trois-Dix : un objectif prestigieux de passing pour tous jongleurs qui consiste à passer trois fois de suite à chaque 3ème lancer de la main droite, puis trois fois de suite à chaque 2ème lancer de la main droite, puis 10 fois de suite à chaque lancer de la main droite. (pages 122-125)

Twirl : terme anglais définissant les manipulations, figures et rotations faites en tenant les massues par le bouchon.
position de passing avec au moins 4 jongleurs. (page 252)

Yo-Yo : figure de jonglerie qui consiste à jongler verticalement avec 2 balles dans une seule main et à suivre la trajectoire d'une des balles avec la 3ème balle, tenue dans l'autre main (pages 42-43).

MISTER BABACHE

BALLES SILICONE
NOUVELLE PRODUCTION 2000

SOFT "ST"
Couleur: White
Diam : 63, 69, 75 mm
Toucher: soft

HIGHSHORE "HS"
Couleur: Orange
Diam : 63, 69, 75 mm
Toucher: firm

CHAPEAUX A JONGLER

Tube et melon

CHAUSSURES DE CLOWN

4 TAILLES:
- **Enfants**
- **Dame**
- **Big-Foot**
- **Géant**

POUR:
- **Carnaval**
- **Anniversaires**
- **Fêtes**
- **Théâtre**
- **Ecoles**
- **Location costume**
- **Cirque**

PAC LINE®

BIG PACK

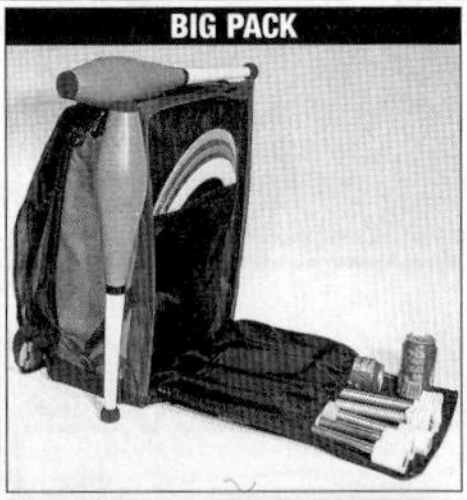

DIABOLO PACK

DEVIL PACK

BALL PACK

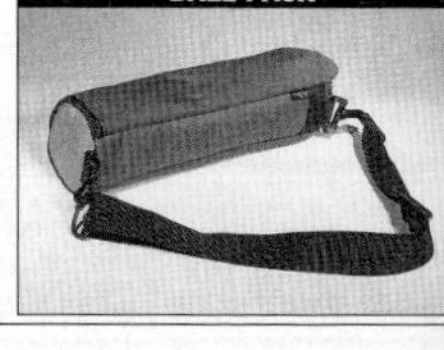

www.jonglerie.com - email:info@jonglerie.com

MISTER BABACHE®

Acrylic Balles Flash

Acrylic Balles Crystal

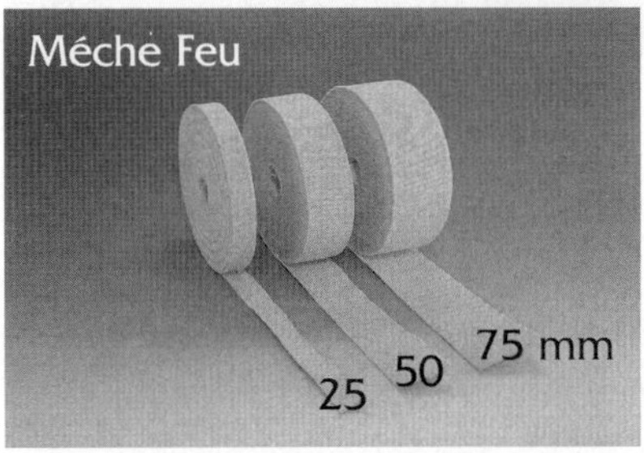

Méche Feu

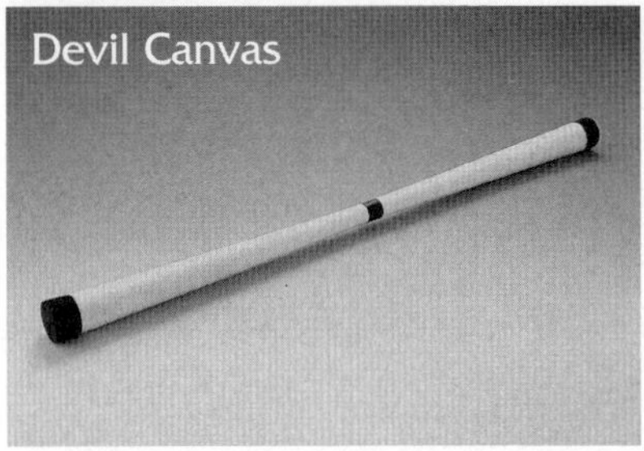
Devil Canvas

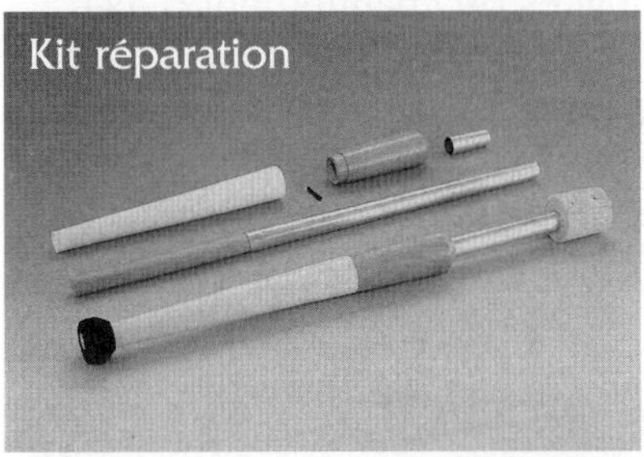
Kit réparation

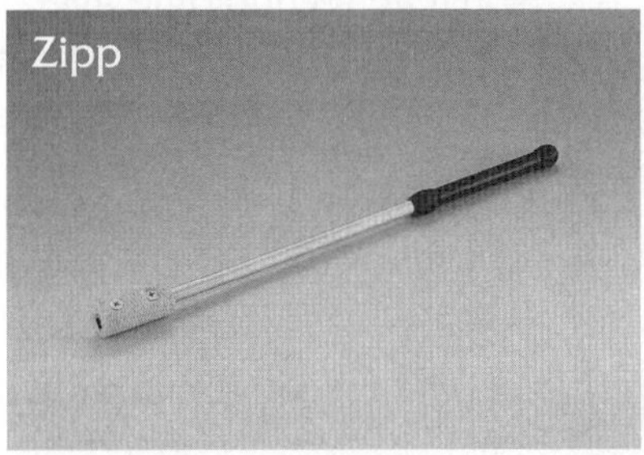
Zipp

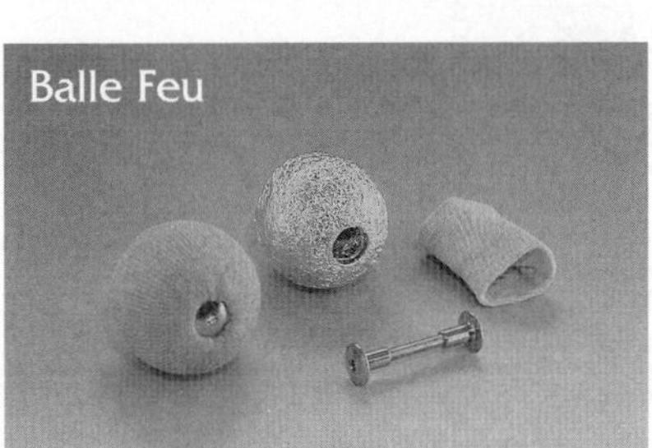
Balle Feu

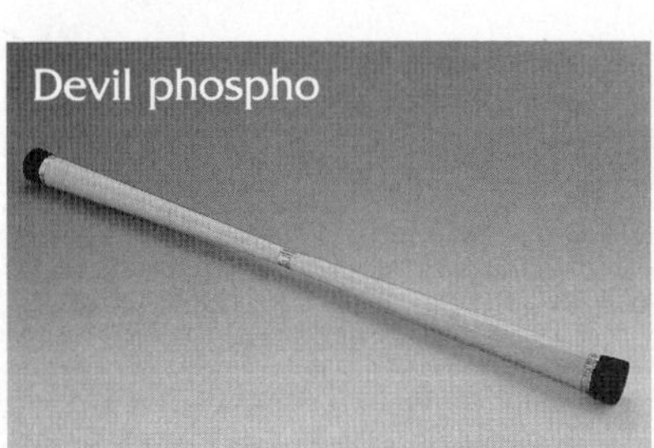
Devil phospho

MISTER BABACHE®

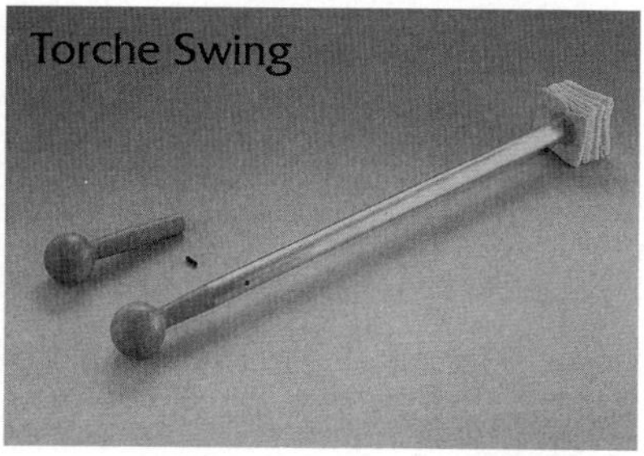

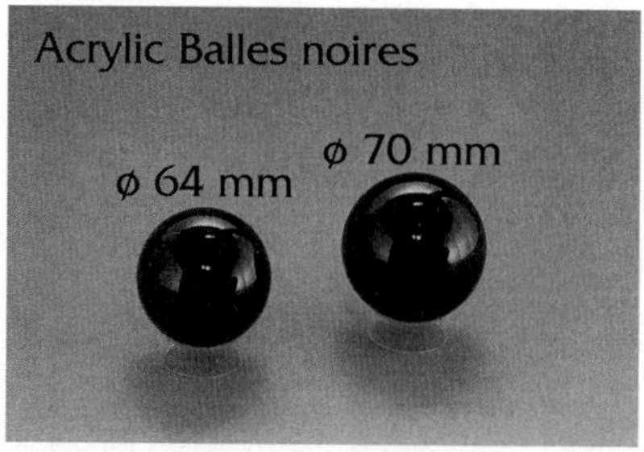

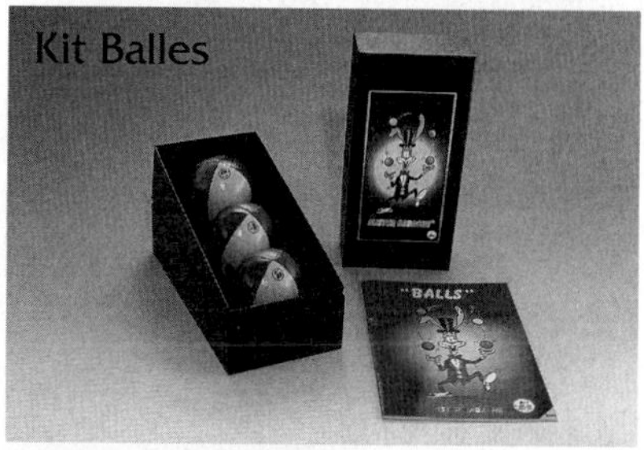

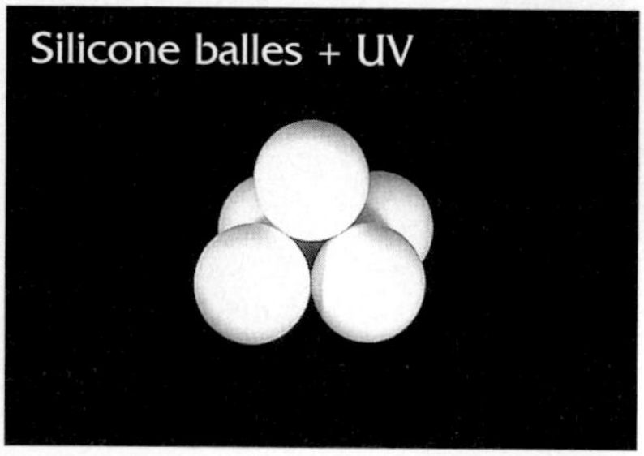

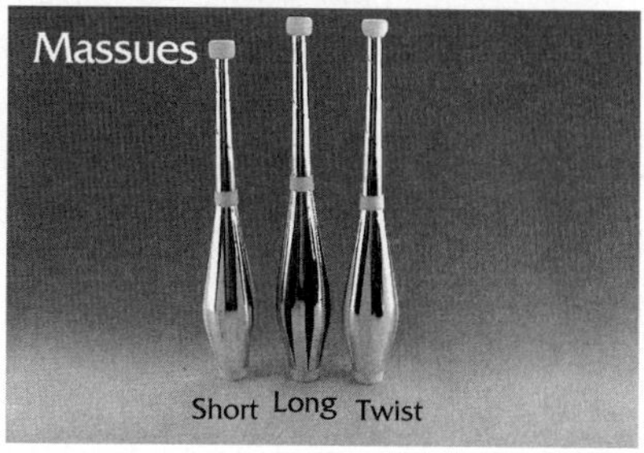

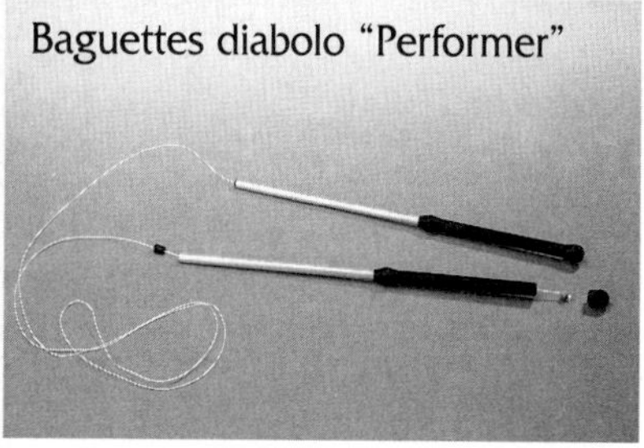

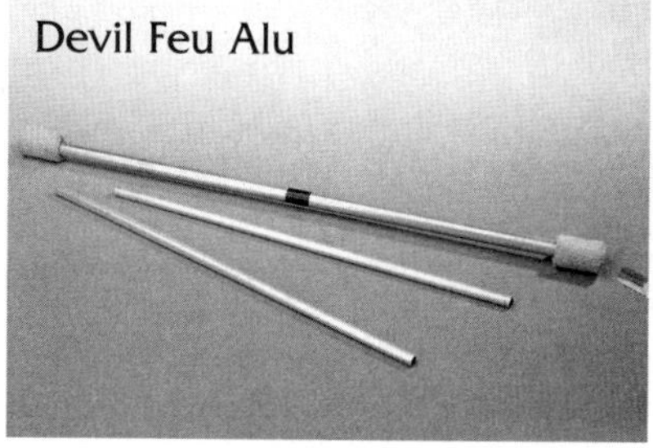

MISTER BABACHE® PRODUCTS

CLUBS - MASSUES - KEULEN DISCOVERY LINE

Excellent value for money. For beginners and training.
Rapport qualité-prix favorable. Pour débutants et l'entraînement.
Gutes Verhältnis von Preis und Qualität. Für Anfänger und zum Training.

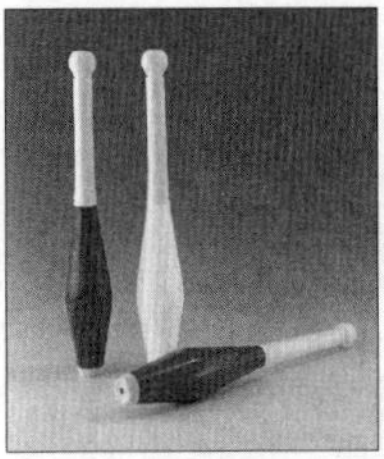

SOFT'N SAFE - SAS

ref. 1600

170 gr	450 mm	36 units

COLOURS
COULEURS
FARBEN

4 5 6 7 8 9

To begin club juggling safely - soft handle.
Pour débuter en confort - manche mou.
Die gefahrlosen Keulen für Anfänger - weicher Griff

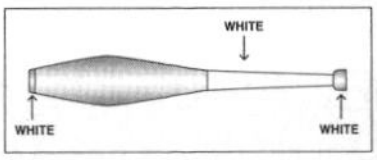

FLIP

FOR TRAINING

STANDARD 525 mm
SHORT 490 mm

QUALITY
+ INNOVATION

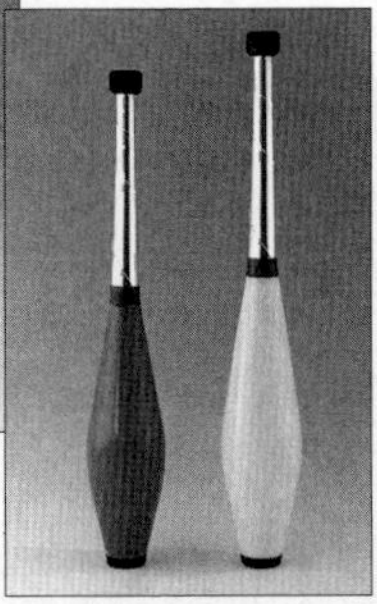

1 St. Handgriff

1 pce handle

manche I pce

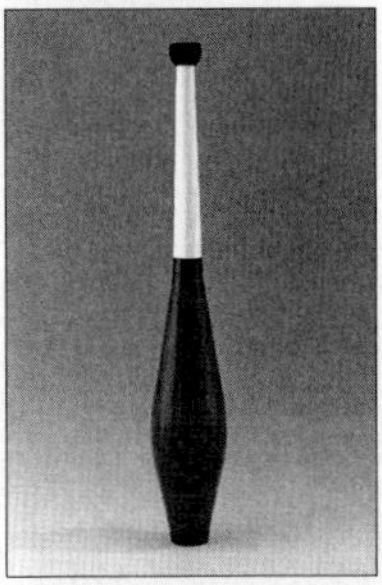

FLIP COLOUR

ref. 1610

COLOURS - COULEURS - FARBEN

1 2 4 5 6 7 9

PRIMARY COLOURS

4 5 6 7

208 gr	525 mm	16 units

SHORT

ref. 1616

1

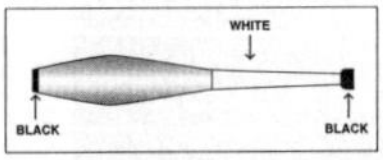

202 gr	490 mm	16 units

REGISTERED TRADEMARK BY **JONGLERIE DIFFUSION S.A.**
MARQUES DÉPOSÉES PAR **JONGLERIE DIFFUSION S.A.**
EINGETRAGENE WARENZEICHEN VON **JONGLERIE DIFFUSION S.A.**

MANUFACTURED IN EUROPE
FABRIQUÉ EN EUROPE
HERGESTELLT EN EUROPA

"CE" APPROVED
APPROUVÉ **"CE"**
"CE" LOGO

NOT MADE BY CHILDREN HANDS
PAS DE MAIN D'OEUVRE ENFANTINE
OHNE KINDERARBEIT

SWISS QUALITY CONTROL
CONTRÔLE DE QUALITÉ SUISSE
SCHWEIZER QUALITÄTKONTROLL

JONGLERIE DIFFUSION SA
CP 2 · 1232 Confignon/Geneva · Switzerland
Tél. (41) 22 - 757 32 07 · Fax: (41) 22 - 757 31 38
email: info@jonglerie.com · web: http://www.jonglerie.com

YOUR REGIONAL DISTRIBUTOR :

MAINTENANT A VOUS !

Vous avez appris des centaines de figures dans ce livre. Vous allez pouvoir maintenant inventer vos propres figures ou préciser vos mouvements personnels.

Prenez en soin, notez-les sur les pages suivantes.

NOTES

NOTES

NOTES

NOTES

Quelques mots à propos de l'auteur :

Dave Finnigan (appelé souvent Professeur Confidence) a fait des études de sociologie et d'anthropologie à l'université américaine de Cornell et a obtenu une licence d'éducation pour la santé publique à l'université de Berkeley en Californie. De 1966 à 1975, il a collaboré à un programme gouvernemental de contrôle de population et de planning famillial en Corée, Thaïlande, Indonésie, Népal, Turquie et aux Phillipines. Il a travaillé pour les fondations Rockefeller et Ford, pour le Conseil de la population et autres bureaux américains aidant au développement, pour la Banque Mondiale ainsi que pour diverses Agences des Nations Unies. En 1976, pendant ses études de doctorat à l'université de Washington, il a découvert la jonglerie. Depuis ce moment, il a enseigné la jonglerie à plus de 350'000 personnes, a visité plus de 300 établissements scolaires, et a organisé des séminaires et ateliers dans tous les Etats Unis et dans de nombreux pays. Il a produit une série didactique vidéo et occupe le poste de responsable de l'éducation dans l'Association Mondiale des Jongleurs. Il habite à Edmonds dans l'Etat de Washington, aux Etats Unis.

